江孜年鉴

རྒྱལ་རྩེའི་ལོ་རིམ་མེ་ལོང་།

（总第6卷）

江孜县地方志办公室　编

图书在版编目（CIP）数据

江孜年鉴．2022 / 江孜县地方志办公室编．— 北京：方志出版社，2022.12

ISBN 978-7-5144-5608-0

Ⅰ．①江… Ⅱ．①江… Ⅲ．①江孜县－2022－年鉴 Ⅳ．①Z527.54

中国版本图书馆CIP数据核字（2023）第038861号

责任编辑：王娜
责任校对：刘玉霞
责任印制：梅中英
出 版 者：方志出版社
地　　址：北京市朝阳区潘家园东里9号（国家方志馆4层）
邮　　编：100021
网　　址：http://www.zgfzcb.cn
发　　行：方志出版社图书营销中心（010-67110500）
印　　刷：云南美嘉美印刷包装有限公司
开　　本：889毫米×1194毫米　1/16
印　　张：25.5
字　　数：686千字
版　　次：2022年12月第1版
印　　次：2022年12月第1次印刷
定　　价：350.00元

《江孜年鉴（2022）》编纂委员会

《江孜年鉴（2022）》编辑部

编辑说明

一、《江孜年鉴（2022）》以马克思列宁主义、毛泽东思想、邓小平理论、“三个代表”重要思想、科学发展观、习近平新时代中国特色社会主义思想为指导，坚持辩证唯物主义和历史唯物主义的立场、观点和方法，求真务实，力求客观、全面、系统地记录江孜县2021年度的发展情况。旨在反映江孜县2021年的社会经济发展变化情况和重大事件，为各行各业提供咨询服务，为国内外各方人士了解江孜提供渠道，为江孜方志工作储备资料。

二、《江孜年鉴（2022）》主要采用分类编辑法。划分为类目、分目、条目三个层次，条目为本年鉴基本单位。为方便检索查阅，正文后设有综合性主题索引，索引款目按首字汉语拼音字母顺序排列。

三、《江孜年鉴（2022）》正文依次有特载、大事记、江孜概览、江孜县组织机构及其负责人、中国共产党江孜县委员会、江孜县人民代表大会、江孜县人民政府、政协江孜县委员会、中共江孜县纪律检查委员会、对口支援、人民团体、军事、法治、经济管理、商贸、农牧林水、交通·通信、城建·环保、财税·金融、教育·文化·旅游、科技、医疗卫生、社会事业、乡镇概况、人物、附录、索引。

四、《江孜年鉴（2022）》主要记述2021年度江孜县行政区域内的经济社会发展状况，记述时间为2021年1月1日至2021年12月31日。凡在文中直书月、日的，均指2021年内的日期，书中涉及其他年份的时间则表明年份。部分单位涉及周边其他县（区）工作，本书不予记述。

五、《江孜年鉴（2022）》所载数据，除国家统计部门正式公布之外，均由供稿单位提供并审核。由于来源、统计方法和口径的差异，不同稿件中不尽一致，引用时以江孜县统计局资料为准。书稿中部分数据合计数或相对数由于单位取舍不同而产生的计算误差，均未做机械调整。

六、《江孜年鉴（2022）》中计量单位，除耕地面积使用常用习惯单位“亩”外，均以《中华人民共和国法定计量单位使用方法》规定为准；标点符号使用、历史纪年、数字书写均以《标点符号用法》（GB/T　15834—2011）、《出版物上数字用法》（GB/T　15835—2011）的规定为准。

七、《江孜年鉴（2022）》中所使用的图片由江孜县各部门、各乡（镇）及相关单位提供。

图　例

◎	县级行政中心	— · —	地级界
⊙	乡镇驻地	— · — ·	县级界
●	行政村驻地	— · · —	乡镇界
○	农村居民点	G4218	高速公路及编号
○	农、林、牧场点	G349	国道及编号
•	寺庙	S303	省道及编号
✲	景点	X202	县道及编号
✕	山隘	——	乡道
▲	山峰	——	村道
	盐湖		河流、淡水湖

比例尺　1：360 000

本图上的各级行政区划界线仅供参考，不作实地划界依据

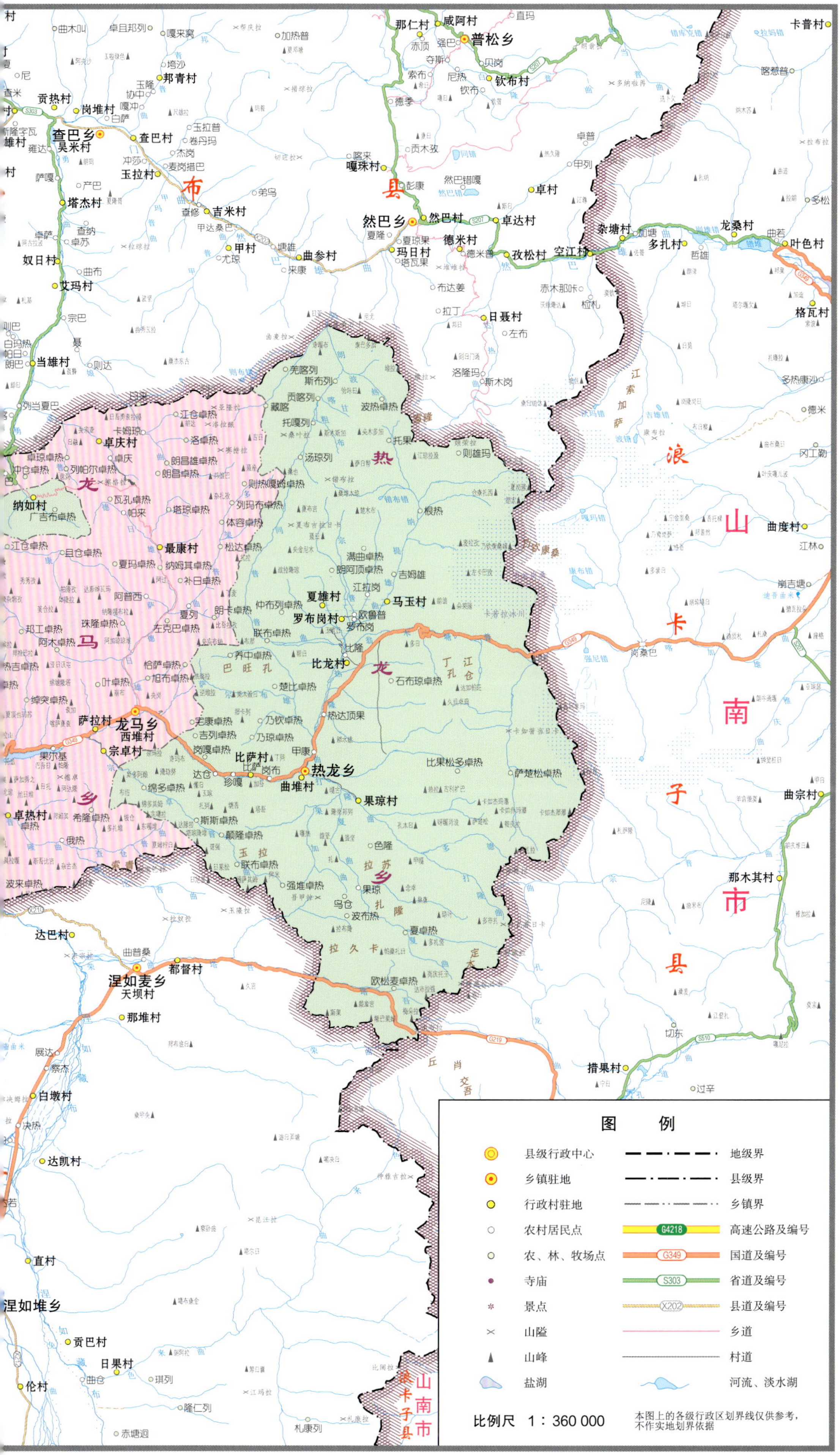

审图号：藏S（2022）023号　　2022年12月制

江孜县行政区划

江孜县
江孜镇
仁布县
德吉林镇
康马县
康马镇
卡堆乡
纳如乡
藏改乡
年堆乡
日朗乡
紫金乡
江热乡
车仁乡
南尼乡
少岗乡
康如乡

白朗县
洛江镇
嘎东镇
巴扎乡
曲奴乡
杜琼乡
玛乡
旺丹乡
嘎普乡
东喜乡
日星乡
金嘎乡
热索乡
强堆乡
加克西乡
雄章乡
桑珠孜区
白朗县
金嘎乡
日星乡
热索乡
加克西乡
达孜
重孜
萨迦县
桑珠
卓康
帮康村
查热村
阿亚村
亚欧村
玛义村
扎西村
热旦康萨村
吉雄村
贵热村
金嘎村
白雪村
拉玉村
卡堆村
拉东村
堆村
查吾冲村
彭仓村
恰仓村
扎西村
塔康村
岗村
琼孜村
聪堆村
加木堆村
则嘎村
聂普村
彭国村
帮岗村
觉如村
夏鲁村
普夏村
塔巴村
洛江村
宗下村
扎西普村
扎林村
罗林村
拉贵村
康萨村
恰嘎村
如康村
达玉村
金确村
彭嘎村
甲村
昂嘎村
久布村
奴麻村
麦措村
杜琼村
普拉村
差强村
觉精村
多旦村
桑林村
萨嘎村
思布村
团结新村
土故村
吉定村
旺学村
桑顿村
门康村
索康村
果堆村
测麦村
普西村
普能村
秋麦村
雪麦村
秋堆村
比尼村
思堆村
桑巴村
珍木则村
那堆村
聂仓村
武日村
塔巴村
榜孜村
白林村
察布村
楚米村
央嘎村
卡吾村
岗坡村
久村
拉沙村
拉瓦村
角白村
嘎西村
拉康村
曲参村
夏麦村
巴金村
热玛村
楚松村
普奴村
嘎普村
塔叶村
玛岗村
乃至村
强日村
思古龙村
普久村
强村
夏吾村
多根村
吾久村
曲松村
比木村
雄村
色热龙村
青卓村
昆章村
边琼村
库曲村
嘎藏村
扎宗村
洁白村
白岗村
仁钦岗村
达孜麦村
恰久村
帮日村
德林村
乃萨村
达孜堆村
努康村
春琼村
孜吾村
贡斯村
塔杰村
日定村
鲁顶村
康庆村
日定村
德吉村
达比村
夏普村

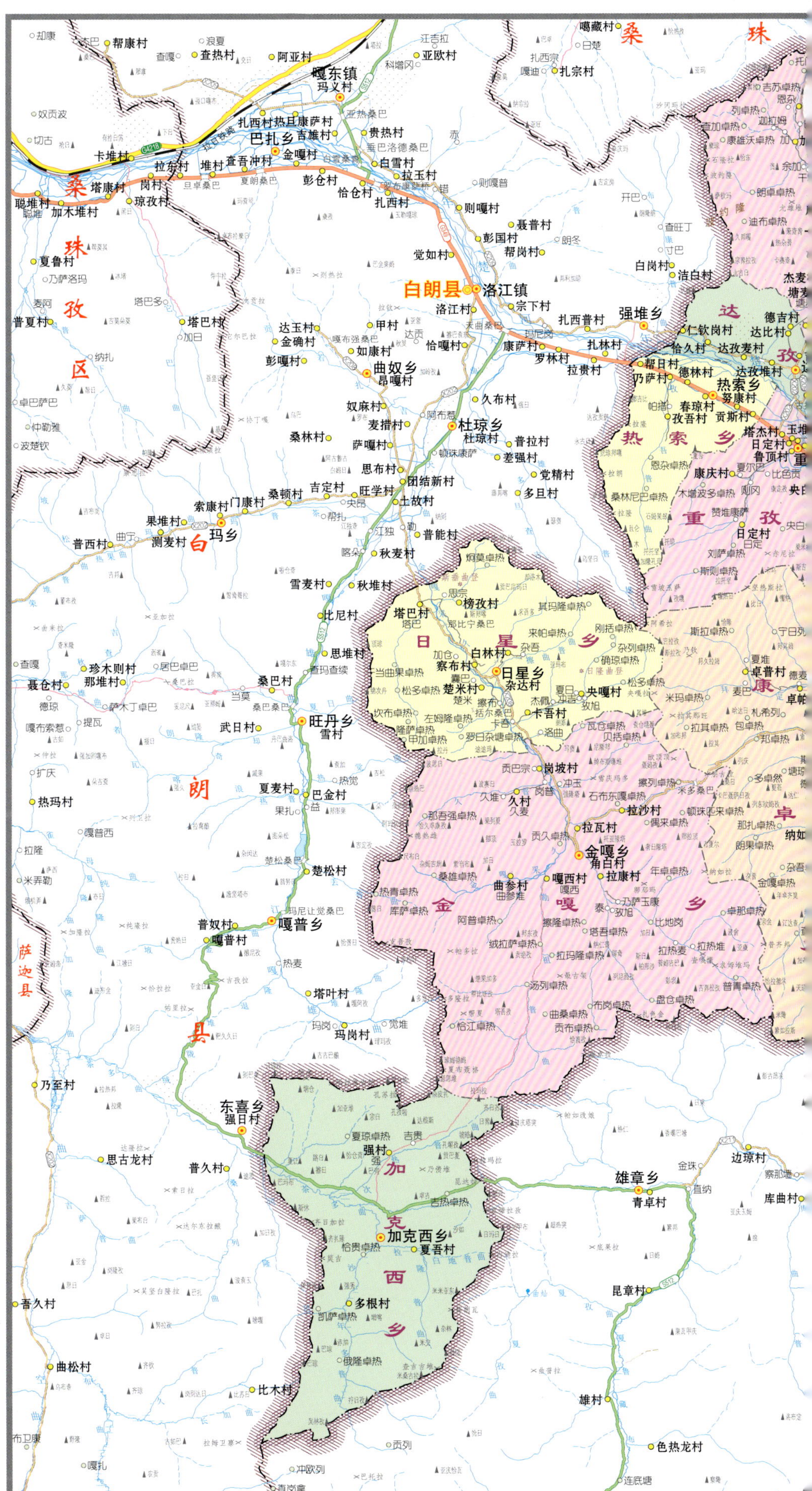

成都地图出版社 编制

数字江孜·2021

全县常住人口79480人
辖区面积3849.3平方千米
地区生产总值29.35亿元
第一产业增加值5.63亿元
第二产业增加值6.93亿元
第三产业增加值16.79亿元
全年招商引资到位资金2.77亿元
农作物总播种面积10885.17公顷
粮食产量63472.25吨
油料作物产量2838.95吨
蔬菜产量33736.82吨

饲草料9948.85吨
全年牲畜存栏302451头（只、匹）
全年实现社会消费品零售总额8.24亿元
全年接待游客56.47万人次
农村居民人均可支配收入达到19777元
年末一般公共预算收入4647万元
地方政府一般债券转贷收入2126万元
全社会固定资产投资16.3亿元
年末全县各级各类学校75所
年末全县在校生15941人
年末全县公立医疗机构175个

重要会议

6月28日，中国共产党江孜县第十次代表大会第一次全体会议召开，图为会议现场

7月12日，江孜县第十四届人民代表大会第一次会议第二次全体会议召开，图为会议现场

7月10日，中国人民政治协商会议第十届江孜县委员会第一次会议召开，图为会议现场

6月29日，中国共产党江孜县第十届纪律检查委员会第一次全体会议召开，图为会议现场

经济建设

7月19日，县委书记陈昊（左一）在西藏桑旦岗青稞酒业有限责任公司调研青稞商品化和青稞加工产业发展情况，图为考察青稞酒生产车间

10月8日，县委副书记、县长巴桑（左一）到康卓乡藏红花基地调研藏红花产业情况，图为查看新采摘的藏红花

6月11日，县委常务副书记张毅（左），县委常委、副县长汪芳（右）在红河谷现代农业科技示范区指导蔬果生产，图为查看黄瓜长势

9月1日，江孜县举行2021年日喀则市农机合作社农用基础设施设备机具发放仪式，图为出席领导与农机申领人合影

9月3日，自治区农业技术推广中心主任隆英（左一）一行到江孜镇开展种植业科技项目自治区级验收，图为实地查看青稞生长情况

2021年，江孜青稞酒在西藏青稞酒市场占有率超过80%，江孜县推动西藏桑旦岗青稞酒业有限责任公司申报规模以上企业，图为青稞酒生产车间

11月7日，乐斯福集团、良品铺子股份有限公司和上海藏日农业科技有限公司（江孜青稞）在第四届中国国际进口博览会现场签订青稞面包项目战略合作协议，图为与会代表合影

2021年，江孜县红河谷现代农业科技示范区累计向贫困农牧民免费提供各类优质蔬菜种苗40余万株，图为园区智能育苗温室培育的黄瓜苗

江孜县红河谷现代农业科技示范区是国家食用菌工程技术研究中心西藏基地，图为2021年食用菌种植示范基地重孜乡辐射点

江孜县藏医院由上海援建，是日喀则市第一家标准化藏医院。2021年，江孜县藏医院制剂室、综合楼投入使用，图为江孜县藏医院大门

江孜英魂雕塑位于江孜县宪法主题文化园内，为江孜抗英110周年时，上海浦东新区援建。2021年，为庆祝中国共产党成立100周年，江孜县对雕塑进行维护，图为维护后的英魂雕塑

民生事业

3月26日，江孜县人民医院与中国农业银行日喀则分行开展银医合作协议签订仪式，图为仪式现场

4月12日，江孜县人力资源和社会保障局联合江孜县总工会在江孜县宗山广场举行江孜县第七届现场招聘会，图为招聘会现场文艺表演

4月13日，江孜县举行2021年农牧民中式烹调师技能培训班结业典礼暨证书发放仪式，图为结业学员合影

5月10日，江孜县2021年送医送诊医疗下乡活动启动，图为下乡人员合影

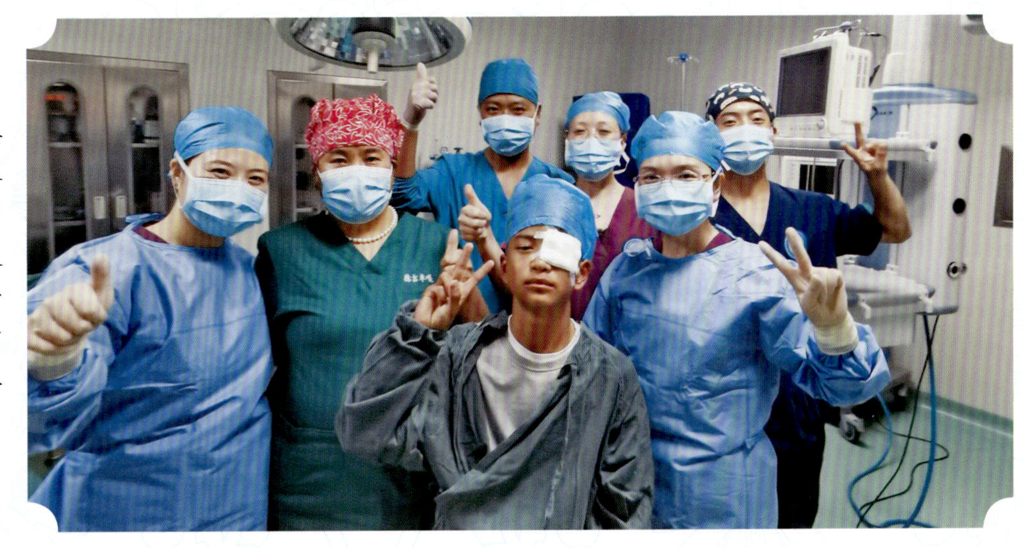

9月21日，上海市普瑞公益基金会旗下眼科医院的专家为江孜学生免费开展“点亮明眸”慈善手术，图为手术成功后医生和接受手术学生合影

9月25日，江孜县人民医院举办江孜首届创伤学术交流会，图为参会专家合影

9月29日，江孜县总工会在全县范围内开展中秋节、国庆节节日慰问，图为慰问干部和环卫工人在节日慰问品发放仪式上的合影

10月13日，中国人口福利基金会和北京协和医院专家一行到江孜县开展“幸福微笑——救助唇腭裂儿童”项目调研和集中筛查活动，图为专家组、工作人员和筛查对象合影

10月25日，江孜县慈善协会第一届会员代表大会召开，图为县委书记陈昊（前排右七）和江孜县慈善协会会员代表在党政综合楼前合影

11月10日，江孜县高级中学举行劲牌阳光班奖学金发放仪式，图为获奖学生和颁奖教师合影

11月11日，江孜县妇联2021年农牧民妇女手工编织培训暨挂牌仪式在日星乡塔巴村央嘎氆氇农民专业合作社举行，图为江孜县妇女纺织技能培训基地挂牌现场

文旅活动

3月16日，江孜县总工会联合车仁乡党委开展春耕系列活动，图为播种现场

3月26日，江孜县妇女联合会开展“诉农奴苦 说新生甜”座谈会，图为参会退休妇女干部合影

3月28日，江孜县在宗山广场举行“铭记历史 珍惜今天 开创未来”主题文艺演出，纪念西藏百万农奴解放62周年，图为演出现场

5月4日，共青团江孜县委员会、江孜县妇女联合会联合举办“庆三八、迎五四”系列文体活动，图为拔河比赛现场

6月15日，江孜县行政村文艺演出队文艺会演暨“歌颂幸福生活·共筑美丽江孜”文艺比赛在江孜宗山广场举行，图为获奖演出队伍合影

7月21日，原国家足球队队员、江孜县校园足球推广大使孙吉（后排右四）率浦东青联足球队一行到江孜县江热乡小学举行校队足球赛，图为浦东青联足球队和江热乡小学校队合影

9月10日，江孜县新时代文明实践中心文化文艺志愿服务队开展“永远跟党走”文艺下乡活动，图为文艺队员给群众表演节目

民族团结进步

3月26日，江孜县组织开展“民族团结你我共创 美好家园大家共享”植树活动，图为参加活动人员合影

6月2日，江孜县开展日喀则市第5个“民族团结进步日”系列活动，图为学生和群众参观新旧西藏对比展出

9月9日，江孜县开展“民族团结进步宣传月”集中宣传活动，图为宣传员给群众发放宣传材料

9月10日，江孜县民族团结进步创建领导小组办公室组织人员到加日郊居民委员会开展民族团结相关知识宣讲，图为宣讲现场

12月7日，县委书记陈昊（右四）到江孜县第二双语幼儿园开展民族团结进步示范单位考评验收工作，图为陈昊参观学生绘制的民族团结进步展板

12月24日，江孜县民族团结进步模范单位揭牌暨授牌仪式在江孜县税务局举行，图为县委书记陈昊（左）为江孜县税务局授牌

庆祝中国共产党成立100周年

在中国共产党的领导下，江孜县经历西藏和平解放、西藏民主改革、改革开放到全面建成小康社会。社会和谐进步，人民团结幸福，经济建设取得巨大成就。值此中国共产党成立 100 周年之际，江孜县干部群众开展丰富多彩的活动，庆祝党的生日，祝福祖国繁荣昌盛。

6月29日，江孜县举行庆祝中国共产党成立100周年“党的盛典 人民的节日 江孜人民心向党”文艺晚会，图为演职人员与出席文艺晚会的县领导合影

7月5日，江孜县举行庆祝中国共产党成立100周年暨“两优一先”表彰会，图为先进基层党组织领奖人登台合影

6月8日，江热乡江热村文艺演出队在江热乡“民心向党、礼赞百年”庆祝中国共产党成立100周年和西藏和平解放70周年庆祝活动上表演节目，图为演出现场

6月12日，江孜县第一中学举办庆祝中国共产党成立100周年校园文化艺术节暨2021届毕业欢送典礼，图为毕业班师生合影

6月19日，加克西乡开展庆祝中国共产党成立100周年、西藏和平解放70周年系列活动，图为文艺会演获奖人员合影

6月21日，康卓乡举行新时代文明实践活动之庆祝中国共产党成立100周年暨西藏和平解放70周年“永远跟党走”国家通用语言演讲比赛，图为比赛现场

6月25日，日朗乡在乡人民政府驻地开展“党在我心中 永远跟党走”庆祝中国共产党成立100周年文艺会演，图为演职人员合影

6月25日，紫金乡开展庆祝中国共产党成立100周年文艺演出活动，图为部分演出人员合影

6月30日，江孜县驻军部队在宗山广场开展庆“七一”中国共产党成立100周年活动，图为部队官兵在党旗下宣誓

7月1日，江孜县第一幼儿园在县委党校礼堂表演情景剧《唱支山歌给党听》，庆祝中国共产党成立100周年，图为演出现场

7月1日，满拉水利枢纽管理局组织开展“颂歌献给党、礼赞一百年”歌咏比赛，图为参赛人员合影

7月6日，龙马乡开展庆祝中国共产党成立100周年、西藏和平解放70周年文艺会演，图为现场舞蹈表演

7月6日，年堆乡庆祝中国共产党成立100周年和西藏和平解放70周年表彰大会暨“七一”建党节系列活动在年堆乡文化站大院举行，图为文艺会演获奖人员合影

7月6日，热索乡庆祝中国共产党成立100周年“七一”系列活动在热索乡文化站广场举行，图为参加活动干部合影

6月26日，中共江孜县委、江孜县人民政府组织人员慰问看望达孜乡贫困老党员，并为入党50周年以上老党员发放“光荣在党50年”纪念章，图为发放现场

6月30日，日喀则市人民政府组织人员到康卓乡岗古村慰问看望老党员，并为入党50周年以上老党员发放“光荣在党50年”纪念章，图为发放现场

7月1日，中国人民政治协商会议江孜县委员会组织人员到紫金乡慰问看望老党员，并为入党50周年以上老党员发放“光荣在党50年”纪念章，图为发放现场

7月6日，年堆乡组织开展“七一”表彰大会，并为党龄50周年及以上的老党员颁发“光荣在党50年”纪念章，图为党员重温入党誓词

魅力江孜

宗山抗英遗址是1904年西藏人民英勇抗击入侵英军的地方，是西藏近代史上抗击外国侵略者规模最大、最为惨烈悲壮的战斗。1961年，宗山抗英遗址被列入首批国家重点文物保护单位（摄于2021年）

白居寺位于江孜县加日郊老街尽头，寺内的白居塔（又称“十万佛塔”）是中国建筑史上独一无二的珍品。1998年，白居寺被列为第四批全国重点文物保护单位（摄于2021年）

帕拉庄园是旧西藏大贵族帕拉家族的主庄园，位于江孜县城西南4千米处，是西藏唯一保存完整的旧西藏三大贵族庄园。2013年，帕拉庄园被列入第七批国家重点文物保护单位（摄于2021年）

国家级非物质文化遗产代表性项目江孜达玛节，图为江孜达玛节赛马剪影（摄于2021年）

国家级非物质文化遗产代表性项目藏族唐卡（齐吾岗派），图为齐吾岗派唐卡传承人加白多吉指导学员绘图（摄于2021年）

国家级非物质文化遗产代表性项目卡垫织造技艺，图为卡垫织造技艺代表性传承人边多正在编织卡垫（摄于2021年）

自治区级非物质文化遗产项目达果米果，图为达果米果传承人普布次仁在做跳舞前的准备（摄于2021年）

自治区级非物质文化遗产项目谢玛氆氇编织技艺，图为氆氇编织技艺传承人央宗在编制氆氇（摄于2021年）

日喀则市非物质文化遗产代表性项目日星乡“卓”舞，图为日星乡民间舞蹈队进行“卓”舞表演（摄于2021年）

目录

特载

大事记

江孜概览

江孜县组织机构及其负责人

中国共产党江孜县委员会

江孜县人民代表大会

江孜县人民政府

政协江孜县委员会

中共江孜县纪律检查委员会

对口支援

人民团体

军　事

法　治

经济管理

商　贸

农牧林水

交通·通信

城建·环保

财税·金融

教育·文化·旅游

科　技

医疗卫生

社会事业

乡镇概况

人　物

附　录

索　引

特 载

中國歷史文化名城

聚焦重点求突破 改进作风抓落实 推动江孜名城振兴工程取得实质性进展（节选）

——在中国共产党江孜县第十届委员会第三次全体会议上的报告

中共江孜县委书记 陈 昊

（2022年1月10日）

各位代表、同志们：

我代表中国共产党江孜县第十届委员会向大会作工作报告，请予审议。

本次会议的主要任务是：坚持以习近平新时代中国特色社会主义思想为指导，深入贯彻落实党的十九届六中全会、自治区第十次党代会和市委二届五次全会精神，锚定“四件大事”、聚焦“四个创建”，着力推进文化旅游强县、现代农业强县和日喀则东部中心城市建设，推动名城振兴工程取得实质性进展。

一、自觉对标对表，确保党中央、区党委、市委决策部署在江孜落实落地

党的十九届六中全会，是我们党成立一百周年的重要历史时刻，在党和人民胜利实现第一个百年奋斗目标、全面建成小康社会，正在向着全面建成社会主义现代化强国的第二个百年奋斗目标迈进的重大历史关头，召开的一次十分重要的会议。全会通过的《中共中央关于党的百年奋斗重大成就和历史经验的决议》，全面总结党的百年奋斗重大成就和历史经验，是以史为鉴、开创未来、实现中华民族伟大复兴的行动指南，对于统一全党思想和行动、在新时代更好开创党和国家事业新局面，具有重大现实意义和深远历史意义。自治区第十次党代会深入贯彻习近平总书记关于西藏工作的重要论述和新时代党的治藏方略，系统总结了过去五年来取得的重大成就和宝贵经验，深刻分析面临的形势和机遇，明确提出今后五年西藏工作的指导思想、奋斗目标、重大任务、政治保证，创造性提出着力推进“四个创建”、努力做到“四个走在前列”，充分体现了以王君正书记为班长的新一届区党委对“两个确立”的坚决捍卫，为建设社会主义现代化新西藏提供了行动纲领。市委二届五次全会全面贯彻落实党的十九届六中全会和自治区第十次党代会精神，自觉对标、主动对表，明确提出日喀则市要勇当“四个创建”的排头兵，对建设社会主义现代化新日喀则作出了全面部署。深入学习宣传贯彻党的十九届

六中全会、自治区第十次党代会和市委二届五次全会精神是江孜全县上下当前和今后一个时期的重大政治任务，我们要坚决向党中央、区党委、市委决策部署看齐，自觉对标对表，做到令行禁止、行动迅速、落实有力。

一是要充分认识"两个确立"的决定性意义。确立习近平同志党中央的核心、全党的核心地位，确立习近平新时代中国特色社会主义思想的指导地位，反映了全党全军全国各族人民共同心愿，对新时代党和国家事业发展、对推进中华民族伟大复兴历史进程具有决定性意义。我们必须深刻理解"两个确立"的决定性意义，准确把握"两个确立"的理论渊源、历史依据和实践要求，坚决拥护、捍卫，真正把"两个确立"转化为做到"两个维护"的思想自觉、政治自觉、行动自觉，一切工作都按总书记和党中央号令办，一切事情都按总书记和党中央部署去落实。

二是要准确把握"四个创建"的重大部署和勇当排头兵的重要要求。新的历史起点上，区党委鲜明提出推进"四个创建"、努力做到"四个走在前列"，这是贯彻落实"两步走"战略安排第一步的具体实践，是主动服务融入新发展格局、充分依托借力国内国际双循环的实际行动，是抓好"四件大事"、实现"四个确保"的重要载体。市委立足日喀则的重要战略地位和突出区位资源优势，胸怀大局、把握大势、着眼大事，提出勇当"四个创建"排头兵，体现了强烈的历史担当和高度的政治站位。新的征程中，我们贯彻落实好"四个创建"的重大部署和勇当排头兵的重要要求，就必须从江孜实际出发，与区域发展大局相呼应，在勇当"四个创建"的排头兵中干在最实处、走在最前列，主动融入年楚河高质量发展核心区，着力推进文化旅游强县、现代农业强县和日喀则东部中心城市建设，锐意推动县域突破。

三是要增强改进作风狠抓落实的意识观念。再美好的蓝图如果不行动、不落实，决不会自动转变为现实。我们一定要大力弘扬"两路精神"、"老西藏精神"和孔繁森精神，主动对标"六个表率"，牢固树立落实为重、实干为先的理念，大力弘扬解放思想、开拓创新的作风，求真务实、真抓实干的作风，敢于担当、勇于斗争的作风，坚决杜绝形式主义、官僚主义，自觉增强履职履责能力、干事创业本领，集中精力抓落实、全心全意促发展，让党中央、区党委、市委决策部署在江孜落地生根、开花结果。

二、增强信心决心，在"四个创建"中书写江孜社会主义现代化建设新篇章

去年，我们立足江孜历史与现实，对照区党委、市委工作要求，顺应江孜人民的强烈期盼，提出以"名城振兴工程"为抓手的"十四五"工作思路，从目前来看，这一思路符合新时代党的治藏方略，符合区党委、市委的部署要求，符合江孜实际。经过半年多的工作实践，名城振兴工程实现顺利开局，取得初步成效。一是社会局势稳定向好。深入开展政法队伍教育整顿，推动扫黑除恶专项斗争常态化，严厉打击各类违法犯罪活动，侦破刑事案件 20 起、治安案件 70 起；基层社会治理网格化模式、"一站式"矛盾纠纷调处机制、"雪亮工程"作用充分发挥，妥善化解一批重难点信访案件，重特大安全事故实现"零发生"，"平安江孜"建设成效显著。二是经济发展稳中有进。推动巩固拓展脱贫攻坚成果同乡村振兴战略有效衔接，全县监测对象无一人返贫致贫；完成一批农村公路、电网改造、水利灌溉、防洪、高标准农田等重点项目，文化旅游、现代农牧业等特色产业加快发展，全县粮油产量达 6.65 万吨；市场主体达 6656 户，同比增长 17.5%；"放管服"、中心医院等重点领域和关键环节改革取得可检验的制度成果；预计实现地区生产

总值29.35亿元，同比增长6.5%；地方一般公共预算收入完成4647万元；完成全社会固定资产投资16.3亿元，同比增长10.3%；社会消费品零售总额实现8.24亿元；招商引资到位资金2.77亿元。三是群众生活持续改善。“13+7”民生实事落地落实，预计农村居民人均可支配收入达到19777元，同比增长15.4%；高校毕业生就业率达99.5%，农牧民转移就业24066人、创收3.9亿元；义务教育阶段巩固率100%，中小学教育教学质量位于全市前列；实现“先诊疗后付费”一站式结算服务，疫情防控工作有效开展；基本养老保险、医疗保险参保率分别达到97%、98%，成立县慈善协会，募集善款1001.2万元，各族群众获得感、幸福感、安全感持续攀升。四是生态保护不断加强。自治区级生态文明建设示范县、乡（镇）、村（居）创建稳步推进，农村人居环境整治和厕所革命取得明显成效；全面落实河（湖）长制与林长制，大力实施国土绿化工程，完成绿化面积473.9公顷、“四旁”植树20万株，江孜天蓝、地绿、水清、气净的生态底色更加靓丽厚重。五是民族团结培根铸魂。成功创建全国民族团结进步示范县，探索建立民族工作“7+4+5”模式，广泛开展民族团结“九进”活动，打造民族团结示范点18个，中华民族共同体意识深入人心。六是宗教工作依法推进。常态化开展“遵行四条标准、争做先进僧尼”教育实践活动，宗教领域“三个不增加”政策要求全面落实，“十导”工作法全面践行，寺庙财税监管试点工作稳步推进。七是军民共建。坚持党管武装，驻军部队在江孜抢险救灾等急难险重任务中发挥了生力军和突击队作用；江孜各族各界大力弘扬拥军光荣传统，深入开展拥军优属活动，缅怀革命先烈、弘扬英烈精神，红色基因、红色血脉成为江孜最宝贵的精神财富。八是思想文化守正创新。聚焦“庆祝中国共产党成立100周年和西藏和平解放70周年”主题主线，深入开展党史学习教育、“三更”专题教育和“四讲四爱”群众教育实践活动，推动社会主义核心价值观深入人心；深入实施文化惠民工程，江孜县融媒体中心建成运行，创作一系列主流思想文艺精品，不断夯实意识形态主阵地。九是民主法治全面落实。全力支持人大、政协、司法机关依法行使职权，巩固和发展最广泛的爱国统一战线，工会、共青团、妇联等群团组织桥梁纽带作用得到充分发挥。十是党的建设提质增效。深入实施基层党建“四项提升工程”，软弱涣散党组织全部转化升级，党建引领农牧民专业合作社和村集体经济转型发展；突出政治标准选人用人，年轻干部培养选拔任用、干部交流调整、监督管理力度不断加强，干部队伍人才活力进一步激发；一体推进不敢腐、不能腐、不想腐，精准运用监督执纪“四种形态”，严肃惩治各类违纪违规行为，坚决整治形式主义、官僚主义，推动全面从严治党走深走实。

这些成绩的取得，充分说明江孜在“四个创建”中有条件、有基础，通过艰苦奋斗、不懈努力，完全可以做到勇当排头兵，走在最前列。同时，也要客观认识到我们在“四个创建”中的短板弱项。在民族团结上，我们拥有爱国团结、众志成城的伟大“抗英精神”，有着各民族和睦相处、和衷共济优良传统，有着民族政策落实落地、民族团结创建遍地开花的良好基础，但各民族休戚与共、荣辱与共、生死与共、命运与共的共同体理念尚未牢固树立，外部民族分裂势力的负面影响尚未完全消除；在高质量发展上，我们有着庞大体量的农牧资源，独特的人文自然景观、丰富的清洁能源、得天独厚的区位优势、强力有效的对口支援，产业发展方兴未艾、城乡面貌今非昔比、经济体制改革稳步推进，江孜高质量发展进入快车道，但产业层次低下、经济结构不优、经济增长方式粗放、城市化进程缓慢等问题亟待解决；在生态保护上，我们拥有丰富的地形地貌、多元的生态系统、多样的生物物种，生态保护系统推进，环境治理规范有效，生态基础良好、生态功能明显、环保价值突出，但地区生态系统脆弱、群众环保意识淡薄、环保基础设施滞后及环境治理保障能力不足等问题不容忽视；在固边强边上，我们拥有厚重的爱国卫国红色历史，更有拥军支军的良好氛围。

当前和今后一个时期，我县正处于转型升级的“蝶变期”、奋力赶超的“换挡期”，我们必须全面把握江孜发展优势和短板，勇毅迎接机遇和挑战，扬长避短、因势利导，接续奋斗、苦干实干，确保在“四个创建”中写好江孜篇章、贡献江孜力量。

名词解释

一、四件大事：稳定、发展、生态、强边。

二、四个创建、四个走在前列：创建全国民族团结进步模范区，民族团结进步走在全国前列；创建高原经济高质量发展先行区，高原经济高质量发展走在全国前列；创建国家生态文明高地，生态文明建设走在全国前列；创建国家固边兴边富民行动示范区，固边兴边富民行动走在全国前列。

三、两个确立：党确立习近平同志党中央的核心、全党的核心地位，确立习近平新时代中国特色社会主义思想的指导地位。

四、两个维护：坚决维护习近平总书记党中央的核心、全党的核心地位，坚决维护党中央权威和集中统一领导。

五、两步走发展战略：从2020年到本世纪中叶，即从实现第一个百年奋斗目标到实现第二个百年奋斗目标，分两个阶段来安排：第一个阶段，从2020年到2035年，在全面建成小康社会的基础上，再奋斗15年，基本实现社会主义现代化；第二个阶段，从2035年到本世纪中叶，在基本实现现代化的基础上，再奋斗15年，把我国建成富强民主文明和谐美丽的社会主义现代化强国。

六、两路精神：在修筑川藏、青藏公路中所体现的不怕死、不怕苦、顽强拼搏、甘当路石、军民一家、民族团结的精神。

七、老西藏精神：特别能吃苦、特别能战斗、特别能忍耐、特别能团结、特别能奉献。

八、六个表率：坚持对党绝对忠诚，带头做坚定践行“两个维护”的表率；坚持群众路线，带头做勤政为民的表率；坚持求真务实，带头做勇于担当的表率；坚持民主集中制，带头做团结干事的表率；坚持怀德自重，带头做清正廉洁的表率；坚持从严治党，带头做管党治党的表率。

九、雪亮工程：是以县、乡、村三级综治中心为指挥平台、以综治信息化为支撑、以网格化管理为基础、以公共安全视频监控联网应用为重点的“群众性治安防控工程”。

十、放管服：简政放权、放管结合、优化服务的简称。“放”即简政放权，降低准入门槛。“管”即创新监管，促进公平竞争。“服”即高效服务，营造便利环境。

十一、“13+7”民生实事：扎实做好扩大健康茶供应工作，大庆前免费向农牧民群众发放，帮助群众树立健康的饮茶观念、增强防病意识；扎实做好食品安全工作，坚持最严谨的标准、最严格的监管、最严厉的处罚、最严肃的问责，加强食品溯源，年内建立食品检验检测体系和智慧食品安全体系；扎实做好农民工工资清欠工作，突出工程建设重点领域，加大工作力度，摸清欠款底数，安排专项资金；扎实做好农牧民群众住房质量改善工作，推广钢结构装配式建筑，以那曲市比如县“3·19”地震灾后重建为试点，建设500套房屋，努力探索一条可复制、可推广的高海拔标准化民用建筑发展路子；扎实做好面向全区职业技术院校学生驾驶技能免费培训工作，拓宽学生就业创业渠道；扎实做好大骨节病救治救助工作，制定《西藏自治区大骨节病患者救治救助行动方案（2021—2022年）》，落实服务管理和居家康复等工作措施，确保到2022年12月底所有患者得到有效救治，符合救助条件的患者全部纳入救助范围；扎实做好青少年“先天性心脏病”筛查救治工作，对0—18周岁（含18周岁）家庭经济困难的“先天性心脏病”患者，分批开展免费救治；解决边境偏远寺庙存在的困难、问题；扎实做好建制村与农村公路主线不连接问题，切实做到节约、整合项目资金，为群众出行提供便利；扎实推动户口迁移“跨省通办”工作，实现开具户籍类证明和5项户籍业务“跨省通办”；扎实推动解决成品油销售价格地区差异过大问题；扎实做好城市绿地公园、公共体育设施和符合开放条件的机关、企事业单位、学校体育场地设施向社会免费或低收费开放，为群众休闲健身创造便利条件；自2021年7月1日起，对1959年3月28日前参加工作的退休工人建立特殊生活补助费；扎实推进教育“三包”物资统购统供政策全覆盖，保障全市青少年学生食品安全、物资安全；建立全市应对突发地质、自然灾害应急监测预警机制；建立城镇低收入人员帮扶补助机制；扎实做好肺结核病筛查及救治全覆盖工作；扎实推进全市老旧小区改造工作；探索解决引进人才及城市创业青年“住房难”；扎实推动解决城区“停车难”问题。

十二、“四旁”植树：村旁、宅旁、路旁和水旁。

十三、民族团结“九进”：民族团结进步创建活动进机关、进企业、进社区、进乡镇（街道）、进学校、进宗教活动场所、进村寨、进军营、进景区。

十四、三个不增加：僧尼定员数量不增加、寺庙数量和规模不增加、宗教活动不增加。

十五、“三更”专题教育：政治标准要更高，党性要求要更严，组织纪律性要更强。

十六、四讲四爱：讲党恩爱核心、讲团结爱祖国、讲贡献爱 家园、讲文明爱生活。

十七、基层党建“四项提升工程”：理论学习提升工程；政治建设提升工程；组织力提升工程；干部队伍提升工程。

政府工作报告（节选）

——2022年1月18日在江孜县第十四届人民代表大会第二次会议上

江孜县人民政府县长　巴　桑

各位代表：

现在，我代表县人民政府，向大会报告工作，请予审议，并请县政协委员和其他列席人员提出意见。

一、2021 年工作回顾

2021 年，举国欢庆中国共产党成立 100 周年的伟大时刻，我们满怀豪情踏上了向第二个百年奋斗目标进军的新征程。这一年，我们坚持以习近平新时代中国特色社会主义思想为指导，锚定“稳定、发展、生态、强边”四件大事，以实施“名城振兴工程”为抓手，守正创新、真抓实干，扎实做好“六稳”工作、全面落实“六保”任务，较好完成经济社会各项预期目标，实现了“十四五”规划良好开局。

——经济发展稳中有进。全县各族干部群众在县委坚强领导下，坚持“三个赋予一个有利于”要求，推动经济高质量发展。预计，2021 年实现地区生产总值 29.35 亿元，同比增长 8%；全社会固定资产投资完成 16.3 亿元，同比增长 10.3%；地方一般公共预算收入完成 4647 万元，同比增长 2.7%；社会消费品零售总额实现 8.24 亿元，同比增长 10.5%；农村居民人均可支配收入达到 19777 元，同比增长 13.42%。

——社会治理持续向好。坚持打防并重，严惩破坏活动，社会安全指数达 95% 以上，“雪亮工程”视频监控在线率保持在 90% 以上。加强民族团结，铸牢中华民族共同体意识，成功创建全国民族团结进步示范县，命名 79 家单位为民族团结模范单位。推进乡村治理体系建设，努堆村入选第二批全国乡村治理示范村。推进寺庙财税监管，落实利寺惠僧政策，实现宗教和睦、佛事和顺、寺庙和谐。

——特色产业多点推进。粮油总产量保持 6 万吨以上。青稞初深加工 9470.25 吨，商品转化率 70%，实现收入 3462.61 万元。江孜青稞与乐斯福集团、良品铺子成功签订战略合作协议，实现了青稞高端烘焙产品“源头—技术—市场”三方牵手。江孜酥油奶渣产量 2001.95 吨，奶牛养殖科学化、标准化加快推进。江孜沙棘苗圃面积 506.67 公顷，出圃沙棘 400 万株，产值 1428.16 万元。旅游接待人数 56.47 万人次，实现收入 1.01 亿元。通过产城融合求突破，特色产业得到健康发展。

——社会事业全面进步。坚持问需于民，推动民生福祉，整合投入 2.05 亿元巩固拓展脱贫攻坚成果，全县监测对象无一人返贫致贫。兑现创业资金 181.03 万元，完成职业技能培训 2228 人，高校毕业生就业率 99.5%，农牧民转移就业 24066 人。投资 1.22 亿元实施师生暖心工程、幸福工程，教育优先充分保障。建成核酸检测实验室 2 座，开展检测 2.86 万次，接种新冠疫苗 13.18 万剂次，慎终如始抓好疫情防控。推进医疗共同体建设，“中心医院”挂牌成立。投资 2730.1 万元补齐县乡医疗卫生机构标准化建设短板。养老、医疗保险参保率均达 97% 以上，老有所养、病有所医更可持续。兑现救助资金 1086.88 万元，受益群众 3494 人次。成立慈善协会，募集善款 1001.2 万元，困难救助更有保障。

——城乡面貌日新月异。投资 2052 万元改造加日郊老街和宇拓片区棚户区道路、排水等。投资 448.49 万元完成玉雄路道路建设项目并投入使用。投资 1300 万元改造城区段幸福排洪沟。投资 1.38 亿元的新区道路建设项目已经全面开工。投资 1010 万元的宗堆社区老旧小区配套设施工程完成 90% 以上。投资 3729.85 万元的县城污水处理厂完成建设并托管运营。投资 1445.94 万元组织实施日朗等 5 个乡生活垃圾无害化处理设施项目。完成 56 户农村危房改造工作任务，完成努堆村人居环境整治项目建设。

——基础设施日臻完善。投资 2800 万元新建农村公路项目 4 个，农村公路通车里程达 680.6 千米，建制村通达率 100%。开通（覆盖）农村客运班线乡（镇）19 个，建制村 129 个，开通（覆盖）率分别达 100%、84.86%。投资 1228.85 万元，完成县域水库维修、排水工程硬化、防洪堤修建等 8 个水利基础设施项目建设。农村安全饮水集中供水率达到 98%，自来水入户率达 96% 以上。同时把项目管理摆在县域经济发展的支撑位置，积极开展“十四五”计划项目的谋划和争取工作。

——深化改革成效明显。完成基准地价更新和标定地价公示及地价动态监测，颁发农村宅基地确权登记证 8679 本，办理不动产权证书 529 本，不动产登记证明 70 份。完成招商引资项目 20 个，到位资金 2.77 亿元。政务服务大厅新增婚姻登记、城乡居民医疗保险待遇支付、征兵服务等 16 个窗口，可受理事项增加至 69 项。“互联网 + 政务服务”持续深化，网上办件完成 76183 件，电子证照签发 13787 张。“双轮驱动”推进对口援藏工作，投资 1.2 亿元实施援藏项目 15 个，通过“请进来”“走出去”及远程教育方式推进“组团式”援藏，开展交流学习 2498 人次。

——生态环境有效改善。垃圾无害化处理全面推进，县城污水处理厂建成运营。“河长制”工作全面落实，“林长制”工作有序推进。“四旁”植树 20 余万株，完成绿化面积 7108.5 亩，深入推进国土绿化行动。加大环境执法力度，空气质量优良天数 98% 以上，主要河湖水质达到或优于 III 类标准，土壤环境质量总体稳定。积极对接“三线一单”管控划定工作，申报自治区级生态文明建设示范乡 5 个，行政村（社区）93 个。

——政府作为务实担当。主动践行以人民为中心的发展思想，办好市委“13+7”为民办实事 459 件。主动接受县人大及其常委会法律监督、工作监督和县政协民主监督，全年共办理人大代表建议 159 件、政协委员提案 90 件，答复率均达 100%。深入推进党史学习教育和“三更”专题教育，严格落实全面从严治党政治责任，政府系统党风廉政建设和反腐败工作更加有力。深入落实中央八项规定精神，“三公”经费支出 715.79 万元，较去年同比有所下降。

同时，根据我县地理区位特点，我们以守土有责、守土负责、守土尽责的政治担当，全力推进强边固边“大后方”建设，扎实做好军政军民大团结工作，做好“一老一小”、群团组织、民营企业及广电、审计、统计、方志、人防、消防、地震、气象、档案、外事侨务、藏语言文字等工作，广泛凝聚共识，推动形成县域长治久安和高质量发展的强大合力。

各位代表！一年来，我们既看到了江孜辉煌的过往，也认清了江孜面临的形势，更想明了江孜明天该如何发展。这一年的探索与实践，不仅为江孜实施“名城振兴工程”奠定了基础，更为勇当“四个创建”排头兵积累了经验。一年来的发展深刻启示我们，只有坚持把党的领导贯穿于政府工作各领域、全过程，自觉增强“四个意识”、坚定“四个自信”、做到“两个维护”，在思想上政治上行动上同以习近平同志为核心的党中央保持高度一致，才能真正将党中央决策部署付诸实施；只有彻底摆脱固有惯性思维，真正解放思想、开拓创新，从新发展理念中找方向、寻对策，把思想的“破冰”落实到行动的“突围”上，才能引领和推动县域经济社会在新发展阶段实现高质量发展；只有坚定“我将无我、不负人民”的信念，把人民对美好生活的向往作为奋斗目标，坚决践行全心全意为人民服务的根本宗旨，让改革发展成果更多更公平惠及江孜人民，才能取得人民的信任与支持，才能凝聚起更大发展合力；只有充分发挥江孜作为日喀则东部中心的区位优势，坚持服务全局理念、坚定全面振兴思路，把精力集中到工作上、把工作落实到行动上，改进作风、狠抓落实，真抓实干、久久为功，才能走出一条适合江孜的发展之路。

各位代表！一粥一饭，当思来之不易；半丝半缕，恒念物力维艰。这些成绩的取得，得益于习近平新时代中国特色社会主义思想科学指引，得益于上级党委政府和县委坚强领导，得益于各族各界人士支持帮助，得益于全县干部群众砥砺奋进，也得益于人大、政协依法民主监督。对此，我代表县人民政府表示衷心的感谢，并致以崇高的敬意！

对标对表新时代新要求，我们清醒看到，全县经济社会发展中还有不少短板和问题。比如：有效投资不足，经济增长不稳定；项目储备不多，投资拉动不明显；基础投入不够，区域发展不平衡；生产要素匮乏，市场主体不充足；产业规模不大，经济带动不起来；营商环境欠佳，引资成效不明显；干部作风有待改进，行政效能不高等，都需要我们认真加以解决。

名词解释

一、“六稳”：稳就业、稳金融、稳外贸、稳外资、稳投资、稳预期。

二、六保：保居民就业、保基本民生、保市场主体、保粮食能源安全、保产业链供应链稳定、保基层运转。

三、雪亮工程：是以县、乡、村三级综治中心为指挥平台、以综治信息化为支撑、以网格化管理为基础、以公共安全视频监控联网应用为重点的“群众性治安防控工程”。

四、三线一单：生态保护红线、环境质量底线、资源利用上线、环境准入清单。

五、民生实事：扎实做好扩大健康茶供应工作；扎实做好食品安全工作；扎实做好农民工工资清欠工作；扎实做好农牧民群众住房质量改善工作；扎实做好面向全区职业技术院校学生驾驶技能免费培训工作；扎实做好大骨节病救治救助工作；扎实做好青少年“先天性心脏病”筛查救治工作；解决边境偏远寺庙存在的困难、问题；扎实做好建制村与农村公路主线不连接问题；扎实推进户口迁移“跨省通办”工作；扎实推动解决成品油销售价格地区差异过大问题；扎实做好城市绿地公园、公共体育设施和符合开发条件的机关、企事业单位、学校体育场地设施等向社会免费或低收费开放；自2021年7月1日起，对1959年3月28日前参加工作的退休工人建立特殊生活补助机制；解决县直单位干部职工“住房难”的问题；积极推进老旧小区改造工作；扎实做好结核、肝炎、风湿病救治工作；解决县城停车难、停车乱的问题；全面推开“救急难”工作；建立城镇低收入人员帮扶机制；持续推进撤县设市工作。

六、四个意识、四个自信、两个维护：政治意识、大局意识、核心意识、看齐意识；道路自信、理论自信、制度自信、文化自信；坚决维护总书记党中央的核心、全党的核心地位，坚决维护党中央权威和集中统一领导。

七、两个确立：党确立习近平同志党中央的核心、全党的核心地位，确立习近平新时代中国特色社会主义思想的指导地位。

八、四件大事：稳定、发展、生态、强边。

九、四个确保：确保国家安全和长治久安，确保人民生活水平不断提高，确保生态环境良好，确保边防巩固和边境安全。

十、四个创建、四个走在前列：创建全国民族团结进步模范区，民族团结进步走在全国前列；创建高原经济高质量发展先行区，高原经济高质量发展走在全国前列；创建国家生态文明高地，生态文明建设走在全国前列；创建国家固边兴边富民行动示范区，固边兴边富民行动走在全国前列。

十一、38项民生实事：补齐城镇道路、给排水、天然气管道等设施短板，实现城镇污水管网全覆盖；多措并举解决城市交通拥堵、“停车难”问题；增强内生发展动力，做好易地搬迁后续帮扶，确保每个规模以上集中安置点至少有1个市场效益好、带动效应强的配套产业，让群众稳得住、有就业、可融入、逐步能致富；实施96个农村公路项目，实现95%的乡（镇）和78%的建制村通硬化路；因地制宜推进农牧区户用厕所改造，提升生活垃圾村收集、乡转运、县处理能力；统筹县域内城镇和乡村规划建设，再创建美丽宜居示范村100个、巩固提升100个，着力解决乡村“有新房没新村、有新村没新貌”的问题；实施18万人的农牧区供水保障提升工程，着力解决高海拔地区季节性断水问题；深化“N+3”岗位推介模式，实施5000名应届高校毕业生进企业就业计划，推进区外“组团式”就业，确保高校毕业生区外就业率10%以上、总体就业率95%以上；培训熟练技工技师500人，完成农牧民技能培训10万人。实现农牧民转移就业60万人以上、劳务组织输出36万人，劳务收入50亿元以上；创建100所民族团结进步示范校，推进学前教育普及普惠发展；推进职业教育提质培优计划，实施振兴西藏高等教育行动；落实好15年公费教育，稳定学生资助政策，教育“三包”人均标准再提高240元；深化“三医”改革，建好医共体，推进城乡居民基本医疗保险省级统筹，健全重特大疾病医疗保险和救助政策，实行职工基本医疗保险门诊共济保障；实现城乡居民健康体检全人群覆盖；实施妇女“两癌”筛查救治；开展13~14岁在校女生HPV疫苗、60岁以上老年人及在校中小学生流感疫苗自愿免费接种；普及推广健康茶；深入推进文化“润边”，实施文化惠民百千万行动；推动农牧区新一代直播卫星广播电视“户户通”；加大体育场（馆）社会开放；改造城镇老旧小区31个、棚户区5500户，建设公租房1728套、保障性租赁住房852套；实施5个海拔4000米以上县城的集中供暖工程；解决78所学校、13家区域中心医院供暖问题；试点推广高海拔农牧区热炕；建立以居家为基础、社区为依托、机构为补充的多层次养老服务体系；高龄老人健康补贴再提高200元；完善鼓励“三孩”政策措施，推进婴幼儿照护服务；全面开展未成年人保护，加强对困境儿童的关爱，呵护他们健康成长；落实困难群众价格临时补贴；城乡居民基本医疗保险补助人均提高30元；基本公共卫生服务补助人均提高5元；城乡居民基本养老保险基础养老金人均提高10元；居民最低生活保障标准城镇年人均提高200元、农村年人均提高100元；特困人员救助供养标准农村分散供养年人均提高150元，集中供养和城市分散供养年人均提高260元；完成12个公路项目主体工程，实现36个村通硬化路；加强智慧广电固边，进一步消除电网覆盖盲区，持续改善生产生活条件；实施好海拔3500米以上县城乡（镇）供氧工程；动态提高边民补助标准。

十二、五个认同：对伟大祖国、中华民族、中华文化、中国共产党、中国特色社会主义的认同。

十三、三个不增加：僧尼定员数量不增加、寺庙数量和规模不增加、宗教活动不增加。

十四、宗教活动“三项要求”：即要从严审批佛事活动，对原来有的、参加群众较多的宗教活动，控制规模，做好服务引导工作；对原来有的、参与群众不多的宗教活动，不宣传、不炒作，顺其自然；对于原来没有的宗教活动，严禁举办。

十五、五个有利于：有利于维护祖国统一和社会稳定、有利于增进“五个认同”、有利于团结宗教界人士和信教群众、有利于藏传佛教健康传承、有利于减轻信教群众负担。

十六、“五访”工作法：公开接访、主动下访、带案约访、跟踪回访、定期巡访。

十七、信访“八化”机制：预防源头化，排查常态化，渠道畅通化，化解时效化，处置法治化，体制科学化，队伍规范化，责任倒查化。

十八、三驱带动、多点协同：“三驱”是指以有机种养加业、文化旅游产业、数字产业为驱动。“多点”是指着力壮大天然饮用水业、绿色生态业、清洁能源业、南亚物流业、藏医药业等特色产业，培育发展现代金融、商务会展、科技信息、医疗康养等新兴产业。

十九、双减：减轻作业负担、减轻校外培训负担。

二十、13个到位：思想认识到位，组织领导到位，精准指挥到位，从严管控到位，力量统筹到位，核酸检测、疫苗接种到位，信息研判到位，物防技防到位，严格执行到位，物质保障到位，应急演练到位，群众引导到位，纪律严明到位。

二十一、一县一品：专业打造县域标榜性“农特产品”品牌名片。

二十二、“三高”企业：高污染、高耗能、高耗水企业。

二十三、双拥：地方拥军优属，军队拥政爱民。

二十四、六个表率：坚持对党绝对忠诚，带头做坚定践行“两个维护”的表率；坚持群众路线，带头做勤政为民的表率；坚持求真务实，带头做勇于担当的表率；坚持民主集中制，带头做团结干事的表率；坚持怀德自重，带头做清正廉洁的表率；坚持从严治党，带头做管党治党的表率。

大事记

中國歷史文化名城

1月

5日　江孜县召开2020年度平安建设（综治）工作、“先进双联户”创评活动总结表彰大会。

9日　中国佛教协会西藏分会副会长、日喀则市佛教协会会长班典顿玉带队日喀则市佛教协会宣讲团到江孜县开展中央第七次西藏工作座谈会精神宣讲。

11日　江孜县组织召开村（居）“两委”换届工作部署会议暨培训会。日喀则市村（居）“两委”换届工作第二指导检查组全体成员出席会议，江孜县村（居）组织换届选举工作领导小组组长、成员及办公室全体成员，各乡（镇）党委书记、换届工作负责人参加会议。

12日　中共江孜县委常委班子召开2020年度民主生活会和巡视整改专题民主生活会。

22日　中共江孜县委组织召开县委议军会议，传达学习《中国共产党军队党的建设条例》与习近平总书记在中共中央政治局第二十二次集体学习时的重要讲话精神，传达学习日喀则市委议军会议精神，听取江孜县人民武装工作开展情况，协调解决驻军部队提交的相关事项，县委书记白玛主持会议并作讲话。

27日　江孜县科技局召开第二批大学生科技专干工作部署会暨合同签订会，明确科技专干的职责及权利保障，并与大学生科技专干签订聘用合同。

2月

1日　日喀则市儿童福利一院演出团到江孜县特困人员集中供养服务中心开展“爱幼敬老、有你有我”慰问演出活动。

2日　江孜县举行“西藏自治区基层理论宣讲示范基地”江孜基地揭牌仪式。

3日　江孜县开展“三大节日”期间驻军部队慰问活动。

4日　日喀则市中级人民法院党组书记、院长蒋贞明一行到江孜县人民法院检察指导法庭工作开展情况。

6日　江孜县启动村（居）党组织换届选举工作，县换届工作指导检查组出席选举会议，全程指导大会各项流程。

7日　江孜县组织召开2020年度基层党组织书记抓党建工作述职评议会。

10日　江孜县召开县委经济工作会议，会议对江孜县2020年经济工作做总结，对江孜县2021年经济工作进行安排部署。

13日　江孜县组织召开2020年农牧民转移就业工作总结暨2021年工作部署会。

25日　中共江孜县委理论学习中心组2021年第1次学习会议暨全县“三更”专题教育第一专题学习研讨（扩大）会召开。

是日　全国脱贫攻坚总结表彰大会在北京市人民大会堂举行。中共中央总书记、国家主席、中央军委主席习近平发表重要讲话并向“全国脱贫攻坚楷模”荣誉称号获得者颁奖。在会上，西藏金塔建设集团有限公司董事长扎塔、江孜县年堆乡尼玛藏式卡垫加工农民专业合作社理事长旦增称来被中共中央、国务院授予“全国脱贫攻坚先进个人”荣誉称号。

26日　江孜县召开2020年度民族团结进步表彰大会，对民族团结进步模范集体和模范个人代表进行表彰并颁发奖状。

27日　江孜县155个村（居）“两委”换届工作全部完成。

3月

3日　江孜县召开党史学习教育动员大会，会议以视频会议形式开到乡（镇）一级。

是日　江孜县委召开落实中央第十巡视组反馈意见整改工作部署会。

是日　江孜县召开安全生产工作部署会议，会议对2020年全县安全生产工作进行总结，对2021年安全生产工作进行安排部署。

5日　江孜县新时代文明实践中心组织动员全县志愿服务组织和志愿者开展“3·5”学雷锋系列志愿服务活动。

9日　江孜县人民医院邀请西藏自治区人民医院专家、副主任药师德吉针对县人民医院药事管理问题进行现场指导及培训。

16日　上海第九批援藏江孜小组组织召开援藏项目建设领导小组会议。

是日　江孜县万亩耕地托管开播仪式暨农机作业现场观摩会在热索乡努康村举行。

17日　江孜县召开全县政法队伍教育整顿部署会议，安排部署全县政法队伍教育整顿工作。

是日　江孜县召开国有企业改制重建工作推进会。

23日　中国共产党江孜县第九届委员会第九次全体会议召开，会议由县委常委会主持。

25日　西藏自治区高级人民法院党组书记、院长索达一行到江孜县人民法院调研指导工作，先后听取县委政法委关于维护国家安全工作和江孜县人民法院各项工作汇报。

26日　江孜县各党政机关、企事业单位、人民团体干部职工在江孜县车仁乡车仁村和江孜镇西郊村进行2021年春季义务植树活动。

28日　江孜县开展“铭记历史 珍惜今天 开创未来”主题文艺演出，纪念西藏百万农奴解放62周年。

30—31日　江孜县第十三届人民代表大会第七次会议在江孜县党政综合楼六楼会议室召开，19个乡（镇）、县（中、区、市）直单位、各人民团体，相关驻县军警部队等单位负责人、县政协第九届七次会议的全体政协委员列席会议。县长作政府工作报告。

4月

1日　江孜县召开2020年宣传思想文化工作总结暨“四讲四爱”群众教育实践活动表彰大会。

2日　江孜县召开2021年公安工作会议，县委副书记、县长杨军出席会议并讲话。

是日　中国共产党江孜县第九届纪律检查委员会第六次全体会议召开，会议以“立足新起点 奋进新征程 为奋力开创江孜高质量发展之路提供坚强保障”为主题，总结2020年工作，安排部署2021年工作。县委领导、九届县纪委委员、监委委员出席会议，各乡（镇）党委书记、县直各单位主要负责人、区（中）直单位主要负责人、县属企事业单位主要负责人、各乡（镇）纪委书记115人列席会议。

7日　江孜县召开县委2021年教育工作会议，会议总结2020年教育工作，安排部署2021年工作计划，县委、县政府主要领导出席会议。

9日　江孜县组织召开2021年党的建设（组织工作）会议。

12日　江孜县人力资源和社会保障局联合县总工会、县域内2家劳务服务公司举办江孜县第七届现场招聘会，由江孜县人民医院等53家企事业单位和个体工商户提供290个各类就业岗位，招聘会达成初步就业意向共102人，其中高校毕业生26人。

16日　江孜县组织召开江孜宗山抗英遗址国家A级旅游景区控制性详细规划中期评审会议。

是日　江孜县人民政府召开乡村“四旁”植树行动动员部署会，对江孜县“四旁”植树工作进行安排部署。

22日　江孜团县委和县妇联联合举办以“喜迎中国共产党成立100周年、西藏和平解放70周年”为主题的“庆三八，迎五四”文体活动。活动设立团体和个人项目共8个，全县共

800余人参与比赛。

23日　党史学习教育自治区宣讲团（江孜县）宣讲报告会在江孜县召开，自治区党委组织部二级巡视员平措旦增主讲，县委书记白玛主持。

24日　日喀则市雅江雪牛繁育技能提升皮勋班在江孜县顺利开班，自治区畜牧总站、市牧业科、市畜牧中心、江孜县农牧综合服务中心领导及全市15个县（区）相关项目负责人参加活动。

26日　日喀则市药事质量控制中心主任多布拉一行到江孜县人民医院对药事管理工作进行专项质量监督检查。

是日　江孜县召开县委政法工作会议，报告2020年全县政法工作开展情况并安排部署2021年全县政法工作，县委主要领导出席会议并讲话。

28日　《中共西藏自治区委员会　西藏自治区人民政府关于表彰西藏自治区脱贫攻坚先进集体和先进个人的决定》发布，上海市第九批援藏干部联络组江孜联络小组、江孜县脱贫攻坚指挥部办公室、江孜县年楚永发农机农民专业合作社、日朗乡人民政府、江孜县一家亲岗巴羊养殖农民专业合作社、农行江孜支行与江孜县宗城投资实业开发有限公司被表彰为“西藏自治区脱贫攻坚先进集体”，江孜县扶贫开发领导小组办公室副主任唐建，江孜县发展和改革委员会工作人员曲加，江孜县民政局副局长次仁顿珠，江孜县交通运输局局长罗布，江孜县江热乡党委副书记、隆桑村党支部书记索朗达瓦，江孜县卡麦乡副乡长仓琼，江孜县达孜乡文化站科员伦珠次仁与江孜县热索乡努康村党支部书记拉多8人被表彰为“西藏自治区脱贫攻坚先进个人”。

5月

9日　江孜县举办（江孜片区）牦牛经济杂交项目培训。桑珠孜、白朗、江孜、康马4县（区）的乡（镇）级技术负责人和村级配种员82人参加培训。

17日　水利部对全国农村饮水安全脱贫攻坚先进集体和先进个人进行通报表扬，其中西藏自治区日喀则市江孜县水利局荣获农村饮水安全脱贫攻坚先进集体并获得通报表扬。

18日　西藏自治区卫生健康委员会副主任白玛桑布一行到县人民医院调研藏医制剂室运行情况。

28日　江孜县召开中国少年先锋队江孜县第一次代表大会。

31日　江孜县乡村振兴局举行挂牌仪式。

6月

4日　江孜县召开干部大会，宣布自治区党委决定白玛不再担任江孜县委书记职务，陈昊任江孜县委书记；杨军不再担任江孜县人民政府县长职务，提名巴桑为江孜县人民政府县长候选人。

12日　江孜县在卡堆乡举办2021年“文化和自然遗产日”非物质文化遗产藏戏展演活动。

19日　西藏自治区政法队伍教育整顿日喀则市第二指导组组长叶海涛一行到江孜县检查指导政法队伍教育整顿各项工作。

23日　江孜县召开上半年安全生产工作通报会暨中国共产党成立100周年安全生产工作部署会议，对日喀则市安全生产委员会办公室开展安全生产交叉检查反馈情况和全县2021年上半年安全生产工作开展情况进行通报，县委副书记、县长、县安全生产委员会主任巴桑出席会议并作讲话，县委常委、常务副县长达娃次仁主持会议，县安全生产委员会成员单位、各乡（镇）长、各重点企业负责人参加会议。

是日　江孜县开展覆盖全县的广播电视“村村通”便民服务活动，在年堆乡、重孜乡、达孜乡设立3个便民服务点开展“村村通”直播卫星设备集中维修工作。

28日　上海市第九批援藏干部人才领队、日喀则市委副书记孟文海走访慰问江孜县获得党内功勋荣誉表彰的党员、党龄50年及以上的老党员。

29日　江孜县举行庆祝中国共产党成立100周年“党的盛典 人民的节日 江孜人民心向党”文艺晚会。

7月

5日　江孜县召开庆祝中国共产党成立100周年暨“两优一先”表彰大会，县委书记陈昊出席会议并讲话。

6—8日　西藏自治区基层动物防疫员轮训活动在江孜县举行，江孜县农牧综合服务中心技术人员，各乡（镇）畜牧业分管领导、畜牧业专业技术人员、村级动物防疫员等共240余人参加培训。

11日　江孜县第十四届人民代表大会第一次会议开幕。

14日　国家医疗保障局飞行检查组组长陈德广带队一行23人到江孜县人民医院开展飞行检查。

16日　贵州省政协副主席陈坚带领考察团11人，在自治区、市和县政协领导的陪同下到江孜县白居寺考察文物保护及文化旅游产业发展情况。

19日　自治区党委党史学习教育领导办公室、自治区总工会主办，市委党史学习教育领导小组办公室、市总工会承办的“永远跟党走，奋进新征程”职工巡回宣讲活动在江孜县举办。

21日　江孜县召开2021年统计工作会暨迎接国家统计督察推进会。

是日　江孜县第十四届人民政府第一次全体会议暨政府系统廉政工作会议召开。

29日　日喀则市统计局组织的东部片区统计业务培训会在江孜县召开。

30日　上海复星公益基金会助力江孜县日托中心建设在县特困人员集中供养服务中心举行揭牌签约仪式。

8月

2日　县委书记陈昊一行到东郊公安检查站对疫情防控工作开展情况进行检查指导。

3日　江孜县召开英雄古城创建国家AAAA级旅游景区规划思路汇报会。

6日　江孜县召开深入学习习近平总书记在庆祝中国共产党成立100周年大会上和西藏考察调研时重要讲话精神辅导报告会，县委书记陈昊作“学习讲话精神，凝聚奋进力量”专题辅导报告。

9日　西藏自治区驻昌都市指导组组长、西藏自治区人民检察院党组副书记、常务检察长占堆一行到江孜县开展政法队伍教育整顿交叉督导检查工作。

12日　江孜县召开2021年教育系统第二期“请进来”培训暨上海市浦东新区教育专家进藏讲学活动。

17日　中国共产党江孜县第十届委员会第二次全体会议召开。

18日　江孜县召开意识形态和宣传思想工作专题会议。

是日　中共日喀则市委统战部副部长、二级调研员多拉带队市统战系统巡回宣讲组到江孜县举行巡回宣讲活动。

23日　市委常委、常务副市长巴桑率日喀则市第一宣讲慰问团到江孜县开展“迎大庆、送温暖，讲党恩、爱核心，办实事、聚人心”主题活动，并向江孜县赠送习近平总书记题词“建设美丽幸福西藏 共圆伟大复兴梦想”贺幛及中央代表团礼品。

24日　江孜县第十四届人大常委会第一次会议在县“人大代表之家”召开，县人大常委会组成人员出席会议，会议由县人大常委会党组书记、主任杨伟功主持。

25日　江孜县纪委监委组织全县19个乡（镇）及政法单位班子成员共30人到日喀则市反腐倡廉警示教育基地参观学习。

26日　江孜县委理论学习中心组召开2021年第16次学习（扩大）会议，专题学习研讨习近平法治思想及庆祝西藏和平解放70周年大会精神。

29日　县委常务副书记张毅，县委常委、副县长汪芳带领上海市第九批援藏工作组江孜联络小组全体成员同上海市浦东新区“组团式”援藏医生一行到达孜乡实地了解受灾情况和灾后处理工作开展情况。

30日　江孜县举行江孜县慈善协会成立大会暨揭牌仪式。县委书记陈昊出席会议并讲话。

31日　江孜县反诈中心正式挂牌成立，县委常委、政法委员会书记、国家安全委员会办公室主任、县公安局党委书记、局长、督察长桑布出席仪式并为江孜县反诈中心揭牌。

9月

2日　西藏自治区农业技术推广中心主任隆英带队的西藏自治区种植业交叉验收组一行到江孜县检查验收2021年种植业科技项目。

5日　江孜县“新时代文明实践推动日”正式启动，江孜县文明交通志愿服务分队在县城开展文明交通劝导工作。

17日　市委常委、组织部部长张思到江孜县部分行政村进行节前慰问，张思一行先后到车仁乡扎西林村、热定村，热龙乡马玉村、罗布岗村等进行慰问，并详细了解驻村工作队、村“两委”班子、乡村振兴专干的工作和生活情况。

是日　共青团西藏自治区委员会同西藏自治区教育厅组成的党史学习教育青年宣讲团到江孜县开展“习近平总书记‘七一’和视察西藏重要讲话精神”为主题的示范宣讲，全县各级团干部代表、基层团组织团员青年代表、县直机关青年代表、企事业单位青年代表、创业青年代表等100余人参加宣讲。

19日　2021年西藏江孜县基层业务骨干（浦东）培训班在上海市浦东新区农民中等专业学校开班，学校有关领导出席开班仪式并强调培训期间相关纪律及注意事项。江孜县19个乡（镇）、援藏项目建设领导小组办公室、县乡村振兴局、市生态环境局江孜县分局、县人力资源和社会保障局、县文化和旅游局等25名业务骨干参加此次培训。

20日　上海市第九批援藏干部江孜联络小组、“组团式”医疗队、自治区人民医院专家及县人民医院医生到江孜县特困人员集中供养服务中心开展“送医、送药、送温暖”义诊及慰问活动。

22日　上海市总工会党组成员、副主席郭菁带队的上海市总工会代表团一行11人到江孜县考察工会对口援助工作。西藏自治区总工会机关党委专职书记樊小丑，日喀则市总工会党组成员边拉，县委常务副书记张毅，县人大常委会副主任、总工会主席班久等陪同考察。

是日　上海市浦东新区区委党校副教授胡云华为江孜县基层业务骨干班讲授新中国改革开放史专题讲座。本次讲座主要围绕新中国改革开放背景回顾、主要历程、伟大成就、启示展望4个方面进行讲授。

25日　江孜县人民医院举办“江孜首届创伤学术交流会”，会议由县人民医院副院长扎西次仁主持，县委副书记、县长巴桑，副县长拉桑桑旦以及县卫生健康委员会主任普卓嘎出席会议并致辞。自治区内外专家、部分市、县级医院创伤专业医务工作人员共100余人参加交流会。

26日　江孜县召开上海市浦东新区规划和自然资源局考察

江孜工作座谈会，浦东新区规划和自然资源局党组成员、副局长魏文与考察团全体成员，县委、县政府相关领导及部分负责人参加会议，会议由县委副书记、县长巴桑主持。会上，上海市浦东新区规划设计研究院高级工程师张龄结合前期调研及乡村振兴工作实际，从产业特色多元、研创培训先导、宜业宜居环境、林卡公共空间、山水生态完善、生态景观塑造六大战略重点展示《江孜县江热乡年堆乡乡村振兴发展整体规划》，围绕将光伏设施、合作社产业、旅游服务有机结合以环状模式发展，最终实现热土江孜产业兴旺之城，乐土江孜人民乐活之城，净土江孜生态文明之城等内容进行交流。

29 日　江孜县举办“三区”人才支持计划文化专项民族乐器培训班第一阶段培训成果汇报会。

是日　江孜县第六期中青班干部培训班在县委党校正式开班，来自相关乡（镇）、单位的 25 名科级后备干部参加此次培训。县委常委、江孜镇党委书记王胜利出席开班仪式并作动员讲话。

30 日　江孜县在家县级领导，县直机关、企事业干部职工代表，驻军部队代表和师生代表，共同参加“9·30”烈士纪念日公祭活动。副县长余锋主持活动，县委副书记张宏东参加活动并讲话。

10月

9 日　江孜县第六期中青年干部培训班第二阶段培训在上海市浦东新区区委党校正式开班。上海市浦东新区区委党校校务委员、教务处处长李江萍出席开班仪式并致欢迎词。

9—12 日　上海市浦东新区副区长吕雪城带队的浦东新区党政代表团一行到江孜县慰问上海市第九批援藏工作组干部并考察援建项目开展情况。

11 日　江孜县以“网络安全为人民，网络安全靠人民”为主题，正式启动 2021 年国家网络安全宣传周活动。

13 日　西藏自治区妇联党组成员、副主席龙措，日喀则市妇联党组书记、副主席拉巴确吉陪同中国人口福利基金会和北京协和医院相关专家一行到江孜县开展“幸福微笑——救助唇腭裂儿童”项目调研和集中筛选工作。

15 日　江孜县人民政府党组“一周一专题”第一次研讨会在县新时代文明实践中心会议室召开，会议以教育工作为主题，强调全县各级各部门和广大教育工作者要充分认识义务教育均衡发展的重要意义，共同努力办好让人民满意的教育工作。

16 日　江孜县以“发展粮食产业,助力乡村振兴”为主题，开展全国粮食安全宣传周活动。

19 日　江孜县新时代文明实践中心、县民政局、县艺术团联合在县特困人员集中供养服务中心开展以“敬老爱老 情暖夕阳”为主题的文艺慰问演出活动。

19 日至 21 日　江孜县委党校组织举办党史学习教育专题培训班，特邀相关部门主要领导和业务骨干人员授课，全县各乡（镇）党委副书记、统战委员或副乡长及部分县直机关副科级干部共 49 人参加培训。

20 日　江孜县召开铸牢中华民族共同体意识工作座谈会，西藏自治区党委民族工作调研组一行出席会议。

25 日　江孜县慈善协会第一届会员代表大会召开。

26 日　江孜县举行 2021 年低氟健康茶发放仪式,县委常委、副县长李小波，县委常委、统战部部长普布次仁，县委常委、江孜镇党委书记王胜利出席仪式，县商务局、县民族宗教事务局相关人员及江孜镇群众代表共 120 余人参加发放仪式。

29 日　江孜县召开 2021 年第四季度安全生产工作暨今冬明

春自然灾害防范工作电视电话会议，县委常委、常务副县长、县安全生产委员会副主任达娃次仁主持会议。

11月

3日　江孜县召开党史学习教育工作汇报会。西藏自治区党委党史学习教育第二巡回指导小组、市委党史学习教育相关负责人出席会议。会议由县委书记陈昊主持。

5日　江孜县新时代文明实践中心以“开展志愿工作，打通服务基层群众‘最后一公里’”为主题，组织各乡（镇）新时代文明实践服务所、站开展“西藏新时代文明实践推动日”志愿服务活动。

8日　江孜县青年读书班在县总工会干部职工共享之家举行开班仪式。开班仪式上，县委副书记、读书班班主任张宏东作开班仪式讲话,江孜县“四大班子”领导，县直部门和企事业单位负责人、青年职工代表共50余人参加开班仪式。

8—13日　江孜县新时代文明实践中心设立专门考核小组，对全县19个乡（镇）新时代文明实践所、站开展2021年新时代文明实践考核工作，了解督导新时代文明实践工作总体建设及工作推进情况。

11日　江孜县人民政府妇女儿童工作委员会办公室在江孜县日星乡央嘎氆氇加工农民专业合作社开设农牧民妇女手工编织培训班，县妇联全体工作人员、央嘎氆氇农民专业合作社全体员工及2名培训教师、15名农牧民妇女学员参加培训。

17日　江孜县离退休老干部职工座谈会在县老干部活动中心召开。44名离退休干部职工代表参加座谈会。县委书记陈昊、县委副书记张宏东出席会议。

18日　江孜县人民政府召开2021年前三季度全县经济运行情况分析暨安全生产再部署会议。

24日　江孜县召开2021年度“争做神圣国土守护者、幸福家园建设者”乡村振兴人才表彰大会。县委书记陈昊出席会议并讲话。县委副书记张宏东主持会议。在家县级领导、表彰对象、乡（镇）党政主要负责人、乡村振兴专干代表及各县直机关、各人民团体主要负责人共100余人参加会议。

12月

1日　江孜县项目推进及储备工作会议在党政综合办公楼307会议室召开。县委副书记、县长巴桑主持会议并讲话。

2日　江孜县组织召开2021年秋粮收购工作动员部署会议，会议贯彻落实国家粮食收购政策和市粮食收购工作会议精神，安排部署全县粮食收购工作，县人民政府副县长杨健出席会议，县发展和改革委员会、县财政局、县农业农村局、县市场监督管理局及11个乡（镇）主要负责人参加会议。

是日　江孜县2021年转移就业工作第4次推进会在江孜县新时代文明实践中心召开。江孜县委常委、县人民政府副县长李小波出席会议并讲话。江孜县人力资源和社会保障局相关负责人，19个乡（镇）主要负责人及专干共计50余人参加会议。

是日　江孜县召开创建全国民族团结进步示范县工作推进会，会议通报全县创建民族团结进步示范县工作开展情况，县委副书记，县长巴桑出席会议并作讲话，副县长拉桑桑旦主持会议，县委常委、统战部部长普布次仁及县直机关单位主要负责人在县主会场参会，各乡（镇）设分会场。

8日　江孜县新时代文明实践中心召开江孜县2021年度“五比”竞赛动员部署会,会议就“五比”竞赛工作进行部署。

13日 江孜县军地联合举行第八个国家公祭日悼念活动，开展奏唱国歌、脱帽默哀、献花等仪式。

14日 西藏自治区宣讲团到江孜县开展中共十九届六中全会和中共西藏自治区第十次党代会精神宣讲报告会。报告会由自治区党委统战部副部长、自治区工商联党组书记王念东主讲。

是日 自治区党委统战部副部长、自治区工商联党组书记王念东一行宣讲团同江孜县民营企业家开展互动交流座谈会。

16日 江孜县召开2021年今冬明春消防安全专题部署会。县委常委、副县长李小波主持会议并讲话。

是日 江孜县举行“三区”人才支持计划文化专项民族乐器培训班培训成果汇报会，县级在家领导出席会议，并为参训学员颁发结业证书。

17日 江孜县卫生健康委员会与江孜县中心医院组织召开江孜县医共体工作会议，介绍医共体开展情况，并就县域医共体建设下一步的发展方向进行汇报。

21日 江孜县开展新冠肺炎疫情防控应急处置演练活动，设置宗山广场、凌和广场、车仁乡3个采样点进行区域性全员核酸检测演练。

是日 江孜县新时代文明实践中心以“珠峰讲堂颂党恩，边疆儿女笑开颜”为主题在热索乡、重孜乡、紫金乡、康卓乡开展暖冬“六送”实践活动。

23日 江孜县宗城投资实业开发有限公司联合县委政法委员会（雪亮专班组）组织县发展和改革委员会、县住房和城乡建设局、县财政局、县电信公司及参建三方开展“雪亮工程”竣工验收工作。特别邀请在西藏自治区经济和信息化厅专家库备案的中国农业科学院、西藏大学、中浙信科技咨询有限公司的3名专家全程参与验收。

31日 江孜县召开2021年度党（工）委书记抓基层党建工作述职评议会。县委党建工作领导小组组长陈昊主持会议并讲话。县委党建工作领导小组副组长、成员，行业系统党工委书记，各乡（镇）党委书记，部分“两代表一委员”，部分机关党支部书记参加会议。市委组织部有关人员到会指导。

江孜概览

中國歷史
文化名城

人文地理

【地理境域】 江孜曾名季阳岗、江喀孜、江卡尔孜。位于西藏自治区南部，雅鲁藏布江支流年楚河上游，拉亚公路和日亚公路交会处，处于北纬28° 30′至29° 18′、东经89° 06′至90° 12′，北靠仁布县，南邻康马县，西接白朗县，东与山南市浪卡子县相连。县境东西长104.1千米，南北宽90千米，全县总面积3849.3平方千米，耕地面积10798.8公顷，林地面积51720公顷，草场面积320460公顷。县城所在地海拔4050米。

【行政区划】 江孜县驻地在江孜镇，辖1个镇（江孜镇）、18个乡（江热乡、紫金乡、重孜乡、热索乡、达孜乡、藏改乡、年堆乡、车仁乡、卡麦乡、卡堆乡、纳如乡、日朗乡、龙马乡、热龙乡、康卓乡、金嘎乡、日星乡、加克西乡），152个行政村，3个社区，367个自然村。

【人口·民族】 江孜县常住人口68650人。其中农村人口64367人，人口出生率9.8‰，自然增长率5.1‰。民族以藏族为主，占总人口的95.8%，其他民族人口占全县总人口的4.2%（汉族占3.47%，其他少数民族占0.73%）。

经济建设

【农牧业】 2021年，江孜县农作物种植面积16.32万亩。其中粮食作物面积12.54万亩，经济作物面积2.58万亩，饲草面积1.2万亩，粮经饲比例为77∶15∶8。绿色高质高效创建示范田10万亩，测土配方施肥示范面积10.3万亩。粮油产量达到6.63万吨，青稞产量达到5.82万吨，小麦产量达到4065.2吨，油菜产量2839吨，蔬菜产量达到3.37万吨，青饲草产量9948.9吨。牲畜存栏30.25万头（只、匹），新生仔畜达到11.49万头（只、匹），成活率达到85%，出栏9.52万头（只、匹）。奶产量1.84万吨，肉产量1955.31吨，禽蛋产量78.15吨。

【项目建设】 2021年，江孜县投资2800万元新建农村公路项目4个，农村公路通车里程达680.6千米，建制村通达率100%。开通（覆盖）农村客运班线乡（镇）19个，建制村129个，开通（覆盖）率分别达100%、84.86%。投资1228.85万元，完成县域水库维修、排水工程硬化、防洪堤修建等8个水利基础设施项目建设。农村安全饮水集中供水率达到98%，自来水入户率达96%以上。同时把项目管理摆在县域经济发展的支撑位置，开展“十四五”规划项目的谋划和储

7月20日，县委书记陈昊（右二）在江孜县国合商业联营公司菜市场调研“菜篮子”工程实施情况，图为走访卖菜商家

备工作。

【产业发展】2021年，江孜县共实施青稞、沙棘、藏红花、民族手工业、光伏等31个优势产业扶贫项目，累计投入资金56632.78万元。截至年末，完工项目30个，均投入运营，在建项目1个。

【招商引资】2021年，江孜县完成招商引资项目20个，到位资金2.77亿元。

【乡村振兴】2021年，江孜县持续实施农村人居环境整治三年行动，并完成“厕所革命”整村推进2153户。实施村庄规划提升工程，规范修订村规民约。完善村（居）标准化建设。

【旅游业】2021年，江孜县共接待游客564700人次（全部为内宾），同比增长7.3%，实现旅游综合收入10095.47万元，同比增长199.3%。本地农牧民群众参与旅游业实现转移就业达281人次，其中大学生就业12人，共计实现就业收入114.93万元。

【经济发展】2021年，江孜县实现地区生产总值29.35亿元，同比增长6.5%。其中，第一产业完成5.63亿元，同比增长6.5%；第二产业完成6.93亿元，同比增长7.2%；第三产业完成16.79亿元，同比增长6.3%。全社会固定资产投资完成16.3亿元，同比增长10.3%；地方一般公共预算收入完成4647万元，同比增长2.7%；社会消费品零售总额实现8.24亿元，同比增长9.6%；农村居民人均可支配收入达到19777元，同比增长15.4%。

【特色产业】2021年，江孜县特色产业有青稞、沙棘、酥油奶渣、旅游业和现代农业。青稞产量5.82万吨，江孜沙棘产值1428.16万元，旅游接待56.47万人次。红河谷现代农业科技示范区形成蔬菜花卉种苗培育、设施蔬果生产、科普科育、农技培训、休闲观光五项主导产业。

【兴边富民】2021年，江孜县加强“一老一小”建设，开展群团组织、民营企业及广电、审计、统计、方志、人防、消防、地震、气象、档案、外事侨务、藏语言文字等工作。

【对口援藏】2021年，江孜县实施援藏项目15个，总资金8095万元，总投资约1.2亿元，项目开工率、竣工率均为100%，资金拨付率97.5%。通过“请进来”“走出去”及远程教育方式推进“组团式”援藏，开展交流学习2498人次。在全县推广科创实验室建设。建立浦东新区卫生系统重点学科［腔镜、妇科、骨关节、ERCP（内镜逆行胰胆管造影）等］援建专家团队，推进江孜县人民医院创建三级医院。在江孜县重孜乡建设自

10月11日，上海市浦东新区党政代表团一行到江孜县藏改乡夏尔岗村调研乡村建设情况，图为听取村干部讲解乡村建设情况

治区第一家医养结合的中心卫生院。开展“点亮明眸、关注中小学生眼健康”公益项目，为江孜县中小学生免费筛查视力、眼疾5000余人次，开展眼健康集中讲座4场，为学生免费配镜2169人次。募集社会捐赠现金50万元，实物价值30万元。

社会发展

【深化改革】2021年，江孜县完成基准地价更新和标定地价公示及地价动态监测，颁发农村宅基地确权登记证8679本，办理不动产权证书529本，不动产登记证明70份。

【政务服务】2021年，江孜县完成市委“13+7”为民办实事459件。全年共办理人大代表建议159件、政协委员提案90件，答复率均达100%。推进党史学习教育和“三更”专题教育。落实中央八项规定精神，“三公”经费支出715.79万元。政务服务大厅受理事项增加至69项。网上办件完成76183件，电子证照签发13787张。

【教育事业】2021年，江孜县推进学校标准化建设，投资1.22亿元实施师生暖心工程、幸福工程。为全县18所乡村小学实施供暖和安全饮水工程项目。县政府配套资金1115.51万元，占财政收入的25%。县教育局为550名学生兑现自治区、市级下达2020—2021学年建档立卡脱贫户大学生免费教育补助资金196.02万元。上海市第九批援藏小组设立浦江奖教金，每年投入135万元，用于表彰每学年小学六年级及初三毕业班优秀教师。2021年江孜高级中学高考参考519人，上线509人，上线率98.07%。2所初级中学中考参考人数942人，其他省市西藏高中班上线94人，上线率9.98%。

【医疗卫生】2021年，江孜县投资2730.1万元开展县乡医疗卫生机构标准化建设；投资1100万元建设基础条件完善的重孜乡中心卫生院项目；投资1340万元完成江孜县卫生服务中心改扩建项目、江孜县人民医院新建医用高压氧舱建设项目等；投资290.1万元开展公共卫生和重大防控救治体系建设项目；投资200万元实施江孜县应急物资保障体系建设项目。年内，江孜县乙肝疫苗应种2225人，实种2172人，接种率97.62%；卡介苗应种719人，实种702人，接种率97.64%；脊髓灰质炎疫苗应种2354人，实种2228人，接种率94.65%；百白破疫苗应种2721人，实种2495人，接种率91.69%。截至2021年11月，全县产妇共747人，其中建册人数725人，建册率达到97.05%；产前检查人数736人，产检检查率达到98.53%，产检5次以上达92%，高危孕产妇跟踪管理、监测、随访和住院分娩率达100%。

【文化事业】2021年，江孜县举办江孜县“3·28”西藏百万农奴解放纪念日文艺演出，江孜县庆祝中国共产党成立100周年、西藏和平解放70周年文艺晚会；组织县艺术团在白居寺、驻地部队开展“民族团结进寺庙”“民族团结进军营”“我们的节日·中秋”等演出宣传活动。开展“珠峰讲堂颂党恩、边疆儿女笑开颜”中共十九届六中全会精神宣讲暖冬实践行动文艺巡演活动。县艺术团创作民族团结相关小品《党的政策暖人心》《新时代幸福生活》等作品13部，开展民族团结相关文艺下乡演出总数达72场次，观众达2万余人次。开展“戏曲进乡村”活动，开展卡堆藏戏队等民间各类戏曲班子的保护与传承工作。

【生态环保】2021年，江孜县利用国际生物多样性日、世界环境日、环保宣传月为契机开展以“魅力单车 低碳环保”为主题的骑行活动及集中宣传活动。累计在宗山广场开展环境保护知识宣传活动12次，发放6种不同的环境保护手册1万余册，环保袋和围裙套袖5000余条，发放《人与自然和谐共生倡议书》200余份,制定宣传制品投入7.09万元。发放第三批乡村整治物资（含240升大型垃圾桶1550个、扫帚880把）覆盖19个乡(镇)。投资153.47万元实施24个农村饮用水源地环境保护工程项目。

【社会保障】 2021年，江孜县投入2.05亿元巩固拓展脱贫攻坚成果，全县监测对象无人返贫致贫。兑现创业资金181.03万元，完成职业技能培训2228人，高校毕业生就业率99.5%，农牧民转移就业24066人。建成核酸检测实验室2座，开展检测2.86万人次，接种新冠疫苗13.18万剂次。推进医疗共同体建设,“中心医院”挂牌成立。养老、医疗保险参保率均达97%以上。兑现救助资金1086.88万元，受益群众3494人次。成立江孜县慈善协会，募集善款1001.2万元。

江孜风物

【江孜宗山抗英遗址】 江孜宗山古城堡位于江孜县城中央的宗山上，山顶海拔4187米，是西藏保存最为完整的一座古城堡。属于国家AAA级旅游景区。北宋乾德五年（967），由吐蕃王朝后裔白阔赞始建。元至正二十五年（1365），江孜法王帕巴贝重新修建宫殿和城堡。明洪武二十三年（1390），贡嘎帕在宗山上修建如意宝洲佛殿。帕竹地方政权时期，江孜为十三个大宗之一，宗政府设在宗山上，设有议事房、差税房、仓库、地牢、刑场等。清朝时期，噶厦地方政府仍在宗山上。清光绪三十年（1904），英军入侵江孜，江孜军民凭借宗山天险，进行江孜保卫战。后因寡不敌众,弹尽粮绝,全部跳崖殉国。从此人们称江孜为“英雄城”，宗山被称为“英雄峰”，江孜宗山古城堡成为著名的抗英遗址。1961年，宗山抗英遗址被国务院列为重点文物保护单位。1996年，中共中央宣传部确定宗山抗英遗址为全国爱国主义教育基地之一。2007年，被国家民委列入第二批全国民族团结进步教育基地名单。

【帕拉庄园】 帕拉庄园位于江孜县城以南的江热乡班久伦布村，是西藏保留最为完整的封建农奴主庄园，国家AAA级旅游景区。帕拉家族是个有着300余年历史的古老家族，是旧西藏著名的八大贵族之一。中华人民共和国成立前，帕拉家族在江孜、白朗、康马、山南、拉萨等地共拥有37个庄园。帕拉庄园为其主庄园。庄园分前院、中院、后院，以及供农奴居住的农奴院。前院为马厩和单身农奴居住的地方。中院为堡式建筑。东、西、南三面为二层廊式偏房，主要为管家及家

全国重点文物保护单位——帕拉庄园，图为帕拉庄园正门
（摄于2021年7月）

奴工作作坊和各类库房。后院为花园，是农领主和夫人用餐、洗浴及娱乐的地方。农奴院为独立小院，在庄园前院的正对面，是家奴居住和生活的场所。1994年，帕拉庄园被西藏自治区团委确定为“全区青少年爱国主义教育基地”。1996年，帕拉庄园被西藏自治区列为全区重点文物保护单位。2013年，帕拉庄园被国务院列为全国重点文物保护单位。

【白居寺】 白居寺位于江孜县城的西部，始建于明永乐十六年（1418），由江孜法王绕丹贡桑帕和一世班禅克珠杰主持修建。寺庙全称“吉祥轮上乐金刚鲁希巴坛城仪轨大乐香水海寺”，简称“班廓曲德”，意为“吉祥大乐寺”。白居寺是西藏唯一一座集萨迦、格鲁、普顿派三大教派于一寺的寺院。主要建筑有主殿措钦大殿、东西净土殿、觉登殿、道果殿、夏耶拉康佛殿、吉祥多门塔（又称“万佛塔”）。白居寺是西藏14世纪、15世纪藏传佛教寺院建筑的杰出代表。1996年，白居寺被国务院列为全国重点文物保护单位。

【达玛节】 藏历四月十日到二十八日，是江孜传统节日——达玛节。“达玛”藏语意为跑马射箭。传说为祭祀江孜法王绕丹贡桑帕巴桑布而设立。明永乐六年（1408），藏历四月十日至四月二十七日，江孜法王绕丹贡桑帕为其祖父念经祭祀，二十八日开始进行展佛、跳神等活动，另开展角力、跑马、抛石头等娱乐活动，这一祭祀活动由此沿袭下来。明正统十二年（1447），增加跑马射箭比赛,正式形成江孜“达玛节”。17世纪中叶，五世达赖统辖全藏，委派僧俗官员主持节日，活动由一天改为三天。近代，达玛节在公历6月、7月举行（农闲时节）。

【江孜卡垫】 11世纪，年楚河是西藏仲丝生产的中心，在年楚河中游地区（现白朗县旺丹一带）出产一种名叫“旺丹仲丝”的手工业产品。到萨迦王朝时期，仲丝得到发展，开始形成较完整的图案（简单的几何纹样）。江孜城区人民利用岗巴嘎西的岗仲和白朗旺丹仲丝的生产技术，融会贯通，不断改进，逐步由传统仲丝向现代仲丝过渡，并形成独具江孜特色的仲丝。江孜地毯总结藏民族编织工艺，从初期使用粗糙毛织物开始，到逐步编织“溜”（一种粗糙的编织工艺）、修剪、“旺丹仲丝”以及现代仲丝的生产技艺，并且推陈出新，集合现代科学的发展和审美观念的变化，在地毯图案、纺线、染色、编制、剪花等方面做改善，形成如今的江孜地毯。

【齐吾岗唐卡】 齐吾岗派形成于13世纪，创始人出生于山南雅堆村，世称雅堆齐吾岗巴。修建于明宣德二年（1427）的江孜十万佛塔塔内绘制的各类壁画，是齐吾岗派绘画艺术的巅峰。齐吾岗派以用色大胆细腻，画风朴

国家级非物质文化遗产——藏族唐卡（齐吾岗派），图为传承人加白多吉在绘制底稿（摄于2021年2月）

自治区级非物质文化遗产——达果美果　　（摄于2021年7月）

素流丽，人物面部表情丰富不雷同等特点，与后期形成的勉唐、钦则、噶赤派形成对比，为西藏绘画开元启后的重要绘画流派，在修复古建筑壁画及造像方面发挥重要作用。

【谢玛氆氇编织】 藏改乡杂吾达村是全西藏闻名的氆氇加工制造地之一，当地的氆氇编织技艺有千年历史，所产氆氇是旧西藏向中央政府进献的重要贡品之一。谢玛氆氇编织以用料精细，质量上乘闻名。原料选用江孜县主要牧区长毛羊颈部的细毛，经手工加工而成。

【达果美果】 重孜乡的“达果美果”舞是格萨尔王时期的一种战前舞，据说格萨尔王每次带兵出征前，皆率士兵跳此舞，以此操练布阵壮大军威，骑士们身穿盔甲、手持宝剑，并将战马也披上盔甲、马鞍等战备装饰，送行的家属和全村的妇女们身穿节日的盛装，佩戴由巴国、巴珠、吉达等组成的装饰品，手捧洁白的哈达，端上青稞美酒，边唱边跳凯旋之歌,场面非常的壮观且感人。重孜乡的“达果美果”舞流传久远，显示了藏族人民不畏强敌，勇往直前的英雄气概。重孜乡被列为中国民间艺术之乡。近年来，重孜乡的“达果美果”舞成为江孜“达玛节”文艺演出上的保留节目。

【金嘎传统榨油技艺】 江孜拥有广阔的油菜花田，菜籽油闻名自治区内外。悠久的榨油传统，让古老的榨油技艺得以流传至今。几百年前，恰左哈洛发现当地原始的榨油技艺严重制约农民的生产生活，寻访各地榨油坊，结合金嘎当地实际，形成生产质量更加优秀、工艺程序更加简便、效率更高的榨油技艺。

金嘎榨油技艺，分为七步。淘洗：在溪水中洗去灰尘杂质。晾晒：把洗净的油菜籽在阳光下晾晒，并不断用木耙翻转，让其曝晒均匀。除杂：在晾晒的同时，用筛子筛去石块、土块等杂质，并在微风中迎风除去麸皮等杂质。碾压：在石手磨上，将干净的菜籽不断研磨。一般使用水轮驱动的传统水磨。碾磨完的菜籽粉在水轮驱动的石杵上进行杵打碾细。蒸制：将菜籽粉在灶台上用水蒸气蒸熟。蒸菜籽粉时，在特制的漏底陶锅上蒸制。榨制：将蒸熟的菜籽粉放入毛织袋中包裹紧实，搁进榨油台上，在其四周空隙不断插入木条，确保无缝隙,并便于织袋的取出。榨油时，将长方压木一头插入榨油台前的壁孔中，利用杠杆原理，在压木的另一端搁放许多厚石板，菜籽编织袋上放进石头木块压条压实。在重力的作用下，新鲜的菜籽油就能从油槽中流出来。回炉：从榨油台取出后，在碎粉台上把结块的粉连同织袋弄碎。一袋菜籽粉要榨出头、中、尾三次油，经过两次“回炉”，才能成为牲口食用的饲料。

江孜县组织机构及其负责人

中國歷史文化名城

中共江孜县委

书　　记

白　　玛（藏族，5月免，一级调研员）

陈　　昊（5月任，一级调研员）

常务副书记

张　　毅（5月任正县级，上海援藏干部）

副 书 记

杨　　军（5月免）

巴　　桑（藏族，5月任）

张　　峰（5月免，一级调研员）

尼玛次仁（藏族，6月免，一级调研员）

张 宏 东（5月任，5月任二级调研员）

常　　委

达娃次仁（藏族，7月任，11月任三级调研员）

方 美 远（2月免）

俞 永 超（2月任）

扎西平措（藏族，5月免，三级高级警长）

普　　琼（藏族，4月免，二级调研员）

仓 木 决（女，藏族，4月任，二级调研员）

李 小 波

张　　锋（5月免，二级调研员）

赵　　玮（5月任，二级调研员）

吴　　锋（5月任，5月任二级调研员）

汪　　芳（上海援藏干部）

普布次仁（藏族）

桑　　布（藏族，5月任，三级高级警长）

王 胜 利（5月任）

县委各部、委、办、局

中共江孜县委办公室

主　　任

李　　静（女，一级主任科员）

副 主 任

边　　巴（藏族，8月免，三级主任科员）

吴　　伟

边巴顿珠（藏族）

中共江孜县委组织部

部　　长

赵　　玮（三级调研员）

常务副部长

尼玛扎西（藏族，一级主任科员）

副 部 长

央　　宗（女，藏族，四级调研员）

强　　珍（女，藏族）

周　　易（4月免）

党 高 明（4月任）

次仁顿珠（藏族，2月任）

孙　　丽（女，4月任）

中共江孜县委政法委员会

书　　记

扎西平措（藏族，7月免）

桑　　布（藏族，7月任，三级高级警长）

常务副书记

索　　欧（藏族，4月任，二级主任科员）

副 书 记

索　　欧（藏族，4月免，二级主任科员）

李 周 敏（2月任，三级主任科员）

单增索朗（藏族）

扎　　央（女，藏族，4月任）

中共江孜县委宣传部

部　　长

普　　琼（藏族，4月免，二级调研员）

仓 木 决（女，藏族，5月任）

常务副部长

果　　果（女，藏族，二级主任科员）

副部长

达娃次仁（藏族，4月免，三级主任科员）

郝 宇 航（4月任）

达　　拉（女，藏族，三级主任科员）

欧 传 汉（2月任）

普布旦增（藏族，2月任）

广播电视局局长

达娃次仁（藏族，4月任，三级主任科员）

电视台台长

边巴顿珠（藏族，8月免）

电视台副台长

李 纪 阳（8月免）

融媒体中心主任

边巴顿珠（藏族，8月任）

中共江孜县委统一战线工作部

部　　长

普布次仁（藏族）

常务副部长

张 卫 红（女，藏族，2月免，三级调研员）

阿旺赤列（藏族，2月任，一级主任科员）

副 部 长

格桑多吉（藏族，一级主任科员）

桑　　珠（藏族）

宋 兵 良（2月任，三级主任科员）

中共江孜县委党校

校　　长

张　　毅（上海援藏干部）

赵　　玮（8月任，二级调研员）

常务副校长

格桑达娃（藏族，4月免，一级主任科员）

但 玉 华（4月任，四级调研员）

副 校 长

党 高 明（4月免）

索　　片（女，藏族，4月任，二级主任科员）

中共江孜县委巡察工作领导小组办公室

主　　任

白　　玛（女，藏族，一级主任科员）

巡察一组组长

尼玛卓嘎（女，藏族）

巡查二组组长

边　　片（女，藏族，9月任一级主任科员）

副 主 任

张 华 桥（2月免，三级主任科员）

张 传 伟（2月任）

巡察一组副组长

巴桑仓决（女，藏族，三级主任科员）

巡察二组副组长

次　　朗（藏族，4月免，三级主任科员）

德吉卓嘎（女，藏族，4月任，三级主任科员）

江孜县人民代表大会常务委员会

主　　任

张　　峰（7月免，一级调研员）

杨 伟 功（7月任，一级调研员）

副 主 任

幸 建 锋（6月免，二级调研员）

多 布 杰（藏族，5月退休，三级调研员）

拉　　平（藏族，10月任，二级调研员）

旦增欧珠（藏族，四级调研员）

班　　久（藏族，7月任）

孙　　健（7月任）

江孜县人民代表大会各办公室及各专门委员会

江孜县人大常委会办公室

主　　任

吴 晓 静（女）

副 主 任

其美卓嘎（女，藏族，4月免）

德庆白玛（女，藏族，9月）

江孜县人大财经农牧城建环保专门委员会

主任委员

漆 福 林（2月任）

副主任委员

旦　　增（藏族）

江孜县人大法制司法民族宗教专门委员会

主任委员

国　　杰（藏族，8月任，一级主任科员）

副主任委员

卓　　玛（女，藏族，2月任，二级主任科员）

江孜县人大教育科技文化旅游卫生专门委员会

主任委员

丹增卓玛（女，藏族）

副主任委员

次旦卓嘎（女，藏族，2月任）

江孜县人民政府

县　　长

杨　　军（7月免）

巴　　桑（藏族，7月任）

常务副县长

尼玛次仁（藏族，7月免，一级调研员）

达娃次仁（藏族，7月任）

副 县 长

李 小 波

汪　　芳（上海援藏干部）

杨 秀 梅（女，三级调研员）

达　　次（藏族，7月免）

桑　　果（藏族，7月免）

尼　　琼（女，藏族，7月免）

边　　巴（7月任，二级调研员）

崔 国 禄（7月任）

拉桑桑旦（藏族，7月任，三级调研员）

余　　锋（10月任，三级调研员）

县政府各委、办、局

江孜县人民政府办公室

主　任

南 志 军

副主任

李　　恒（2月免，三级主任科员）

达　　珍（女，藏族，8月免，二级主任科员）

边　　巴（藏族，8月任，二级主任科员）
徐 江 涛（2月任，三级主任科员）
杨　　柳（4月任）

江孜县民政局

局　长

国　　杰（藏族，8月免，一级主任科员）
达　　珍（女，藏族，10月任，二级主任科员）

副局长

安　　森（女，三级主任科员）
次仁顿珠（藏族，12月任，二级主任科员）
次旦卓嘎（女，藏族，二级主任科员）

江孜县财政局

局　长

索朗次旦（藏族，8月任）

副局长

次旦卓嘎（女，藏族，2月免）
米玛次仁（藏族，2月任）
索朗次旦（藏族，8月免）
张 静 心（女，满族）

副主任科员

次旺卓玛（女，藏族）
王　　政

江孜县发展和改革委员会

主　任

旦增罗布（藏族，一级主任科员）

副主任

郭 誉 亭（上海援藏干部）
索　　仓（女，藏族）
胡 倩 倩（女）
加参多吉（藏族，2月免）
次　　平（藏族，2月任）

江孜县公安局

局长、督察长

扎西平措（藏族，6月免）
桑　　布（藏族，6月任）

东郊一级公安检查站站长、政委

张　　浩（5月免，三级高级警长）
李 积 平（5月任）

副局长

普　　顿（藏族，四级高级警长）
顿　　珠（藏族，四级高级警长）

冲萨林派出所所长

巴桑顿珠（藏族，四级高级警长）

刑侦大队队长

达瓦顿珠（藏族，四级高级警长）

江孜县教（体）育局

局　长

阿旺洛桑（藏族，四级调研员）

副局长

徐 江 涛（2月免，三级主任科员）
巫　　蓉（女，三级主任科员）
扎西罗布（藏族，2月任）
卓玛次仁（女，藏族，4月任，二级主任科员）
李 擎 昊（上海援藏干部）

教研室主任

巴　　平（藏族）

江孜县人力资源和社会保障局

局　长

格桑卓玛（女，藏族，2月免，一级主任科员）
强　　珍（女，藏族，2月任）

副局长

蔺 莉 华（女，藏族，三级主任科员）
张 华 桥（2月任，三级主任科员）
次仁南木加（藏族，4月任，三级主任科员）

社保中心主任

晋美多吉（藏族，四级主任科员）

江孜县农业农村局

局　长

边巴顿珠（藏族，2月任，四级调研员）

副局长

达瓦措白（藏族，一级主任科员）

索　　片（女，藏族，二级主任科员）

孔 金 秋

江孜县住房和城乡建设局

党组书记、局长

达　　次（藏族，8月免，一级主任科员）

扎西云旦（藏族，8月任）

副局长

刘 瑞 锋（上海援藏干部）

廖 志 琼（女，4月免，三级主任科员）

牛　　婧（女，4月任）

扎　　央（女，藏族，三级主任科员）

旦增罗布（藏族）

江孜县卫生健康委员会

主　任

普 卓 嘎（女，藏族，一级主任科员）

副主任

达娃普芝（女，藏族，4月免，三级主任科员）

柳 银 船（4月免，三级主任科员）

王 卫 国（上海援藏干部）

米　　玛（藏族，二级主任科员）

卓　　玛（女，藏族，4月任，三级主任科员）

穷　　达（藏族）

江孜县疾控中心

主　任

次　　平（藏族）

副主任

顿珠扎西（藏族）

尼玛潘多（女，藏族）

江孜县林业和草原局

局　长

边巴次仁（藏族，2月免，三级调研员）

蒲 亚 军（2月任，一级主任科员）

副局长

扎西央宗（女，藏族，一级主任科员）

旦增欧珠（藏族，三级主任科员）

江孜县医疗保障局

局　长

洛桑卓玛（女，藏族，一级主任科员）

副局长

顿　　珠（藏族，三级主任科员）

李 妮 华（女）

江孜县文化和旅游局

局　长

白玛德吉（女，藏族，2月免，四级调研员）

普布旦增（藏族，2月任）

副局长

罗　　旦（藏族，2月免，一级主任科员）

拉巴卓玛（女，藏族，2月任，二级主任科员）

曾　　毅（三级主任科员）

达　　片（女，藏族）

执法队队长

达　　片（女，藏族，2月任）

文化艺术馆馆长

朗　　杰（藏族）

江孜县司法局

局　长

普布顿珠（藏族，3月免，四级调研员）

袁 海 恩（4月任局长，10月任党组书记，一级主任科员）

副局长

徐 程 煌（10月任党组成员，三级主任科员）

张 松 恒（4月任）

洛桑扎西（藏族，9月任，10月任党组成员，三级主任科员）

江孜镇司法所所长

郭　　芳（女，9月任）

江热乡司法所所长

多吉顿珠（藏族，9月任）

年堆乡司法所所长

琼　　吉（女，藏族，9月任）

重孜乡司法所所长

旦增罗布（藏族，9月任）

卡堆乡司法所所长

王 智 浩（9月任）

热索乡司法所所长

边巴穷达（藏族，9月任）

江孜县退役军人事务局

局　长

李　　恒（2月任）

副局长

杨　　刚（白族，4月免，三级主任科员）

贡桥昂姆（女，藏族）

巴桑片多（女，藏族，4月任）

江孜县自然资源局

局　长

扎巴仁青（藏族，2月免，二级主任科员）

占 冠 元（2月任，8月免，二级主任科员）

达　　次（藏族，8月任，一级主任科员）

副局长

徐 云 芬（女，7月免，一级主任科员）

曹 耀 籍（8月任）

江孜县科学技术局

局　长

曲　　宗（女，藏族，2月免，三级调研员）

白玛德吉（女，藏族，2月任，四级调研员）

副局长

杨　　雄

次旦卓嘎（女，藏族，三级主任科员）

江孜县水利局

局　长

边巴顿珠（藏族，2月免，四级调研员）

加参多吉（藏族，3月任，一级主任科员）

副局长

旦增普尺（女，藏族，三级主任科员）

王　　龙（8月任）

陈　　福（7月免）

达　　多（藏族，4月任，三级主任科员）

江孜县商务局

局　长

边　　旺（藏族，一级主任科员）

副局长

旦增顿珠（藏族，4月免，三级主任科员）

陈 树 平（12月免，三级主任科员）

郈 飞 翔（2月任，三级主任科员）

白　　央（女，藏族，4月任，二级主任科员）

江孜县交通运输局

局　长

罗　　布（藏族，8月免，四级调研员）

顿珠次仁（藏族，8月任，一级主任科员）

副局长

唐 飞 飞（4月免，三级主任科员）

顿珠次仁（藏族，8月免，一级主任科员）

贡嘎米久（藏族，二级主任科员）

罗 玉 江（4月任，三级主任科员）

江孜县应急管理局

局 长

格桑罗布（藏族，4月免，四级调研员）

欧　　珠（藏族，4月任）

副局长

索朗次仁（藏族，8 月免）

瞿 兴 凡（2月任）

多吉次仁（藏族，2月任）

白玛曲珍（女，藏族，8月任，四级主任科员）

江孜县消防救援大队

大队长

多吉平措（藏族，三级指挥长）

副大队长

俸 靖 楠（傣族，一级指挥员）

站 长

唐　　聂（二级指挥员）

政治指导员

宋　　强（三级指挥员）

江孜县市场监督管理局

局 长

格　　桑（藏族，四级调研员）

副局长

次仁顿珠（藏族，1月免，三级主任科员）

多杰晋美（藏族，三级主任科员）

姚 廷 均（2月任，三级主任科员）

索朗扎西（藏族，2月任）

江孜县行政审批和便民服务局

局 长

达　　旺（藏族，一级主任科员）

副局长

索朗曲珍（女，藏族，三级主任科员）

尚　　岩（三级主任科员）

江孜县审计局

局 长

巴桑卓拉（女，藏族，一级主任科员）

副局长

赵 子 朴（三级主任科员）

索朗卓嘎（女，藏族）

江孜县统计局

局 长

索朗央宗（女，藏族，一级主任科员）

副局长

旦增布桑（藏族，二级主任科员）

杨　　洋（三级主任科员）

江孜县信访局

局 长

白玛次仁（女，藏族，一级主任科员）

副局长

杜 小 龙（2月任，三级主任科员）

巴桑顿珠（藏族，8月任，四级主任科员）

江孜县城市管理和综合执法局

局 长

仁增多吉（藏族，4月免，二级主任科员）

尼　　玛（藏族，4月任）

副局长

洛　　追（藏族，三级主任科员）

陈 建 松

德吉卓嘎（女，藏族，5月任）

江孜县民族宗教事务局

局　长

强巴顿珠（藏族，四级调研员）

副局长

米玛顿珠（藏族，一级主任科员）

姚 西 林（三级主任科员）

白玛曲珍（女，藏族，4月免）

索朗加措（藏族，4月任）

江孜县乡村振兴局（由扶贫开发办公室改组）

主　任

桑　　果（藏族，6月免）

副主任

普布旦增（藏族，2月免）

唐 建 新（三级主任科员）

贵　　吉（女，藏族）

边巴普赤（藏族，4月任，二级主任科员）

江孜县编译局（县藏语文工作委员会办公室）

局　长

伦　　杰（藏族，4月免）

拉　　欧（藏族，4月任）

副局长

次仁潘多（藏族）

中国人民政治协商会议江孜县委员会

主　　席

拉巴仓决（女，藏族）

副 主 席

闫 元 仓（7月免）

罗桑·多吉坚赞（藏族，党外人士）

扎　　塔（藏族，党外人士）

米 培 元（7月任）

罗　　布（藏族，7月任）

县政协办公室和专委会

中国人民政治协商会议江孜县委员会办公室

主　任

达娃桑布（藏族，2月免，四级调研员）

格桑卓玛（女，藏族，2月任，一级主任科员）

副主任

米玛卓玛（女，藏族，2月免，三级主任科员）

刘 洪 波（2月任，三级主任科员）

江孜县政协提案经济法制专门委员会

主　任

达娃桑布（藏族，2月任，四级调研员）

副主任

谢 军 飞（三级主任科员）

中共江孜县纪律检查委员会·江孜县监察委员会

纪委书记、监委主任

张　　锋（6月免，二级调研员）

吴　　锋（6月任，二级调研员）

纪委副书记、监委副主任

卓　　拉（女，藏族，4月免，一级主任科员）

艾 喻 华（6月任）

智美罗布（藏族）

纪委常委

刘 崇 尧（2月任）

监委委员

刘 崇 尧（2月任）

尼　　玛（藏族，三级主任科员）

监督检查室主任

伦珠曲培（藏族，2月任）

党风政风监督室主任

达瓦奴布（藏族，4月任，三级主任科员）

审查调查室主任

董 付 会（4月任）

杨　　蓝（女）

江孜县工商业联合会

主　席

格桑多吉（藏族）

副主席

索朗达瓦（藏族）

扎　　塔（藏族）

平　　措（藏族）

米玛平措（藏族）

旺　　加（藏族）

人民团体

江孜县总工会

主　席

班　　久（藏族，四级调研员）

副主席

卓　　玛（女，藏族，2月免）

牛 兵 兵（女，三级主任科员）

尼玛仓决（女，藏族，四级主任科员）

共青团江孜县委员会

书　记

央　　吉（女，藏族）

副书记

张　　腾

江孜县妇女联合会

主　席

边巴穷达（女，藏族，一级主任科员）

副主席

米玛片多（女，藏族，2月免）

中直、区直、市直单位

国家税务局江孜县税务局

局　长

米玛央吉（女，藏族）

副局长

普 潘 多（女，藏族，6月任）

代　　宏（6月免）

纪检组组长

扎西多吉（藏族，11月免，二级主任科员）

江孜县人民检察院

检察长

尼玛平措（藏族，8月免，三级高级检察官）

余　　杰（8月任）

副检察长

加　　参（藏族，8月免）

王　　瑾（女）

江孜县人民法院

院　长

洛桑旦增（藏族，6月免，三级高级法官）

巴桑次仁（藏族，6月任院长候选人，7月当选院长）

副院长

德　　吉（女，藏族，四级高级法官）

普 扎 西（藏族，四级高级法官）

德吉边宗（女，藏族，一级法官）

执行局局长

索朗多吉（藏族，2月任）

办公室主任

宋　　强（2月任）

日喀则市交通运输局江孜养护段

段　长

普　　琼（藏族）

副段长

拉　　顿（藏族）

巴桑吉拉（女，藏族）

江孜县气象局

局　长

西　　洛（藏族，一级主任科员）

副局长

罗　　布（藏族，三级主任科员）

气象台台长

拉　　珍（女，藏族）

西藏自治区满拉水利枢纽管理局

党委书记

赖 兆 万

局　长

洛桑多吉（藏族）

副局长

赖 兆 万

扎桑拉姆（女，藏族）

日喀则市生态环境局江孜分局

局　长

达瓦次仁（藏族）

副局长

白玛顿珠（藏族，三级主任科员）

企事业单位

江孜县人民医院

支部书记

格　　桑（藏族）

院长、医疗服务中心主任

王 卫 国（上海援藏干部）

支部副书记

尼玛旺堆（藏族）

副院长

尼玛旺堆（藏族）

扎西次仁（藏族）

江孜县宗城投资实业开发有限公司

董事长

强　　巴（藏族）

总经理

顿　　珠（藏族）

江孜县红河谷现代农业科技示范区

总经理

倪 广 超（四级主任科员）

副总经理

格　　桑（藏族，4月免，二级主任科员）

格桑央珍（女，藏族，4月任，三级主任科员）

中国电信集团江孜电信局

局　长

巴　　穷（藏族，1月免）

张　　柯（1月任）

副局长

达　　片（藏族）

中国移动通信集团江孜分公司

经　理

刘 小 军

中国联合通信网络集团公司江孜县分公司

经　理

普 片 多（藏族）

中国农业银行江孜县支行

行　长

朗 木 卓（藏族）

纪委书记

巴桑顿珠（藏族，1月任）

副行长

巴桑强巴（藏族）

江孜县邮政局

经　理

米玛琼达（藏族）

西藏自治区烟草公司日喀则分公司江孜配送中心

主　任

米玛次仁（藏族）

副主任

仁增多吉（藏族）

稽查大队队长

多　　加（藏族）

江孜县高级中学

党总支书记

巴桑次仁（藏族）

校　长

巴桑次仁（藏族）

党总支专职副书记

田　　勇

副校长

索朗多布杰（藏族）

田　　静

西　　洛（藏族，5月任）

江孜县第一中学

党支部书记

王　　婷（女）

校　长

拉巴顿珠（藏族）

副校长

多吉次仁（藏族）

普 仓 拉（女，藏族）

江孜县闵行中学

党支部书记

李 国 珍（女，蒙古族，8月任）

党支部副书记

索朗次仁（藏族，7月任）

副校长

罗　　杰（藏族）

卓　　嘎（女，藏族）

朗　　杰（藏族）

江孜县第一小学

党支部书记

童　　超（8月任）

校　长

仓　　决（藏族）

副校长

童　　超（8月任）

米　　玛（藏族，8月退休）

次　　顿（藏族）

米玛索朗（藏族）

江孜县第二小学

党支部书记

赵 广 坤（9月任）

校　长

普布旺堆（藏族，1月至8月兼任书记）

副校长

普 次 仁（藏族）

桑　　珠（藏族）

普　　琼（藏族）

江孜县第一幼儿园

党支部书记、园长

白玛罗布（藏族）

副书记

夏　　欢（女）

白　　曲（女，藏族）

江孜县第二幼儿园

园　长

巴桑贵吉（藏族）

副园长

拉　　琼（女，藏族）

教务主任

刘 娜 娜（女）

教务副主任

扎西卓玛（女，藏族）

江孜藏毯文化发展有限责任公司

董事长

旦增称来（藏族）

总经理

尼玛贵来（藏族）

监　事

琼　　达（藏族）

江孜县乡（镇）

江孜镇

党委书记

多 布 杰（藏族，4月免，三级调研员）

王 胜 利（4月任，四级调研员，5月任县委常委）

镇　长

袁 海 恩（4月免，一级主任科员）

仁增多吉（藏族，4月任）

人大主席

达　　贵（藏族，4月免，三级调研员）

扎西平措（藏族，4月任，一级主任科员）

党委副书记

袁 海 恩（4月免，一级主任科员）

仁增多吉（藏族，4月任）

普 扎 西（藏族，三级主任科员）

副镇长

卓玛次仁（女，藏族，4月免，三级主任科员）

郜 飞 翔（2月免，三级主任科员）

次　　多（藏族）

德吉卓嘎（女，藏族，2月任，三级主任科员）

索朗扎西（藏族，4月任）

党委纪委书记、监察室主任

次旺央卓（女，藏族，4月免，三级主任科员）

史 小 虎（4月任）

党委组织委员

孙　　飞

党委宣传委员

普　　尺（女，藏族，三级主任科员）

党委统战委员

次　　多（藏族）

党委政法委员

陈 昌 洪

江热乡

党委书记

普布桑珠（藏族，4月免，四级调研员）

孙　　健（4月任，一级主任科员）

乡　长

孙　　健（4月免，一级主任科员）

巴　　顿（藏族，4月任）

人大主席

达瓦卓玛（女，藏族）

党委副书记

孙　　健（4月免，一级主任科员）

索朗达娃（藏族，4月免，三级主任科员）

达瓦卓玛（女，藏族）

巴　　顿（藏族，4月任）

边丹曲达（藏族，4月任）

副乡长

张 松 恒（4月免）

边丹曲达（藏族，4月免）

旦增旺姆（女，藏族，4月免）

张 婷 婷（女，4月任）

王 合 峰（4月任）

伦珠次仁（藏族，4月任）

党委纪委书记、监察室主任

达 央 宗（女，藏族）

党委统战委员

杨　　蓝（女，2月免）

米玛吉巴（女，藏族，2月任）

党委政法委员

普布卓玛（女，藏族，4月免）

张 婷 婷（女，4月任）

党委组织委员

董 晋 棋（8月免）

张　　锐（8月任，四级主任科员）

党委宣传委员

巴　　旺（藏族，4月免）

陈 廷 武（4月任）

紫金乡

党委书记

黄 维 伟（男，4月免，四级调研员）

卓　　拉（女，藏族，4月任，一级主任科员）

乡　长

加　　措（藏族，4月免）

柳 银 船（4月任）

人大主席

普　　琼（藏族，4月免）

廖 志 琼（女，4月任）

党委副书记

加　　措（藏族，4月免）

普　　琼（藏族，4月免）

柳 银 船（4月任）

达瓦穷达（藏族，三级主任科员）

副乡长

巴桑片多（女，藏族，4月免）

白玛曲卓（女，藏族）

边　　多（藏族）

旦增旺姆（女，藏族，4月任）

党委纪委书记、监察室主任

达娃奴布（藏族，4月免，三级主任科员）

郭　　卫（4月任）

党委组织委员

杜 小 龙（2月免，三级主任科员）

郑 琨 鹏（2月任）

党委宣传委员

索朗旺姆（女，藏族）

党委统战委员

白玛曲卓（女，藏族）

党委政法委员

仓　　吉（女，藏族，二级警长）

重孜乡

党委书记

王 胜 利（4月免，四级调研员）

崔 国 禄（4月任，一级主任科员）

乡　长

扎西云旦（藏族，4月免，四级调研员）

白玛仁增（藏族，4月任）

人大主席

占 冠 元（4月免，二级主任科员）

扎巴仁青（藏族，2月任）

党委副书记

扎西云旦（藏族，4月免，四级调研员）

平措旺久（藏族，4月免，二级主任科员）

扎巴仁青（藏族，2月任）

大 片 多（女，藏族，4月任，三级主任科员）

白玛仁增（藏族，4月任）

副乡长

白玛仁增（藏族，4月免，三级主任科员）

次仁卓玛（女，藏族，4月免）

曲 玉 贵

普布潘多（女，藏族，4月任）

张　　娣（女，4月任）

党委纪委书记、监察室主任

白玛曲珍（女，藏族，4月免，三级主任科员）

王　　浩（4月任，三级主任科员）

党委政法委员

格桑朗加（藏族，一级警长）

党委统战委员

次仁卓玛（女，藏族，4月免）

张　　娣（女，4月任）

党委组织委员

格桑央珍（女，藏族，4月免，三级主任科员）

次　　琼（女，藏族，4月任）

党委宣传委员

拉　　宗（女，藏族，4月任）

热索乡

党委书记

欧　　珠（藏族，4月免，一级主任科员）

赵 英 俊（4月任）

乡　长

梁　　瑞（4月免）

格桑达娃（藏族，4月任，一级主任科员）

人大主席

索　　片（女，藏族，4月免）

扎西欧珠（藏族，4月任）

党委副书记

赵 英 俊（4月免）

梁　　瑞（4月免）

格桑达娃（藏族，4月任，一级主任科员）

扎西欧珠（藏族，4月任）

杨 廷 怀（回族，4月任，二级主任科员）

副乡长

仓　　木（女，藏族，4月免）

罗 玉 江（4月免）

张 松 恒（4月免）

马 顺 利（4月任）

次仁琼达（女，藏族，4月任）
巴桑央吉（女，藏族，4月任）
党委纪委书记、监察室主任
马　振
党委组织委员
巴　宗（女，藏族）
党委宣传委员
陈本说
党委统战委员
仓　木（女，藏族，4月免）
马顺利（4月任）
党委政法委员
旦　增（藏族）

达孜乡

党委书记
扎西平措（藏族，4月免，一级主任科员）
米培元（回族，4月任，一级主任科员）
乡　长
甘　剑（4月免，四级调研员）
央　吉（藏族，女，4月任）
人大主席
旺　珍（藏族，4月免，一级主任科员）
普布扎西（藏族，4月任）
党委副书记
甘　剑（4月免，四级调研员）
久美次仁（藏族，4月免，三级主任科员）
央　吉（藏族，女，4月任）
巴桑罗布（藏族，4月任）
副乡长
巴桑罗布（藏族，4月免）
米玛旺堆（藏族，1月任，三级主任科员）
邱茂林（2月任）
扎西旺姆（女，藏族，4月任）

党委纪委书记、监察室主任
刘　娟（女，藏族，4月免）
汪兆波（4月任）
党委组织委员
罗伟瑞
党委宣传委员
巴　珍（女，藏族，4月免，三级主任科员）
杨　凡（女，4月任）
党委统战委员
旦增卓玛（藏族，女，1月任）
党委政法委员
邱茂林（2月任）

藏改乡

党委书记
艾喻华（4月免，四级调研员）
周　易（4月任）
乡　长
次德吉（女，藏族，4月免，四级调研员）
达娃扎西（藏族，4月任）
人大主席
米玛顿珠（藏族）
党委副书记
次德吉（女，藏族，4月免）
达娃扎西（藏族，4月任）
米玛顿珠（藏族，二级主任科员）
仓卓玛（女，藏族，二级主任科员）
副乡长
拉　琼（女，藏族，4月免）
索朗旦增（藏族，4月免）
姜　雷（4月免）
乔　刚（4月任）
尼玛土旦（藏族，4月任）
范师维（4月任）

党委纪委书记、监察室主任

李 政 华（4月免，三级主任科员）

高 寿 涛（女，藏族，4月任）

党委组织委员

卢　　根（4月免）

张 敏 娜（女，4月任）

党委统战委员

尼玛拉姆（女，藏族）

党委宣传委员

普布卓玛（女，藏族）

党委政法委员

拉　　琼（女，藏族，4月免）

乔　　刚（4月任）

年堆乡

党委书记

旦增欧珠（藏族，4月免，四级调研员）

加　　措（藏族，4月任，四级调研员）

乡　长

田 志 用（一级主任科员）

人大主席

普　　琼（4月免，藏族，三级调研员）

邓 永 洪（4月任）

党委副书记

田 志 用

格桑曲珍（女，藏族，4月免）

索　　朗（藏族，4月任）

邓 永 洪（4月任）

副乡长

晋　　美（藏族）

专职副乡长

益西卓玛（女，藏族）

索朗顿珠（藏族，4月任）

党委纪委书记、监察室主任

德吉卓嘎（女，藏族，4月免，三级主任科员）

普布卓玛（女，藏族，4月任）

党委组织委员

旺　　堆（藏族）

党委统战委员

晋　　美（藏族）

党委宣传委员

王　　浩（4月免）

刘　　莱（4月任）

党委宣传委员

尼　　琼（女，藏族，4月免，三级主任科员）

刘　　莱（4月任）

党委政法委员

张 沥 心（女）

车仁乡

党委书记

群　　培（藏族，4月免，一级主任科员）

黄 红 梅（女，4月任，10月任四级调研员）

乡　长

黄 红 梅（女，4月免，一级主任科员）

达　　桑（藏族，4月任）

人大主席

尼玛次仁（藏族，4月免）

其美卓嘎（女，藏族，4月任）

乡党委副书记

黄 红 梅（女，4月免）

尼玛次仁（藏族，4月免）

卓　　玛（女，藏族，4月免，二级主任科员）

达　　桑（藏族，4月任）

秦　　岭（4月任，三级主任科员）

副乡长

阿旺赤列（藏族，2月免，一级主任科员）

罗布次仁（藏族，2月免，三级主任科员）

索朗旦增（藏族，4月免，三级主任科员）

喻　　梅（女，4月任）

索　　朗（藏族，2月任）
巴　　旦（藏族，4月任）
党委纪委书记、监察室主任
拉巴卓玛（女，藏族，2月免，二级主任科员）
何 雨 艳（女，2月任）
党委统战委员
阿旺赤列（藏族，2月免，一级主任科员）
旦增巴久（藏族，2月任，4月免，一级主任科员）
喻　　梅（女，4月任）
党委组织委员
索　　朗（藏族，4月免）
旦增赤列（藏族，4月任）
党委宣传委员
刘 文 娟（女）
党委政法委员
索朗亚珠（藏族，二级主任科员）

卡麦乡

党委书记
罗　　布（藏族，4月免，四级调研员）
刘　　飞（4月任，一级主任科员）
乡　长
刘　　飞（4月免，一级主任科员）
久美次仁（藏族，4月任）
人大主席
索朗旦增（藏族，4月免，二级主任科员）
旦增顿珠（藏族，4月任）
乡党委副书记
刘　　飞（4月免，一级主任科员）
索朗旦增（藏族，4月免）
李 保 成（4月免）
久美次仁（藏族，4月任）
仓　　琼（女，藏族，4月任，三级主任科员）
副乡长
苏 相 宇（回族，4月免）
米　　片（女，藏族，4月免，三级主任科员）
仓　　琼（女，藏族，4月免，三级主任科员）
米玛措姆（女，藏族，4月免）
南　　加（藏族，4月任）
张 林 祥（4月任）
达　　平（藏族，4月任）
王　　彬（4月任）
党委纪委书记、监察室主任
张 传 伟（2月免）
刁 传 恒（2月任）
党委组织委员
次仁多吉（藏族）
党委宣传委员
格桑拉姆（女，藏族，三级主任科员）
党委政法委员
苏 相 宇（回族，4月免）
南　　加（藏族，4月任）
党委统战委员
米　　片（女，藏族，4月免）
张 林 祥（4月任）

卡堆乡

党委书记
闫 元 仓（4月免）
普布桑珠（藏族，4月任）
乡　长
拉　　欧（藏族，4月免，四级调研员）
邱 俊 才（4月任）
人大主席
尼玛次仁（藏族，4月免，一级主任科员）
党委副书记
尼玛次仁（藏族，4月免，一级主任科员）
拉　　欧（藏族，4月免，四级调研员）

曲　　珍（女，藏族，4月免，二级主任科员）
邱 俊 才（4月任，三级主任科员）
次仁卓玛（女，藏族，4月任）

副乡长
德吉卓嘎（女，藏族，2月免）
索朗加措（藏族，4月免）
邱 俊 才（4月免，三级主任科员）
扎西平措（藏族，2月任）
米玛措姆（藏族，4月任）
胡 康 平（4月任）

党委纪委书记、监察室主任
程　　亮

党委统战委员
索朗加措（藏族，4月免）
米玛措姆（藏族，4月任）

党委组织委员
谷　　检

党委宣传委员
李 龙 生

党委政法委员
达瓦顿珠（藏族）

纳如乡

党委书记
旺　　堆（藏族，4月免，四级调研员）
次仁平措（藏族，4月任，一级主任科员）

乡　长
但 玉 华（4月免，四级调研员）
唐 飞 飞（4月任，三级主任科员）

人大主席
措　　平（藏族，一级主任科员）

党委副书记
但 玉 华（4月免，四级调研员）
措　　平（藏族，4月免）
扎西欧珠（藏族，4月免，二级主任科员）
唐 飞 飞（4月任，三级主任科员）
平措旺久（藏族，4月任，二级主任科员）

副乡长
姚 廷 均（2月免，三级主任科员）
王 洪 亮（8月免）
高 如 龙（2月任）
旦增群培（藏族，4月任）
张 路 遥（8月任，四级主任科员）

党委纪委书记
拉巴措姆（女，藏族）

党委组织委员
温 云 龙（壮族）

党委宣传委员
杨 川 茜（女）

党委政法委员
次仁多吉（藏族）

党委统战委员
次仁曲宗（女，藏族，2月免，一级主任科员）
次　　仁（藏族，2月任，4月免）
旦增群培（藏族，4月任）

日朗乡

党委书记
仓 木 琼（女，藏族，四级调研员）

乡　长
陈 雪 枫（二级主任科员）

人大主席
米玛次仁（藏族，4月免，10月任四级调研员）
巴　　宗（女，藏族，4月任）

党委副书记
米玛次仁（藏族，4月免）
陈 雪 枫（二级主任科员）
胡　　波（三级主任科员）

副乡长
普　　片（女，藏族）

旦增顿珠（藏族）
巴　　宗（女，藏族，4月免，三级主任科员）
卓 玛 吉（女，藏族，4月任）

党委纪委书记、监察室主任
刘　　洋

党委组织委员
李 誉 诚

党委宣传委员
宗　　巴（女，藏族）

党委统战委员
旦增顿珠（藏族）

党委政法委员
潘 秀 才（水族）

龙马乡

党委书记
宰 建 锋（4月免，二级调研员）
甘　　剑（4月任，四级调研员）

乡　长
格　　桑（藏族，4月免）
旦　　增（藏族，4月任）

人大主席
旦增罗布（藏族，4月免，一级主任科员）
次　　朗（藏族，4月任）

乡党委副书记
格　　桑（藏族，4月免，一级主任科员）
旦增罗布（藏族，4月免）
旦　　增（藏族，4月任）
次　　朗（藏族，4月任）
呼 海 瑞（三级主任科员）

副乡长
米玛旦增（藏族，2月免，三级主任科员）
阚 长 春
高 金 龙（2月任）
贡嘎索朗（藏族，4月任）

党委纪委书记、监察室主任
拉　　珍（女，藏族）

党委组织委员
扎　　央（女，藏族，4月免）
卓　　嘎（女，藏族，4月任）

党委宣传委员
汪 兆 波（4月免）
巴　　旺（藏族，4月任）

党委政法委员
旦　　增（藏族，4月免，三级主任科员）
阚 长 春（4月任）

党委统战委员
扎西贡培（藏族，2月免，一级主任科员）
刘 朋 举（2月任）

热龙乡

党委书记
战　　多（藏族，4月免，四级调研员）
索朗达瓦（藏族，4月任）

乡　长
裴 超 刚（4月免，四级调研员）
杨　　刚（白族，4月任）

人大主席
达 旺 加（藏族，2月免，四级调研员）
普　　穷（藏族，2月任）

党委副书记
达 旺 加（藏族，2月免，四级调研员）
裴 超 刚（4月免，四级调研员）
达娃扎西（藏族，4月免，二级主任科员）
杨　　刚（白族，4月任）
李　　钊（4月任）

副乡长
德庆旺姆（女，藏族，4月免，三级主任科员）
桑 大 鹏
洛松仁青（藏族）

旭 鹏 川（藏族，4月任）

乡纪委书记、监委室主任

大 片 多（女，藏族，4月免，三级主任科员）

赵　　冉（4月任）

党委组织委员

任　　佳

党委宣传委员

牛 兵 兵（4月免）

德庆旺姆（女，藏族，4月任，三级主任科员）

党委统战委员

洛松仁青（藏族）

党委政法委员

土旦尼玛（藏族，4月任）

康卓乡

党委书记

李 小 波（四级调研员）

乡　长

格　　玛（藏族，四级调研员）

人大主席

漆 福 林（2月免，一级主任科员）

罗　　旦（藏族，2月任，一级主任科员）

党委副书记

格　　玛（藏族）

卞 少 华（一级主任科员）

副乡长

次　　琼（藏族，4月免）

白玛康珠（女，藏族，4月免，三级主任科员）

央　　宗（女，藏族）

杜 虎 笙（4月任）

米玛欧珠（藏族，4月任）

党委纪委书记、监察室主任

史 小 虎（4月免）

白玛曲珍（女，藏族，4月任，三级主任科员）

党委宣传委员

格桑卓嘎（女，藏族）

党委组织委员

次　　平（藏族，2月免）

强巴旦增（藏族，2月任）

党委政法委员

李　　胜

党委统战委员

白玛康珠（女，藏族，4月免，三级主任科员）

杜 虎 笙（4月任）

金嘎乡

党委书记

达瓦顿珠（藏族，一级主任科员）

乡　长

舒 永 谦

人大主席

拉巴贵吉（藏族）

党委副书记

舒 永 谦

拉巴贵吉（藏族）

央　　吉（女，藏族，4月免）

姜　　雷（4月任）

副乡长

强巴旦增（藏族，2月免）

普　　片（女，藏族，2月免）

刘　　燃（2月任）

索朗宗吉（藏族，4月任）

党委纪委书记、监察室主任

次旺朗杰（藏族）

党委组织委员

白玛次旺（女，藏族）

党委宣传委员

杨　　宏（4月任）

党委统战委员

普　　片（女，藏族，2月任）

党委政法委员

次仁平措（藏族）

日星乡

党委书记

张 向 东（四级调研员）

乡　长

次仁平措（藏族，4月免，二级主任科员）

格桑曲珍（女，藏族，4月任）

人大主席

达　　罗（藏族，二级主任科员）

党委副书记

次仁平措（藏族，4月免，二级主任科员）

次仁南木加（藏族，4月免，三级主任科员）

达　　罗（藏族，4月任，二级主任科员）

邢 尧 坤（4月任，二级主任科员）

格桑曲珍（女，藏族，4月任）

副乡长

边巴普尺（藏族，4月免，二级主任科员）

罗桑西绕（藏族）

车 林 浩

嘎玛次仁（藏族，4月任）

党委纪委书记、监察室主任

宋 兵 良（2月免，三级主任科员）

张 绍 奎（2月任）

党委组织委员

李　　钊（4月免）

卢　　根（4月任）

党委宣传委员

寇 雪 姣（女，4月免，四级主任科员）

苏 相 宇（回族，4月任）

党委统战委员

车 林 浩

加克西乡

党委书记

桑　　珠（藏族，4月免，四级调研员）

索朗旦增（藏族，4月任）

乡　长

张 文 军（4月免，二级主任科员）

李 保 成（4月任）

人大主席

顿　　珠（藏族，二级主任科员）

党委副书记

张 文 军（4月免）

李 保 成（4月任）

格桑央珍（女，藏族，4月任，三级主任科员）

顿　　珠（藏族，4月任）

副乡长

刘 洪 波（2月免，三级主任科员）

达　　多（藏族，4月免，三级主任科员）

邓 永 洪（4月免，二级主任科员）

普布扎西（藏族，4月免，二级主任科员）

庞 学 堃（2月任）

杨 任 浩

党委纪委书记、监察室主任

黄 建 富（一级主任科员）

党委组宣委员

李 周 敏（2月免，三级主任科员）

索朗旺久（藏族，4月任）

党委政法委员

刘 洪 波（2月免）

达瓦顿珠（藏族，4月任）

党委统战委员

达　　多（藏族，4月免）

顿　　珠（藏族，4月任）

江孜县城入城雕塑　　（摄于2021年）

中国共产党江孜县委员会

中國歷史
文化名城

综　述

【概　况】2021年，中共江孜县委员会（以下简称“县委”）委员共有27人，候补委员5人，常委会由14人组成，辖各级党组织422个，其中党委27个，党总支18个，党支部377个。共有党员6830人。党员年龄结构：30岁以下党员1357人，31~35岁党员1478人，36~40岁党员1008人，41~45岁党员698人，46~50岁党员571人，51~55岁党员423人，56~60岁党员462人，61~65岁党员266人，66~70岁党员230人，71岁以上党员337人。党员学历结构：研究生党员28人，大学本科党员1498人，大学专科党员651人，中专党员219人，高中97人，初中及以下4337人。

【经济建设】2021年，县委推动巩固拓展脱贫攻坚成果同乡村振兴战略衔接，全县监测对象无一人返贫致贫；完成农村公路、电网改造、水利灌溉、防洪、高标准农田等重点项目，推进文化旅游、现代农牧业等特色产业发展，全县粮油产量达6.65万吨；市场主体达6656户，同比增长17.5%；推进“放管服”、中心医院等重点领域和关键环节改革；年内实现地区生产总值29.35亿元，同比增长6.5%；地方一般公共预算收入完成4647万元，同比增长2.7%；完成全社会固定资产投资16.3亿元，同比增长10.3%；社会消费品零售总额实现8.24亿元，同比增长9.6%；招商引资到位资金2.77亿元。

农村居民人均可支配收入达到19777元，同比增长15.4%；高校毕业生就业率达99.5%，农牧民转移就业24066人、创收3.9亿元；义务教育阶段巩固率100%，中小学教育教学质量位于全市前列；实现“先诊疗后付费”一站式结算服务，疫情防控工作持续开展；基本养老保险、医疗保险参保率分别达到97%、98%，成立县慈善协会，募集善款1001.2万元。

【深化改革】2021年，县委完成党政机构改革；完成监察体制改革，监察实现乡（镇）全覆盖；国企改革实现优化重组；深化“放管服”改革；深化基层社会治理现代化改革。按照《江孜县市域社会治理现代化试点工作实施意见》，推进开展11个试点项目、88项目标任务，推进建设“雪亮工程”。总结提炼现代医院管理改革形成可检验的制度成果。制定完善现代医院管理制度，完善内部运行机制，配套出台政策文件；成立江孜县中心医院，统一管理全县各级医院人财物。争取上海援藏资金500万元用于实施融媒体中心建设项目，以改造升级形式，将江孜县广播电视台改建为江孜县融媒体中心。推动监察工作向基层延伸。制定《江孜县深化国家监察

8月19日，县委书记陈昊（右二）到县人民医院调研疫情防控和县域综合医改工作，图为询问医护人员相关情况

体制改革试点工作实施方案》，完成人员转隶和编制划转，挂牌成立县级监察委员会；在19个乡（镇）挂牌成立监察室，配备监察室主任，统一制发派出各乡（镇）监察室牌子、印章。制定《关于推进江孜县县域综合医改工作的实施方案》，成立清查小组对19个乡（镇）卫生院药品库存进行清查，实现县乡药品统一采购；邀请第三方清查19个乡（镇）卫生院的固定资产，并撰写资产清查报告。开展“优质服务基层行”活动，加强基层卫生机构能力建设。

【生态建设】 2021年，县委落实生态环境保护“党政同责”“一岗双责”责任制，实施生态工程，提高生态环境质量。全县重点河流水质达到Ⅲ类以上标准、空气质量达到Ⅱ级以上标准；整改落实中央、自治区环保督察反馈意见；建成县城污水处理厂，持续开展危险废物整治与重点领域环境监察执法，严格执行项目准入关，及时排除各类环境隐患。实施国土绿化行动，实施农村饮用水水源地保护工程与湿地综合治理保护工程，全县植绿护绿累计达11.09万亩，创建自治区级生态文明示范县、乡（镇）和村（居）。河（湖）长制落实，年楚河流域综合治理取得成效；发展绿色富民产业，生态补偿脱贫政策有效落实，城乡环境实现网格化管理。

（吴　伟）

重要会议

【县委九届九次全会】 3月23日，中国共产党江孜县第九届委员会第九次全体会议召开，全会围绕“谋篇布局新起点，砥砺奋进新征程，凝心聚力建设团结富裕文明和谐美丽的社会主义现代化新江孜”主题，总结县委九届七次全会以来的工作，安排部署2021年工作，谋划“十四五”工作。

【县委十届一次全会】 6月28日至29日，中国共产党江孜县第十次代表大会第一次全体会议召开，大会审议通过《中国共产党江孜县第十次代表大会选举办法》，大会选举产生中国共产党江孜县第十届委员会委员、中国共产党江孜县第十届委员会候补委员和中国共产党江孜县第十届纪律检查委员会委员，审议通过《中国共产党江孜县第十次代表大会关于中国共产党江孜县第九届委员会工作报告的决议》《中国共产党江孜县第十次代表大会关于中国共产党江孜县第九届纪律检查委员会工作报告的决议》。

【县委十届二次全会】 8月17日，中国共产党江孜县第十届委员会第二次全体会议召开，会议传达学习习近平总书记视察西藏重要讲话精神，审议通过《中共江孜县委员会关于深入贯彻落实

8月17日，中国共产党江孜县第十届委员会第二次全体会议在党政综合楼六楼会议室召开，图为会议现场

习近平总书记视察西藏重要讲话精神 大力实施“名城振兴工程”的意见》。

【县委常委会会议】 1月8日上午，县委书记白玛主持召开县委九届第128次常委会（扩大）会议，会议传达学习习近平总书记关于推动巡视工作向纵深发展重要论述摘录和在中共中央政治局民主生活会上的重要讲话精神，研究《江孜县2021年元旦春节藏历新年“三大节日”期间慰问活动方案（征求意见稿）》《江孜县关于大力推进以“神圣国土守护者、幸福家园建设者”为主题的乡村振兴战略的实施方案（征求意见稿）》《江孜县委班子2020年度民主生活会和巡视整改专题民主生活会方案（征求意见稿）》《江孜县委班子2020年度民主生活会和巡视整改专题民主生活会班子对照检查材料（征求意见稿）》，听取江孜县委班子2020年度民主生活会和巡视整改专题民主生活会筹备情况，并就相关工作进行安排部署。

1月12日下午，县委书记白玛主持召开县委九届第129次常委会会议，会议研究讨论县委巡视整改办提交的《江孜县委关于区党委第一巡视组巡视反馈意见整改工作情况的报告（征求意见稿）》与县委组织部提交的《关于拉平等6名同志拟提前退休的请示》。

2月1日上午，县委书记白玛主持召开县委九届第130次常委会会议，会议传达学习习近平总书记主持召开十九届中共中央政治局第二十七次集体学习上的重要讲话精神，研究讨论县政府党组和县委组织部提交的相关事宜，并就相关工作进行安排部署。

2月5日上午，县委书记白玛主持召开县委九届第131次常委会会议，会议研究讨论县委组织部提交的相关事宜，并就相关工作进行安排部署。

2月14日上午，县委书记白玛主持召开县委九届第132次常委会会议，会议研究讨论县委组织部提交的相关事宜，并就相关工作进行安排部署。

2月28日晚上，县委书记白玛主持召开县委九届第133次常委会会议，传达学习习近平总书记的相关重要讲话、指示和回信精神，研究《关于江孜县2021年“三月重要时期”及全国“两会”期间维护国家安全和社会稳定工作实施方案的请示》《关于江孜县2021年“三月重要时期”及全国“两会”期间县级领导联系督导乡（镇）、乡级领导联系督导村（居）工作方案的请示》《关于调整充实县国安指挥部和各组（室）组成人员及任务的请示》《关于实施江孜县宗城商业大厦建设项目的请示》《关于江孜县宗城投资实业开发有限公司改造部分县城区道路路灯的请示》《关于民兵训练补助预算的请示》《关于县人武部工作经费预算的请示》《关于审批〈江孜县2019年“以奖代补”资金管理使用方案〉的请示》《关于申请调整日喀则市江孜县幸福排洪沟改造工程项目法人及解决配套资金的请示》《关于申请调整日喀则市江孜县宗堆社区老旧小区外配套设施工程项目法人及解决配套资金的请示》《关于引进华润电力江孜二期30MWp光伏发电项目的请示》，并就相关工作进行安排部署。

3月15日上午，县委书记白玛主持召开县委九届第134次常委会会议，研究《关于提交〈中共江孜县委员会关于中央第十巡视组反馈意见的整改方案〉的请示》《关于审议江孜县撤县设市相关申报材料的请示》，并就相关工作进行安排部署。

3月18日晚，县委书记白玛主持召开县委九届第135次常委会会议，会议传达学习习近平总书记有关重要讲话、指示和回信精神，研究讨论政府党组和县委组织部提交的相关事宜，听取部署全县拆旧复垦工作和巡视整改工作，听取县纪委监委有关案件通报，并就相关工作进行安排部署。

3月21日下午，县委书记

白玛主持召开县委九届第136次常委会（扩大）会议，会议听取县委全会、县“两会”筹备情况，审议县委全会、县“两会”相关会议材料和工作报告，并就相关工作进行安排部署。

4月13日上午，县委书记白玛主持召开县委九届第137次常委会会议，会议传达学习习近平总书记相关重要讲话精神与严肃换届纪律，加强换届风气监督的通知要求，研究县政府党组、县纪委监委、县委办公室、县委组织部，县人力资源和社会保障局提交的相关事宜研究，并就相关工作进行安排部署。

4月17日下午，县委书记白玛主持召开县委九届第138次常委会会议，研究《关于〈干部任免职建议名单〉和干部考察情况的请示》事宜，并就相关工作进行安排部署。

4月18日下午，县委书记白玛主持召开县委九届第139次常委会会议，研究《关于〈干部任免职建议名单〉和干部考察情况的请示》《关于调入党校师资人员的请示》《关于市直机关选派干部任职建议名单的请示》《关于成立中国共产党成立100周年和西藏和平解放70周年庆祝活动筹备工作领导小组的请示》《关于充实县委大庆活动筹备办工作人员的请示》《关于乡（镇）召开党员大会和第十五届人民代表大会第一次会议的请示》事宜，并就相关工作进行安排部署。

4月25日下午，县委书记白玛主持召开县委九届第140次常委会会议，传达学习习近平总书记重要讲话和指示精神，研究《关于提交乡（镇）领导班子换届有关人事问题的请示》《关于成立代表资格审查委员会的请示》《关于提交胡瑾等2名同志拟调出的请示》，听取县级“两代表一委员”初步人选考察和资格审查工作情况，并就相关工作进行安排部署。

5月16日下午，县委书记白玛主持召开县委九届第141次常委会（扩大）会议，传达学习领导干部个人有关事项报告典型案例通报精神，讨论研究关于召开县委班子领导干部报告个人有关事项专题民主生活会有关事宜和县政府党组有关请示事宜，并就相关工作进行安排部署。

5月25日下午，县委书记白玛主持召开县委九届第142次常委会会议，讨论研究全县“三优一先”拟推荐人选名单事宜，并就相关工作进行安排部署。

6月11日上午，县委书记陈昊主持召开县委九届第143次常委会（扩大）会议，会议传达学习习近平总书记有关重要讲话精神，研究讨论县四套班子成员分工事宜、县级领导干部联系乡（镇）事宜和县委组织部提交的相关事宜，并就相关工作进行安排部署。

6月15日上午，县委书记陈昊主持召开县委九届第144次常委会会议，会议研究讨论县委组织部提交的《关于中国共产党

6月17日，江孜县在加日郊居委会召开加日郊老街开发座谈会，图为座谈会现场

6月18日，县委书记陈昊（右四）在加克西乡幼儿园调研幼儿教育情况，图为考察幼儿活动

江孜县第十届委员会、第十届纪律检查委员会人事安排的请示》和《关于江孜县人大、政府、政协领导成员和法院院长、检察院检察长、监察委员会主任、副主任人事安排的请示》，并就相关工作进行安排部署。

6 月 25 日上午，县委书记陈昊主持召开县委九届第 145 次常委会（扩大）会议，会议传达学习中央、自治区、市有关文件、领导讲话和批示精神，研究讨论县政府党组、县委宣传部、县乡领导班子换届工作领导小组办公室、县委组织部、县纪委监委、县委办公室提交的请示事宜，并就相关工作进行安排部署。

7 月 7 日晚，县委书记陈昊主持召开县委十届第 1 次常委会（扩大）会议，传达学习习近平总书记在庆祝中国共产党成立 100 周年大会上的重要讲话，听取县“两会”筹备情况，审议“两会”有关工作报告，研究县纪委监委、县委组织部提交的请示事宜，并就相关工作进行安排部署。

7 月 16 日上午，县委书记陈昊主持召开县委十届第 2 次常委会（扩大）会议，传达学习习近平总书记在中央第七次西藏工作座谈会上的讲话精神，研究县政府党组、县委办公室、县纪委监委、县委组织部提交的请示事宜，并就相关工作进行安排部署。

7 月 23 日下午，县委书记陈昊主持召开县委十届第 3 次常委会（扩大）会议，会议传达学习习近平总书记对防汛救灾的重要指示精神，习近平总书记在中央政治局常委会会议专门听取庆祝活动总结报告时的重要讲话精神、习近平总书记在中央政治局常委会会议审议《中国共产党机要密码工作条例》时的重要讲话精神，研究县委统战部提交的请示事宜，并就相关工作进行安排部署。

8 月 11 日上午，县委书记陈昊主持召开县委十届第 4 次常委会（扩大）会议，会议传达学习中国共产党成立 100 周年庆祝活动总结报告、习近平总书记重要指示精神、西藏自治区党委九届十次全会精神、自治区党委领导批示精神及中央、自治区党委相关文件精神，听取县人大党组、县政府党组、县政协党组，意识形态、党建、撤县设市、乡村振兴、生态环保、安全生产工作开展情况报告，研究县政府党组、县纪委、县乡村振兴局提交的相关事宜，并就相关工作进行安排部署。

8 月 18 日下午，县委书记陈昊主持召开县委十届第 5 次常委会会议，会议传达学习习近平总书记重要讲话、重要指示精神和李克强总理重要讲话精神，听取县财政局关于 2021 年地方综合财力测算情况报告，研究县委组织部提交的相关事宜，并就相关工作进行安排部署。

8 月 30 日下午，县委书记陈昊主持召开县委十届第 6 次常委会会议，会议传达学习习近平总书记重要讲话、重要指示精神，研究县政府党组、县委组织部提交的相关事宜，并就相关工作进行安排部署。

9月27日上午，县委副书记、县长巴桑主持召开县委十届第7次常委会会议，会议研究《县委组织部关于提交推荐出席中国共产党西藏自治区第十次代表大会代表候选人人选的请示》，并就相关工作进行安排部署。

10月29日上午，县委书记陈昊主持召开县委十届第8次常委会（扩大）会议，传达学习习近平总书记有关重要讲话精神和自治区党委、市委有关文件精神，听取全县有关专项工作情况汇报，研究县政府党组、县委办公室、县委组织部、县纪委监委、县人力资源和社会保障局、县全国民族团结进步示范县创建工作领导小组办公室提交的请示事宜，并就相关工作进行安排部署。

11月8日上午，县委书记陈昊主持召开县委十届第9次常委会（扩大）会议，传达学习自治区党委督促检查工作领导小组关于印发《关于进一步强化实地暗访督查工作的意见》和《实地暗访督查工作机制（试行）》的通知精神，通报自治区党委党史学习教育第二巡回指导小组反馈意见情况，并就相关工作进行安排部署。

11月19日上午，县委书记陈昊主持召开县委十届第10次常委会会议，专题学习《中共中央关于党的百年奋斗重大成就和历史经验的决议》精神，传达学习《中共中央、中共西藏自治区委员会关于认真学习宣传贯彻党的十九届六中全会精神的通知》，传达学习中共中央、自治区党委重要文件、重要讲话与批示精神，研究县政府党组、县新冠肺炎疫情联防联控工作领导小组办公室和县委办公室提交的相关事宜，并就相关工作进行安排部署。

12月3日，江孜县十届县委第11次常委会（扩大）会议召开，图为会议现场

12月3日上午，县委书记陈昊主持召开县委十届第11次常委会（扩大）会议，专题学习习近平总书记关于国家粮食安全系列讲话和重要指示批示精神，传达学习习近平总书记在中央全面深化改革委员会第二十二次会议上的重要讲话精神和中国共产党西藏自治区第十次代表大会精神，研究县政府党组、县委组织部、县创建全国文明城市办公室、县全国民族团结进步示范县创建工作领导小组办公室提交的相关事宜，并就相关工作进行安排部署。

12月13日上午，县委书记陈昊主持召开县委十届第12次常委会会议，传达学习习近平总书记在全国宗教工作会议和中央经济工作会议上的重要讲话精神，传达学习自治区党委书记王君正署名文章《领导干部要发挥表率作用》和市委统战工作领导小组办公室关于转发《西藏自治区党委统一战线工作领导小组办公室关于做好涉宗教意识形态工作的实施意见》的通知精神，研究关于成立江孜县英雄古城文化旅游景区管理委员会请示事宜和县委组织部提交的有关事宜，并就相关工作进行安排部署。

12月19日下午，县委书记陈昊主持召开县委十届第13次常委会（扩大）会议，传达学习中共中央、自治区党委、市委有关领导讲话和文件精神，专题学习《中华人民共和国乡村振兴促进法》，研究县委国家安全委员会办公室提交的相关事宜，并就相关工作进行安排部署。

12月30日下午，县委书记陈昊主持召开县委十届第14次常委会（扩大）会议，传达学习中央、自治区、市有关会议、指示精神，研究县政府党组、县纪委监委、县委办公室、县委组织部提交的有关事宜，听取全县近期信访隐患排查工作情况，并就相关工作进行安排部署。

【重要工作会议】 4月16日，县委召开统战民族宗教工作会议召开，会议总结2020年全县统战民族宗教工作、分析统战民族宗教工作面临的形势、安排部署2021年统战民族宗教工作任务。

4月26日，江孜县召开县委政法工作会议召开，会议深入贯彻落实习近平法治思想和习近平总书记关于政法工作的重要论述精神，贯彻落实好中共中央、自治区党委、市委政法工作会议精神，报告2020年全县政法工作开展情况并安排部署2021年全县政法工作。

8月18日下午，江孜县召开意识形态和宣传思想工作专题会，会议强调，意识形态工作事关党的前途命运，事关国家长治久安，事关民族凝聚力和向心力。要充分认识意识形态工作的极端重要性，提高政治站位，认清严峻形势，增强做好工作的责任感和使命感。要充分认识意识形态工作的复杂性、长期性和艺术性，强化党的领导，发扬斗争精神，提高斗争本领，牢牢掌握意识形态主动权和主导权。要把握工作重点，守正创新、笃实前行。

12月31日，江孜县召开2021年度党（工）委书记抓基层党建工作述职评议会。会议肯定2021年度基层党建工作成果，并对2022年基层党建工作进行部署。

（吴　伟）

中共江孜县委办公室

【全面深化改革】 2021年，中共江孜县委全面深化改革委员会办公室（简称“县委深化改革办”）设在中共江孜县委办公室。制定《〈中共江孜县委员会全面深化改革委员会2021年工作要点〉部署任务落实台账》，明确主体责任和推进举措，明晰八大类、82项改革任务，各专项小组共制定工作方案10余份。梳理汇总、总结提炼基层社会治理现代化、县级融媒体中心建设、土地所有权确权登记发证、现代医院管理制度改革、紧密型县域医共体改革、供销合作社深化改革、深化国家监察体制改革、监察工作向基层延伸等改革试点工

9月16日，江孜县召开县委理论学习中心组2021年第17次学习（扩大）会议，图为会议现场

作成果，推广至各改革领域。

【督查督办】2021年，指派1名县级领导专职负责县委督查工作，并充实相关工作人员。将有关决策部署及时进行分解立项，具体量化、细化，明确责任、目标到人，采用基层单位自我上报、实地督查等方式进行督促检查。全年共形成督查专报9篇。同时，将督查发现的问题通报全县。全年共开展各类实地督查检查44次，其中，中共十九届六中全会、中国共产党西藏自治区第十次代表大会学习情况1次，疫情防控专项督查10次，党史学习教育4次，基层党建方面2次，环境卫生整治方面15次，基层减负方面3次，热点难点问题贯彻落实情况专项督查2次，其他工作方面7次，下发《督查交办单》29份。

【档案管理】2021年，县档案馆完成扶贫档案及疫情防控档案进馆工作。接受县脱贫攻坚2016—2020年文书档案3088件，其中永久档案2761件，30年档案137件，10年档案190件。乡（镇）扶贫文书档案1881件，一户一档2559卷；疫情防控文书档案422件，其中永久335件，30年87件。接收科技档案38卷。

年内，县档案馆建立健全档案相关制度，充实档案人员。为审计、编纂党史、方志工作共提供借阅档案400余卷（件）次。全年共发放档案宣传基础材料280余份。指定专人负责防火安全工作，定期检查灭火器。至年末，县档案馆配备8组16个灭火器。

【密码工作】2021年，江孜县密码管理局制定《江孜县委机要局工作职责》《江孜县委机要局局长工作职责》《江孜县委机要局工作人员行为规范》等制度。开展“我为二十大做贡献”主题教育实践活动及岗位大练兵活动。为县内各项会务提供技术保障，提供中央、自治区、市视频会议技术保障100余场，跟会时长达16980余分钟。开展自治区、市、县三级领导密码通信随行服务，完善《江孜县密码通信随行服务制度》。举办机要办报秘书培训会，全县59家（中直、区直、市直）单位专职机要办报秘书参会。共办理文件次数6350余次，实现“零差错”办理要求，完成各类电报传输办理。年内，组织密码干部学习《中华人民共和国密码法》5场次，宣传4次，发放宣传手册450份。

【党史学习教育】成立党史学习教育领导小组，研究制定全县党史学习教育实施方案。县级领导带头开展学习研讨，开展集中学习19次，专题研讨10次，集中观看红色影片2次；举办江孜县“青年读书班”；组织党员干部开展专题培训12场次，参与培训人数1000余人次，实现对基层党组织书记、19个乡（镇）科级领导班子以及县直机关各单位负责人培训全覆盖；结合稳步推进“13+7”民生实事的贯彻落

11月22日，县委理论学习中心组会议召开，图为县委书记陈昊（中）发言

实，开展调研400余次，帮助群众解决难题460余件，累计为民办实事450余件；全年制作雕塑展架1座，更新国旗13000余面，悬挂彩旗65000余面，制作和推送短视频30余条，放映爱国主义影片80余场次，开展文化文艺活动240余场次，开展宣讲教育3000余场次。

【“三更”专题教育】 年内，成立全县专题教育领导小组，统筹推进专题教育工作，设立专题教育办公室，并抽调6名工作人员负责日常工作开展。截至年末，全县领导干部累计完成自学篇目50余章。制订县委理论学习中心组学习研讨计划表，县委累计组织集中学习11次，开展专题教育研讨4次，专题教育测试2次，累计发放典型案例222件，组织观看警示教育片达60余场次，参观市廉政教育基地3次，覆盖县级领导与县直机关负责人；先后开展调研活动70余次，发现并帮助解决基层存在问题；在江孜县政务网络媒体平台开设“三更”专题教育专栏，累计刊载发布专题教育信息30余条。

【信息报送】 规范信息报送制度。坚持信息质量和数量并重。2021年，共上报各类信息635条（篇），约稿信息5条，市委信息科每日邀请采编30余条（篇）。

【地方志编纂】 年内，江孜县地方志办公室完成年鉴编纂工作，日喀则市地方志编纂委员会办公室出具年鉴评审意见，终稿报送出版社，等待出版，《江孜年鉴（2021）》全书52.3万字。5月28日，《江孜县志（2001—2010）》完成市级终审，报送自治区验收。全年向市方志办报送方志工作动态12期。同时开展党史资料收集工作。

（吴　伟）

组织工作

【干部队伍建设】 2021年，县委组织部开展干部选拔任用工作4次，提拔调整干部320人。其中，提拔118人，进一步使用44人，调整158人；实现县、乡交流干部92人，乡（镇）之间交流80人，县直单位之间交流29人，高低海拔交流干部87人，在同一单位或同一岗位工作五年以上的干部交流86人；新选拔58名优秀干部到乡（镇）、县直机关、事业单位和寺管会领域、政法领域担任单位主要领导职务。在乡（镇）领导班子换届中，提拔调整干部193人，其中选拔11名事业干部和1名村党支部书记进入乡（镇）领导班子队伍，换届完成后乡（镇）领导班子中女性比例达到29%，汉族比例达到40.1%，35岁以下比例达到73.4%，大专及以上学历比例达到95.2%，配齐配强19个乡（镇）党政领导班子。加强干部教育培训，举办县内自主培训20余期，培训干部1800余人次，

4月5日，中共江孜县委组织部在县人大之家开展江孜县2021年发展党员工作专题培训会，图为会议现场

争取援藏资金50万元举办“中青班”“基层业务骨干培训”“科级干部跟班培训”各1期，培训干部58人；有侧重选调292名干部，参加自治区、市两级培训68班次；结合线上教育培训平台，组织6300余人次参加自治区、市两级线上答题3次，持续开展干部述学考学评学工作。制定出台《江孜县干部职工监督管理责任制度》，落实《江孜县干部职工请（休）假管理办法》，全年对干部职工上下班、在岗履职等方面开展专项督查9次，对3名不适宜现职和1名因身体原因无法正常履职的干部进行免职或调整，对1名违规违纪干部进行降职级并调整岗位；对长期病假的7名干部职工病历进行糊名盲审，精准甄别，严格执行病假工资，组织领导干部填写领导干部个人有关事项报告表；制定出台《江孜县干部职工关怀帮扶办法》，全年慰问住院干部职工、家庭出现重大事故和去世的干部职工6人；对3名处分期满表现优秀的干部提拔重用；办理1名干部正常退休和3名干部提前退休事宜。

【基层组织建设】 年内，以各级党委理论学习中心组、党支部“三会一课”制度为平台，学习习近平总书记“七一”重要讲话精神、习近平总书记关于西藏工作的重要论述和新时代党的治藏方略及重要指示批示精神、中共十九届六中全会精神、西藏自治区第十次党代会精神2200余次；各级党组织书记讲授专题党课400余场次；采取分级分层的方式完成新一届村（居）“两委”班子专题培训，开展组织系统干部及全县党务工作者县级专题培训4期220人次、驻村工作队员、第一书记专题培训12期482人次；组织2批94名村（居）主要干部到陕西省西安市、延安市等地开展“感党恩、看发展、学先进”专题培训；组织村干部开展理论政策、科学文化和国家通用语言学习4680余场次。

6月8日，江孜县委组织部召开中央扶持集体经济项目推进会，图为会议现场

开展“光荣在党50周年纪念章”颁发工作，组织召开“七一”表彰大会，开展“两优一先”表彰等工作；走访慰问生活困难党员、党龄50年及以上老党员、退休老干部共298人次，发放慰问金14.9万元；对全县155个驻村工作队，发放慰问金8.7万余元。

组建185支党员突击队，5000余名党员开展人员排查管控、小区值班等工作。“三大节日”期间，慰问乡村振兴专干、退休老干部、困难党员等186人和疫情防控一线的11家单位，慰问金11万元。

落实“四个一（每个软弱涣散党组织有1名市级党员领导挂点联系、1名乡镇领导包村、1名第一书记驻村、至少1个市直单位帮扶）”挂点整顿机制，针对4个机关行业系统软弱涣散党组织和14个参照“四个一”挂点整顿等次村（居），制定整改方案、实行整顿工作月报告制度。

年内，完成整顿验收工作。

实现村（居）党支部第一书记、驻村工作队全覆盖；组织村党支部书记、第一书记、村（居）后备干部、农牧民党员、乡村振兴专干开展县级专题培训各1次。召开乡（镇）、机关党组织标准化现场推进会各1次；落实政治审查制度和发展党员沟通备案制度，组织全县党务工作者、党员发展对象等开展各类培训10次，全年全县发展党员232人。以“四个一”为载体开展党员过政治生日活动400余次；依托驻村工作队、乡村振兴专干开展国家通用语言普及教育2350余次。

完成5所学校校级班子“一藏一汉”配备工作；落实教育领域发展党员“双培养”机制，从优秀教师中发展党员14人；落实党建季度检查推进制度，召开党建工作现场会1次；开展党史教育主题班会210余场次。驻寺党组织实现应建尽建，驻寺领域党组织书记和党务工作者实现培训全覆盖。在县教育局等28家符合条件的单位设立党组；开展换届相关工作培训，完成全县任期届满的党支部换届工作。

示范引领作用提升工程。分门别类制定各领域党建示范点创建标准，落实组织部部务会班子成员包片包点制度，每季度到乡（镇）、村居、机关行业系统等各领域指导创建工作、推进创建落实。完成10个各领域基层党组织示范点进入市级示范点创建复验。

农牧民专业合作社规范提升工程。组建63名县、乡（镇）两级辅导员队伍，制定《2021年江孜县农牧民专业合作社规范提升重点任务》，制作“一证一表一簿”（股权证、股权量化表、“三会记录簿”），召开辅导员队伍现场培训会，完成2020年度651家农牧民专业合作社年报登记和52家“空壳社”注销工作，规范543家农牧民专业合作社运营；投入995.4万元第十批强基惠民工作经费实施41个村级集体经济建设项目；探索“飞地经济”模式，县级整合1700万元强基惠民资金入股实体企业，带动100个村（社区）发展壮大集体经济。截至年末，村集体经济收入1000万元以上1个，500万元以上1个，100万元以上12个。

【人才队伍建设】 年内，开展1次教育系统全员培训，参训360余人；开展4期职业技能培训，参训农牧民668人；开办1期青年农牧民技能培训，参训60余人。开展乡村振兴专干培养工作，组织开展县级专题培训1期154人次，从专干中发展党员99人，纳入村干部后备人选58人。至年末，乡村振兴专干144人。开展首届江孜县关于开展“争做神圣国土守护者、幸福家园建设者”乡村振兴人才评选表彰活动，评选出15人，每人奖金5000元，共计7.5万元。

截至年末，江孜县共有乡土

5月，日星乡在乡人大代表之家召开2021年乡、村换届工作之老村干部、老人大代表座谈会议，图为表彰离退休优秀党员

人才134人，专招生62人（行政人员45人、医疗人才2人、教育人才11人、辞职3人、调离1人）。

【公务员管理】 年内，完成2021年度全县921名（含参公，不含援藏）在职行政人员统计工作；完成2021年度全县943名（含参公、调出自治区外、年内退休人员、在职去世人员，不含援藏）行政人员的工资相关数据统计并上报至市委组织部。

开展2批次职级晋升工作，2月对县公安局83人开展职级晋升工作，12月完成98人的职级晋升工作（公安局39人），并完善归档公务员职级晋升全程纪实材料。完成6名新录用公务员试用期满转正工作，完成11名事业转行政人员的公务员登记表工作。组织25名基层业务骨干到上海市浦东新区开展相关培训。完成2020年度“优秀（三等功）公务员”奖励发放资金共计45.15万元。完成全县公务员的工资变动批复。

【机构编制工作】 年内，制定《机构编制学习资料汇编》，常态化开展《中国共产党机构编制工作条例》学习。建立机构编制“一人一档”材料管理制度和《江孜县机构编制核查数据季度集中校对制度》。落实寺庙片区化管理改革工作，从原12个寺庙管理机构和4个特派机构整合精简为11个寺庙管理机构。调整42个幼教编制为中小学教师编制。将原县网评中心和广播电视台资整合，组建江孜融媒体中心。设立江嘎岗村幼儿园等3所村级幼儿园机构；重组挂牌乡村振兴局；完成中心医院挂牌工作。

【老干部工作】 年内，执行“三会一课”制度，每月各党支部开展两次集中学习。组建离退休干部党史学习教育宣讲团，到学校、机关、农牧区等场所开展宣讲活动15场次，受众1500余人次。离退休第三党支部创建为市级党建示范点。校验完善党员信息和更新完善党组织信息。

落实离退休干部“两项待遇”。组织48名离退休老干部到云南省、福建省厦门市进行参观疗养（为期30天）。组织全县离退休干部开展庆祝中国共产党成立100周年暨西藏和平解放70周年座谈会，会上表彰22名“庆祝中国共产党成立100周年”离退休优秀党员和优秀党务工作者，为13个党支部兑现“七一”活动经费7.22万元。落实离退休老干部生活待遇。“三大节日”期间，县四套班子领导分别到拉萨市、桑珠孜区、江孜县等地看望慰问老干部，特别慰问长期卧病和家庭困难离退休干部，送去慰问金共计29.59万元；对26名长期病号、特困户、老党员进行走访慰问，送去慰问金4.5万元；探望生病住院离退休干部职工及病故家属共计38人，送去慰问品和慰问金价值1.16万元；兑现9名病故离退

6月17日，中共江孜县委组织部召开江孜县机关工委党务工作者培训暨换届工作部署会，图为会议现场

休干部抚恤金 203.55 万元、老干部 2021 年体检费 51.85 万元、老干部 2021 年护理费 47.2 万元、2021 年批退离退休干部搬家费 5.7 万元；完成 114 名离退休干部家属城乡居民医疗保险费用缴纳工作；开展全覆盖式电话慰问老干部活动 1 次；召开维稳工作专题会议。

组织老干部参加日喀则市老干部庆祝中国共产党成立 100 周年书法绘画摄影作品展，江孜县选送的 1 幅书法绘画作品获三等奖。组织各离退休党支部开展党员志愿服务活动、帮扶献爱心活动，为 70 余名家庭困难学生送去价值 0.88 万元的学习工具及生活用品。开展“绿水青山薪火相传”主题党日活动，组织 187 名离退休干部浇灌宗山广场、公园及附近街道绿地。开展“美化校园 关心下一代”主题党日活动，组织老干部整治校园环境和浇灌周边树木。

【强基惠民】 年内，对全县 31 个驻村点进行调整，调整优化后的干部驻村结构为自治区级派驻 4 个村，选派 10 名驻村队员；市级派驻 33 个村，选派 99 名驻村队员；县、乡两级派驻 118 个村，选派 356 名驻村队员；选派 155 名第一书记担任驻村工作队长或副队长；选派 15 名大学生村官担任驻村副队长或队员；全县共计 155 个驻村工作队，465 名驻村工作队员。采取“夜校”“专题测试”“每日一学”“小手拉大手”协助开展村干部、农牧民党员、青壮年国家通用语言教育普及和推广等方式开展教学活动 1.1 万余次，报送信息简报 3035 期，驻村故事、驻村感悟 98 篇，自治区采用 8 期、市级采用 17 期、县级采用 323 期，撰写驻村日志 1.6 万余篇。组织农牧民党员群众参与农村“四旁”植树棵数 2393 次、植树 104682 棵。

开展农牧民群众宣传教育活动。印发《江孜县关于强基惠民领域经费和项目检查验收工作实施方案的通知》，通过村级“自查”、乡级“初验”和县级“终验”的方式，对 2018 年后强基惠民领域审批项目开展初步检查验收，建立强基惠民工作经费项目电子数据库和电子项目储蓄库。建立和完善农村环境卫生长效管理机制。

以印制宣传图册、发放宣传资料、集中宣讲、入户宣讲等方式，为农牧民群众开展宣传教育活动。加强经费和项目建设管理，印发《江孜县关于强基惠民领域经费和项目检查验收工作实施方案的通知》，通过村级“自查”、乡级“初验”县级“终验”的方式，对 2018 年以来强基惠民领域审批项目开展一次初步的检查验收，创新建立强基惠民工作经费项目电子数据库和电子项目储蓄库。各级驻村工作队协助建立和完善农村环境卫生长效管理机制。

【县直机关党建】 年内，各级党委（党组）和党支部以理论学习中心组和“三会一课”为平台，学习习近平新时代中国特色社会主义思想、中共十九大和十九届历次全会及中国共产党西藏自治区第十次代表大会精神 700 余次；围绕习近平总书记“七一”重要讲话精神和总书记视察西藏的重要讲话精神集中研讨 100 余次；机关党组织书记讲授专题党课 100 余次；召开庆祝中国共产党成立 100 周年“七一”专题组织生活会 100 余场次。

在符合条件的 28 家单位设立党组，统一制作党组会议记录本和会议纪要等规范性文件模板，开展新任党组书记专题培训 1 次；2 家单位单独成立党支部；开展党务工作者换届专题培训 1 期，完成机关行业系统各级党组织换届工作；整顿升级 4 个机关行业系统软弱涣散党组织；新发展机关行业系统党员 47 人，发展优秀教师党员 14 人；完成 5 所学校校级班子配备工作；召开“七一”表彰大会，表彰先进机关党组织 19 个、优秀党务工作者 13 名、优秀共产党员 16 人。

发挥党员作用。开展义务巡逻、植树造林、助农秋收、环境整治、抗洪清淤等主题党日活动共计800余次；选派6批30名党员干部支援边境一线疫情防控；围绕党员“三包”七项重点工作任务，1200余名机关党员干部开展党员“三包”工作；围绕疫情防控、维护稳定等重点工作，组建机关党员突击队和红袖标巡逻队，抽调机关党员持续开展隔离酒店和东郊一级检查站值班及义务巡逻。

【自身建设】 年内，对县委组织部党支部进行换届，选举产生新一届支部委员7人，设置3个党小组；采取集中学习、轮岗锻炼、工作AB岗等方式对组工干部进行培训；开展“党内法规学习年”活动，党支部班子成员带头设讲堂，讲党课、传业务；推进窗口服务单位建设，年内为干部职工办理请休假、“三老人员”补贴发放、干部调入调出、老干部“两项待遇”落实、强基惠民经费使用政策解答等实事。

（孙　丽）

宣传工作

【概　况】 2021年，江孜县坚持党对意识形态和宣传思想工作的全面领导，围绕县委、县政府中心工作，服务改革发展稳定大局，推进宣传思想工作提质增效。

【网络文明建设】 强化网信、网安部门联合监督执法，开展“净网”“清朗”专项行动。开展政务网络媒体平台突出问题整治工作，规范网络传播秩序。

【理论宣传】 开展党史学习教育、“三更”专题教育，学习宣传习近平总书记“七一”重要讲话精神和视察西藏重要讲话精神等内容。县委理论学习中心组开展学习研讨23次，专题研讨12次；县政府党组开展“一周一专题”研讨活动8期；推出“学习强国”学习积分享购物优惠活动，定期在全县范围通报各级党组织“学习强国”学习情况。

依托自治区基层理论宣讲示范基地每月举办2次示范宣讲培训，2021年共计开展培训22期，培训宣讲员1200余人次，全县自治区基层宣讲员以点带面辐射开展宣讲380余场次，受教育群众18963人次，开展巡回宣讲20余场次，受教育群众2万余人次；组织县级领导包乡（镇）和分管领域、乡镇干部包村、驻村工作队和村两委包户开展宣讲中共十九届六中全会和自治区第十次党员代表大会精神，实现155个村居和各级各部门全覆盖，受教育群众达14210人次；选派2人到大学脱产学习1年，选派1名干部赴上海市浦东新区

8月12日，江孜县新时代文明实践中心组织全县各乡（镇）及自治区级骨干宣讲员代表在自治区基层理论宣讲示范基地（江孜基地）开展示范宣讲培训

6月15日，江孜县在宗山广场举办“唱支山歌给党听　边疆人民心向党”红色歌曲大家唱歌咏比赛，图为现场舞蹈表演

挂职锻炼；组织县、乡两级新时代文明实践工作负责人员到康马县、拉孜县交流学习；宣传系统每周开展支部学习会和工作例会，学习领会《习近平论党的宣传思想工作》等理论知识，持续推进“四力”教育实践。

【国防教育】 依托江孜宗山抗英遗址、帕拉庄园爱国主义教育基地，打造党史学习教育、国防教育新阵地，2021年，两处基地共接待本地区和兄弟县（区）各族干部群众以及国内外游客382批14525人次。联合驻地部队和相关部门，组织广大干部群众、官兵开展纪念“九一八”事变爆发90周年暨全民国防教育日系列活动。

【精神文明建设与思想道德建设】 年内，为庆祝中国共产党成立100周年和西藏和平解放70周年，新时代文明实践中心（所、站）牵头举办系列群众性文体活动。2021年，全县上下共开展各类文体活动1000余场次，参与群众达10万余人次。开展“学党史、办实事”五下乡活动、“讲党恩、爱核心、办实事、送文艺、聚民心”巡回宣讲活动，“珠峰讲堂颂党恩 边疆儿女笑开颜”——江孜县新时代文明实践学习宣传中共十九届六中全会精神暖冬“六送”活动实现乡（镇）全覆盖）。选派32名文艺骨干志愿者对全县155支行政村文艺演出队、2466名演职人员结对开展文艺指导。围绕疫情防控相关法律政策、科普知识，创作公益小品，录制宣传视频。县艺术团荣获“第八届全国服务农民、服务基层文化建设基层文艺院团先进集体”称号、江孜县被评为第五届西藏自治区文明城市、重

12月18日，江孜县新时代文明实践中心巡回宣讲团开展学习贯彻党的十九届六中全会、自治区第十次党代会精神重孜乡白沙村宣讲报告会，图为会议现场

孜乡被评为第六届西藏自治区文明村镇、江孜县江热乡班久伦布村等6个村镇保留自治区文明村镇荣誉称号、江孜县人民检察院等6家单位保留自治区文明单位荣誉称号、热索乡完全小学保留自治区文明校园荣誉称号，4名农牧民宣讲员获得自治区级“优秀宣讲员”荣誉称号。《幸福不忘感党恩》说唱节目在2021年自治区大型综艺节目《格桑花开》特别节目中获得曲艺比赛第一人。县艺术团舞蹈节目《塘谐·和美之韵》成功入围自治区藏历水虎新年晚会《欢笑2022》节目。江孜县委表彰紫金乡等4个乡（镇）“五星乡（镇）”荣誉称号、年堆乡索盖村等32个村（社区）“五星村（社区）”、康卓乡纳如村云旦户等1390户“五星户”荣誉称号。

9月3日，中共江孜县委宣传部召开“铸牢中华民族共同体意识”主题党课，图为县委宣传部党支部书记果果（中）在讲党课

【新时代文明实践中心】 推进新时代文明实践中心（所、站）建设，按照进一步盘活资源，打造“五大平台”的要求，县级层面依托现有资源建立中心、分中心及一批实践点。按照配置“1+13+N”志愿服务队伍的总要求，成立由县委书记担任总队长的志愿服务总队，总队下设15支志愿服务分队，涵盖理论宣讲、文化文艺等领域，各领域县级分管领导担任各分队长。新时代文明实践中心（所、站）牵头，结合开展“我为群众办实事”实践活动，常态化开展各类志愿服务活动。全年全县累计组织开展志愿服务活动近2000场，参与志愿者4万余人次。修订完善《江孜县市民公约》，倡导文明新风尚。努康村从软弱涣散党组织到自治区先进党组织的，东郊村被评为“中国最美村镇”，隆桑村被评为“全国最美志愿服务社区”，努堆村被评为“全国乡村治理示范村”。依托“八个一”活动载体，推进国家通用语言推广普及，促进各民族交往交流交融。

6月29日，江孜县举行庆祝中国共产党成立100周年——“党的盛典 人民的节日 江孜人民心向党”文艺晚会，图为现场合唱表演

【江孜融媒体中心】按照党中央和自治区党委的部署要求，根据自治区、市、县三级党委宣传部一系列文件精神，江孜融媒体中心于2021年5月10日正式挂牌成立。江孜融媒体中心以原江孜广播电视台办公场地、人员、设备、技术力量和资金保障为基础，整合原江孜县互联网评论中心人员和业务，在传统自办广播和电视频道基础上，注册“看江孜”微信公众号、“江孜融媒体中心”抖音账号，承接“江孜县发布”微信公众号业务，并入驻“珠峰云”平台。在县委宣传部指导下，争取援藏资金500万元，用于融媒体中心指挥调度中心、应用软件及部分采编播设备建设配置。另为融媒体中心增设5名人员编制。

8月26日，江孜县新时代文明实践中心“讲党恩、爱核心、办核心、送文艺、聚民心”巡回宣讲活动，图为加克西乡巡回宣讲现场

【新闻发布与对外宣传】2021年，“江孜县融媒体中心”抖音号有粉丝7万余人，累计发布作品700余个，累计点赞达80万个；“江孜县发布”微信号有粉丝1.4万余人，年度发布信息2500余条，平均日阅读量2400余次；江孜广播电视台制作播出新闻200余条，访谈栏目5期，民族团结等专题宣传片5部，疫情防控公益短片20条。接待中央媒体团、中央电视总台外语频道、人民日报社、新华社等各级媒体团35批次200余人次；被中央电视台、央广网、《人民日报》、《西藏日报》等自治区内、外媒体平台刊发江孜县信息400余篇。援藏题材专题节目《“浦”写你我的“江孜”》于6月在中央电视总台发现之旅频道《揽胜神州》播出。年内，江孜融媒体中心获全市先进新闻单位。

【广播电视公益传输】江孜融媒体中心负责运维管理中央广播电视节目无线数字化覆盖系统，向县城及周边10个乡镇村居公益传输12套中央卫星电视无线数字节目和17套数字广播节目；负责运维管理三套调频广播节目；负责深度贫困县级应急广播系统县级平台运维管理和向基层群众播放大量藏语信息节目等；负责全县32处村级广播电视发射台运维管理工作，全县村级调频广播信号覆盖率保持在80%以上；积极协调市便民服务中心，并组织单位技术力量开展广播电视“户户通”“舍舍通”“乡镇机关单位通”维护工作，自2021年以来开展较大规模维护20余次，维修设备达2391台次。

【数字电视业务提升】在传统广播电视有偿类服务形势日趋严峻的今天，江孜融媒体中心充分利用现有本地地面数字电视系统，向县城及周边用户传输优质精彩电视节目，精心安排传输节目，全力组织维护保障工作，群众口碑很好，用户数长期稳步增长，取得了很好成绩。

【应急广播】2021年制定《江孜县应急广播体系网格化管理指南》手册，下发至各乡镇和村居共180套，内容涵盖应急广播设施设备管理权属、应急广播体系管理责任、江孜县各乡（镇）应急广播体系网格化管理、应急广播平台使用登记表等内容藏汉双语版，以各乡镇党政主责，一岗双责管理制度，由专人管理、AB岗播放、使用有程序、设备有保障的体制机制。整理汇集应急广播专用U盘下发至各乡镇和所有村居，内容涵盖党史教育37讲、“四讲四爱”讲座、红歌100首以及疫情防控宣传内容等共158个音频内容，确保应急广播宣传播放内容干净健康。

【农村电影放映】 2021年以来，江孜县坚持以习近平新时代中国特色社会主义思想为指导，认真贯彻落实习近平总书记关于西藏工作的重要指示批示精神，深入贯彻落实全国电影工作会议精神，严格按照上级工作部署，聚焦庆祝中国共产党成立100周年、西藏和平解放70周年主线，以坚强的领导、专业的队伍、优质的服务推进农村电影放映工作，全年放映农村电影2400余场次，观影群众达11万人次，放映场次完成率达151%，远超1600场次的目标任务，完成了年度的电影放映任务，荣获市委宣传部颁发的2021年度全市农村电影放映工作三等奖。

（果　果）

统一战线工作

【党外代表人士队伍建设】 年内，中共江孜县委统一战线工作部（以下简称“县委统战部”）组织统一战线各界代表人士深入学习宣传贯彻中共十九届六中全会精神、习近平总书记在中国共产党成立100周年庆祝大会上的讲话、视察西藏重要讲话精神；开展以党史为重点的“四史”宣传教育；开展文艺联谊、座谈交流、为民办实事、走访慰问等活动，向统战人士和困难群体送去节日慰问金11.5万元。调整充实县委统一战线工作领导小组，强化党对统战工作的绝对领导；建立完善全县党外代表人士数据库，推荐1名党外代表人士当选市人大代表、7名县级人大代表；推荐2名党外代表人士当选自治区政协委员、1名党外代表人士当选市政协委员、78名党外代表人士当选县政协委员；开展《中国共产党统一战线工作条例》宣传宣讲工作。

【宗教事务管理】 推进“遵行四条标准、争做先进僧尼”教育实践活动，打造白居寺、林布寺、重孜寺“四标”示范点，修订完善32座寺庙的《寺规僧约》；推进寺庙财税监管工作，按照实施财税监管寺庙覆盖率达到30%的要求，完成10座寺庙的财税监管试点工作，推动建立8项财务监管制度、章程等寺庙财务

5月6日，中共江孜县委统战部党支部组织党员干部到帕拉庄园开展主题党日活动，图为党员干部在帕拉庄园前的合影

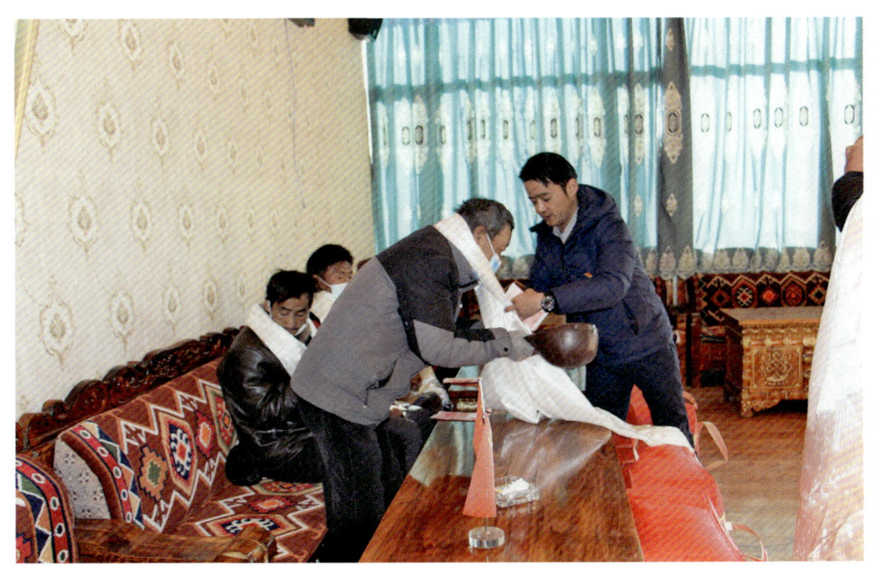

2月8日，县委常委、统战部部长普布次仁（右一）在江孜镇开展企业困难员工慰问，图为向企业困难员工献哈达

担任“两代表一委员”；组织54名民营经济人士到拉萨市、山南市先进企业考察。

【百企帮百村行动】 开展“百企帮百村”巩固活动，34家民营会员企业帮扶36个村居，投入帮扶慰问物资及资金价值143万余元，受益群众1243人，54家民营企业成为县慈善协会会员，捐助慈善资金572万余元。

（宋兵良）

管理制度；推行寺庙分级分类管理，落实寺庙管理体制机制，将全县16个寺管机构调整优化为11个；开展藏传佛教教职人员教育培训，研究制定藏传佛教教职人员年度教育培训计划，举办第5、6期藏传佛教教职人员培训班；将活佛教育培训管理经费纳入政府的财政预算。

【全国民族团结进步示范县创建】 推进“九进”活动，实施“名城振兴工程”；制定出台五年创建规划实施细则、“九进”实施方案、模范创建测评指标；创建全国民族团结进步示范县工作先后通过日喀则市委、市政府，自治区党委、政府，国家民委验收，成功创建3家自治区级、8家市级、80家县级民族团结进步模范单位和教育基地。

【非公有制经济】 组织召开民营经济界代表人士座谈会、民营企业家互动交流座谈会、迎新春座谈会，开展“感党恩、跟党走”喜迎中国共产党成立100周年主题活动；推选34名优秀企业家

党校教育

【干部培训】 2021年，县委党校和县委组织部联合其他相关部门开展党建专题培训、村（居）

8月15日，县委常委、统战部部长普布次仁（中）到江孜县卡麦乡开展学习贯彻习近平总书记“七一”重要讲话精神示范宣讲，图为宣讲会现场

党支部第一书记培训班及江孜县中青年干部培训班等 9 次，参训人员 1108 人次。

【学校管理】 2021 年，县委党校建立干部管理制度，落实财务公开制度、车辆管理制度、干部考勤制度。遵守中央八项规定、自治区“约法十章”“九项要求”等廉洁从政的各项规定和县委党校“三重一大”集体决策制度。

【基础设施建设】 根据《中共日喀则市委员会办公室关于加强和改进党校工作的意见》文件精神，县委党校和市委党校、县委组织部、县发展改革委等相关部门衔接，推动日喀则市委党校江孜分校能力提升建设项目。10 月，项目完成招投标，并于 12 月开工建设。

【师资队伍建设】 县委党校有 4 人，教师 1 人。10 月，经上级部门同意，县委党校核增事业编制 5 人。

（陈巧苹）

9月16日，中共江孜县委党校在第一教室组织党员干部学习习近平总书记视察西藏讲话精神，图为学习现场

10月20日，中共江孜县委党校在第一教室开展学习贯彻习近平总书记在庆祝中国共产党成立100周年大会上讲话精神，图为党校教师给党员干部讲课

江孜县人民代表大会

中國歷史
文化名城

重要会议

【人民代表大会】 江孜县第十三届人民代表大会第七次会议。3月29—31日，江孜县第十三届人民代表大会第七次会议召开。会议听取县人民政府工作报告、县人大常委会工作报告；审查江孜县国民经济和社会发展第十四个五年规划和二〇三五年远景目标纲要（草案）；审查江孜县2020年国民经济和社会发展计划执行情况与2021年国民经济和社会发展计划（草案）的报告；审查江孜县2020年财政预算执行情况与2021年财政预算安排（草案）的报告；听取人民法院工作报告；听取人民检察院工作报告。

江孜县第十四届人民代表大会第一次会议。7月9—12日，江孜县第十四届人民代表大会第一次会议召开。听取县人民政府工作报告、县人大常委会工作报告；听取人民法院工作报告；听取人民检察院工作报告；表决关于设立县第十四届人大专门委员会的决定（草案）；表决关于县第十四届人大专门委员会组成人员人选的表决办法（草案）；选举县第十四届人大常委会主任、副主任、委员，县人民政府县长、副县长，县监察委员会主任，县人民法院院长，县人民检察院检察长；表决县第十四届人民代表大会各专门委员会组成人员名单（草案）。

3月30日，江孜县第十三届人民代表大会第七次会议在江孜县影剧院召开，图为大会现场

【常委会会议】 十三届人大第三十六次常委会会议。5月17日，江孜县第十三届人大常委会第三十六次会议召开。会议通过决定免去卓拉江孜县监察委员会副主任职务。

十三届人大第三十七次常委会会议。6月30日，江孜县第十三届人大常委会第三十七次会议召开。会议审议通过5人辞去日喀则市第二届人大代表职务的决议；审议通过4人辞去江孜县第十四届人大代表职务的决议；审议通过1人辞去江孜县人大常委会副主任职务的决定。讨论通过江孜县第十四届人民代表大会第一次会议内容及江孜县人大常委会五年工作报告。

十四届人大第一次常委会会议。8月24日，江孜县第十四届人大常委会第一次会议召开。会议审议表决《关于设立江孜县第十四届人民代表大会代表资格审查委员会的决定（草案）》；依法任命县人民政府、县监察委员会、县人民检察院提请任职人员；征求法治政府建设意见。

十四届人大第二次常委会会议。10月20日，江孜县第十四届人大常委会第二次会议召开，会议依法任免县人民政府提请任免职人员；听取全县新冠肺炎常态化防控专项工作报告和市生态环境局江孜分局工作报告；传达学习习近平同志在中央人大工作会议上的重要讲话精神。

十四届人大第三次常委会会议。11月23日，江孜县第十四届人大常委会第三次会议召开。

会议传达学习中国共产党第十届中央委员会第六次全体会议精神；听取和审议江孜县人民政府关于江孜县国有资产（国有企业）管理情况报告和江孜县政府债务管理情况报告；听取承办单位关于代表意见建议办理情况报告。

（吴晓静）

人大监督

【经济监督】 2021年，江孜县人民代表大会常务委员会（简称“县人大常委会”）听取和审议《江孜县人民政府关于“十四五”规划和2035年远景目标纲要》《江孜县人民政府关于2020年国民经济执行情况的报告》《江孜县人民政府关于2020年财政预算执行情况及2021年财政预算安排的报告》，通过上述3个报告的决议，形成《江孜县人大财经委员会关于江孜县人民政府“十四五”规划和2035年远景目标纲要的审查结果报告》《江孜县人大财经委员会关于江孜县2020年财政预算执行情况与2021年财政预算的审查结果报告》并及时反馈给相关业务部门，向县人民政府提出建设性的审议意见和建议。

【民生事业监督】 2021年，县人大常委会成立调研组，到县直部门、江孜饭店、县国合商业联营公司、县宗城公司等实地走访座谈，对江孜县加强和改进新时代人大预算决算审查监督和国有资产管理监督进行为期5天的专题调研，形成《江孜县人大关于加强和改进新时代人大预算决算审查监督和国有资产管理监督专题调研报告》报送市人大常委会。配合市人大常委会视察城市市容环境综合整治工作，督促县城市管理和综合执法局等职能部门。组成调研组对全县农村专合组织进行专题调研，提出农村专合组织产业要向“配套特色旅游项目、青稞精深加工、藏毯订单式编织、壮大农机集体合作社、酥油等特色产品进入电商销售市场、加快清洁能源规模化开发”6个大板块靠拢，督促县乡村振兴局等职能部门。专项监督各职能部门依法履职尽责，编制“十四五”规划和2035年远景目标纲要。

8月24日，江孜县第十四届人民代表大会常务委员会第一次会议当选的政府各部门负责人在县人大之家开展宪法宣誓，图为宣誓现场

【民主法治监督】 2021年，县人大常委会配合市人大常委会对全县《中华人民共和国义务教育法》《国家宗教事务条例》《西藏自治区民族团结进步模范区创建条例》《西藏自治区国家生态文明高地建设条例》等贯彻实施情况进行执法检查；对县人民政府关于贯彻落实“三重一大”事项报告请示制度的实施意见提出合法性的意见建议；审查县人民政府大额资金运转报告25个，涉及资金4亿余元；听取和审议《县人民法院2020年工作报告》《县人民检察院2020年工作报告》。

（吴晓静）

决定任免

【重大事项讨论决定】 审议批准《江孜县人民政府关于"十四五"规划和2035年远景目标纲要》《江孜县人民政府关于2020年国民经济执行情况的报告》《江孜县人民政府关于2020年财政预算执行情况及2021年财政预算安排的报告》。

【接受请辞】 接受张峰辞去县第十三届人大常委会主任职务的请求；辜建锋辞去县第十三届人大常委会副主任职务的请求；接受罗布、扎巴仁青、拉巴贵吉、拉巴次仁辞去县第十四届人大代表职务的请求。

【人事任免】 2021年，同步召开19个乡（镇）第十五届人民代表大会第一次会议，选举产生19名乡（镇）人大主席，19名乡（镇）长、55名副乡（镇）长；召开县第十四届人民代表大会第一次会议，选举产生新一届县人大常委会班子和委员、县人民政府领导班子、县监察委员会主任、县人民法院院长、县人民检察院检察长；任免国家机关工作人员45人次，间接选举产生自治区级人大代表5名、市级人大代表19人，直接选举产生县级人大代表154人、乡级人大代表820人。常委会任命"一府一委两院"领导干部8人，免去因工作调动、退休干部5人，组织任前法律知识考试1次。对县直机关7名干部进行任后1年工作述职评议。

（吴晓静）

代表工作

【代表构成】 2021年，江孜县有自治区、市、县、乡（镇）四级人大代表共998人。其中自治区人大代表5人，市人大代表19人，县级人大代表154人，乡级人大代表820人。

【代表管理】 完善代表履职登记表，县人大常委会通过年终代表填写登记表，掌握代表履职情况，对履职情况不理想的代表进行鼓励谈话。

2021年，集中开展代表履职能力培训2次，委托19个乡（镇）主席团开展履职能力培训19次，974名县、乡人大代表培训首次实现全覆盖。

【代表活动】 邀请代表列席县人大常委会会议，参加"一府一委两院"相关活动；开展"巩固拓展脱贫攻坚成果和乡村振兴战略有效衔接、人大代表在行动"主题活动。

【议案办理】 召开县人大常委会主任会议，研究确定县第十四届人民代表大会第一次会议上县级人大代表提交的41件建议、批评和意见的处理意见，向县人民

10月22日，江孜县人大常委会第十四届（农牧民）人大代表第一期培训在县人大代表之家召开，图为培训现场

6月7日，广西壮族自治区柳州市人大常委会一行到江孜县考察经济发展情况，图为参观红河谷现代农业科技示范园

政府发出《江孜县人大常委会关于县第十四届人民代表大会第一次会议上县级人大代表提交的41件建议、批评和意见转交的函》。2021年，各级人大代表共提出159件建议、批评和意见，受理率100%，答复率100%，办结率90.56%，同比提高4.36个百分点。

（吴晓静）

财经农牧城建环保专门委员会

【常态监督】 2021年，江孜县人大财经农牧城建环保专门委员会（简称“县人大财经委”）听取和审议《江孜县人民政府关于“十四五”规划和2035年远景目标纲要》《江孜县人民政府关于2020年国民经济执行情况的报告》《江孜县人民政府关于2020年财政预算执行情况及2021年财政预算安排（草案）的报告》，形成《江孜县人大财经委员会关于江孜县人民政府“十四五”规划和2035年远景目标纲要的审查结果报告》《江孜县人大财经委员会关于江孜县2020年财政预算执行情况与2021年财政预算的审查结果报告》并反馈给相关业务部门，向县人民政府提出审议意见和建议。

【专项监督】 成立调研组，到县直部门、江孜饭店、县国合商业联营公司、县宗城投资实业开发有限公司等实地走访座谈，对江孜县加强和改进新时代人大预算决算审查监督和国有资产管理监督进行为期5天的专题调研，形成《江孜县人大关于加强和改进新时代人大预算决算审查监督和国有资产管理监督专题调研报告》报送市人大常委会。配合市人大常委会视察城市市容环境综合整治工作，督促县城市管理和综合执法局等职能部门开展工作。关注全县农村专合组织产业同质化问题，组成调研组对全县农村专合组织进行专题调研。专项监督各职能部门依法履职尽责，编制“十四五”规划和2035年远景目标纲要，督促县发展改革委等职能部门开展工作。

【重点监督】 对县人民政府关于贯彻落实“三重一大”事项报告请示制度的实施意见提出意见建议；审查县人民政府大额资金运转报告25个，涉及资金4亿余元。听取并审查县人民政府环境保护工作专项报告、江孜县国有资产管理情况报告、江孜县人民政府举债情况报告、县审计局关于江孜县2020年度财政预算执行情况及其他财政收支情况审计报告等，并提出初步审查意见。

（吴晓静）

法制司法民族宗教专门委员会

【宪法宣传】 2021年，江孜县人

大法制司法民族宗教专门委员会（简称“县人大法制委”）打造宪法宣传主题公园。在第八个国家宪法日邀请县人民法院工作人员到基层开展系列普法活动，并组织拟任命人员开展任前法律考试。

【依法监督】 配合上级人大常委会开展执法调研工作，组织代表对《西藏自治区实施宣誓制度办法》《日喀则市市容和环境卫生管理条例》《西藏自治区民族团结进步模范区创建条例》等贯彻实施情况进行执法检查；对宗教工作的法治化建设、扫黑除恶专项斗争、“七五”普法工作、法治政府建设等方面开展专题调研。邀请县委政法委员会、县民族宗教事务局对全县市域社会治理现代化试点工作、《西藏自治区民族团结进步模范区创建条例》贯彻落实情况进行检查调研，并形成调研报告。对全县《乡规民约》《村规民约》规范化进行审查，督促乡（镇）人大根据审查意见进行修改完善。组织代表旁听案件庭审、参加检法两院“阳光审判”“公开听证会”等活动。

（吴晓静）

教育科技文化旅游卫生专门委员会

【法治宣传教育】 2021年，江孜县人大教育科技文化旅游卫生专门委员会（简称“县人大教科委”）加强以《中华人民共和国民法典》为主的法律法规和人大制度宣传教育工作力度，开展专项法治宣传教育工作。

【依法履行职责】 2021年，开展江孜县2021年度“两会”筹备工作；对各乡（镇）《中华人民共和国农民专业合作社法》落实情况进行实地调研检查；陪同第三方扶贫验收组完成江孜县验收工作；组织配合关于人大代表在扶贫领域中所发挥的作用为主题的《人大代表情怀》纪录片拍摄；对部分乡（镇）实施乡村振兴战略前期工作进行调研；在全县学校领域，开展以“食品安全，安全生产，教学质量”为主要内容的调研工作；对各乡（镇）“乡规民约”“村规民约”进行审核。

【加强与代表联系】 密切与乡（镇）代表联系，拓宽代表知情知政渠道，组织有关乡（镇）代表参加人大开展的执法检查和视察；重视代表议案、建议办理质量和效率，加大督办力度。

（吴晓静）

县人大常委会办公室

【会议服务】 2021年，县人大常委会办公室协助组织召开县人民代表大会、县人大常委会会议、县人大常委会主任会议、民主生活会等各种会议11次。

【联系代表】 2021年，完成市

10月15日，江孜县人大常委会开展拟任命人员任前法律考试，图为集中考试现场

人民代表大会江孜代表团服务保障工作；完成江孜县人大代表参加自治区、市人大组织的各类学习培训活动的服务保障工作；完成自治区人大代表、市人大代表来江孜县开展调研的服务保障工作；完成上级人大、兄弟县人大到江孜县视察的服务保障工作。

5月17日，江孜县人大常委会办公室党支部组织党员干部在江孜县历史陈列馆开展爱国主义教育，图为党员干部重温入党誓词

【信访工作】 年内，开展群众来信来访接待工作，并在党政综合楼门口与县司法局旁设有2个信访举报箱，定期开取信箱，整理来访信件，根据信件内容交由各相关部门进行处理回复。

【督办代表建议】 年内，县人大常委会办公室加强与代表的联系，通过走访、座谈、实地查看、重点督办、邀请代表到承办单位督办、电话催办等形式，加大代表建议督办力度。12月18日，县人大常委会办公室协助召开代表建议督办会议，听取相关承办部门关于县第十三届人民代表大会第七次会议及第十四届人民代表大会第一次会议上人大代表建议办理情况的汇报，要求各部门将已经办理的代表建议及时向代表回馈结果。

【人大代表之家】 年内，县人大办公室加强调研检查，督促各乡（镇）健全完善人大工作台账和“八簿一册”(《党员联系和服务群众记录簿》《党支部组织生活记录簿》《党员学习培训记录簿》《社区党建“三大行动”记录簿》《社区党建工作联席会记录簿》《社区党员服务站记录簿》《流动党员管理工作记录簿》《企业党组织开展“双比双争”活动记录簿》《党员手册》）的登记管理。要求各乡（镇）人大配合乡（镇）党委，以代表为基础宣传学习贯彻中共中央、自治区党委、市委相关政策精神。

【文秘工作】 起草县人大常委会年度工作计划；力求使常委会的工作紧扣全县发展大局和全县中心工作。开展县人大常委会举行的各项重要会议、重大活动的文稿起草。

（吴晓静）

江孜县人民政府

中國歷史
文化名城

综　述

【概　况】2021年，江孜县人民政府坚持以习近平新时代中国特色社会主义思想为指导，锚定“稳定、发展、生态、强边”四件大事，以实施“名城振兴工程”为抓手，开展“六稳”工作、全面落实“六保”任务，完成经济社会各项预期目标，实现“十四五”规划开局任务。

【经济发展】2021年，实现地区生产总值29.35亿元，同比增长8%；全社会固定资产投资完成16.3亿元，同比增长10.3%；地方一般公共预算收入完成4647万元，同比增长2.7%；社会消费品零售总额实现8.24亿元，同比增长10.5%；农村居民人均可支配收入达到19777元，同比增长13.42%。

【社会事业】年内，整合投入2.05亿元巩固拓展脱贫攻坚成果，全县监测对象无一人返贫致贫。兑现创业资金181.03万元，完成职业技能培训2228人，高校毕业生就业率99.5%，农牧民转移就业24066人。投资1.22亿元实施师生暖心工程、幸福工程。建成核酸检测实验室2座，开展检测2.86万次，接种新冠疫苗13.18万剂次。推进医疗共同体建设，“中心医院”挂牌成立。投资2730.1万元补齐县乡医疗卫生机构标准化建设短板。养老、医疗保险参保率均达97%以上。兑现救助资金1086.88万元，受益群众3494人次。成立县慈善协会，募集善款1001.2万元。

【农牧业发展】2021年，全县粮油总产量保持6万吨以上。青稞初深加工9470.25吨，商品转化率70%，实现收入3462.61万元。江孜青稞与乐斯福集团、良品铺子签订战略合作协议。江孜酥油奶渣产量2001.95吨。江孜沙棘苗圃面积7600亩，出圃沙棘400万株，产值1428.16万元。年内旅游接待人数56.47万人次，实现收入1.01亿元。

【政府党组“一周一专题”会议】2021年，开展以“突出党建引领发展，业务促进党建，通过党建和业务的深度融合，推动乡村振兴，推动‘名城振兴工程’”为主题的“一周一专题”研讨会。年内，召开政府党组“一周一专题”会议8期，收集意见建议139件，办结98件，正在推进36件。其中第5期“一周一专题”于2021年12月19日在《西藏日报》刊登。

（拉巴普尺）

重要会议

【政府常务会议】2021年，江孜县人民政府召开政府常务会议15次。涉及经济建设、民生保障、乡村振兴等方面。

7月22日，县委副书记、县长巴桑（左三）到加克西乡调研群众生产生活情况，图为村干部介绍群众返贫监测情况

2021年江孜县人民政府常务会议一览表

表1

会次	时间	主要内容	主持人	参会人员
1次	1月11日	研究讨论康卓乡人民政府关于解决垃圾场修建费用的请示；研究讨论县教育局请示件；研究讨论县水利局关于解决江孜县规模以下河流管理范围划定资金的请示；研究讨论县政府办关于维修老援藏楼及附属设施的请示	杨军	李小波、达次、杨秀梅、桑果，扎西玉珍（县政府办公室），巫蓉（县教育局），旦增普尺（县水利局），班久（县总工会）
2次	1月31日	研究讨论县脱贫攻坚指挥部关于设立扶贫小额信贷风险补偿金的请示；研究讨论县国资委关于江孜饭店土地出让后续事宜的请示；研究讨论县人力资源和社会保障局转移就业工作领导小组关于拟表彰2020年度转移就业工作先进集体和先进个人的请示	尼玛次仁	达次、杨秀梅、桑果，陈晶玲（县政府办），普布旦增（县脱贫攻坚指挥部），张静心（县财政局），格桑卓玛（县人社局）
3次	2月24日	研究讨论县人民武装部请示件；研究讨论县教育局关于印刷成册部分小学教学资料、试卷和学前教学常规记录本的请示；研究讨论县文旅局关于解决卡若拉冰川景区2019年“冬游西藏”门票补贴政策的请示；研究讨论县商务局关于引进华润电力江孜二期30兆瓦光伏发电项目的请示；研究讨论县农业农村局关于审批《江孜县2019年“以奖代补”资金管理使用方案》的请示；研究讨论县水利局关于解决江孜县2020年防汛应急抢险费用的请示；研究讨论县自然资源局请示件；研究讨论县住房和城乡建设局请示件；研究讨论县发展改革委请示件；研究讨论县财政局请示件	尼玛次仁	达次、杨秀梅、桑果，徐江涛、陈晶玲（县政府办公室），阿旺旦增（人武部），阿旺洛桑（县教育局），曾毅（县文旅局），边旺（县商务局），边巴顿珠（县农业农村局），加参多吉（县水利局），多吉桑布（县自然资源局），达次（县住房和城乡建设局），旦增罗布（县发展改革委），米玛次仁（县财政局）
4次	3月11日	研究讨论县委宣传部请示件；研究讨论县人民医院关于“医院整体搬迁”的请示；研究讨论县住房和城乡建设局关于解决江孜县国防路公租房小区更换箱式变压器资金的请示；研究讨论县扶贫办关于解决评选表彰脱贫攻坚工作先进集体、先进个人、脱贫攻坚“脱贫之星”“带富能手”江孜活动经费的请示；研究讨论日喀则市生态环境局江孜分局关于开展环境质量监测项目的请示；研究讨论县教育局、水利局、农业农村局、卫生健康委、城市管理和综合执法局、自然资源局、财政局请示件；研究讨论县林草局关于解决江孜县2021年义务植树经费等相关事宜的请示；研究讨论县江浦农业发展有限公司关于解决江孜县红河谷藏红花种植基地建设项目植被恢复费的请示	尼玛次仁	拉巴仓决、李小波、汪芳、达次、杨秀梅、桑果、余锋，智美罗布（县纪委监委），南志军、扎西玉珍（县政府办公室），索朗次旦（县财政局），巫蓉（县教育局），边巴顿珠（县广播电视台），格桑（县人民医院），达次（县住房和城乡建设局），唐建新（县扶贫办），白玛顿珠（县生态环境局），旦增普尺（县水利局），边巴顿珠（县农业农村局），普卓嘎（县卫生健康委），蒲亚军（县林草局），仁增多吉（县城管执法局），多吉桑布（县自然资源局）

续表1

会次	时间	主要内容	主持人	参会人员
5次	3月20日	研究讨论县教育局请示件；研究讨论县政府办关于政府小车班车辆维修、车辆保险、车辆轮胎更换实施定点采购的请示	杨军	汪芳、达次、杨秀梅、桑果、余锋，南志军、陈晶玲（县政府办公室），张静心（县财政局），阿旺洛桑（县教育局），胡倩倩（县发展改革委），徐程煌（县司法局）
6次	3月29日	研究讨论县审计局关于申请预留审计费用的请示；研究讨论县自然资源局、财政局、政府办的请示件	杨军	尼玛次仁、汪芳、达次、杨秀梅、桑果、余锋，南志军、徐江涛、陈晶玲（县政府办），米玛次仁（县财政局），智美罗布（县纪委监委），徐程煌（县司法局），巴桑卓拉（县审计局），国杰（县民政局），占冠元、多吉桑布（县自然资源局），次多（江孜镇），索朗扎西（加日郊居委会）
7次	4月23日	研究讨论县委办公室关于解决《江孜年鉴（2021）》出版费用的请示；研究讨论县总工会关于向全县全体工会会员拟发放2021年“五一”国际劳动节慰问品（羊毛被）的请示；研究讨论县公安局关于采购智能枪柜的请示；研究讨论县教育局、商务局、农业农村局、卫生健康委请示件；研究讨论县民宗局关于解决紫金寺僧舍及挡墙维修资金的请示	杨军	尼玛次仁、拉巴仓决、李小波、达次、杨秀梅、余锋，南志军、徐江涛、陈晶玲（县政府办公室），漆福林（县人大办公室），智美罗布（县纪委监委），徐程煌（县司法局），寇雪姣（县委办公室），班久（县总工会），阿旺洛桑（县教育局），边巴扎西（县公安局），边旺（县商务局），普卓嘎（县卫生健康委），强巴顿珠（县民族宗教事务局），仁增多吉（县城市管理和综合执法局），边巴顿珠（县农业农村局）
8次	5月14日	研究讨论县人力资源和社会保障局关于解决“畜禽养殖”送教上门培训经费的请示；研究讨论县人民法院关于购买囚车及科技法庭装备的请示；研究讨论县公安局关于采购移动警务终端及服务费的请示；研究讨论县商务局、县政府办请示件	杨军	李小波、汪芳、达次、杨秀梅、边巴、崔国禄，漆福林（县人大办公室），智美罗布（县纪委监委），索朗扎西（县司法局），南志军、扎西玉珍、皇甫文静（县政府办公室），索朗次旦（县财政局），强珍（县人社局），德吉边宗（县人民法院），顿珠（县公安局），郜飞翔（县商务局）

续表1

会次	时间	主要内容	主持人	参会人员
9次	5月25日	研究讨论县司法局关于采购执法办案用车的请示；研究讨论县科技局关于申请1台公务用车的请示；研究讨论县卫生健康委、县人民医院、县自然资源局、县财政局请示件	尼玛次仁	拉巴仓决、汪芳、杨秀梅、桑果、余锋、崔国禄，漆福林（县人大办公室），刘崇尧（县纪委监委），袁海恩（县司法局），南志军、陈晶玲、皇甫文静（县政府办公室），米玛次仁（县财政局），白玛德吉（县科技局），米玛（县卫生健康委），格桑（县人民医院），曾毅（县文旅局），占冠元（县自然资源局），次平（县发展改革委），旦增罗布（县住房和城乡建设局）
10次	7月22日	依次听取县信访局、应急管理局、退役军人事务局2021年上半年工作情况汇报；研究讨论县气象局关于提高人工影响天气作业维持经费的请示；研究讨论县委组织部关于提交乡村振兴人才发放奖励资金的请示；研究讨论县委宣传部关于解决江孜县朗萨数字影院承包方未缴纳影院租赁费相关问题的请示；研究讨论县民宗局关于解决炯堆寺挡墙维修资金的请示；研究讨论县商务局关于购置招商引资公务用车的请示；研究讨论县商务局关于购置招商引资公务用车的请示	巴桑	杨伟功、拉巴仓决、达娃次仁、李小波、赵玮、边巴、杨秀梅，南志军、扎西玉珍、皇甫文静，张静心，徐程煌（县司法局），白玛次仁（县信访局），瞿兴凡（县应急管理局），西洛（县气象局），达次（县委宣传部），强巴顿珠（县民宗局），边旺（县商务局），蒲亚军（县林业和草原局），李恒（县退役军人事务局）
11次	9月3日	研究讨论县委办公室（大庆办）关于县委大庆活动筹备办公室关于报批大庆活动经费的请示；研究讨论县人民武装部关于民兵武器仓库重建的请示；研究讨论县委组织部、县文旅局请示；研究讨论县民宗局关于解决全国民族团结进步示范县创建工作经费的请示；研究讨论县财政局关于解决江孜县行政事业单位资产清查工作费用的请示；研究讨论县政府办关于进一步完善《江孜县人民政府机关后勤服务中心公务接待管理办法（暂行）》的通知	巴桑	达娃次仁、边巴、杨秀梅、拉桑桑旦、崔国禄，南志军、边巴、扎西玉珍（县政府办公室），米玛次仁（县财政局、宗城公司），旦增罗布（县发展改革委），张鸥（县司法局），次德吉（县人大办），阿旺旦增（县人武部），央宗、次仁顿珠（县委组织部），普布旦增（县文旅局），强巴顿珠（县民宗局）
12次	9月22日	研究讨论县自然资源局、县政府办请示件；研究讨论县财政局关于解决江孜县行政事业单位资产清查工作费用的请示	巴桑	达娃次仁、李小波、汪芳、杨秀梅、拉桑桑旦、余锋、崔国禄，南志军、边巴、皇甫文静（县政府办公室），张鸥（县司法局），索朗次旦（县财政局），胡倩倩（县发展改革委），达次（县自然资源局）

续表1

会次	时间	主要内容	主持人	参会人员
13次	11月12日	研究讨论县委党校关于解决江孜县委党校公有房屋鉴定资金的请示；研究讨论县教育局关于解决教育系统校园安全一键式报警项目资金的请示；研究讨论县自然资源局关于解决江孜县土地拍卖佣金的请示；研究讨论县商务局关于申请江孜县招商引资项目“委托招商”的请示；研究讨论县乡村振兴局关于申报江孜县2020年度建档立卡户勤劳致富“以奖代补”县级资金的请示；研究讨论县水利局关于申请河道采砂规划编制经费的请示；研究讨论县卫生健康委关于重孜乡卫生院高压入地、光缆入地的请示；研究讨论县疫情防控办关于采购两套核酸检测设备的请示	达娃次仁	李小波、边巴、杨秀梅、拉桑桑旦、余锋，徐江涛、皇甫文静（县政府办），徐程煌（县司法局），索朗次旦（县财政局），索片（县委党校），阿旺洛桑（县教育局），达次（县自然资源局），郤飞翔（县商务局），贵吉（县乡村振兴局），加参多吉（县水利局），普卓嘎（县卫生健康委、县疫情防控办）
14次	11月17日	研究讨论县自然资源局关于解决民宿建设项目涉及土地的请示；研究讨论县文旅局关于减免第三方卡若拉冰川景区2020年、2021年承包费用的请示；研究讨论县发展改革委关于江孜县2021年基层政权建设项目资金使用方向和2021年后基层政权资金分配方式的请示；研究讨论县卫生健康委的请示件	巴桑	李小波、边巴、杨秀梅、拉桑桑旦、余锋、崔国禄，漆福林（县人大办），徐江涛、陈晶玲（县政府办），徐程煌（县司法局），索朗次旦（县财政局），达次（县自然资源局），普布旦增（县文旅局），普卓嘎（县卫生健康委），顿珠次仁（县交运局），旦增罗布（县发展改革委）
15次	12月29日	研究讨论县委宣传部江孜县融媒体中心关于采购中央广播电视节目无线数字化覆盖系统备份设备的请示；研究讨论县创城办关于将江孜县创建自治区文明县城专项经费列入年度财政预算的请示；研究讨论县气象局关于江孜县8个人影作业点防雷设施整改费用的请示；研究讨论县城市管理和综合执法局关于县城垃圾填埋场委托第三方运营管理的请示；研究讨论县乡村振兴局关于对扶贫项目及行业扶贫项目进行确权登记的请示；研究讨论县卫生健康委关于2021年江孜县动物间鼠疫疫情处置工作人员补助及防控物资费用的请示；研究讨论县商务局关于江孜县金塔幸福家园小区项目招商的请示；研究讨论县发展改革委关于调整充实江孜县项目建设领导小组及审议项目办工作方案的请示；研究讨论县自然资源局、县林业和草原局、行政审批和便民服务局、县农业农村局、县财政局、县政府办的请示件	达娃次仁	李小波、边巴、拉桑桑旦、余锋、崔国禄，漆福林（县人大办），南志军、陈晶玲（县政府办），索朗次旦、米玛次仁（县财政局），徐程煌（县司法局），米玛次仁（县融媒体中心），卞少华（县创城办），普珠（县气象局），尼玛旺堆（县人民医院），洛追（县城市管理和综合执法局），付朝科（县乡村振兴局），次平（县疾控中心），边旺（县商务局），旦增罗布（县发展改革委），曹耀籍（县自然资源局），旦增欧珠（县林草局），索朗曲珍（县行政审批和便民服务局），索片（县农业农村局），白玛欧珠（市生态环境局江孜分局）

【政府专题会议】 2021 年，江孜县人民政府召开政府专题会议 80 次。

2021年江孜县人民政府专题会议一览表

表2

会次	时间	主要内容	主持人	参会人员
2次	1月12日	县委副书记、县长杨军在党政综合楼307会议室主持召开经济责任审计整改工作专题会议，就审计组提出来的6个方面30个问题作逐项部署	杨军	扎西玉珍、陈晶玲（县政府办公室），巴桑卓拉（县审计局），索朗次旦（县财政局），旦增罗布（县发展改革委），边旺（县商务局），米玛次仁（宗城公司），罗旦（县文化旅游局），次旦卓嘎（县民政局），达次（县住房和城乡建设局），巫蓉（县教育局），扎巴仁青（县自然资源局），旦增顿珠（县林业和草原局）
3次	3月3日	县委常委、宣传部部长普琼在县委宣传部二楼藏式会议室，主持召开江孜县深度贫困县级应急广播系统网络服务采购项目的专题会议	普琼	普琼，果果、达娃次仁、欧传汉（县委宣传部），边巴顿珠、李纪阳、杜小勇（县广播电视台）
5次	3月4日	副县长达次在公安局一楼会议室召开专题会议，就乡镇集体办公用房分配有关事宜进行研究讨论	达次	南志军、达珍、杨柳、扎西玉珍（县政府办公室）
6次	3月8日	县委副书记、常务副县长尼玛次仁在党政综合办公楼307会议室主持召开专题会议，就江孜县与西藏交发天顺路桥工程有限公司劳务输出相关工作进行研究讨论	尼玛次仁	拉仓，王胜利、扎西云旦（重孜乡），强珍（县人社局），胡倩倩（县发展改革委），米玛次仁（宗城公司），占冠元（县自然资源局），罗布（县交运局），格桑（县市场监督管理局），南志军、杨柳（县政府办公室），西藏交发天顺路桥工程有限公司5人
7次	3月8日	副县长达次在政府党组会议室主持召开专题会议，就小车班车辆维修、车辆保险购买、车辆轮胎更换等三项内容的采购事宜进行研究讨论	达次	南志军、达珍、扎西玉珍（县政府办公室），索朗次旦（县财政局），次仁罗布（小车班代表）
8次	3月14日	县委副书记、常务副县长尼玛次仁在党政综合办公楼307会议室主持召开专题会议，就江孜县江沅生态餐厅相关建设问题进行研究讨论	尼玛次仁	南志军、杨柳（县政府办公室），占冠元（县自然资源局），达次（县住房和城乡建设局），仁增多吉（县城市管理和综合执法局），格桑（县市场监督管理局），国杰（县民政局），郜飞翔（县商务局），徐程煌（县司法局），米玛次仁（宗城公司）
9次	3月14日	县委副书记、常务副县长尼玛次仁在党政综合办公楼307会议室主持召开专题会议，就企业土地供地相关问题进行研究讨论	尼玛次仁	南志军、杨柳（县政府办公室），占冠元（县自然资源局），达次（县住房和城乡建设局），仁增多吉（县城市管理和综合执法局），格桑（县市场监督管理局），国杰（县民政局），郜飞翔（县商务局），徐程煌（县司法局），米玛次仁（宗城公司）

续表2

会次	时间	主要内容	主持人	参会人员
10次	3月14日	县委副书记、政府常务副县长尼玛次仁在党政综合办公楼307会议室主持召开专题会议，就江热乡营区需协调解决的相关问题进行研究讨论	尼玛次仁	南志军、杨柳（县政府办公室），占冠元（县自然资源局），达次（县住房和城乡建设局），仁增多吉（县城市管理和综合执法局），旦增罗布（县发展改革委），加参（县水利局），贡嘎米久（县交运局），徐程煌（县司法局）
11次	3月28日	县委副书记、政府常务副县长尼玛次仁在公安局二楼201会议室主持召开专题会议，就江孜县“江沅生态园”相关建设问题进行研究讨论	尼玛次仁	陈晶玲（县政府办公室），占冠元（县自然资源局），王龙（县住房和城乡建设局），国杰（县民政局），米玛次仁（宗城公司），王耀东、张富平（江沅生态园）
12次	4月6日	县委副书记、政府县长杨军在党政综合楼307会议室主持召开经济责任审计反馈问题整改工作调度会议，就审计反馈问题整改工作进行安排部署	杨军	达次，郑鲲鹏（县委巡视整改办），南志军、陈晶玲（县政府办公室），巴桑卓拉（县审计局），张小磊（县民政局），拉巴卓玛（县文化旅游局），普布（县教育局），旦增顿珠（县林业和草原局），张静心（县财政局），陈树平（宗城公司），旦增顿珠（县商务局），达次（县住房和城乡建设局），占冠元（县自然资源局），胡倩倩（县发展改革委）
13次	4月10日	县委副书记、政府县长杨军在党政综合楼307会议室主持召开经济责任审计反馈问题整改工作会议，就审计反馈问题整改工作进行安排部署	杨军	达次，郑鲲鹏（县委巡视整改办），南志军、陈晶玲（县政府办公室），巴桑卓拉、索朗卓嘎（县审计局），拉巴卓玛（县文化旅游局），胡倩倩（县发展改革委），张静心（县财政局），占冠元（县自然资源局），旦增罗布（县住房和城乡建设局），国杰（县民政局），旦增顿珠（县商务局），普布（县教育局），旦增顿珠（县林业和草原局），陈树平（宗城公司）
14次	4月20日	县政府副县长余锋在县水利局会议室主持召开专题会议，就县域8条河流“一河一策”编制采购事宜进行研究部署	余锋	加参多吉、旦增普尺、边旦、次琼、旦增赤列、旦增次旺、普布曲珍、朗杰罗布、旦多（县水利局），旦增赤列（县政府办公室）
15次	4月26日	县人民政府副县长余锋在政府办公室主持召开政府专题会议，就江孜县2014年度自治区项目江孜县新农村科技示范县优质马铃薯高标准规范种植技术示范项目资金支出事宜进行研究讨论	余锋	余锋，白玛德吉、杨雄、次旦卓嘎（县科学技术局）
16次	4月26日	县人民政府副县长余锋在政府办公室（409）主持召开政府专题会议，就江孜县2016年度自治区级项目脱毒马铃薯高效优质栽培技术示范项目资金支出事宜进行研究讨论	余锋	余锋，白玛德吉、杨雄、次旦卓嘎（县科学技术局）
17次	4月28日	县人民政府副县长杨秀梅在党政综合楼主持召开政府专题会议，就3名尼泊尔籍境外人员来江孜县务工疫情防控管理工作进行研究讨论	杨秀梅	普卓嘎（县卫生健康委），格桑（县人民医院），土登卓玛、达瓦顿珠，（县公安局），顿珠扎西（县疾控中心），曹耀籍、皇甫文静（县政府办公室）

续表2

会次	时间	主要内容	主持人	参会人员
18次	5月18日	县委副书记、政府常务副县长尼玛次仁在党政综合楼主持召开专题会议，就江孜县“中国好粮油”行动示范工程2020年订单收购资金使用方案调整相关问题进行研究讨论并进行安排部署	尼玛次仁	徐江涛（县政府办公室），旦增罗布（县发展改革委），索次（县财政局），边巴顿珠（县农业农村局）、胡倩倩（县发展改革委）
19次	5月27日	县委副书记、政府县长杨军在政府党组会议室主持召开专题会议，就江孜县重孜乡村民次顿信访事宜进行研究讨论	杨军	尼玛次仁，尼玛（县纪委监委），白玛次仁（县信访局），郃飞翔（县商务局），胡倩倩、曲加（县发展改革委），普布欧珠（县公安局），陈晶玲（县政府办公室）
20次	5月27日	县政府副县长余锋在县农业农村局会议室主持召开专题会议，就江孜县2020年高标准农田建设科技推广服务人才技术培训项目有关事宜进行研究讨论	余锋	余锋（县人民政府副县长），索次（县财政局），边巴顿珠、孔金秋、巴桑（县农业农村局），洛桑（县农牧综合服务中心）
21次	5月26日	县政府副县长杨秀梅在市生态环境局江孜县分局会议室主持召开专题会议，就实施日喀则市江孜县重孜湿地保护项目有关事宜进行研究讨论	杨秀梅	达瓦次仁、白玛顿珠、扎西顿珠（市生态环境局江孜县分局）
22次	5月31日	县政府副县长边巴在党政综合办公楼405办公室主持召开专题会议，就江孜县国家交办的网上投诉信访件进行研究讨论	边巴	宋兵良（县委统战部）、普布欧珠（县公安局）、刘洪波（县政协）、白玛次仁（县信访局）、孙健（县江热乡）
23次	6月7日	县政府副县长边巴在县教育局会议室主持召开专题会议，就江孜县达孜乡小学和日朗乡小学集中供暖工程采购有关事宜进行研究讨论	边巴	阿旺洛桑、卓玛次仁、旺珍、普布、次旦占堆、洛桑欧珠、旦增格桑（县教育局），索次（县财政局），胡倩倩（县发展改革委）
24次	6月20日	县委副书记、政府县长巴桑在县党政综合楼307会议室主持召开专题会议，就江孜县城乡环境综合治理工作进行安排部署	巴桑	达娃次仁、余锋、徐江涛、曹耀籍（县政府办公室），坚参多吉（县水利局），旦增罗布（县发展改革委），达次（县住房和城乡建设局），多吉桑布（县自然资源局），蒲亚军（县林业和草原局），尼玛（县城市管理和综合执法局），达瓦次仁（市生态环境保护局江孜分局），仁增多吉（江孜镇），巴顿（江热乡）
25次	6月24日	县政府副县长边巴在县水利局会议室主持召开专题会议，就水利工程建设项目法人变更事宜进行研究部署	边巴	胡倩倩（县发展改革委），索朗次仁（县财政局），曹耀籍（县政府办），白玛顿珠（县市生态环境局江孜分局），旦增欧珠（县林草局），贡觉旦增（县自然资源局），加参多吉、达多（县水利局），旦增赤列（县水利队），罗杰、旺堆杰布（县自来水公司）
26次	6月24日	县政府副县长边巴在县水利局会议室主持召开专题会议，就2021年防汛抗旱物资采购事宜进行研究部署	边巴	加参多吉、旦增普尺、达多、旦增赤列（县水利局）

续表2

会次	时间	主要内容	主持人	参会人员
29次	7月12日	县委常委、政府常务副县长达娃次仁在生态环境分局会议室主持召开专题会议，研究讨论关于创建生态文明示范县、乡（镇）、村（居）的规划、申报工作的相关事宜会议	达娃次仁	达瓦次仁、白玛顿珠（市生态环境局江孜县分局），张静心（县财政局副局长）
30次	7月26日	县委常委副县长、康卓乡党委书记李小波在文化旅游局会议室主持召开政府专题会议，对庆祝中国共产党成立100周年、西藏和平解放70周年活动办文艺组经费事宜进行专题研究讨论	李小波	仓木决、达娃次仁（县委宣传部），普布旦增、朗杰（县文化旅游局），张静心（县财政局）
31次	7月27日	政府副县长余锋在党政综合楼409办公室主持召开专题会议，就县疫情防控物资保障组采购事宜进行研究讨论	余锋	拉巴旦增（县政府办公室），张静心（县财政局），米玛（县卫生健康委），裴超刚（县疫情防控办），拉旦（县人民医院），顿珠扎西（县疾控中心），催成烈措（县卫生健康委项目办）
32次	8月5日	县政府副县长拉桑桑旦在自然资源局会议室召开专题会议，就关于7宗国有土地使用权挂牌出让事宜进行研究讨论	拉桑桑旦	旦增罗布（县发展改革委）、达次（县住房和城乡建设局）、边旺（县商务局）、索朗次旦（县财政局）、多吉桑布（县自然资源局）
33次	8月5日	县政府副县长拉桑桑旦在县自然资源局会议室主持召开专题会议，就县教育局有关事项进行研究讨论	拉桑桑旦	拉桑桑旦，拉巴旦增（县政府办公室），王政（县财政局），阿旺洛桑、扎西顿珠、林亮（县教育局）
35次	8月18日	县委常委、政府副县长达娃次仁在党政综合楼306会议室主持召开专题会议，就部分事项进行研究讨论	达娃次仁	张静心（县财政局）、强巴（宗城公司）、扎西玉珍（县政府办公室）
36次	8月18日	县委常委、政府副县长李小波在县文旅局二楼会议室主持召开专题会议，就江孜英雄古城文化旅游景区有关事宜进行研究讨论	李小波	杨柳（县政府办公室）、张娣（县财政局）、县文旅局全体在家干部职工
37次	8月19日	县政府副县长拉桑桑旦在党政综合办公楼410办公室主持召开江孜县教育局专题会议，就采购江孜县江热乡小学、重孜乡小学学生宿舍用品事宜进行研究讨论	拉桑桑旦	阿旺洛桑、卓玛次仁、普布、达瓦群培（县教育局），陈晶玲（县政府办公室），张娣（县财政局）
40次	9月4日	政府副县长拉桑桑旦在党政综合楼409办公室主持召开专题会议，就教育局举办庆祝第37个教师节系列活动及解决活动经费的请示事宜进行研究讨论	拉桑桑旦	拉桑桑旦，陈晶玲（县政府办公室），王政（县财政局），阿旺洛桑、林亮（县教育局）
41次	9月8日	政府副县长边巴在党政综合楼405办公室主持召开专题会议，就农业农村局部分事宜进行研究讨论	边巴	边巴顿珠（县农业农村局）、索朗次旦（县财政局）、孔金秋（县产业办）、扎西玉珍（县政府办公室）
42次	9月11日	政府副县长杨秀梅在县人民医院主持召开专题会议，就县人民医院有关事项进行研究讨论	杨秀梅	普卓嘎、米玛，卓玛（县卫生健康委），格桑、尼玛旺堆、扎西次仁、拉旦、尼玛顿珠（县人民医院），皇甫文静（县政府办公室）

续表2

会次	时间	主要内容	主持人	参会人员
43次	9月16日	县应急管理局局长欧珠在县应急管理局会议室主持召开灾后重建领导小组专题会议，就达孜乡洪涝灾害中受损20户民房重建和改造维修问题进行研究讨论	欧珠	欧珠（县应急管理局），吴伟（县委办公室），徐江涛（县政府办公室），索朗次旦（县财政局），格桑（县住房和城乡建设局），贡嘎米久（县交运局），唐建新（县乡村振兴局），多吉桑布（县自然资源局），央吉、扎西欧珠（达孜乡）
47次	9月30日	政府副县长边巴主持召开非法采砂问题专项整治会议	边巴	余锋、加参多吉（县水利局），白玛顿珠（市生态环境局江孜分局），旦增欧珠（县林业和草原局），普布曲珍（县水利局），旦增曲宗（县自然资源局）
48次	10月9日	县委副书记、政府县长巴桑在县行政审批和便民服务局主持召开专题会议，就江孜县政务服务中心和江孜县信访接待中心选址事宜进行研究讨论	巴桑	张宏东、达娃次仁、边巴、拉桑桑旦、达旺（县行政审批和便民服务局），白玛次仁（县信访局）
52次	10月22日	政府副县长拉桑桑旦在409办公室主持召开关于解决江孜县藏传佛教教职人员和驻寺干部培训经费的专题会议	拉桑桑旦	阿旺赤列（县委统战部）、索朗次旦（县财政局）、陈晶玲（县政府办公室）
54次	10月26日	县委常委、政府副县长李小波在408办公室主持召开专题会议，就江孜县招商引资项目“委托招商”相关事宜进行研究讨论	李小波	边旺、洛旦（县商务局），索朗次旦（县财政局），扎西玉珍（县政府办）
55次	10月26日	县委常委、政府副县长李小波在307会议室主持召开专题会议，就文旅局提交的部分请示件进行研究讨论	李小波	普布旦增、拉巴卓玛、曾毅、白玛玉珍、索朗次仁、多吉（县文旅局），索朗次旦（县财政局），扎西玉珍（县政府办）
56次	10月27日	政府副县长边巴在307会议室主持召开专题会议，就10个乡镇垃圾转运站后期运营管理费相关事宜进行研究讨论	边巴	扎西云旦、牛靖（县住房和城乡建设局），索朗次旦（县财政局），扎西玉珍（县政府办），米玛次仁（宗城公司），尼玛石律（县发展改革委），陈雪枫（日朗乡），梁瑞（卡堆乡），柳银船（紫金乡），达瓦扎西（藏改乡），久美次仁（卡麦乡），央吉（达孜乡），达桑（车仁乡），格桑达瓦（热索乡），唐飞飞（纳如乡），格玛（康卓乡）
58次	10月28日	县委常委、政府副县长李小波在307会议室主持召开专题会议，就江孜英雄古城文化旅游景区控制性详细规划县级初步评审事宜进行研究讨论	李小波	陈昊（县委书记）、巴桑（县委副书记、政府县长）、达娃次仁（县委常委、政府常务副县长）、拉桑桑旦（县政府副县长）、边巴（县政府副县长）、崔国禄（县政府副县长），25家县文化旅游发展委员会成员单位负责人、市文旅集团工作人员
59次	11月3日	政府副县长边巴在405办公室主持召开专题会议，就林草局部分请示件进行研究讨论	边巴	蒲亚军、扎西央宗、旦增欧珠（县林业和草原局），索朗次旦（县财政局），扎西玉珍（县政府办公室）

续表2

会次	时间	主要内容	主持人	参会人员
60次	11月3日	县委常委、政府常务副县长达娃次仁主持召开专题会议，就乡村振兴局部分请示件进行研究讨论	达娃次仁	米玛次仁（县财政局）、贵吉（县乡村振兴局）、陈晶玲（县政府办公室）
61次	11月4日	政府副县长边巴主持召开专题会议，就县水利局部分请示件进行研究讨论	边巴	旦增普尺、王龙（县水利局），索朗次旦（县财政局），扎西玉珍（县政府办公室）
62次	11月10日	政府副县长边巴在党政综合楼主持召开专题会议，就县城市管理和综合执法局部分请示件进行研究讨论	边巴	尼玛、洛追、德吉卓嘎（县城市管理和综合执法局），索白（县财政局），陈晶玲（县政府办公室）
63次	11月10日	县委常委、政府副县长达娃次仁主持召开专题会议，就市统计局下拨资金用途进行研究讨论	达娃次仁	索朗央宗（县统计局）、索朗次旦（县财政局）、扎西玉珍（县政府办公室）
64次	11月10日	县委常委、政府副县长达娃次仁在县人大之家会议室主持召开专题会议，就县属国有企业改制事宜进行研究讨论	达娃次仁	米玛次仁（县国资委），扎西玉珍（县政府办公室），次平（县发展改革委），占多（县农业农村局），旦增赤列（县水利局），索朗次仁（县文旅局），格央（县农业园区），旦增欧珠（县林草局），曲尼白珍（县商务局），益西加措（县司法局），仁增白珍、扎西顿珠（第三方财务顾问东方财富证券）
65次	11月11日	县委常委、政府副县长，康卓乡党委书记李小波在党政综合楼主持召开专题会议，就文旅局部分请示件进行研究讨论	李小波	普布旦增、拉巴卓玛、曾毅（县文旅局），廖成海（县财政局），皇甫文静（县政府办公室）
66次	11月20日	县委常委、政府副县长，康卓乡党委书记李小波在发展改革委一楼会议室主持召开专题会议，就发展改革委部分请示件进行研究讨论	李小波	旦增罗布、次平、胡倩倩、曲加（县发展改革委），索朗次旦（县财政局），皇甫文静（县政府办公室）
67次	11月23日	县政府副县长拉桑桑旦在教育局三楼会议室主持召开专题会议，就教育局部分请示件进行研究讨论	拉桑桑旦	阿旺洛桑、李擎昊、普布、尼欧、达瓦群培（县教育局），张娣（县财政局），陈晶玲（县政府办公室）
69次	12月3日	县政府副县长边巴在县农业农村局二楼会议室主持召开专题会议，就农业农村局和农牧综合服务中心部分请示件进行研究讨论	边巴	边巴（县政府副县长），边巴顿珠、索片、达娃平措、白玛康珠（县农业农村局），索朗次旦（县财政局），洛桑、格桑措姆（县农牧综合服务中心），罗布央宗（县政府办公室）
70次	12月6日	县政府副县长拉桑桑旦在老政府二楼会议室主持召开专题会议，就民宗局关于10座寺庙房屋鉴定事宜进行研究讨论	拉桑桑旦	陈晶玲（县政府办公室）、索朗次仁（县财政局）、扎西云旦（县住房和城乡建设局）、强巴顿珠（县民宗局）、顿珠加布（县财税办）
71次	12月3日	县委常委、政府副县长李小波在县委宣传部一楼会议室主持召开办公室专题会议，就部分事宜进行研究讨论	李小波	徐江涛（县政府办公室），拉宗、阚长春（县机关后勤服务中心）
72次	12月9日	政府副县长拉桑桑旦在老政府二楼会议室主持召开专题会议，就部分事宜进行研究讨论	拉桑桑旦	边顿、白玛旺姆（县委办公室），陈晶玲（县政府办公室），曲加（县发展改革委）

续表2

会次	时间	主要内容	主持人	参会人员
73次	12月16日	县委常委、政府副县长李小波在党政综合楼主持召开专题会议，就乡村振兴局部分事宜进行研究讨论	李小波	唐建新、付朝科（县乡村振兴局），陈晶玲（县政府办），索朗次旦（县财政局），德央（县农业农村局），贡嘎米久（县交运局），王龙（县水利局），扎央（县林草局），阿旺洛桑（县教育局），旦增罗布（县发展改革委），米玛次仁（宗城公司）
77次	12月20日	县委常委、政府副县长，李小波在发展改革委一楼会议室主持召开专题会议，就发展改革委部分请示件进行研究讨论	李小波	旦增罗布、次平、胡倩倩、曲加、尼玛石律（县发展改革委），潘多（县财政局），王旭（县政府办公室）
78次	12月21日	县政府副县长边巴在办公室主持召开专题会议，就县农业农村局部分请示件进行研究讨论	边巴	边巴（县政府副县长）、索朗次旦（县财政局）、索片、达娃平措（县农业农村局）、洛桑（县农牧综合服务中心）、罗布央宗（县政府办公室）
79次	12月21日	县政府副县长边巴在办公室主持召开专题会议，就县气象局部分请示件进行研究讨论		索朗次旦（县财政局）、罗布（县气象局）、普珠（县气象局）、罗布央宗（县政府办公室）
80次	12月22日	县政府副县长边巴在办公室主持召开专题会议，就县水利局关于全县水质检测及部分大口井维修的建议请示事宜进行研究讨论	边巴	边巴（政府副县长）、索朗次旦（县财政局）、旦增普尺（县水利局）、王龙（县水利局）、罗布央宗（政府办）

（拉巴普尺）

政府办公室

【政务信息】 2021年，江孜县人民政府办公室（简称“县政府办公室”）报送各类政务信息400余期，上级部门采用信息50余期，政府门户网站江孜发布等平台公布信息7000余条。

【办文办会】 2021年，县政府办公室共撰写领导讲话稿件40余

9月18日，江孜县人民政府办公室党支部在康卓乡纳如村开展助农秋收志愿服务活动，图为助农秋收党员合影

篇、各类文件180余篇、上报各种材料30余篇。上级文件传阅安排专人负责，应该保存的文件及时存档。全年协助召开政府常务会议15次，政府专题会议80余次。

【政务督查】 2021年，县政府办公室完成《政府工作报告》目标任务、县政府重要会议议定事项和重大工作部署的分解落实。办理县人大代表和县政协委员的意见建议、提案各159件和90件。

【公务用车管理】 2021年，县政府办公室结合江孜县实际，制定《江孜县人民政府机关后勤服务中心行政事业单位公务车辆配备使用管理办法（暂行）》。

【公务接待】 2021年，结合江孜县实际，制定《江孜县人民政府机关后勤服务中心公务接待管理办法（暂行）》。年内，江孜县共接待工作组200余次。

【服务保障】 2021年，江孜县制定《江孜县县直机关食堂管理办法（暂行）》。制定《江孜县人民政府机关后勤服务中心卫生保洁管理办法（暂行）》。制定《江孜县机关后勤服务中心会务服务管理办法（暂行）》。组织党员开展助农税收志愿活动。

（拉巴普尺）

政务服务

【概　况】 江孜县政务服务中心（江孜县便民服务中心）于2019年5月13日正式运行，建筑面积180平方米。2021年，受理业务28874件，按时办结28824件，办结率达99.83%。

【减证便民】 2021年，江孜县政务服务中心精简审批证明材料，组织各相关单位梳理和取消江孜县各类不合理证明、循环证明、重复证明等无法律依据的证明材料。按照《关于全面推行证明事项告知承诺制工作的通知》要求，以县政府名义下发《江孜县关于全面推行证明事项告知承诺制工作的通知》，推进江孜县证明事项告知承诺制工作，形成江孜县证明事项告知承诺制目录清单（共9个审批服务事项的10个证明材料和4个行政审批事项），并分批次通过“江孜县人民政府网站”向社会公布。

【制度建设】 2021年，县行政审批和便民服务局制定并完善《行政审批和便民服务局上下班制度》《值班带班制度》《窗口人员服务规范》《窗口工作人员工作纪律》《窗口工作人员考勤制度》《首问负责制度》《服务承诺制度》《即时办结和限期办结制度》等。

【监督管理】 2021年，县行政审批和便民服务局印发《江孜县便民服务中心运行管理实施方案》召开江孜县便民服务中心进

3月26日，江孜县行政审批和便民服务局组织干部职工在车仁乡开展植树造林活动，图为植树造林现场

驻工作推进会等；开展网上办件培训、现场指导等，督促窗口工作人员落实考勤考核、一次性告知制、限时办结制等工作制度。同时，加大对窗口工作人员“吃拿卡要”等行为监督力度。

【优化服务】 2021年，县行政审批和便民服务局通过增加办公桌等方式，在已进驻7家单位的基础上，新增税务局、医保局、城市管理和综合执法局、教育局、交通运输局、水利局、应急管理局、交警大队、司法局、邮政局、自来水公司、供电所、人武部、广电局（电视台）、移动公司、电信公司等16家进驻单位，完成23家单位、69个事项的进驻工作，实现“一站式”服务。制作江孜县政务服务中心事项办理流程公示栏，对办理城乡居民养老保险一体化（社保卡），不动产权证书、不动产登记证明，健康证，营业执照等审批事项的办理流程，进行规范、优化。推进网上办件工作。2021年，网上办件76183件，电子证照签发13787张。推进“好差评”评价工作。按照“一事一评”的工作要求，全年完成70278个评价量，其中好评70278个，无差评，好评率达100%。

【江孜县政务服务中心新建项目】 12月，县行政审批和便民服务局完成江孜县政务服务中心新建项目的项目选址、设计、用地审批、风险评估、土地勘察设计方案审批等前期手续。

【设置民族团结示范岗】 2021年，县行政审批和便民服务局在政务服务中心设置民族团结示范岗1个，推动民族团结进步创建工作。

【疫情防控】 2021年，县行政审批和便民服务局每天排查机关干部和窗口工作人员有无咳嗽、胸闷等不适症状和中、高风险地区旅居情况，对工作人员进行体温检测。下班后对大厅进行消毒，并执行实名登记制。坚持干部轮流值守，对外来人员进行身份登记和体温检测，进入大厅必须佩戴口罩、出示场所码，并开展疫情常态化防控相关知识的宣传工作。

（尚　岩）

应急管理

【信息报告】 开展第一次全国自然灾害综合风险普查工作。在县应急管理局设立江孜县第一次全国自然灾害综合风险普查办公室，清查数据371户。包括学校72家、医疗卫生机构22家、提供住宿的社会服务机构1家、公共文化场所6家、旅游景区5家、星级饭店7家、宗教活动场所32家、大型超市3家、县域基础指标1个、乡（镇）基础指标19个、加油加气站4家、金属非金属地下矿山承载体2家、

4月23日，县委常委、县人民政府副县长李小波主持召开江孜县关于“互联网+政务服务”“减证便民”工作推进会，图为会议现场

8月25日，日喀则市应急管理局局长梅普琼（前排左一）到江孜县查看卡卡灌区达藏干渠冲垮情况，图为实地勘察受灾情况

政府灾害管理能力9家、专职消防队伍1家、救灾物资储备库8家、应急避难场所4家、乡（镇）减灾能力19个、行政村减灾能力155个。

【重点领域监管】 2021年，县应急管理局邀请西藏赛飞特安全环境技术有限公司危险化学品领域2名专家对3家危险化学品企业安全条件、风险管控、应急能力进行检查。发现问题隐患共计56处，现场整改11处，限期整改45处，年末均完成整改。组织相关人员对8家沙场进行安全隐患排查，对隐患进行整理整改。重要节点共成立检查组10余个，督导检查次数10余次，检查单位60余家，督促整改安全生产管理不到位、安全隐患整改不落实等问题，排查安全隐患，完善资料文件收集归档。年内，工矿商贸领域未发生安全生产事故，未发生自然灾害事故。

【隐患排查】 开展“集中整治”“大排查”“风险隐患联合排查”“三年行动”专项整治行动。成立检查组68个，督导检查次数55次，检查单位110家，共排查隐患211处，完成整改211处，整改率100%。

【应急联动】 建立乡（镇）、各行业部门互动群，根据气象预警及时向乡（镇）、行业部门发布预警信息，掌握灾情发生地、隐患程度等，对较大灾情或易产生次生灾害情况各相关部门直奔现场，召开现场联席会议，根据实际情况，做出相应的处置，并结合县实际制订7份专项应急处置流程（预案），按照及时处置、先期处置、联动处置以及后期处置等方面进行梳理，对及时处置进行详细说明。

【标准化建设】 贯彻落实《安全生产领域发展改革意见》，实行

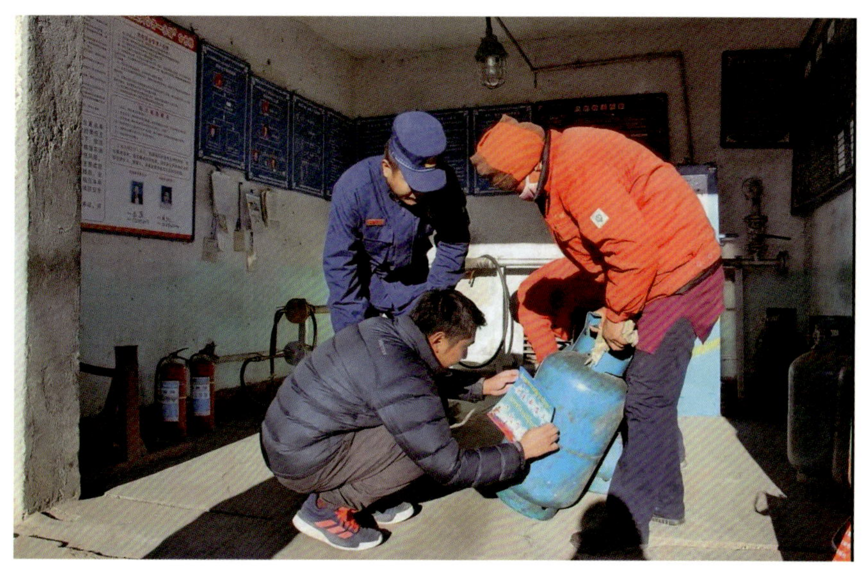

6月20日，江孜县应急管理局组织人员到江孜农机公司液化气站开展安全执法检查，图为给气罐张贴安全标语

《党政同责、一岗双责、齐抓共管、失职追责制度》，建立健全《县级领导安全生产包乡制度》《安全生产巡查工作制度》《安全生产隐患排查挂牌督办制度》。年内，共召开全县安全生产工作会议2次，专题会议8次，下发有关安全生产工作45份。抓好县、乡（镇）、村（居）到“双联户”“三级六覆盖”工作机制，并提请安排乡（镇）安全生产工作专项资金19万元。

【法治建设】 细化行政执法全过程记录制度，明确局主要负责人对作出的行政执法决定负责，法制审核机构对重大执法决定的法制审核意见负责。明确法制审核的工作机构和人员。年内，未发生行政处罚案件及因行政执法而引起的行政复议、行政诉讼案件。

【宣传教育】 2021年，发放宣传资料10000余份，宣传物件1000余件，播放警示教育片25次，教育培训11次；出台《江孜县安全生产委员会关于印发〈江孜县2021年度“安全生产月”和“安全生产西藏行”活动方案〉的通知》，对2021年度安全生产月做部署安排，各乡（镇）、安全生产委员会办公室成员单位、生产经营单位召开部署工作会议并开展相关宣传工作并利用微信公众平台设立安全生产宣传专栏；推进安全生产信息公开工作，针对疫情、雨雪天气等时段，通过通信单位发送安全注意事项和温馨提示57.2万条；邀请市应急管理局宣培科科长对各部门、乡（镇）主要负责人开展安全警示教育专题讲座。

3月8日，江孜县应急管理局组织人员到江热乡利民加油站开展危化品领域安全检查，图为查询加油站安防记录

【应急能力建设】 督促19个乡（镇）建立安监机构，配备专兼职人员38人，整合救援力量和资源，以乡（镇）、村（居）民兵队伍、党员志愿服务队、驻村工作队及“双联户”队伍为基础建立应急救援队伍。截至年末，在册人员2000余人，覆盖155个行政村。通过宣传、培训、训练、演练等方式提高应急救援能力。完善运作机制，形成统一指挥、覆盖广泛、功能齐全的应急救援队伍体系，与县人民武装部达成共识，由县人民武装部对应急队伍进行训练，并结合实际需求统一调用民兵、党员志愿服务队等应急队伍参与抢险救灾。

（多吉次仁）

乡村振兴

【统筹资源】 2021年，统筹整合各级各类资金2.05亿元，实施项目36个，全县巩固拓展脱贫攻坚成果同乡村振兴有效衔接计划项目开工率达100%。其中，项目资金全额使用财政衔接推进乡村振兴补助资金的支出进度达到85.68%，项目资金使用其他统筹整合财政涉农资金的支出进度达到98.11%，2020年结转资金支出进度达到99.21%。2021年，江孜县本级财政配套衔接乡村振兴补助资金543.24万元，同比增长7.79%。选派配备第一书记155人、驻村工作队员465人、乡村振兴专干155人；乡（镇）党政班子、村（居）“两委”班子开展换届工作；对500余名驻村工作队长、第一书记、大学生村官、乡村振兴专干开展业务培训，组织2期94名村主要干部到自治区外开展轮训；全县2690名干部职工与2713个脱贫户结成帮扶对子，开展入户宣讲1953场次，制定帮扶措施321条，帮选增收致富路子142条，解难事办实事343件，开展技能培训52人次，实现就业24人，开展物资帮扶折合资金114万余元；34家民营企业对口帮扶36个村（社区），投入帮扶资金143.64万元，受益群众1243人。

6月18日，县委书记陈昊（右二）在加克西乡调研乡村振兴工作并召开座谈会，图为座谈会现场

【特色产业发展】 巩固青稞主产区优势地位，年内，青稞产量达5.8万吨；持续巩固“企业+合作社+贫困户”模式，沙棘种苗培育产业带动就业220人，人均年增收2万元以上，累计为1264名无劳力建档立卡脱贫群众兑现分红189.6万元；江孜县一家亲岗巴羊养殖农民专业合作社年带动群众年增收175万元；江孜县年堆乡尼玛藏式卡垫加工农民专业合作社（昵炜藏毯厂）首创“纸样实用技术”获国家专利，带动群众增收192万元；推动江孜英雄古城申报国家AAAA级旅游景区。

【易地扶贫搬迁】 整合各级各类资金，为3个搬迁点集中配套建设村委会、幼儿园、卫生室、供水、电力、道路、通信等基础设施，完成易地扶贫搬迁“六个100%”工作，推进搬迁群众教育、医疗、社保、治安等基本公共服务落实落地。江热乡隆桑村获得“全国最美志愿服务社区”称号；筹建村集体经济，加大政策倾斜力度，为搬迁点配套设立扶贫产业和扶贫车间，多轮次开展搬迁群众就业技能培训、以工代训。

5月31日，江孜县举行乡村振兴局挂牌仪式，图为挂牌仪式现场

【“十项提升”工程】 争取各级

各类资金，实施“十项提升”项目，推动公共资源向基层延伸、向农村覆盖。电力覆盖实现不漏村、不漏户；乡（镇）道路通畅率 100%，行政村道路通达率 100%，农村客运乡（镇）覆盖率 100%、行政村覆盖率 84.86%；电信、移动信号，广播电视、邮政网络实现村（社区）全覆盖。

【教育扶贫】 通过送教上门、随班就读、特殊教育等方式解决 106 名病残学龄儿童受教育问题，保持义务教育阶段适龄儿童失学辍学动态清零；规范执行农牧民子女和城镇困难家庭子女“三包”政策，落实 15 年免费教育政策。2021 年支出“三包”和学生营养改善资金 6103.23 万元；新建双语幼儿园 4 所，改造义务教育硬件建设薄弱学校 2 所，促成 225 名“两后生”进入职业技术学校接受继续教育，全县学校师资力量配备、硬件设施配套均达到国家标准。

【健康扶贫】 建档立卡脱贫群众基本医疗保险参保率、全民健康体检和重大疾病筛查率、家庭医生签约率均达到 100%。2021 年集中救治大病患者 215 人，先心病患者 6 人，对农牧民孕产妇住院分娩、新生儿抢救、白内障复明手术、大骨节病等住院治疗合规费用实行全额报销。落实“先诊疗后付费”“一站式”结算和定期核销制度，巩固完善基本医疗医保、大病保险、医疗救助三重医疗保障；完成乡村两级卫生服务场所标准化建设，配齐配全基层医护人员 643 人，规范配备基础诊疗设备和基本药物。

【转移就业】 构建覆盖县、乡、村三级的劳务就业咨询服务平台，定期举办就业现场招聘会，多轮次开展农牧民劳动者职业技能培训，通过“宣传动员 + 技能培训 + 帮助创业 + 带动就业”模式，引导脱贫群众走出家门、务工增收。2021 年，全县实现转移就业 24066 人，增收 3.93 亿元；全县村集体经济和农牧民专业合作社实现分红 2387 万元；33 个 400 万元以下投资项目交由农牧民施工企业承建，县内农牧民用工率达 87.8%；面向脱贫群众、防返贫监测户、农村低收入人群统筹安排生态岗位 6756 个，兑现岗位资金 2343.77 万元；开展高校毕业生就业帮扶工作，为江孜籍 634 名应届高校毕业生建立动态帮扶台账，兑现创业启动及生活补贴资金 142 万元，应届高校毕业生就业率达 99.36%。

【“志智”双扶】 创作小品《党的政策暖人心》《党的恩情》，歌曲《极地踏歌》《朗萨姑娘》等文艺作品；常态化开展“文化下乡”活动，年内，江孜县艺术团赴村（社区）巡回演出 72 场次，开展“戏曲进乡村”活动 96 场次；组建 155 个村（社区）文艺演出队，落实经费保障，完善管理机制，创编文艺曲目 151 个；完善基层文化设施，建立健全 19 个

12月18日，江孜县组织召开迎接自治区2021年巩固拓展脱贫攻坚成果同乡村振兴有效衔接考核工作部署会议，图为会议现场

10月12日，西藏自治区副主席江白（前排右二）一行到江孜县调研乡村振兴产业发展情况，图为在红河谷现代农业科技示范园区调研蔬菜育苗

乡（镇）综合文化站，155个村（社区）新时代文明实践站、农家书屋及体育设施。开展“四讲四爱”群众教育实践活动。

【政策兜底】 2021年，江孜县有意愿特困群体集中供养率达100%。向残疾人、最低生活保障户、特困老人、临时困难群体兑现政策资金1080余万元，建立江孜县慈善协会，筹集善款1000余万元；改进居住条件，重点对返贫监测户、农村低保户、分散供养特困人员等三类人群住房安全进行定期管理和动态监测，排查各级危房56套，投入资金96.64万元及时予以改造、修缮；实施安全用水提升工程，建立供水动态监测机制，全县155个村（社区）安全饮水保障率达100%，供水点水质检测实现全覆盖。

【消费扶贫】 发挥扶贫“832”网络销售平台、市消费扶贫销售专区专柜、县总工会职工福利采购等销售平台作用，利用江孜县宗城投资实业开发有限公司统购统销模式，依托上海援藏江孜小组“一协会、两中心”销售网络，扶贫产业、农畜产品实现销售额3016.19万元。

【返贫监测】 制定《江孜县关于健全防止返贫致贫动态监测和帮扶机制的实施方案》《江孜县县级干部结对帮扶监测户方案》；落实“村（社区）一月一走（回）访核实、乡（镇）一月一核实一汇总一上报、县乡村振兴局一月一汇总一研究一跟踪”的工作机制，监测返贫形势动态，定期研判返贫风险问题；逐个分析风险原因、针对性制定应对举措，对全县排查认定的165户634人监测对象实行产业带动、就业增收、兜底保障、临时救助等差异化帮扶，

7月21日，县委书记陈昊（左三）到热索乡努康村调研乡村振兴工作，图为听取努康村村干部讲解返贫监测情况

142 户 557 人消除返贫致贫风险。

（次　央）

消防救援

【概　况】2021 年，江孜县共发生火灾 5 起，无人员伤亡，直接财产损失 6 万余元。全年火灾发生起数同比下降 30%，直接财产损失同比下降 40%。连续 19 年未发生重特大群死群伤恶性火灾事故。

8月25日，江孜县消防救援大队到达孜乡开展暴雨内涝灾害救援，图为水罐车抽排积水

【落实消防责任】2021 年，县政府牵头召开年度消防工作会议，逐级签订消防安全责任书。召开专题会议研究、视察指导全县消防工作，推动工作落实。县消防救援大队联合县委统战部、县民族宗教事务局、县公安局、县市场监督管理局、县住房和城乡建设局等单位到辖区寺庙，“九小”场所，易燃易爆场所及在建工程等开展专项检查 50 余次。

【消防安全治理】2021 年，江孜县消防救援大队推进火灾隐患分类整治，开展行业内消防安全培训。建强宣传阵地，强化高端传播，提升宣传质量抓手，以“3 月综治宣传月”、“6 月安全生产宣传月”、“119”消防宣传日为契机推进消防安全宣传教育九进工作。截至年末，共检查单位 737 家次，下发《责令改正通知书》615 份，督促整改火灾隐患 1033 处，办理行政处罚 3 起，责令“三停”1 家。开展消防宣传 86 次，发放宣传资料 5600 余份，教育群众达 7000 余人次。

4月28日，江孜县消防救援大队组织社会单位召开火灾防控集中约谈会，图为消防员为与会者介绍水基灭火器

【消防勤务】2021 年，县消防救援大队为辖区每个重点单位制定灭火预案，组织对辖区重点单位和重要目标逐个开展实地实战演练。以全员岗位大练兵为契机组织辖区重点单位开展实战演练 120 余次。全年执勤 60 天，投

11月9日，江孜县消防救援大队在驻地为江孜县第一、第二幼儿园开展消防宣传培训，图为培训现场

入执勤力量500人次，车辆140辆次，完成“江孜县物资交流会”“三大考试”及其他执勤活动30余次。投入指战员250余人次，出动车辆65辆次，处置各类火灾8次，参与抢险救援10次。完成达孜乡“8·25”暴雨内涝灾害救援等任务。

【夯实消防基础】 2021年，落实消防各项经费89.25万元。年内，购置各类防护装备和抢险救援装备器材共计22万余元。

（白玛次旦）

信访工作

【概　况】 2021年，江孜县信访局运用“五访工作法”，深化信访“八化”机制，利用江孜县“一站式”矛盾纠纷调处中心，提升信访工作规范化、制度化、法治化水平，为江孜县实施“名城振兴工程”营造和谐稳定的社会环境。

【办信接访】 2021年，县信访局共接待群众来访32批53人次，较上年相比，批次下降42%，人次下降30%。反映的问题主要集中在拖欠农民工工资（双拖欠）问题，办结率100%。

【积案化解】 2021年，县信访局开展信访积案以及矛盾纠纷“大排查、大化解、大起底”活动，按照积案化解工作目标，完善工作机制，畅通信访渠道，落实信访积案领导包案责任机制。截至年末，江孜县信访积案全部化解。

【畅通信访渠道】 2021年，县信访局设立举报信箱，公布举报电话，安排专人全程跟进信访事项。开展江孜县阳光信访联席卡、依法逐级走访宣传，引导群众通过法律途径解决合理诉求，信访问题处理过程中，向信访人说明问题进展情况。

8月12日，江孜县人民政府副县长边巴（右一）约访中铁十二局建设工程项目负责人，解决涉及的民工工资问题，图为约访现场

【摸排调处】 2021年，县信访局共下访排查73次，共排查出信访线索115件，年内均完成处理。针对发现的问题，按照领导包案原则，协调处理。截至年末，化解矛盾隐患纠纷115件。

【健全信访机制】 2021年，县信访局坚持党政领导批阅群众来信制度。县主要领导批阅群众来信来访32件，来信均及时回复。完善党政领导包案制度，对领导干部包案工作作出明确要求，对接访日程和包案工作进行安排。全年16名县级领导参与接访包案，接待群众26批，受理信访件20件，年内化解20件，化解率为100%。

【法规宣传】 2021年，县信访局结合普法宣传、综治宣传以及扫黑除恶、打非治乱等宣传活动，突出对《中华人民共和国信访条例》《国家信访局关于进一步规范信访事项受理办理程序引导来访人依法逐级走访的办法》等法律法规的宣传教育工作，创新宣传方式，将宣传教育与矛盾排查、日常接访、走村入户相结合，采取发放双语宣传资料、宣传画报、阳光信访联系卡等形式宣传各项法律法规以及信访政策知识。2021年，县信访局共计开展宣传活动37次（下乡宣传活动15次），发放宣传资料13560份，受教育农牧民群众9842人次。

（杜小龙、陈禄）

11月11日，江孜县人民政府副县长边巴（中）在脱贫攻坚指挥部党员活动室召开信访工作专题会议，图为会议现场

政协江孜县委员会

中國歷史文化名城

综 述

【概　况】 2021年，中国人民政治协商会议江孜县委员会（简称“县政协”）贯彻落实党中央、自治区党委、市委和县委关于政协工作的安排部署，围绕全县“名城振兴工程”工作思路，发挥政治协商、民主监督、参政议政和凝聚共识职能作用，完成“十四五”规划开局任务。

5月23日，广西壮族自治区防城港市港口区政协考察团到江孜县考察学习，图为考察团在宗山广场合影

【政治协商】 2021年，县政协立足江孜县“十四五”规划，配合推进“名城振兴工程”。年内，组织县政协委员召开“基层政协两支队伍建设”“推动农牧业产业革命，助力乡村振兴”等专题协商民主座谈会；围绕“江孜文化资料收集，为实施名城振兴积淀文化底蕴”“加日郊老街提档升级改造及保护”“加强民族团结，铸牢中华民族共同体意识”开展协商调研；组织委员集中视察西藏金塔建设集团有限公司江孜东部市场、西藏桑旦岗青稞酒业有限责任公司、西藏啊香蒜业有限公司、江孜县红河谷现代农业科技示范区、江孜县喜嘎生态奶牛养殖农民专业合作社等经营主体，了解生产经营状况和带动就业情况，通过协商调研提出意见建议9条。

【民主监督】 2021年，县政协组织委员针对“提高城镇低收入家庭生活水平”“河（湖）长制工作落实”“争创民族团结进步示范县”“重点旅游文化建设”等重点工作，开展专项民主监督，针对存在的5条问题提出意见建议，均得到及时反馈。同时，开展社会治理领域各项工作，组织委员参加人民检察院检务公开活动和人民法院案件审理旁听9次。

【参政议政】 2021年，县政协围绕巩固脱贫攻坚成果同乡村振兴有效衔接、“十四五”规划实施等工作，开展对口协商和调研视察活动。年内，以“赓续红色基因、学习先进典型，加强自身建设、助推乡村振兴”为主题，组织委员到林芝市、昌都市、那曲市、拉萨市部分县（区）开展协商考察学习活动，形成考察调研报告1篇，提出工作意见建议15条，并推动相关工作及时落实改进。全年共收到提案95件、立案74件，转为意见建议16条，选定《关于规范和加大农牧民专业合作社规范化的提案》《关于城市绿化的提案》《关于进一步加大城市管理工作力度，改善县容县貌的提案》等提案，召开提案交办会，签订责任状，提案及意见建议办复率达100%。

【凝聚共识】 2021年，县政协组织各级政协委员开展“走进一线、为民解难，政协在行动”系列活动，与达孜乡政协委员联络办联合开展“百年奋斗、奉献为民”为主题的庆祝中国

5月14日，江孜县政协在日喀则市廉政教育基地开展党史教育主题活动——重温入党誓词仪式，图为参加活动委员合影

共产党成立100周年暨西藏和平解放70周年活动，走访慰问党龄50年及以上老党员，到农牧民专业合作社实地调研，看望困难户，走访慰问宗教界委员。活动期间，委员向系列活动资助26.74万元。为达孜乡德吉村、达麦村、年措寺及日星乡塔巴村12户困难家庭送去价值5万元的慰问物资。热索乡籍县政协委员旺加帮扶德林村困难户资金37万元修建新房；日星乡籍县政协委员旺加帮扶重孜乡康庆村资金17万元修建农牧民文化运动广场（广场建筑面积达1000余平方米），同时慰问江孜县敬老院老人5万元。2021年，扎塔等62名委员带头募集，为江孜县慈善协会募集善款364.75万元。

（达瓦卓玛）

重要会议

【政协九届七次会议】 江孜县政协第九届江孜县委员会第七次会议于3月29日至3月31日召开。会议由江孜县政协党组领导主持，县政协主要负责人作总结讲话。县政府领导出席会议，驻江孜县自治区、日喀则市两级政协委员、县直相关单位，企事业负责人应邀列席会议。

会议通过政协第九届江孜县委员会第七次会议关于政协常委会工作报告的决议，审议通过政协第九届江孜县委员会第七次会议关于政协九届五次会议以来提案工作情况报告的决议，审议通过政协第九届江孜县委员会第七次会议政治决议，审议通过政协第九届江孜县委员会提案审查组关于政协九届七次会议提案审查情况的报告。

【政协十届一次会议】 江孜县政协第十届江孜县委员会第一次会议于7月10日至7月12日召

3月29日，江孜县政协组织召开中国人民政治协商会议第九届江孜县委员会第七次会议，图为会议现场

开。大会应到委员 129 人，实到委员 120 人，符合《中国人民政治协商会议章程》规定。会议审议通过政协第十届江孜县委员会第一次会议关于九届政协常委会工作报告的决议；审议通过政协第十届江孜县委员会第一次会议政治决议。其间召开政协第十届江孜县委员会第一次会议第三次全体会议（选举会），会议以无记名投票选举方式,发放选票 118 张，收回 118 张，以全票当选拉巴仓决同志为政协第十届江孜县委员会主席；罗桑·多吉坚赞、扎塔、罗布、米培元 4 人为政协第十届江孜县委员会副主席；小索顿、仓木琼、扎西、加布、央宗、边旺、旦培、平措、次仁平措、米玛平措、旺加、洛桑旦培、格桑加措、格桑、索朗达瓦、普布次仁、普布桑珠、普次仁 18 人为政协第十届江孜县委员会常务委员。

6月30日，江孜县政协开展“两支队伍”党史学习教育主题党日活动——走进乡村，图为政协委员走访慰问党龄50年及以上的老党员

【常委会会议】 5 月 20 日，政协第九届江孜县委员会常务委员会第二十四次会议在县人大之家召开，会议由政协党组书记、主席拉巴仓决主持，县政协党组成员、在家政协常委参加会议，县政协办公室、县政协专门委员会负责人及相关工作人员列席会议。会议传达学习《中国人民政治协商会议全国委员会协商工作规则》《政协日喀则市委员会常务委员会 2021 年工作要点》《政协日喀则市委员会 2021 年度视察调研协商计划》。同时，讨论研究县政协换届前期筹备工作、文史资料《吉苏啦妙语》收集编辑情况和其他事项。

7 月 7 日，政协第九届江孜县委员会常务委员会第二十五次会议在县委宣传部会议室召开，会议由政协党组书记、主席拉巴仓决主持，县政协党组成员、在家政协常委参加会议，县政协办公室、专委会负责人及相关工作人员列席会议。会议审议通过《政协第九届江孜县委员会常务委员会关于召开政协十届一次会议的决定(草案)》；审议通过《政协第十届江孜县委员会委员推荐人选建议名单及界别（草案）》；审议通过《政协第九届江孜县委员会常务委员会工作报告、提案工作情况报告及报告人名单（草案）》；审议通过《政协第十届江孜县委员会第一次会议议程（草案）和日程（草案）》；审议通过《政协第十届江孜县委员会第一次会议列席人员名单（草案）》；听取审议《政协江孜县提案经济法制专门委员会 2021 年的工作报告》。

7 月 12 日，政协第十届江孜县委员会常务委员会第一次会议在县党政综合楼 307 会议室召开，会议由政协党组书记、主席拉巴仓决主持，县政协党组成员、在家政协常委参加会议，县政协办公室、县政协专门委员会负责人及相关工作人员列席会议。会议审议通过《政协第十届江孜县委员会关于设立专门委员会机构的决议》；听取县委组织部常务副部长尼玛扎西作十届县政协提案经济法制专门委员会主任、副主任人选名单说明，审议通过提案经济法制专门委员会主任、副主任名单。

7 月 23 日，政协第十届江孜县委员会常务委员会第二次会议在县人大之家会议室召开，会议由政协党组书记、主席拉巴仓决主持，县政协党组成员、在家政协常委参加会议，县政协办公室、专委会负责人及相关工作人员列席会议。会议研究讨论《政协 2021 年视察调研协商计划》，研究讨论关于调整主席、副主席工作分工事宜。

12 月 24 日，政协第十届江孜县委员会常务委员会第六次会议在县委宣传部会议室召开，会议由政协党组成员、副主席罗布主持，县政协党组成员、在家政协常委参加会议，县政协办公室、县政协专门委员会负责人及相关工作人员列席会议。会议传达学习西藏自治区第十次党代会、中共日喀则市第二届委员会第五次全体会议及政协第二届日喀则市委员会第二次会议精神。

（达瓦卓玛）

7月30日，江孜县政协在党政综合楼召开江孜县政协九届七次会议委员提案交办会，图为会议现场

提案经济法制专门委员会

【提案工作】 2021 年，县政协提案经济法制专门委员会完成县政协九届七次会议提案整理、审查、交办、督办工作。县政协九届七次会议后，共收到提案 95 件，经审查立案 74 件，意见建议 16 件，撤案 5 件，年内所有提案完成办理，提案答复率为 100%，委员满意率达 90% 以上。自治区、市两级政协委员在市政协二届二次会议上提交提案 10 件，自治区政协十一届五次会议上提交提案 5 件；整理完成九届七次会议提案汇编资料，呈送县委、县政府领导和政协领导参阅。选择 12 件提案作为重点提案。

2月9日，县政协主席拉巴仓决（前排左二）主持召开江孜县政协2021年度“三大节日”老委员慰问暨座谈会，图为座谈会现场

《关于规范和加大农牧民专业合作社规范化的提案》《关于城市绿化的提案》《关于进一步加大城市管理工作力度，改善县容县貌的提案》等重点提案，提案及意见建议办复率达100%，提案承办重点单位由县政协主席、副主席督办。

【经济法制工作】2021年，10名政协委员受邀旁听6起涉嫌危险驾驶罪案件和其他案件审判。4名委员参加公安部门教育整顿座谈会5次，与会政协委员围绕加强公安民警业务素质能力建设、交通安全隐患排查、通行证有效时间短、法治宣传、创建文明县城等方面提出意见建议。

【文史资料收集整理】围绕“存史、资政、团结、育人”的方针，动员政协委员及社会各界文史爱好者，完成《吉苏啦妙语》编辑，内部出版存档。

（谢军飞）

政协江孜县委员会办公室

【综合协调】2021年，县政协办公室起草文件13份；起草会议主持词、领导讲话、汇报材料、典型材料、交流发言材料40份。完成2次全委会（九届七次会议、十届一次会议）、10次党组会议、10次常委会议、8次主席会议、5次调研视察和3次自治区、市政协调研组在江孜县召开的座谈会的会务服务工作。

【意识形态工作】2021年，县政协党组把意识形态工作纳入领导班子、领导干部目标管理，将意识形态工作任务层层分解、责任到人。组织意识形态领域分析研判，共同研讨分析意识形态领域形势。密切与各族各界人士沟通联系。就扶贫济困、产业发展、服务民生、化解矛盾等开展工作。落实县政协党组+党支部理论学习计划。把宣传贯彻中共十九届六中全会、自治区第十次党代会、习近平总书记“七一”讲话和在西藏视察时的讲话精神作为政协宣传工作的主线。

【体制机制建设】2021年，县政协制定完善《县政协党组议事规则》《县政协常务委员会议事规则》《县政协主席会议制度》《县政协意识形态工作方案》《主席联系常委、常委联系委员、委员联系群众制度》《县政协委员履职服务管理办法》《县政协委员考核方案》等7项规章制度；建立完善“一委员一档案一履职本”制度，反映委员提案、社情民意信息、参加委员讲坛、学习培训、视察考察调研、服务群众、参加社会公益活动等10项履职情况。组织政协常委采取实地考核、综合测评等方式，对县政协委员2021年度履职情况进行综合考评。

7月9日，江孜县政协组织政协委员到西藏金塔建设集团有限公司江孜县东部综合市场考察学习，图为员工讲解市场运营情况

10月25日，县政协组织委员到昌都市类乌齐县考察学习藏医药发展工作，图为参观藏医药制剂室

【委员履职活动】 2021年，县政协办公室组织委员召开调研协商座谈会，传达学习中共十九届六中全会、西藏自治区第十次党代会精神和习近平总书记系列重要讲话精神。组织委员开展专题调研视察，调研城镇低收入人群生活状况、河（湖）长制工作；学习兄弟县、市好经验好做法，并结合江孜县实际，为县委、县政府建言献策。动员组织政协各界别委员，参与和服务全县中心工作。全年，接待自治区内外考察团15批194人次。

（格桑卓玛）

中共江孜县纪律检查委员会

综　述 >>>
重要会议 >>>
党风廉政建设和反腐败工作 >>>
队伍建设 >>>
巡察工作 >>>

中國歷史
文化名城

综　述

【概　况】2021年，中共江孜县纪律检查委员会、江孜县监察委员会（简称“县纪委监委”）坚决捍卫“两个确立”,不断增强“四个意识”、坚定“四个自信”、做到“两个维护”，聚焦主责主业，一体推进“三不腐”，驰而不息纠“四风”树“新风”，不断强化队伍建设，充分发挥监督保障执行、促进完善发展作用，有力推动全面从严治党高质量发展。

【纪检监察改革】年内，制定《江孜县纪检监察工作片区联动协作机制实施办法（试行）》，调动县、乡纪检监察资源力量，促进资源重组，整合运用监督。全面强化与公、检、法、司各机关的沟通协作，完善党员和公职人员涉嫌违纪违法案件和案件线索的通报、移交机制，明确监察措施的执行、移送起诉、刑事审查等方面的衔接问题，形成制度体系，实现法法衔接全线贯通。

（刁传恒）

重要会议

【纪委九届六次全会】中国共产党江孜县第九届纪律检查委员会第六次全体会议于4月2日召开，全会围绕“立足新起点 奋进新征程 为奋力开创江孜高质量发展之路提供坚强保障”主题，总结2020年的工作，安排部署2021年工作。

【纪委十届一次全会】中国共产党江孜县第十届纪律检查委员会第一次全体会议于2021年6月29日召开，选举产生中国共产党江孜县第十届纪律检查委员会委员10人和书记1人、副书记2人。

（刁传恒）

11月11日，自治区党委常委、纪委书记、监委主任王卫东（左一）在江孜县调研纪检监察和巡察工作，图为查阅巡察资料

党风廉政建设和反腐败工作

【协助职责】年内，协助县委调整充实党风廉政建设责任制领导小组，制定领导班子、领导干部党风廉政建设责任清单。同时，针对日常监督检查中发现的苗头性、倾向性问题，换届后向县委主要领导发出建议报告2份，完成与19个乡（镇）党委主要负责人谈心谈话全覆盖。

【监督检查】年内，到防疫一线开展专项监督检查25次，发现问题线索2件，给予诫勉谈话1人，约谈3人，谈话提醒4人，批评教育4人；组织签订换届纪律“十严禁”承诺书3000份，受理违反换届纪律问题线索4件；开展“萨嘎达瓦”期间政治纪律监督检查6次，查处违反政治纪律1人。

围绕违建别墅治理、粮食购销领域腐败问题专项整治、巩固拓展脱贫攻坚成果同乡村振兴有效衔接等领域，开展监督检查10余次，累计督促整改问题50余条。

围绕“吃公函”、“私车公养”、私设“小金库”、违规发放津贴补贴、援藏资金管理及公款代缴水电费、政法队伍教育整顿等开展专项监督检查20余次，发现问题16条，追缴违规发放、违规报销资金70万余元，督促行业部门收缴房租、水电费107万余元。

围绕“四风”问题易发多发的重点场所，开展明察暗访、监督检查6次，发现问题5条，“回头看”阶段向相关单位反馈问题8条，年内完成整改。

围绕“农村乱占耕地建房”和社会保险基金管理风险排查开展专项监督，组织行业部门召开督办会2次，开展监督检查7次，对1起农牧民党员乱占耕地建房问题进行处理；监督追缴违规领取社保资金31万余元，督促向应领未领的145名群众及时兑现社保资金。

以开展政法队伍教育整顿为契机，加强与县委政法委、公安机关等部门的协同配合，对受理的涉及政法系统的23件问题线索进行起底排查，对1件涉恶案件进行复核。

12月7日，江孜县纪委监委组织在江孜的县级领导及县直各单位主要负责人观看警示教育片《国家监察》，图为观看现场

【执纪问责】 年内，县纪委监委运用“四种形态”处理92人次，其中，第一种形态（党内关系要正常化，批评和自我批评要经常开展，让咬耳扯袖、红脸出汗成为常态）73人次，占比79%；第二种形态（党纪轻处分和组织处理要成为大多数）11人次，占比12%；第三种形态（对严重违纪的重处分作出重大职务调整应当是少数）3人次，占比3%；第四种形态（严重违纪涉嫌违法立案审查的只能是极少数）5人次，占比6%。共立案审查调查25人，给予党纪政务处分18人。其中，开除党籍4人，开除党籍、开除公职1人。对职能部门履职存在的问题下发监察建议书10份，下发纪律检查建议书2份。

【廉政教育】 年内，县纪委监委强化警示教育和廉洁文化建设。2021年重大节假日前，对全县党员干部、公职人员累计发文提醒12次、编发廉洁短信7000余条；组织党员领导干部到日喀则市廉政教育基地参观学习5批次150余人次，开展廉政宣讲活动5次，发放宣传资料2000余份，印发“六大纪律”廉政教育漫画2700余册，开展党员领导干部警示教育4场次240余人次。

【作风建设】 年内，县纪委监委开展作风领域监督检查20余次，发现问题100余条。持续加强干部作风建设，开展干部“泡病号”问题监督检查4次，督促责任部门自查2次。

（刁传恒）

队伍建设

【乡（镇）纪委“三转”】 年内，县纪委监委就乡（镇）纪委“三转不到位”问题向19个乡（镇）下发《关于进一步深化乡（镇）纪委“三转”坚守职责定位的通知》，选优配强乡（镇）纪检监察干部21人，含本科及以上学历18人。

【纪检干部培训】 组织纪检监察干部进行巩固拓展脱贫攻坚成果同乡村振兴有效衔接重点工作监督培训、集中观看中纪委系列培训视频3场次，累计培训180余人次；开设“纪法夜读班”10余场次，持续提升纪检监察干部学法用法的能力和水平；制定《江孜县纪委监委跟班学习管理实施办法（试行）》，分批选派乡（镇）纪委干部到上级纪委监委、巡视巡察跟班跟案学习70余人次。

（刁传恒）

巡察工作

【概　况】 2021年，中共江孜县委换届完成后，成立由县委书记任组长的巡察工作领导小组，负责组织实施推进全县巡察工作。年内，县委书记陈昊组织召开巡察中期汇报会、领导小组会议、书记专题会等。传达巡视巡察工作要求，听取巡察工作汇报，安排县委巡察工作任务。

10月21日，江孜县纪委监委夜读班在县纪委监委党员活动室举办，图为夜读现场

【巡察监督】 2021年上半年，江孜县委开展九届县委第十一轮巡察工作，共成立5个巡察组，抽调25名巡察干部，巡察18家单位，其中对10家单位开展常规巡察、对8家单位开展巡察“回头看”。九届县委第十一轮巡察累计发放测评问卷调查表173份，民主测评表172份，满意度调查表51份，个别谈话188人次，向被巡察单位反馈立行立改问题151个，反馈突出问题131个，整改完成131个，向县纪委监委移交问题线索2件2人，给予诫勉谈话2人，谈话提醒3人。下半年启动十届县委第一轮巡察并探索开展市县统筹巡察。根据市委统一部署及县委具体安排，市县混合交叉巡察组14人分成两组，分别对县委统战部党支部，县民宗局、教育局、民政局、人社局、退役军人事务局党组开展巡察，同时，由江孜县编制内巡察干部担任组长、副组长，另从组织部、财政局、乡（镇）抽调3人成立县委村（居）巡察组一并对达孜乡加纳村、重孜乡卡央村、年堆乡懂布村、卡堆乡白定村开展巡察。巡察期间，累计发放测评问卷调查、民主测评541份，个别谈话302人次。向被巡察单位反馈立行立改问题25个，反馈突出问题222个，7件问题线索

按照市委巡察工作领导小组统一要求移交，截至年末问题线索正在办理中。配合市委涉粮领域专项巡察组开展工作。9 月 24 日，开展涉粮领域专项巡察。11 月 12 日，市委专项提级巡察三组向县委反馈涉粮领域 6 个方面 12 条问题，县巡察办开展相关协调服务工作。

12月3日，县委书记陈昊（左三）主持召开十届县委第一轮巡察工作领导小组汇报会，图为会议现场

【机关党建】 2021 年，县委巡察办利用各类学习平台认真学习党的理论方针政策及有关巡视巡察工作的最新要求；组织全体巡察干部学习中央、自治区和市委有关巡视巡察工作的讲话精神。结合巡察工作需要，学习掌握各项政策制度以及规范性文件。全年共召开支部学习会议 21 次，列席纪委常委会（扩大）会议 10 次。

【组办融合】 2021 年，县委巡察办促进组办融合，办公室人员轮流参与巡察组工作。巡察组 4 人参与整改方案、报告的审核。完善巡察方式，了解巡察各环节工作开展情况及存在的问题，针对性开展服务保障工作。

（白　玛）

对口支援

综　述 >>>

经济建设 >>>

教育医疗 >>>

交流交融 >>>

中國歷史
文化名城

综　述

4月18日，上海市第九批援藏干部人才江孜联络小组临时党支部在山南市乃东区昌珠镇克松居委会西藏民主改革第一村陈列馆开展主题党日活动，图为小组成员在陈列馆前的合影

【概　况】2021年，上海市第九批援藏干部人才江孜联络小组（简称“江孜援藏小组”）执行党的治藏方略，强化对新时代援藏工作的政治意识、大局意识和责任意识。发扬“脱贫攻坚精神”“老西藏精神”“两路精神”和“援藏精神”，开展江孜县对口支援工作。

【项目援藏】2021年，江孜援藏小组设立项目库制度，储备优质产业项目和民生项目10余个。援藏项目实现一站式审批，项目施工许可证办理时限由2周缩短至2天。

全年新增援藏项目15个，总资金8095万元，总投资1.2亿余元，项目开工率、竣工率均为100%，资金拨付率97.5%（为上海市浦东新区援藏历史最好成绩），完成2020年实施计划内援藏项目14个。截至年末，2019年项目的审计工作全部完成，2020年项目审计工作接近完成。加强已建项目运营工作，“建管用”同步，实现项目全生命周期管理。

6月21日，上海市第九批援藏干部人才江孜联络小组召开援藏项目建设领导小组第二次会议，图为会议现场

经济建设

【智力援藏】2021年，江孜援藏小组加大“一协会两中心”建设力度，扶持农牧民专业合作社产业发展。推进申报江孜青稞、江孜地毯等地理保护标志，与上海英雄笔厂合作打造江孜英雄笔

11月3日，上海市人民政府驻西藏办事处党委书记、主任张永刚（左二）一行到江孜县红河谷现代农业科技产业园区调研援藏产业发展情况，图为察看园区规划

等新品牌（江孜英雄笔作为西藏和平解放70周年献礼受到全国政协主席汪洋和中央代表团好评）。依托大学生就业创业服务指导中心，全年累计安排大学生就业48人。组织“浦东青联携手江孜青创赋能计划”活动，浦东青年企业家与江孜青创企业双结对5家。建设日喀则市第一个县级融媒体中心。加大上海市浦东新区援藏宣传力度，年内在全国援藏、上海援藏等公众号发表文稿73篇，《人民日报》、新华社、“学习强国”App等省级以上媒体发布文稿18篇。

【产业援藏】 2021年，江孜援藏小组推进浦东援建红河谷农业科技示范园融入环珠峰旅游圈，争创AAA级旅游园、景区。推广订单农业种植，依托红河谷农业科技示范园辐射带动28个种植点，带动283名农牧民灵活就业，人均年增收1.5万元。打造江孜县生态农业，整合计划内和携手兴乡村资金，新建江孜生态奶牛养殖场、江孜有机青稞种植基地、江孜生态饲草料加工厂。

【扶贫援藏】 2021年，江孜援藏小组在紊盖村“2020上海市精准扶贫十大典型案例”基础上，围绕“五大振兴”打造江孜乡村振兴示范升级版6+模式（产业+文旅、就业+培训、文化+教育、生态+生活、交融+数字、党建+自治），申报自治区级示范点。同时，围绕日喀则全域旅游推进乡村旅游建设，完成夏尔岗休闲旅游村等特色乡村建设。

年内，实施携手兴乡村项目16个，总投资3000余万元，带动540人增收725万元，新组建农牧民专业合作社5个。

5月15日，上海市人民政府合作交流办公室调研组一行到江孜县红河谷现代农业科技产业园区调研援藏产业发展情况，图为实地参观园区生态餐厅

教育医疗

【教育援藏】2021年，在全县推广科创实验室建设，加大中学、小学、幼儿园的国家通用语言教育，推广应用学前欢飞乐课程资源，小学韬图语文动漫教程教学资源，中国好故事外教课程以及英语学习设备及软件（发放至各校图书馆）。在日喀则市举行的“中小学人工智能与信息技术创新实践活动”中，江孜县闵行中学学生在“智能冬奥”物流机器人项目中获一等奖（江孜县闵行中学自建校获得的第一个科创类比赛一等奖）。加大乡村小学建设力度，推进优质教育资源均衡化。年内，江孜县闵行中学获中考历史最好成绩（日喀则市第二名）。

1月26日，西藏自治区卫生健康委对口支援办主任国雪莲（右一）到江孜县人民医院调研三级医院对口帮扶及医疗人才“组团式”援藏工作开展情况，图为参观医院阅览室

【医疗援藏】2021年，江孜援藏小组组建浦东新区卫生系统重点学科（腔镜、妇科、骨关节、ERCP等）援建专家团队。加大江孜县全科医生培训力度，推进县人民医院创建三级医院。在江孜县重孜乡建设自治区第一家医养结合中心卫生院，提供床位39张（医养结合床位24张）。开展“点亮明眸、关注中小学生眼健康”公益项目，为江孜5000余名中小学生免费筛查视力、眼疾，开展眼健康集中讲座4场，发放眼健康手册6500册、为2169名学生免费配镜。9月21日，为7名学生提供免费医疗手术（该项目获得“上海公益之申十佳公益项目”称号）。

交流交融

【合作交流】2021年，江孜援藏小组推进干部人才交流培养。组织江孜县大学生创业团一批8人到上海市浦东新区学习交流。上海市浦东新区教育系统的2批17名专家学者到江孜县开展教育相关培训，江孜县参加培训教师达2000余人次。安排江孜县医务人员22人到浦东新区卫生系统交流锻炼，组织浦东新区医疗团1批8人到江孜县授课义诊，共培训400余人次，义诊78人次。安排8人到上海市浦东新区跟班学习，2批50人到浦东新区区委党校、农校参加培训。开展浦江两地迎百年等活动，推动上海乡村振兴示范村和江孜乡村振兴示范点共建。10月，2021年“上海浦东·云南大理、怒江·新疆莎车·西藏江孜”四地文化艺术展在上海市浦东新区金桥碧云美术馆开幕。展览共展出上海浦东、云南大理和怒江、新疆莎车、西藏江孜四地150余幅呈现风土人情、社会发展的书画及摄影作品。江孜县以“西藏·江孜：再现英雄顶峰”为主题展示江孜县各类文物保护点、非物质文化遗产代表性项目、旅游景区等。

【社会力量援藏】 2021年，江孜援藏小组募集社会捐赠现金50万元、价值30万元的物资援助江孜县各方面建设。上海永达公益基金会募捐50万元，用于资助江孜县家庭困难学生、奖励优秀教师；上海市浦东新区人民医院捐赠心肌酶谱检测仪2台，价值20万元，用于心脏疾病患者进行快速检测；上海市浦东新区卫生监督所捐赠执法记录仪10台，约合2万元，用于江孜县卫生监督执法；上海市浦东新区精神卫生中心捐赠精神疾病药品约合8万元，用于江孜县精神病患者的治疗。

7月3日，"上海永达公司"江孜闵行中学教育基金发放仪式在江孜县闵行中学多功能中心举行，图为仪式现场

人民团体

中國歷史
文化名城

工 会

【概　况】截至2021年末，江孜县基层共有工会组织226个（包括工会小组）其中：19个乡（镇）和155个村（社区）全部实现工会委员会全覆盖，各乡（镇）村（居）选举产生工会委员会成员。截至年末，发展农民工会员10998人，国有（集体）企业工会委员会15个，县直机关工会委员会（工会小组）39个；工会会员14052人，其中女会员人数3998人；会员构成为机关事业单位职工会员2291人，企业职工会员389人，农民工会员12433人，各基层工会组织配备兼职主席226人。

【组织建设】2021年，江孜县总工会组织全县19个乡（镇）工会主席和155个村（居）工会主席共计176人在县委党校举办江孜县新一届村级工会主席素质提升专题培训班。

【职工之家建设】2021年，江孜县推进县、乡（镇）、村（居）三级职工之家建设，提倡“健康生活、快乐工作”的理念。江孜县县级职工之家建设项目总投资1188.54万元，年内竣工，即将投入使用；日朗乡和车仁乡职工之家建设项目投资124.87万元，年内竣工投入使用；龙马乡和加克西乡职工之家设施设备采购项目，投入24.1万元，年内完成实施；创建村级农民工之家示范点（江热乡让康村农民工之家）投入12.16万元，年内投入运行；江热乡拉鲁村普惠生活环保燃料农民专业合作社职工之家项目投入6.15万元，年内竣工，投入使用。为县职工之家配备电子阅读屏，职工书屋图书配送工作全部完成。

3月23日，江孜县总工会在县委党校举办江孜县新一届村级工会主席素质提升培训班，图为培训学员合影

【维护女职工权益】强化女职工对宫颈癌和乳腺癌防治意识，提高“两癌”早诊早治率，降低“两癌”死亡率，提升广大企业女职工自我保健意识和健康水平，2021年，县总工会组织江孜县环卫队和企业在档困难女职工计60余人，在县人民医院开展“两癌”筛查工作。

【职工服务】组织工作人员到企业、职工家中开展走企入户调查工作，制定帮扶对策。截至年末，江孜县共有困难企业职工30人。落实干部职工福利政策，参与消费扶贫工作。为江孜县2942名职工发放江孜本地生产的菜籽油、羊毛被等消费扶贫产品，共计资金229万余元。为符合结婚、生育的职工243人送去价值12万元的慰问品，为符合生病住院、会员本人或直系亲属去世的职工163人送去慰问金13万余元。元旦、春节、藏历新年期间，对企事业机关单位特殊困难职工、困难农民工会员及节日期间一线值班人员等进行走访集中慰问活动。开展“送温暖、送文化、送法律、送政策、送医送药”为内容的“五送”暨“服务在基层·服务农民工”主题活动。在首届中国人民警察节、医师节期间,对19个乡(镇)卫生院、派出所，县人民医院等一线疫情防控工作人员开展送温暖活动，送去慰问金4.17万元。

【农民工权益保障】 开展农民工的保障服务工作，为农民工提供多元化服务，送去慰问金1.9万余元。

【文体活动】 2021年，县总工会牵头组织5名干部职工（江孜英城车队成员）参加2021第八届环巴松措国际山地自行车越野竞速赛。3名职工参与市总工会举办的“中国梦·劳动美——永远跟党走 奋进新征程”职工演讲比赛。

【经费管理】 江孜县总工会完成上报2021年度工会经费决算和2022年度工会经费预算报表工作。年内，拨缴经费收入321.62万元，应付上缴经费128.65万元，维权支出61.75万元。

【青年职工读书班】 11月，县总工会结合江孜县实际，利用江孜县共享职工之家，配备职工书屋设施设备、各类书籍，成立“江孜县总工会青年职工读书班”。读书班总投资20.94万元，藏书4000余册。11月8日，江孜县总工会青年职工读书班开班。每周一至周四19：20到21：10开放，日均30人参与读书，常态化组织开展系列活动。

（牛兵兵）

11月8日，江孜县在县职工之家举行青年读书班开班仪式，图为开班仪式现场

共青团

【概　况】 2021年，江孜县有基层团委22个,基层团工委1个，团支部215个，全县14岁至28周岁青年人数14177人。2021年新发展团员人数120人，总团员3344人。

【团组织建设】 3月，共青团江孜县委员会（简称“团县委”）督导全县155个村（社区）团支部进行换届选举工作，并引导各乡（镇）团委开展新任团支部书记培训活动。8月，召开青年工作联席会议第一次全体会议，审议并通过《江孜县贯彻落实〈西藏自治区中长期青年发展规划（2018—2025年）〉的实施方案》，并向各级团组织发放1600余册《西藏自治区中长期青年发展规划(2018—2025年)》。9月28日，召开江孜县“两新”组织团工委、青工委成立大会，填补团组织在非公企业和社会组织领域中的空白。10月18日，组织县域11家非公企业负责人举行《浦东新区2019版非公企业团工作宝典》捐赠仪式暨“两新”工作培训会。10月25日至27日，举办为期

3天的第二期基层团干部能力提升培训班，共计20名乡（镇）团务工作者参加。11月23日，召开中共十九届六中全会精神宣讲会，团县委书记、县妇联主席进行专题宣讲，80余人参加宣讲会。

9月28日，江孜县河小青行动队在年楚河沿岸开展"'河'我一起，保护母亲河"活动，图为行动队队员合影

【青少年思想建设】 4月4日，安排10名师生代表到江孜县烈士陵园，开展"缅怀革命先烈，传承革命精神"的清明扫墓活动。4月23日，团县委邀请到西藏图书馆"阿佳讲故事"团队，同文化创业团队——江孜县措吉百玛文化发展有限公司到江孜县第一小学、江孜县第二小学、江孜县第二双语幼儿园开展"世界读书日"阅读活动。4月22日，团县委与县妇联联合举办"庆三八、迎五四"系列文体活动，吸引全县500余人参加。5月28日，中国少年先锋队江孜县第一次代表大会在县党政办公楼六楼召开，116名代表参加会议，选举产生中国少年先锋队江孜县第一届工作委员会。12月18日至19日，江孜县闵行中学、江孜县第一中学、江孜县高级中学举行团校成立授牌仪式。

【青少年志愿者服务】 3月5日，组织开展以"践行雷锋精神 弘扬时代新风"为主题的雷锋纪念日活动，组织西部计划志愿者、大学生创业者18人到日朗乡卡尔村农户家中开展卫生打扫活动，送去米面油、学生文具用品等价值1500元的慰问物资。筹措800元用于贫困家庭学生的生活开支。8月，团县委、县青年志愿者协会开展"我爱我家"主题志愿服务活动。组织动员400余名青年干部、青年志愿者开展系列志愿服务活动。9月28日，组织60人组成河小青行动队，在年楚河江孜桥附近流域，开展以"美丽中国·青春行动"为主题的"'河'我一起，保护母亲河"活动，共清理垃圾400余千克。

【维护青少年合法权益】 2月24日，团县委召集县人民法院、县人民检察院、县教育局、县公安局、县民政局、县司法局6家成员单位相关负责人召开2021年预防青少年违法犯罪工作联席会议，签订预防未成年人违法犯罪工作合作协议。从团中央订购《中华人民共和国未成年人保护法》《中华人民共和国预防未成年人犯罪法》宣传手册，转发各乡（镇）及中、小学校。

【青少年服务工作】 帮助11名大学生申请"中国茅台·国之栋梁""国务院国资委党费专项助学"等助学金。其中"中国茅台·国之栋梁"助学金受助学生4人，共2万元；"国务院国资委党费专项助学"助学金受助学生7人，共3.5万元。5月31日，团县委联合县妇联到纳如乡小学，开展迎接"六一"国际儿童节活动。为26名留守儿童发放价值2262元的学习用品。7

11月18日，2021年江孜县团县委青年农牧民技能培训开班仪式在江孜县9+X职业教育培训学校举行，图为仪式现场

月1日上午，团县委联合县妇联开展“我为群众办实事”活动，到加克西乡看望慰问困难家庭，送去慰问金1500元。9月7日，到藏改乡完全小学开展关爱慰问留守儿童、消防知识进校园等活动。为9名留守儿童送去价值1530元的学习用品。

【青年创业工作】 年内，为未就业大学生、农牧民专业合作社负责人、农牧民群众等群体提供就业创业指导、农牧民专业合作社评级、业务办理、政策解读等方面的咨询服务600余次。开办为期20天的农牧民转移就业岗前培训班，为18名农牧民群众解决就业问题。7月22日，在上海市浦东新区开办江孜县青年创业者企业技能提升培训班，联系4家上海市浦东新区企业与4家江孜青创单位确定对口帮扶机制，签订《青创赋能计划战略合作协议书》。促成江孜县措吉百玛文化发展有限责任公司与上海英雄金笔厂达成战略合作关系，推出“雪域高原英雄笔”。10月21日，举办江孜县农牧民专业合作社管理能力提升培训班，县域21家农牧民专业合作社负责人参加培训。11月2日至17日，邀请公考资深专家、政策宣讲员、创业大学生代表组成宣讲团，到全县19个乡（镇）开展示范宣讲，2000余名高校毕业生和家长参加宣讲活动。11月18日，在江孜县雪域阳光民族传统职业技术学校举行2021年江孜县青年农牧民技能培训开班仪式，60名青年参训。

（于文兴）

妇 联

【概　况】 2021年，江孜县有各级妇联组织174个，全县有183个妇女之家。

【组织建设】 2021年，在江热乡班久伦布村成立1所市、县两级“儿童快乐之家”，争取市级创建经费3万元、县级创建经费2万元，年末全部完成试点工作，并开展推广前期工作。

【妇女创业就业】 2021年，江孜县实现转移24066人，其中女性就业9665人，高校女毕业生368人，就业女性354人。

【妇女儿童合法权益保障】 2021年，县妇联利用“三八”妇女维权周、3月综治宣传月、6月平安建设宣传周、“12·4”国家宪法宣传日等节点，在江孜宗山广场集中开展维权宣传活动9场，发放宣传册2460余册；组织各级妇联组织、妇女儿童维权岗开展法制宣传活动340余场次，发放法律法规宣传单和宣传资料共9000余份；联合团县委、司法局、民政局、乡卫生院等部门开展普法学习宣传教育进乡（村）活动6场次，发放宣传资料1800余份。与县人民法院联合开展1场“以

11月11日，江孜县妇联2021年农牧民妇女手工编织培训暨挂牌仪式在江孜县日星乡央嘎氆氇加工农民专业合作社举行，图为仪式现场

案说法、巾帼法官讲法”进乡村普法宣传活动。

【技能培训】 分别于7月9至9月9日和11月11日至12月11日，在江孜县索盖村片多氆氇加工农民专业合作社、江孜县塔巴村央嘎氆氇加工农民专业合作社举行妇女手工编织技能培训班。

【妇女儿童工作】 2021年，县妇联开展走访慰问，推进妇女儿童关心关爱行动。2021年初，县妇联向5名2020年度妇女先进个人，颁发荣誉证书，并送上节日祝福及慰问品。2月9日、10日，到17个乡（镇）和县特困人员集中供养服务中心开展节前慰问长期病号、瘫痪在床妇女送温暖活动，共计10170元。母亲节之际，组织15名巾帼志愿者到江孜县特困人员集中供养服务中心开展以“五月母亲节，爱心献母亲”为主题的巾帼志愿服务活动，为39名老人们包饺子。联合团县委开展“我为群众办实事”活动，到加克西乡看望慰问特困家庭，送去慰问金1500元。以“六一”国际儿童节为契机，为纳如乡完全小学26名留守儿童和驻村点2名困难儿童送去价值2262元的学习用品。10月13日，中国人口福利基金会和北京协和医院相关专家到江孜县开展“幸福微笑——救助唇腭裂儿童”项目调研和集中筛查活动。走访24名患儿家庭，给出下一步治疗建议。

【救助帮扶】 组织3名党员干部到年堆乡达热村和热定新村走访慰问6户享受最低生活保障的结对帮扶户并讲解相关妇女维权知识、妇女健康知识以及婚姻法等政策。9月，开展“两癌”筛查工作，宣传“两癌”预防、申报、就诊等知识。截至12月末，共筛查“两癌”263人，患病人数6人，将符合救助条件的“两

3月5日，江孜县妇联组织志愿者到帕拉庄园开展“3·5”学雷锋志愿活动，图为志愿者在帕拉庄园前的合影

癌”患病妇女信息全部录入全国妇联农村妇女“两癌”救助系统。

【基层妇联组织改革】 根据《整改落实区党委督查室督查调研反映问题任务分工方案》和日喀则市妇联《关于在全市各学校成立妇女组织的通知》要求，县妇联于9月16日召开江孜县中小学及幼儿园组建妇女组织动员部署会，推进学校妇委会成立工作。9月27日，在江孜县第一小学试点召开江孜县第一小学第一次妇女代表大会，县妇联、县教育局及各级各类学校妇委会主任出席会议。

【民生项目】 联合江孜建藏医院为开展庆祝“五一”国际劳动节及“五下乡”“为群众办实事之送医下乡”等活动，为全县群众免费义诊1万余人次。

（杨 蓝）

9月12日，全国工商业联合会扶贫和社会服务部副部长刘鸿柱（左六）一行到江孜县工商业联合会指导百企帮百村工作并召开座谈会，图为座谈会现场

工商联

【非公经济发展】 截至2021年末，江孜县工商业联合会（简称“县工商联”）有会员企业100家。年内新增会员企业10家，2家企业从一般会员企业晋升到副主席企业和常委企业。

【会员服务】 加大对非公企业的宣传力度，通过自治区、市工商联发布和县发布“会员风采”“社会责任”“企业服务”等专栏，专题宣传会员企业捐资助学、参与抗击疫情、助力“乡村振兴”等情况，全年到企业调研工作共75次。

【维权服务】 联合县司法局、县委网络安全和信息化委员会办公室，以非公经济普法基地为核心的普法平台，常态化开展法制宣传、法治问诊、法治体检等服务；联合县税务局，宣传税收法律政策。与法律事务所签订会员企业一年制法律顾问合同，为13家会员企业提供法律顾问服务。

【参政议政】 2021年，县工商联推选县政协委员31人，县人大代表5人，加强民营企业家与党委、政府之间的沟通交流。

【百企帮百村】 2021年，县工商联组织慰问企业困难员工，34家会员企业参与精准扶贫，帮扶县域困难户，投入帮扶资金143.6万元。

【非公有制党建】 2021年，江孜县有兼职党建指导员18人，非公有制党组织22家，非公有制企业党组织示范点4家。

（宋兵良）

军　事

中國歷史
文化名城

人民武装

【政治建设】 2021年，江孜县人民武装部（以下简称县人武部）传达学习中共十九届六中全会精神和习近平主席系列重要讲话精神，贯彻习近平在庆祝中国共产党成立100周年大会上的重要讲话、在藏考察重要讲话、接见驻藏官兵重要讲话和给“高原戍边模范营”全体官兵回信精神。投入10余万元开展政治文化氛围建设。

【中心工作】 2021年，县人武部组织官兵完成军事训练时间和体能训练时间标准。采取分区抽考与本级普考相结合的方式组织年度军事训练考核。开展民兵整组、兵员征集、民兵训练工作，落实民兵军事训练相关要求。组织民兵轻武器操作、维稳处突、对口保障训练和实弹射击考核，消耗弹药达到规定数量。参与江孜县达孜乡“8·25”抗洪抢险救灾行动。

【征兵工作】 2021年，江孜县根据自治区、市年度征兵工作会议精神，成立组织领导，召开专题会议进行安排部署。完成年度兵役登记和年度征兵任务。

9月29日，江孜县人民武装部组织人员看望慰问困难群众，图为与群众合影

【部队管理】 2021年，县人武部落实安全防范教育、安全形势分析、重要时间节点和安全时期的安全检查隐患排查制度。执行一日生活制度，严格请销假，突出加强人员管理。落实住库值班和重要目标警戒制度，人防技防互为补充。

【后勤保障】 2021年，县人武部加强后勤保障工作制度化和规范化建设，组织固定资产清理检查、建账登记和规范管理，规范财经管理制度落实；加强营区综合治理，申请援藏资金建设蔬菜阳光棚；推进官兵健康体检，建立完善官兵健康档案；开展种植养殖，改善官兵伙食质量；落实责任制，修订装备保障预案，例行开库检查和维护保养制度；落实疫情形势分析、在外人员管理、健康状况监测等制度，加强营区管控。

【拥政爱民】 2021年，县人武部协同县退役军人事务局组织开展国防教育和共建共创，协调上海援藏专家组到驻军某部义诊。把兵员征集工作纳入乡村振兴范畴，鼓励困难家庭子女入伍。到定点帮扶村走访慰问2次，赠送生活物资，投入资金帮助帮扶村委会消除安全隐患。年内，被评为江孜县民族团结进步模范部队。

（张明贤）

武装警察

【概　况】 2021年，中国人民武装警察部队江孜县中队（简称“武警江孜中队”）围绕“凝心聚力提精气，固强补弱促规范，稳中求进谋发展，再创先进争标兵”的工作思路，严格按照年度按纲建队规划开展工作，完成各项工作，部队建设呈现基础夯实、稳步提升的良好发展势头。

【部队管理】 2021年，武警江孜县中队加强部队正规化建设。按照条令条例加强部队管理，坚持民主集中制原则，继承和发扬尊干爱兵、官兵一致的优良传统，确保部队的高度稳定和集中统一，针对中队建设基础薄弱的现实，开展经常性管理。

【学习教育】 2021年，武警江孜县中心党支部推进习近平新时代中国特色社会主义思想和习近平强军思想学习贯彻，开展“忠诚维护核心，矢志奋斗强军”年度主题教育，激发官兵爱岗敬业精神，提高官兵明辨是非能力。

【军事训练】 2021年，武警江孜中心结合实际，围绕战术、擒敌、射击、体能和执勤技能及情况处置等基础科目进行训练，加强对班组战斗行动、捕歼战斗、抢险救灾等训练，组建应急小分队，加强对教练员培训力度，结合任务实际进行合成演练。

【军事工作】 2021年，武警江孜中心落实新修订《军事训练与考核大纲》，坚持支部议训制度，制定各类训练计划和教练员分工表，开展军事训练。

【政治建设】 2021年，武警江孜中心针对驻地环境复杂、拒腐防变形势严峻等特点，探索思想政治工作的新特点、新规律和新方法。年内，无“微腐败”问题发生。开展各项文化活动，达到“四有”要求。

【后勤保障】 2021年，武警江孜中心坚持支部当家理财，落实财经纪律，坚持经费投向一线，树立“少花钱、多办事、办好事”的原则。组织相关人员学习各级新修订下发的后勤各项规章制度，坚持财务工作“四个到位”（重视到位、保障到位、管理到位和培养到位）。

（何　聪）

法　治

中國歷史
文化名城

政法委及综治

【概　况】2021年，中共江孜县委政法委员会（简称“县委政法委”）坚持党对政法工作的全面领导、绝对领导，以庆祝中国共产党成立100周年、西藏和平解放70周年维稳安保为工作主线，以政法队伍教育整顿、党史学习教育、“五大专项行动”、“三更”专题教育为契机，围绕全县“名城振兴工程”目标，开展政法工作。

【专项工作】运用“七查（举报线索核查、涉黑涉恶案件倒查、重点案件交叉评查、涉法涉诉信访案件清查、法律监督专项检查、智能化数据排查、队伍建设巡查）”手段，落实“自查从宽 被查从严”政策。政法队伍教育整顿期间，共召开专题会议51次，参观宗山抗英纪念馆、市廉政教育基地等15场次，开展“一把手”讲党课9场次；全县324名政法干警共自查问题77件63人；把“五大专项行动”与政法工作高质量发展结合，依托理论学习中心组、“三会一课”“晨学网络教育+夜校警营交流”等学习平台，以“为民、实战、纪律、政治、效果”为导向，开展各项工作任务；政法各部门先后召开座谈会18场次，收集群众意见建议148条，整改答复148条，建立明确政法领域便民利民举措41项，为民办实事550余件。

【平安建设】全县1634名“双联户”户长发挥群防群治力量的“主力军”作用，排查矛盾纠纷隐患5801次，发现隐患105起，调处103起，树立“致富带头”典型23人。2021年共推选自治区级“先进双联户”1个，市级“先进双联户”6个，县级“先进双联户”21个，为24名应届毕业生办理“先进双联户”加分政策手续。2021年，江孜县被市委平安建设领导小组评为“先进双联户”创评工作先进县（区）；总投资1577万余元的全县“雪亮工程”项目如期竣工；组织相关部门到辖区重点领域摸排线索120余次，共受理2起9类个案。江孜县平安建设领导小组办公室联合县卫生健康委、县人民医院、各乡（镇）综治中心邀请上海援藏专家对全县74名疑似精神障碍患者进行评估诊断。

【队伍建设】召开全县政法工作会议，总结回顾2020年全县政法各项工作，分析面临维稳形势，明确全县2021年政法工作具体思路、具体方向、具体任务；协调县纪委监委、县委组织部、县税务局、县住房和城乡建设局等部门对在编政法干警开展队伍建设巡查和组织审查，查处廉政建设问题6条，选人用人问题3条，干部队伍建设问题4条，均整改完毕，未发现干警及配偶、子女及其配偶存在违规经商办企业、参与借贷、违法占地等问题；4

6月19日，西藏自治区政法队伍教育整顿驻日喀则第二指导组到江孜县督导检查工作，图为指导组查阅教育整顿材料

次邀请县纪委监委主要领导为全县政法干警开展廉政专题报告；政法各部门落实请示报告制度，全年政法各部门向上级部门、县委及县委政法委请示报告工作10余次，落实政法各部门主要领导外出报批手续7次；优化政法班子结构和基层政法力量，县委政法委新配备3名班子成员，调整充实6名新任乡（镇）政法委员。

9月22日，江孜县政法系统开展“五大专项行动”动员部署会议，图为会议现场

【反邪教工作】 依托微信公众号等线上宣传阵地，结合各类集中线下宣传、宣讲活动，加大宣传力度，结合人民群众需求的法律法规，营造全民反邪教的浓厚氛围；联合县公安局相关科室，到县城内各重点领域，加强摸排，排查邪教组织渗透破坏隐患。

【法学会建设】 县法学会起草制定《2021年江孜县青年普法志愿者法治文化基层行活动实施方案》，利用3月综治宣传月、“4·15”全民国家安全教育日、6月综治宣传周、“9·16”平安西藏宣传日等契机，与县法学会成员单位加强协作，开展法制宣传活动30余场；完善全县法学会成员信息；选派县法学会成员到拉萨市参加《第七届中国·民族区域法治论坛》。

4月6日，中共江孜县委政法委员会组织召开江孜县政法队伍教育整顿座谈会，图为座谈会现场

【法治宣传】 借助“平安江孜”微信公众平台和抖音平台，对政法工作、普法工作开展情况进行报道。2021年，微信公众号刊发信息155条，阅读量8.9万人次；抖音号发布微视频25条，观看人数5.3万次；制作宣传横幅82条，更换户外宣传布标12条；组织政法各部门精干警力对辖区20个法治观念薄弱村（居）委会进行为期8天的法治宣讲和法律宣传，发放宣传材料9500余份，受教育群众达1840人次；组织政法各部门主要领导和业务主力对全县政法系统和非政法系统开展“三个规定”“万长”大

宣讲活动。宣讲范围辐射（中直、区直、市直、县直）各部门、19个乡（镇），签订承诺书920余份。

（旦　增）

公　安

【案件侦查】 2021年，县公安局指挥中心累计接报案790起，其中治安案件167起，交通事故256起，刑事警情59起，纠纷167起，群众求助120起，举报7起，消防救援2起，投诉监督1起，其他警情11起。受理刑事案件46起，立案39起，不予立案7起，破案20起，破案率51%，抓获犯罪嫌疑人18人、刑事拘留12人、逮捕11人、移送起诉8起13人。止付冻结涉案账户14个，追回被骗资金23.01万元，依法返还13.01万元，通过见面、电话等方式开展反诈预警劝阻300余人次，组织开展反诈宣传100余次，发放宣传资料1.2万余份，在各场所、领域张贴反诈宣传单9000余张。抓获在逃人员3人。成功解救被拐卖妇女1人（被拐12年）、找回失联妇女1人（失联14年）。进行毒品尿液检测320余人次；DNA血液样本信息采集1.1万余人次，统一整治易制毒化学品和精神病药品、麻醉药品专项行动9次；受理行政案件70起，行政拘留47人，罚没6.11万元，收缴赌资1.63万元。收缴或群众主动上交各类子弹336发、炸药57.5千克、导火索350米、雷管499枚。销毁非法违法烟花爆竹标值1.1万余元，收缴剧毒化学品200千克（灭鼠剂）。集中销毁查缴假冒伪劣过期产品标值15万余元。

【社会治安防控】 全年开展城区社会面武装巡逻50余次，其中公安特警、武警联勤联动武装巡逻40余次，组织群防群治力量在全县范围内开展步巡63次；开展社会面清查19次，盘查人员3752人次、车辆356辆次，发现隐患143起，整改完成143起；通过东郊一级公安检查站检查过往车辆21万余辆次，盘查过往人员84万余人次，物品包裹42万余件。抓获在逃人员2人，吸毒人员1人，劝返有暴力倾向精神病人1人。使用伪造机动车驾驶证1起、无证驾驶5起、车辆超高超长2起、逾期未检6起、非法改装1起、遮挡号牌1起，超员2起，纠正交通违法行为726起（教育处理726起）。2021年，协助完成全县“雪亮工程”。全年，排查各类矛盾纠纷121起，成功化解117起、移交4起，未发生反复、反弹或转化、激化、演变、升级等问题。

【执法服务】 全年，办理出生入户855人、死亡注销478人、迁入255人、迁出319人、居民身份证6195张、居住证454人、居住登记卡2183人，清理重户

1月7日，江孜县公安局开展“致敬警察节”知识竞赛活动，图为获奖人员合影

12人，注销失联人员2人，应销未销1人。受理机动车注册登记420辆、补换牌证、合格标志170辆、核发检验合格标志643张、委托检验车辆369辆、接受群众咨询1200余人次，完成机动车（C1、C2）驾驶人科目一考试1074人次、科目二考试1088人次、科目三考试1099人次，共制证512本，受理报考摩托车、电动车驾驶证3574人次，制作驾驶证2201本，办理驾驶证审验业务483人次；办理护照申请1人、港澳通行证2人、外国人旅行证39张、50人次，收取费用8800元，旅行备案50团次、1250人次，办理暂借护照2本，回收护照3本；开展政治审查500余人次，审批办理边境通行证2.3万余张；投入3.25万元更换驻龙马乡卓热村驻村点村民用电线路。全年，集中法治宣传42次，发放宣传材料2.5万余份、宣传品1000余件，悬挂横幅35条，受教育群众4.5万余人次，出动警力150人次，车辆41辆次，形成工作简报40期。

【交通管理】 2021年，全县发生一般道路交通事故3起、受伤6人、直接经济损失6万余元，发生轻微道路交通事故135起，直接经济损失12.3万元。全年出动警力5100余人次、警车1200余辆次、查处各类交通违法行为1046起，罚款131.12万元（现场违法行为处罚30.71万元，非现场违法行为处罚100.41万元），现场教育驾驶人2500余人次。开展交通安全宣传教育270余次，悬挂宣传横幅70余条，张贴宣传海报300余份，播放警示教育片40余次，发布“两公布一提示”信息8条，发放各类宣传资料1.6万余份，发放免费爱心头盔1500余顶，受教育群众2.4万余人。排查出道路交通安全隐患34处，已整改3处，未整改31处（农村道路隐患未整改5处、寺庙通达路隐患未整改26处），未整改点位形成书面材料上报相关部门，与客运企业及驾驶员签订《道路交通安全责任书》46份。

【队伍建设】 2021年，开展现场督察200余次、网上督察270余次、视频点名18次、夜间突击检查30余次。发现问题62起，下达督察通报6期、督察通知书18份、督察建议书6份，形成督察情况报告9份、《网上督察专刊》7期，签订各类责任书219份。受理投诉案件1起，办结1起；受理维权案件2起，依法打击处理5人，依法维护民（辅）警执法权益5人。开展大练兵集中培训活动5次，调训500余人次。组织集中学习22次，各部门学习400余场次，党委（支部）书记讲党课19场次，撰写学习心得体会1500余份，召开党委民主生活会3次，各党支部组织生活会5次，召开专题研讨会16次，撰写个人发言材料3000余份，观看英模教育片6次，召开英模事迹报告会1次，观看爱国主义影片和参观红色教

3月26日，江孜县公安局党员志愿者开展植树造林志愿服务活动，图为志愿者合影

1月10日，江孜县公安局在江孜宗山广场开展警营开放日活动，图为县委书记白玛（左三）参观警用枪械区

育基地 8 次。签订对党忠诚等公开承诺书 900 余份，制作《警示教育读本》《公安队伍教育整顿应知应会手册》，订购《中共党史知识问答》《习近平新时代中国特色社会主义思想学习问答》等学习资料 132 本，个人学习笔记 320 本。有 6 个集体、96 人受到县委、县政府和上级公安机关表彰。

【从优待警】 晋升职级 122 人（上半年 83 人、下半年 39 人），根据民警考勤落实津贴补贴；“首届人民警察节”投入资金 5.78 万元，为全局民警及从警 20 年、30 年民警颁发从警纪念章。为全体民辅警配发战术背心 282 件，交警服 25 件，羽绒大衣 75 件（辅协警），警衔警号一套，更换反光背心 16 件。新配发执法记录仪 56 台，涉密单机 20 台，双色打印机 20 台，统信 UOS（统一操作系统）计算机 113 台，PD980 手台 55 部，MD780GU 车载手台 1 部。投入 34.76 万元更换智能枪柜 5 个。

（吴建勇）

检 察

【刑事检察】 江孜县人民检察院依法批准逮捕 13 人，提起公诉 28 人。办理新型犯罪案件 2 件（分别为传授犯罪方法罪和职务侵占罪）。提前介入重大案件 5 件，引导侦查取证。对不构成犯罪或涉嫌犯罪但无社会危害性、犯罪情节显著轻微、悔罪态度好的不批准逮捕 3 人，不起诉 8 人。依法公开听证 5 次。办理认罪认罚案件 30 人，其中提起公诉 23 人，提出并被审判机关采纳量刑建议率达 100%；适用速裁程序 15 件，占比 63.64%。

4月7日，西藏自治区公安厅党委委员、副厅长、一级巡视员陈士渠（左四）一行到江孜县公安局调研警务辅助人员立法工作，图为交流座谈会现场

全年“案件比”优化为1∶1.16。监督应当立案而不立案1件，纠正漏罪1人并被作出有罪判决；发出纠正违法通知书及检察建议各1件。提出抗诉1件，受邀列席同级人民法院审判委员会会议1次。办理社区矫正监督17人。结合政法队伍教育整顿，对1990年以来的暂予监外执行715人开展摸排清理工作；开展判处实刑未交付执行监督21件23人，建立“一人一档”；监督落实判处财产刑执行案件39件51人，罚金35.6万元。

3月28日，江孜县人民检察院在江孜抗英纪念馆开展红色教育，图为听讲解员讲解江孜抗英故事

【经济检察】 搭建与市场主体“零距离”交流平台，到企业开展法治宣讲5次。围绕医疗废弃物处理、防疫物品销售、粮油蔬菜等基本生活供给，联合县市场监督管理局、县发展改革委等部门开展监督2次。

【民生检察】 开展民事执行终本案件专项监督，依法调取2018年至2020年民事终结本次执行案件相关卷宗共9件，就共性问题和个性问题合并制发检察建议1件，被全部采纳并整改。向市人大常委会专题汇报民事检察工作。开展虚假诉讼监督专项行动，依托市、县两级人民检察院“一体化”办案机制，加大线索摸排力度。对2021年后办理的部分交通违法行为处罚案件进行审查，就程序问题和执法不规范问题制发检察建议1件。

【社会治理】 规范完善12309检察服务平台。受理并办理群众来信来访13件，落实来信来访“7日内程序回复，3个月内办理过程或结果答复”的要求。联合县信访局到各乡（镇）开展信访线索摸排2次。围绕“开学季”校园安全、防诈反诈、禁毒、反家暴等社会热点问题开展法治宣传44场次，受教育人数4500余

8月4日，江孜县人民检察院与县纪委监委建立公益诉讼线索移送反馈协作机制会签会议在县人民检察院会议室召开，图为会议现场

人次，发放宣传资料2500余份。依法办理诈骗案件3件5人。召开公开听证会并落实司法救助金3.5万元，实现领域“零”的突破。

【公益诉讼】受理公益诉讼案件线索并立案21件，制发诉前检察建议12件。建立公益诉讼检察协作配合机制，同县纪委监委建立《关于建立公益诉讼案件线索移送反馈协作机制的办法》。向县人大常委会汇报公益诉讼检察工作2次。联合县市场监督管理局开展“校园周边食品安全”专项行动，到辖区62所学校及周边124家餐饮服务单位、小卖部等开展专项监督检查60余次；对县城内21家餐馆、超市等开展食品安全专项检查，提出书面检察建议1件。对县城内干道窨井盖缺失、残缺情况开展调查，督促相关单位更换井盖134个。助推实施“名城振兴工程”，就县烈士陵园存在的问题，召开公开听证会并制发检察建议，推动整改落实。助力县域污水排放整治，督促相关部门对1578米水渠清淤1350吨。到7个乡（镇）开展监督，制发检察建议8件。开展安全生产法专项宣传2次。开展“遏制农村乱占耕地建房”专项行动，摸排转办线索2件。聚焦生态环境保护，协调推行“河（湖）长+检察长+警长”机制。

3月22日，江孜县纪委监委副书记智美罗布（主席台）在江孜县人民检察院开展廉政专题报告，图为报告会现场

【未成年人检察】联合8个行政部门召开联席会议，并制定《关于建立侵害未成年人案件强制报告制度的联席机制》。推动落实教职员工入职前违法犯罪记录查询制度，对全县1587名教职员工开展专项清查。发挥法治副校长作用，开展以新修订的未成年人保护法、预防未成年人犯罪法与“检爱同行、共护未来”“反家庭暴力、维护妇女儿童权益”等为主题的法治宣讲。

12月3日，江孜县人民检察院召开落实侵害未成年人案件强制报告制度推进会，图为会议现场

【维护稳定】 办理案件9件11人（正在办理1件1人）。惩治盗窃等多发性侵财犯罪，办理案件16件23人。惩治危险驾驶、交通肇事等危害公共安全犯罪，办理案件15件15人。

【扫黑除恶专项斗争】 摸排倒查扫黑除恶“九类个案”4件。贯彻落实“四大行业”“十大领域”整治推进会精神，到各乡（镇）开展扫黑除恶系列宣传活动和防范电信网络诈骗法治宣传。

【纪律作风】 贯彻执行中央八项规定及其实施细则精神，常态化开展警示教育活动，落实“三个规定”，填报重大事项8件，防范办理人情案、关系案、金钱案。开展中央第十四督导组、最高人民检察院党组第三巡视组及县委第十一轮巡察反馈意见的整改落实工作。

（张　腾）

12月16日，江孜县人民法院执行局组织召开执行联动机制联席会议，图为会议现场

法　院

【刑事案件审理】 2021年，江孜县人民法院受理刑事案件23件，同比增加91.7%，审结案件23件，结案率为100%，共判处罪犯28人，其中判处三年以上有期徒刑的2件4人，判处三年以下有期徒刑14人、拘役10人，共收缴罚没3.5万元。

【民商案件审理】 2021年，江孜县人民法院受理民商事案件371件，同比上升23.7%，旧存9件，共380件，结案357件，未结23件，结案率为93.95%，无超审限案件，其中婚姻家庭纠纷、合同纠纷类案件为主要受理的民事案件类型。

2021年江孜县审结案件情况表

表3

案件类型	受理（件）	旧存（件）	审结（件）	未结（件）	结案率（%）
刑事案件	23	0	23	0	100
民商事案件	371	9	357	23	93.95
行政案件	1	0	1	0	100
总计	395	9	381	23	96.46

【案件执行】 2021年，江孜县人民法院改造执行指挥中心、执行速执中心、执行和解中心。共受理执行案件266件，同比增长12.84%，其中新收246件、旧存20件，立案标的为1642.84万元，结案标的金额1690.5万元，已结案件250件，实际执行到位金额1272.02万元，结案率93.98%，涉民生执行案件117件，执结108件，执行标的139.3万元，临时布控48人次，曝光失

3月25日至26日，西藏自治区高级人民法院院长索达（前排左二）一行到江孜县法院调研指导法庭工作，图为查阅法庭立案记录

信被执行人 12 人次，纳入失信被执行人 12 人次，限制高消费 14 人次，司法拘留 1 人次。成功实施首例网络司法拍卖，以 74.89 万元价格成交。

【社会治理】 2021 年，江孜县人民法院推进“点线面”相结合、全覆盖司法服务网络，沟通协调保障 17 个乡（镇）巡回审判点工作不断档。坚持谁执法谁普法，利用驻村工作队走村入户，下乡办案，集中宣传，法制副校长讲课等方式到易地扶贫安置点、村（社区）、学校等地，选派干警 76 人次开展法治宣传 19 场次，受教育群众 3500 余人次。

【矛盾纠纷化解】 2021 年，江孜县人民法院聘用 34 名特邀调解员。诉讼服务中心接待群众 4000 余人次，提供法律援助服务 115 次，办理诉前调解案件 128 件，办结司法确认案件 74 件、非诉保全案件 1 件、行政执行案件 1 件。

【司法体制改革】 2021 年，江孜县人民法院贯彻中央关于深化司法责任制综合配套改革的意见和最高人民法院实施意见，出台法官及辅助人员职责和权限清单。推进法官遴选工作，加强智慧法院建设。

【司法能力建设】 2021 年，江孜县人民法院推进法官遴选工作，按照程序和条件开展法官等级按期晋升、择优选升工作；开展职务与职级并行工作；强化藏汉双语人才培养。年内，共推荐 5 名干警参加法官第三批遴选考试，其中 3 人通过遴选成为法官。全院共有三级高级法官 1 人，四级高级法官 2 人，一级法官 8 人，二级法官 3 人。

【智慧法院建设】 2021 年，江

7月2日，江孜县人民法院召开“点线面”+“一站式”工作推进部署会议，图为会议现场

6月22日，江孜县司法局组织工作人员到纳如乡恰曲村开展法治宣讲工作，图为司法局干部为群众普法

孜县人民法院依托移动微法院、跨域立案等线上系统，网上立案14件、跨域立案28件。

【现代诉讼服务体系建设】2021年，江孜县人民法院建设现代诉讼服务体系，搭建网上立案、诉前鉴定、司法确认、诉讼保全等多功能互联网平台。启用诉讼服务中心，集中力量促进矛盾纠纷实质化解。

【接受监督】2021年，江孜县人民法院深化阳光司法，邀请县人大常委会、县政协相关人员旁听案件23件28人，直播庭审49件，公开裁判文书及信息149件。

（土旦曲达）

司法行政

【法治政府建设】2021年，江孜县司法局推行法律顾问制度，法治部门列席会议20余次，法律顾问列席政府专题会议12次，审查合同、协议、方案35件次，开展讲座、培训3场次，办理法律援助案件1件，协办信访案件9件，受理咨询60余人次。

按照《西藏自治区行政规范性文件制定和备案监督管理办法（修订）》文件要求，执行发文审签程序和统一登记、统一编号、统一发布的“三统一”发文程序的要求，并提出文件公布意见。经排查，全县无现行有效的行政规范性文件。年内，提起履行规范性文件制定程度建议函1起。

【法治宣传教育】2021年，县司法局落实“谁执法谁普法”责任制。印发《江孜县2021年普法与依法治理工作要点》《江孜县“谁执法谁普法”责任清单》

9月9日，江孜县司法局在江孜宗山广场开展民族团结进步普法宣传活动，图为向群众发放宣传资料

4月1日，江孜县司法局组织党员干部参观江孜抗英纪念馆，图为党员干部合影

等文件。通过“江孜县发布”“平安江孜”等微信公众号和“江孜县融媒体中心”“江孜公安”抖音号开展普法教育，通过青少年法治宣传教育基地、年堆乡农牧民法治宣传教育基地、公安局禁毒教育基地以及宪法主题公园等营造法治氛围。利用全国法制宣传日等宣传节点和专项普法宣传活动，宣传以宪法为核心的中国特色社会主义法律体系，开展各领域的学法用法工作，引导各族干部群众增强法治观念。年内，共计开展各类法治宣传活动234场次，发放各类宣传资料9万余份，受教育人数达4万余人。

【公共法律服务体系建设】 2021年，办理法律援助案件25件；开展刑事案件律师辩护全覆盖工作，法律援助值班律师办理认罪认罚案件14件，为犯罪嫌疑人或被告人提供法律帮助14人次；常态化开展民营企业免费“法治体检”，为县内民营企业开展免费“法治体检”8次，开展民营企业法律宣讲活动1场，解决民营企业相关法律问题78件。

【人民调解】 2021年，县司法局执行“四前”矛盾纠纷工作法（积极探索组织建设走在工作前，预测工作走在预防前，预防工作走在调解前，调解工作走在激化前），持续巩固“大调解”格局。年内，全县建设完成专业性行业性调解委员会8个，乡（镇）人民调解委员会19个，村级人民调解委员会155个，企事业单位人民调解委员会5个。各级人民调解组织共化解矛盾纠纷101起，成功94起，成功率93.07%，累计开展矛盾纠纷排查活动556场次。

【社矫安帮】 2021年，解决社区矫正对象最低生活保障1人次、临时救助5000元；组织入户走访排查32次；按照规范化管理的要求，落实监督管理、教

11月30日，中共江孜县委全面依法治县委员会办公室组织开展“名城振兴　法治护航”专题培训活动，图为县委副书记张宏东（主席台）作开班讲话

育矫正、社会适应性帮扶等各项工作制度。

【队伍建设】 2021年，县司法局组织干警填报政法干警自查事项报告表20人次，覆盖率100%，组织签订各类承诺书35人次。召开习近平法治思想专题讲座及江孜县司法行政队伍选树英模和先进典型报告会1次；召开江孜县社区矫正突出问题专项治理启动暨提醒谈话警示教育会议1次；组织开展谈心谈话活动18人次；开展“跟班先进找差距”活动1次，组织干警在线参观廉政教育基地网上展馆1次，召开队伍教育整顿学习教育总结及查纠整改环节动员部署会1次，召开廉政教育专题学习会1次，召开专题组织生活会3次、专题研讨会5次，结合党史学习教育，开展“党史故事我来讲”特色活动6次，出台各项制度共8项。

【行政执法】 2021年，县司法局完成本年度行政执法证申领人员综合法律知识培训、考试工作。完成24家县直执法主体113名执法（监督）人员身份确认、信息采集、上传等换发和申请工作。规范执法人员持证上岗、亮证执法；规范执法文字记录和音像记录，健全执法留痕；执行重大行政执法决定法制审核制度；规范行政执法自由裁量权，建立行政执法自由裁量权适用规则和基准制度，明晰违法情节和执法标准。开展行政执法监督检查。组织江孜县依法治县领导小组办公室（县司法局）对6个行政执法部门开展行政执法监督检查活动。

（赵丙郁）

经济管理

中國歷史文化名城

发展与改革

【概　况】江孜县发展和改革委员会（简称“县发展改革委”）属正科级国家机关。加挂江孜县经济和信息局、江孜县粮食和物资储备局的牌子。

【重点领域改革】开展《中共中央　国务院关于深化投融资体制改革的意见》《国务院关于投资体制改革的决定》学习教育。推动“深化放管服”工作，对各类投资主体同等对待。督促指导企业完成各类依法依规应办理的相关手续，减轻企业办事成本。

【重点项目建设】推动江孜县“名城振兴工程”建设。谋划储备“十四五”项目。2021年，组团到自治区、市两级发展改革相关部门对接项目。将赛马场建设、县人民医院提标扩能、县城垃圾填埋场等一批项目纳入“十四五”建设规划。谋划推进地方政府专项债券储备项目——宗山地下停车场建设项目。年内，江孜县辖区内无“三高（高危、高污染、高能耗）”项目落地。

加强政府投资项目概算管理，建设项目全过程管理，项目建设全过程管理。履行概算管理和监管责任，制止和纠正违规超概算行为，对符合变更要求的项目及时履行变更手续。优化项目审批流程，提高项目审批服务能力水平。定期开展项目进度统计调度，召开项目推进会议，并将项目工作推进情况作为江孜县经济运行工作会议的重点内容之一，进行通报、研究及部署。

9月5日，日喀则市副市长索朗塔杰（左二）到江孜县沙棘特色产业园调研，图为参观沙棘苗圃基地

2021年，全县共完成固定资产投资16.3亿元，同比增长10.3%。推进江孜县隆桑搬迁村农产品交易点及扶贫纺织车间建设项目、江孜县卓麦搬迁村农产品交易点、扶贫纺织车间、蔬菜温室建设项目共5个搬迁点配套产业项目的建设。群众文化中心建设项目前期工作完成；年楚河流域重要生态功能保护区建设工程年内完成工程量的90%；市委党校江孜分校综合教学能力提升建设项目于年末开工建设，由援藏投资的年堆乡索盖村乡村振兴示范点项目（援藏投资）全面完工。

【重大风险防控】2021年，牵头对19个乡（镇）的电力安全隐患进行排查，全县155个行政村（社区）共摸排出107个行政村存在风险隐患。联合日喀则市供电公司、设计单位对107个行政村的农网改造需求内容进行现场核实和工程设计，该项目纳入上级电力部门“十四五”建设计划。年内，上级电力部门对县城区域的老旧电表实施改造。围绕项目建设领域，对全县在建项目外来务工人员新冠疫苗接种情况进行统计排查。加强发展改革委主管实施的项目领域安全生产、信访矛盾纠纷排查及整治工作，同时，加大疫情防控宣讲力度，防范项目建设领域重大风险的发生。加强救灾物资管理、开展重点工业企业安全生产排查整治工作。

【经济和信息化工作】 完成农牧民碘盐配送工作，碘盐配送工作覆盖全县19个乡（镇），受益农牧民68293人、配送碘盐375.61吨。保障电子政务外网安全保通。落实电子政务外网建设及管理，将电子政务外网运维费纳入本级财政预算，督促中国电信、中国移动经常性开展城乡电子政务外网保通运维工作，跟进完成新增电子政务外网单位接通工作，完成江孜县对19个乡（镇）、51个县直部门共70个点位的电子政务外网的安全漏洞问题排查及整治工作。2021年，江孜县电子政务外网保持正常运行。

推荐华润新能源光伏发电（江孜）有限公司为规模以上企业，年内顺利完成上级考核，列入规模以上企业，填补江孜县无规模以上企业的空白。将西藏桑旦岗青稞酒业有限责任公司作为重点升规推荐企业上报。消除偏远乡村信号盲区，定期组织各乡（镇）开展通信网络信号覆盖排查工作，推进通信基站及通信网络升级改造工程建设。定期开展天然饮用水业、民族手工业、工业领域固定资产投资项目统计等工作，完成工业领域企业开展实地调查、督导检查及中小企业发展相关政策宣讲活动等工作。

9月16日，江孜县开展农牧民食用碘盐配送工作，图为农牧民卸装食用碘盐

【物价管理】 开展价格认证。2021年，共办理公安涉案价格认证12起，标的总额3.65万元，价格监测及时办结率为100%。加强市场价格监测。定期到商超、农贸市场等重点场所开展粮油、蔬菜等重点生活物资价格监督检查活动。落实“十三项实事”。开展成品油销售价格实地调研及监测活动，宣传“严格控制成品油销售价格”有关文件精神9场次，受益群众263人，县域内3个加油站未出现违反相关成品油价格政策情况。

【粮食工作】 2021年，执行国家粮食收购最低保护价及青稞价补分离政策，落实好政策性粮食库存大检查工作。加强粮食流通领域行业执法监管，开展粮食市场供求和价格变化监测活动。执行粮食收购企业备案制度，强化组织领导，成立领导小组，召开工作部署会议，动员县、乡、村三级采取多种形式向广大种粮群众宣传国家和自治区粮食收购政策相关惠民政策。根据粮食生产布局和交通条件，安排粮食收购地点和收购时间，并安排流动收购组入乡入村，实现粮食收购乡村全覆盖。政府委托企业收购青稞1793.1吨，其中当年地产青稞1699.6吨，可兑现售粮群众青稞价补分离资金33.99万元。结合粮食流通“亮剑2021年”专项执法行动、粮食购销领域专项整治行动，开展新修订《粮食流通管理条例》的学习及宣传活动，到全县各粮食企业和个体户开展粮食流通执法检查活动。压紧压实二届市委涉粮领域专项提级巡察整改工作责任意识，提高粮食行业监管能力及水平。安排专职粮食工作和粮食统计工作人员，调查统计旺季粮食收购、动态应急储备粮、农户存粮、城乡粮油供需平衡等数据，按时上报各类统计报表，并按月度、季度、年度收集粮食流通数据，完成国家粮食和物资储备局网上直报系统填报工作。围绕世界粮食日、全国粮食安全宣传周活动，组织县教育局、科技局、农业农村局、妇联等单位，动员各乡（镇）开展粮食安全知识宣传。年内，全县共有自治区级应急动态粮承储企业2家，均为市级代管，均按照有关规定及要求落实粮食承储工作。其中，西藏江孜国家粮食储备库应承储青稞4500吨、大米550吨、面粉100吨、清油100吨、动态应急青稞500吨；西藏格藏青稞食品科技开发有限公司应承储青稞1500吨。年内，制定出台《江孜县粮食突发事件应急预案》。西藏江孜国家粮食储备库、江孜县粮油加工厂、日喀则藏研食品有限公司、江孜县楚古粮油加工厂4家被列为江孜县粮食应急保障企业。

【储备物资管理】2021年，对救灾物资重新进行清点、整理，落实物资登记公示，同时对灭火器、窗帘等配套设备进行更新配备。响应县应急管理局调令10次，调出帐篷、雨衣、棉被、折叠床等救灾物资近700件。谋划储备卡堆乡及日朗乡两个救灾物资储备仓库项目，总投资300万元，项目前期工作于年末全部完成并上报建设需求。县民政局实施的日星乡、康卓乡、达孜乡、热索乡4个救灾物资储备仓库达成终验条件。

（卓玛次仁）

7月9日，西藏自治区粮食和物资储备局副局长郭晓红（右四）一行到江孜县国家粮食储备库进行粮食安全情况检查，图为检查现场

自然资源管理

【概　况】2021年，江孜县总面积为3849.3平方千米，耕地面积为313861.67亩，占全县面积的5.44%；城市开发边界13.82平方千米（20730亩），占全县面积的0.36%。生态红线97.06平方千米（145590亩），占全县面积2.52%。2021年供应建设用地42.09公顷。

【耕地保护与管理】江孜县自然资源局与县、乡、村、户签订《江孜县耕地保护目标责任书》。利用土地开发项目占一补一，达到耕地总量不变、不减少耕地。利用土地整治和高标准农田建设项目提高耕地质量，截至年末，江孜县耕地保有量和永久基本农田保护面积25.54万亩。

【土地资源规划】2021年，办理乡村规划许可证69个、选址

9月30日，江孜县自然资源局组织相关单位开展矿产资源法律宣讲，图为宣讲会现场

意见书34个、建设工程规划许可证23个、建设用地规划许可证23本；受理私房建设审批表107份，办理不动产规划证明254份和项目用地预审127份。

【不动产登记管理】 4月1日，江孜县发布《出让金基准地价调高公告》，各村居（江嘎、宗堆、拉则、加日郊、西郊村）共受理1650宗。同时，受理不动产登记证明97宗，全部完成发证。窗口受理办不动产权证书共计760宗，全部完成发证工作。

【矿产资源管理】 2021年，借助地质灾害“三查”工作，对江孜县2处探采矿点（龙地、方辉）进行安全隐患排查。截至年末，江孜县探采矿（非煤金属矿）过期未延续，自动注销3家。

【地质环境管理】 2021年，县自然资源局汛期协助第三方对全县地质灾害隐患点进行排查，对新增灾害点进行检查核对、入库，对全县乡（镇）自然资源专干及99名群测群防员、群众进行地质灾害避险演练。协助开展江孜县1∶50000地质灾害调查评价工作。全县286处地质灾害隐患点中，大型地质灾害隐患点14处、中型地质灾害隐患点93处、小型地质灾害隐患点179处。初步统计，共威胁到1018户、6771人的安全，威胁财产约8.39亿元。年内，发放自然资源地质灾害群测群防人员补助资金99人，共计29.7万元。

【国土资源资产管理】 2021年，县自然资源局使用无人机对全县152个村庄进行航飞三维建模。完成易地扶贫搬迁点江嘎岗村、卓麦村、隆桑村及各乡（镇）的就地分散安置农村宅基地确权、集体土地确权工作，发证609本。其余152个村庄确权及公示工作，发证8679本，100%完成。

7月29日，江孜县自然资源局联合县消防救援大队等部门开展地质灾害应急演练，图为演练现场

4月8日，江孜县自然资源局组织开展县域村庄布局分类研讨会，图为研讨会现场

集体土地确权颁证共计 1820 宗，全部发证完成。

【国土空间生态修复】“十四五”规划期间，江孜县申报“日喀则市喜马拉雅中段生态屏障区山水林田湖草沙一体化保护与修复工程”项目，涉及年楚河干流生物多样性保护与复合生态修复、河湖与矿山生态修复、冰湖冰川保护等子项目，共计投资约 1.39 亿元。

【土地资源执法监督】2021 年，江孜县全年共有 58 宗卫片图斑，疑似违法用地图斑 3 宗。所有图斑核查完成，实地核查并依法依规进行处理。

【土地资源管理】2021 年上缴土地出让金 2152.4 万元，登记费 8.2 万元。兑现政府项目征地补偿资金 573.93 万元 。

【宣传教育】2021 年，县自然资源局于 3 月份集中宣讲月、世界环境日、国家宪法日、全国防灾减灾日、全国土地日等时间节点宣传自然资源法治知识。全年共计发放自然资源宣传手册 700 份、地质灾害防治宣传画册 400 份、农村宅基地确权登记宣传材料 320 份、节约用地宣传资料 240 份、不动产登记知识问答 300 份。

（次　珍）

审　计

【概　况】2021 年，江孜县审计局按照“依法审计、服务大局、围绕中心、突出重点、求真务实”的审计工作方针开展审计工作，全年开展审计业务 2 次，出具审计报告 2 份，发现问题 24 项。

【财政预算执行审计】2021 年，

7月20日，江孜县审计局开展预算执行情况审计进点会，图为会议现场

7月12日，江孜县审计局开展村（居）“两委”离任换届财务情况、6个乡（镇）的财务监督检查工作审计整改，图为查看相关报表

对江孜县2020年度财政预算执行及其他财政收支情况进行审计，重点关注江孜县2020年度财政预算管理、财政收支执行、其他财政管理等情况，并延伸至县直预算单位部门一并开展预算执行及其他财政收支情况审计。

【合作社审计】 2021年4月28日至6月30日，江孜县审计局派出审计组，对江孜县奇宁农畜产品加工农牧民专业合作社自2018年1月至2021年6月期间在运营管理、资金收支、财务制度、固定资产使用及政策补贴资金的申报、管理等情况开展审计。

【督促审计整改】 2021年，江孜县审计局督促检查整改全县155个村（社区）开展的村（居）“两委”离任换届财务情况、6个乡（镇）的财务监督检查工作，并配合自治区审计厅对江孜县主要领导进行2020年经济责任审计。

【审计委员会会议】 12月21日，江孜县召开县委审计委员会第一次会议，传达学习审计有关会议精神，审议有关文件、制定审计工作规则、细则等，并研究部署下一阶段的审计工作。

（董　雪）

统　计

【概　况】 年内，江孜县人口79480人，其中城镇人口为15113人，乡村人口为64367人。实现地区生产总值29.35亿元，同比增长6.5%；农村居民人均可支配收入达到19777元，同比增长15.4%；实现社会消费品零售总额8.24亿元，同比增长9.6%。

【统计服务】 年内，完善《江孜

11月26日，江孜县统计局入户核实住户收支调查日记账本并开展问卷调查，图为填写调查问卷

县固定资产投资统计联席会议制度》、江孜县统计工作领导小组、《江孜县统计工作联席会议制度》等，召开统计工作联席会议、统计工作会议研究解决统计资料管理不规范、固定资产投资统计不及时、住户调查工作协调不力等问题。在19个乡（镇）推进统计制度上墙工作。年内组织召开固定资产联席会议3次、统计工作会1次、国民经济统计部署暨业务培训会1次。

11月22日，江孜县统计局到各乡（镇）检查指导国民经济统计年报工作，图为查看藏改乡国民经济统计年报情况

【统计普法】 年内，县统计局把《中华人民共和国统计法》《统计违法违纪行为处分规定》等方面学习作为重点，纳入日常支部学习议事日程中。促使统计相关法律法规、统计业务知识纳入党校培训课程。年内通过县党校组织安排，参加2次藏汉统计法律法规相关知识对乡（镇）统计员和村“两委”班子进行培训。年内，利用统计法律、法规的颁布日、实施日和“12·4”国家宪法日、“12·8”统计法颁布38周年等节点，学习宣传《中华人民共和国统计法》《中华人民共和国统计法实施条例》《全国人口普查条例》等法律法规8次，发放宣传资料3200余份。

【普查调查】 年内，县统计局联合县农业农村局、县农牧综合服务中心开展农作物产量进行核实调研，包括基础台账建设情况、数据处理和数据上报情况、数据审核评估情况等。开展实地抽样粮食测产专项调查，并做数据报告提交给县委、县政府。组织县、乡、村统计工作人员，完成各专业月报、季报和年报工作。完成联网直报定期报表的监测、催报和审核任务；对388家企业、建筑业等进行核实录入，开展223家规下服务业、工业企业及资质外建筑施工队等“四下”企业季度统计工作；开展江孜县5个住户收支抽样调查点第四季度账本审核、编码、录入及相关畜禽监测、农民工监测、贫困县监测等问卷录入工作，完成50户大约1.8万笔数记账内容和172页390余项统计指标问卷调查。更新记账户基础台账，并兑现住户收支抽样调查点补助；走村入户张贴宣传公告，与被调查户沟通讲解，兑现江孜县5个调查点80个调查户及5名指导员调查补助。

【基层基础建设】 年内，各乡（镇）设立统计办公室，每个乡（镇）至少2名专职或兼职统计工作人员，在江孜镇、紫金乡、康卓乡创建统计示范站。截至年末，投入12万余元资金用于基层统计基础完善，其中5万元投入统计站建设。

【固定资产投资】 年内，召开固定资产投资联席会议，加强相关部门之间的沟通协调。江孜县500万元以上固定资产投资入库项目94个，完成固定资产投资额同比增长10%。

（琼　拉）

市场监督管理

【概　况】江孜县市场监督管理局成立于2019年3月，负责江孜县市场管理工作。2021年，江孜县市场监督管理局在职干部8名（市监督管理局编制人6人，市场监管综合执法大队编制3人），党员干部7人，本科学历7人，大专学历1人，干部平均年龄30岁，包村驻村点派遣工作队员2人。

11月15日，江孜县市场监督管理局举行执法服装换装仪式，图为换装后干部合影

2021年江孜县个体工商户登记管理一览表

表4

行业分类	期末实有（户）	同期比较（%）	本期登记（户）	同期比较（%）
农、林、牧、渔业	117	0.00%	2	-75.00%
采矿业	0	0.00%	0	0.00%
制造业	684	10.14%	74	-1.33%
电力、热力、燃气及水生产和供应业	0	0.00%	0	0.00%
建筑业	16	33.33%	4	33.33%
批发和零售业	2060	9.63%	259	-0.77%
交通运输、仓储和邮政业	354	18.39%	61	-4.69%
住宿和餐饮业	1059	19.80%	228	33.33%
信息传输、软件和信息技术服务业	9	-10.00%	2	100.00%
金融业	1	0.00%	1	0.00%
房地产业	1	0.00%	0	-100.00%
租赁和商务服务业	15	25.00%	5	150.00%
科学研究和技术服务业	0	0.00%	0	0.00%
水利、环境和公共设施管理业	6	-14.29%	0	0.00%
居民服务、修理和其他服务业	325	14.04%	58	45.00%
教育	0	0.00%	0	0.00%
卫生和社会工作	2	0.00%	2	0.00%
文化、体育和娱乐业	38	31.03%	12	71.43%
其他数据	162	-3.57%	0	0.00%

2021年江孜县私营企业登记管理一览表

表5

行业分类	期末实有（户）	同期比较（%）	本期登记（户）	同期比较（%）
农、林、牧、渔业	38	35.71%	11	37.50%
采矿业	0	0.00%	0	0.00%
制造业	96	28.00%	21	23.53%
电力、热力、燃气及水生产和供应业	4	33.33%	0	-100.00%
建筑业	791	20.21%	145	-23.68%
批发和零售业	101	21.69%	26	36.84%
交通运输、仓储和邮政业	14	133.33%	8	700.00%
住宿和餐饮业	14	40.00%	4	0.00%
信息传输、软件和信息技术服务业	1	0.00%	0	0.00%
金融业	0	0.00%	0	0.00%
房地产业	4	33.33%	1	-50.00%
租赁和商务服务业	75	66.67%	32	39.13%
科学研究和技术服务业	7	40.00%	2	-50.00%
水利、环境和公共设施管理业	5	400.00%	4	300.00%
居民服务、修理和其他服务业	19	18.75%	3	50.00%
教育	2	100.00%	1	0.00%
卫生和社会工作	3	0.00%	0	-100.00%
文化、体育和娱乐业	13	44.44%	4	100.00%
其他数据	16	0.00%	0	0.00%

【商事制度改革】 2021年，县市场监督管理局通过“互联网+政务服务”即网上登记全程电子化实现“网上申报、网上受理、网上审核、身份认证、电子签章、电子归档”，线下设置导办、帮办窗口，推广“智能审批”应用。全县市场主体达6656户，年内新增各类市场主体993户（个体工商户648户、农牧民专业合作社29户、企业316家），新办食品经营证326户。实现全程电子化登记设立316户，自主核名316户，核准率达到100%。2020年度农牧民专业

1月29日，江孜县市场监督管理局组织开展冷链食品肉制品疫情防控检查工作，图为查看肉制品批次

合作社年报率98%，企业年报率84%，个体工商户年报率96%，如期完成2020年度报告填报与公示工作。年内共发放给市场主体“先照后证”告知函736份，签订市场主体承诺书700余份。推行简易注销改革，简易注销登记户数192户，包括企业16户，个体87户，注销食品经营许可证89户。

年内，开展“双随机、一公开”特种设备使用单位监督检查抽查任务2户，药品流通领域监督检查抽查任务2户，餐饮服务监督检查定向抽查任务63户，特殊食品安全监管定向抽查任务1户，食品生产安全定向抽查任务4户，知识产权专利代理监督检查任务3户，获证机动车检验检测机构监督检查任务1户，消防器材交易行为检查任务1户。

【监督执法】 2021年，县市场监督管理局开展特种设备安全集中整治，检查特种设备使用单位26家，检查设备数量32台（套），下达特种设备安全监察责令整改书1份，封停设备1台（套）。开展辖区电动自行车经营户专项检查，检查门店346家，开展宣传活动6次。协助上级单位开展流通领域产品质量抽检53批次（国抽14批次、省抽39批次）。组织计量器具使用单位对63个电子秤开展鉴定，抽查农贸市场及粮食收购点共40个经营户电子秤准确率，均合格。围绕重要商品价格监管、涉企收费专项治理、民生价费秩序持续稳定等工作重点，提高价格监管效能，优化服务水平。开展保健品、化妆品市场领域集中专项整治。开展“禁塑”专项执法行动，检查各类市场98处，商场超市57家，检查各类经营户300余户次，下架不合格塑料袋近2000个。开展扫黑除恶专项斗争，检查农贸市场经营户30余户，市场领域经营户300余家，临时摊位点20余处。开展红盾护农工作，定期或不定期的方式督促检查索证索票、进货台账、索要供货商的有效证件、质量承诺等自律制度的建立情况。开展常态化疫情防控工作，开展进口冷链食品专项检查20次，检查冷库260个。开展疫情防控检查230余次，对未严格落实疫情防控的经营户下发责令整改通知书16份，对未按照要求执行的经营户下发停业整顿通知书3份。检查新冠疫苗接种单位20家、储存点20家，新冠病毒核酸检测单位1家、新冠病毒检测试剂使用单位2家。向东郊一级检查站派驻执法人员开展进口冷链食品运输环节专项检查，检查冷链运输车辆540余辆，留存冷链食品核酸检测报告260余份。

【服务发展】 2021年，县市场监督管理局推进“最多跑一次”服务。推行“一窗受理、一网通办、集成服务、业务协同、互通互认”工作流程。落实商事制度改革以及全程电子化改革，落实企业登记前置许可、后置审批文件规定，

8月31日，江孜县市场监督管理局邀请湖北省武汉市质检专家到西藏桑旦岗青稞酒业有限责任公司检查指导食品生产安全工作，图为交流会现场

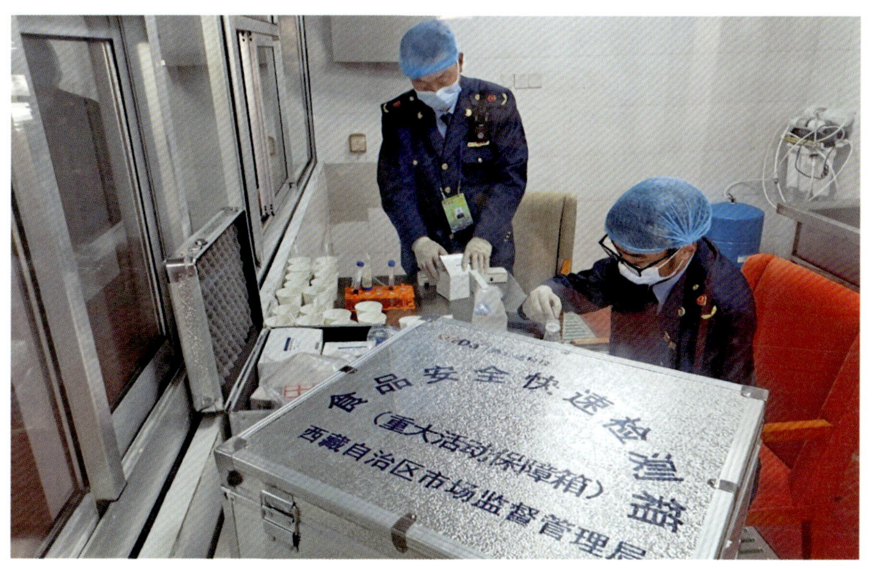

10月18日，江孜县市场监督管理局开展食品安全保障工作，图为检测抽样食品

严格履行“双告知”职责。制定“窗口十三项制度”，设立材料示范区、咨询台、特事特办窗口。

【应急安全处置】 年内，县市场监督管理局制定《江孜县食品安全突发事件应急预案》《江孜县市场监督管理局防控新型冠状病毒感染的肺炎疫情工作应急预案》《江孜县市场监督管理局冷链食品疫情防控应急处置预案》，参与县疫情防控办疫情核酸检测演练工作。年内未发生突发事件。

【食品安全监督】 年内，联合县教育局及各乡（镇），对辖区学校食堂开展全覆盖监督检查，开展校园食品安全专项检查4次、检查学校食堂228家次，对存在食品安全隐患的学校下达责令整改3份。开展春节、藏历新年、“五一”国际劳动节、国庆节等时段监管，检查经营户860余户次。组织开展农村假冒伪劣食品专项整治行动，联合公安、各乡（镇）查获假冒伪劣、超保质期商品共计5.6吨、标值4万余元。组织开展“食品安全宣传周”进寺庙、进企业、进学校活动，发放洗漱杯、环保购物袋、围裙等宣传品2万余件，利用“食品安全宣传周”等集中宣传节点开展现场受理消费者投诉活动，受理投诉12条，挽回消费者经济损失1300余元。

【药品安全监管】 年内，县市场监督管理局检查各类药械经营、使用单位150户次；开展2021年“药品宣传周”和化妆品科普宣传活动，参与群众1500余人次，接受群众咨询达200人次，发放药品、化妆品科普资料2000余份。

【专利管理】 2021年，全县商标注册总量达386件，有效注册商标298件（平均22个市场主体拥有1件商标），其中自治区著名商标3件（宗山、啊香、童嘎）。2021年实现地理标志商标零的突破，注册地理标志商标1件（江孜沙棘），申报地理标志商标2件（江孜藏红花、江孜大蒜）。一般商标68件，注册成功26件。在所有注册商标中，农副产品商标占商标总数的80%。

【特种设备安全监管】 年内，出动执法人员85人次，检查特种设备使用单位26家，检查设备数量32台（套），下达特种设备安全监察责令整改书1份，封停设备1台（套）；开展特种设备安全宣传活动1次；开展电梯安全知识进社区宣传活动及电梯安全应急救援演练1场；完成辖区内32台（套）各类设备定期检测，检测达标率100%。

【市场监管法治建设】 年内，县市场监督管理局推进行政许可、公共服务事项纳入数字政务一体化平台系统办理。完善消费者维权机制，强化消费维权工作效能。推广随机抽查，落实“双随机一公开”联合抽查工作机制。开展食品药品安全、安全生产等重点领域的违法行为查处工作。完善行政执法程序，建立和实施行政执法三项制度。推行行政执法公示制度。行政许可、行政处罚的执法决定信息在国家企业信用信息门户网站上进行信息公示达100%。

年内，结合3月综治宣传月活动、“3·15”国际消费者权益日及化妆品安全科普宣传周等时段，开展相关法律法规的宣教工作。发放各类宣传资料3万余份。

7月6日，江孜县市场监督管理局党支部组织党员在帕拉庄园开展新旧西藏对比活动，图为参加活动党员合影

【消费维权】 2021年，县市场监督管理局完善投诉受理制度，受理12315投诉举报26件，已办结22件，不予受理4件，办结率100%，共挽回消费者经济损失6万余元。

【队伍建设】 2021年，县市场监督管理局开展党组专题学习9次，专题学习《中国共产党简史》《习近平新时代中国特色社会主义思想学习问答》《论中国共产党历史》等。落实“三会一课”、主题党日、民主评议党员、书记抓党的建设述职评议等组织生活各项制度，规范党员发展。落实“一岗双责”制度，签订《党员干部党风廉政承诺书》，全年共召开党风廉政建设工作会议6次，集中廉政谈话6次。开展党史学习教育，年内开展党史专题学习10次，开展食品安全宣传品进寺庙、进乡村等“我为群众办实事”活动10件。建立行政执法人员学法制度，组织参加自治区市场监督管理局食品领域有关培训10人次、参加视频培训会10余次、现场执法观摩教学课2次。

（欧　珠）

商贸

商　务 >>>

烟草专卖 >>>

中國歷史文化名城

商　务

【内部贸易工作】 2021年，江孜县内3座加油站完成年检工作，持续推进热龙加油站项目。组织人员对江孜县企业开展摸排调查。截至年末，申报限额以上贸易企业3家，培育华润光伏电站（江孜）、西藏桑旦岗青稞酒业有限公司为规模以上企业，截至年末，华润光伏电站（江孜）申报材料完成提交。

【市场体系建设】 2021年，县商务局加快全县商贸流通市场体系建设步伐。乐购生活超市、旺家福生活超市投入运营。

【招商引资】 2021年，江孜县招引江孜县桑旦岗青稞酒业有限公司、江孜县液化气供应站等20个项目，计划总投资6.4亿元。截至年末，开复工项目共19个，投入运营项目4个（年营业额达2000余万元），实际到位资金2.77亿，占年度目标的46.1%，实现转移就业400余人次。

【市场监管】 2021年，江县商务局重新制定和完善《江孜县商务局零散成品油管理办法》《江孜县商务局零散成品油加油流程图》《江孜县商务局零散成品油购油证明样板》等相关制度。年内，规范县域内5家废品回收站点运营，组织人员开展实地检查5次，制定并完善《江孜县再生资源回收管理办法》。

7月15日，江孜县商务局在县城开展废品回收站点运营情况检查，图为商户向工作人员介绍运营情况

【电子商务】 2021年，江孜县商务局共进行4期电商培训，各乡（镇）、村（社区）服务站站长培训2期，参训180人次；创业意向大学生、企业代表《短视频营销+电商“抖出趣”》抖音专场培训1期，参训人员7人次；企业合作社农产品溯源系统操作

12月20日，江孜县商务局在年堆乡农村电子商务服务站开展乡村电商服务站点赶集日宣传推广活动，图为活动现场

培训1期，参训人员7人，全年累计培训194人次。年内，开展大型电商公共服务中心促销活动10场，各乡（镇）开展赶集促销活动6场。江孜县物流仓储分拨中心入驻3家货运部（业务涉及主要物流公司），物流快件2天内配送到乡，3天内配送到村。展销厅产品实现一品一码（溯源码）。截至年末，溯源系统涉及15个农特产品，4种产品（小白菜、西红柿、青椒、尖椒）在县农产品检测中心完成初级检测。

【供销合作社】 2021年，县商务局向自治区商务厅（供销合作社）争取40万元资金，用于供销社提升改造，年内，项目通过验收。

【援藏项目】 2021年，江孜县商务局实施青稞等农特产品消费奖励项目，符合兑现条件的企业及农牧民专业合作社有8家。上海藏日农业科技有限公司、西藏桑旦岗青稞酒业有限公司、日喀则藏研食品有限公司各兑现10万元；西藏红河谷藏红花农业科技有限公司、金嘎民族服装农民专业合作社、江孜县曲笼生态绿化管理有限责任公司、奇宁农畜产品加工农民专业合作社、江孜县红河谷蜂业有限公司各兑现4万元，奖励资金共50万元。

（邰飞翔）

烟草专卖

【概　况】 江孜县烟草专卖局卷烟营销网点下辖江孜县、康马县、白朗县、亚东县4县，有持证卷烟零售客户610户，其中县城客户345户，占比56.56%；乡村客户265户，占比43.44%。

【卷烟销售】 2021年，销售卷烟2842箱，同比增加127箱，增幅4.68%；销售额12405万元，同比增加877万元，增幅7.61%；单箱结构4.36万元，同比增加1100元，增幅2.59%。

【市场监管】 2021年，江孜县烟草专卖卷烟营销网点开展专项检查2次，查获案件11起，查获假冒、走私、非法卷烟11.05万支，总案值9.93万元，上缴罚没款16442.68元。

【法治宣传】 2021年，江孜县烟草专卖卷烟营销网点在江孜县城设立烟草法律咨询点，开展法制宣传活动。

以“维护消费者权益、构建社会主义和谐社会”为主题，宣传发放《中华人民共和国烟草专卖法》《中华人民共和国烟草专卖法实施条例》《中华人民共和国未成年人保护法》等藏语、汉语两种文字的法律法规宣传材料430余份，发放“12313”烟草专卖举报电话的宣传单300余份，播放藏语、汉语法律法规宣传片，举办真假烟展览，并讲解真假烟鉴别知识。

（多　加）

6月17日，日喀则市烟草专卖局第三稽查大队在江孜县县城开展零售户市场检查，图为执法人员向零售户出示执法证件

农牧林水

中國歷史文化名城

农业农村

【种植业】2021年，农作物种植面积16.32万亩，其中粮食作物面积12.54万亩，经济作物面积2.58万亩，饲草面积1.2万亩，粮经饲比例为77：15：8。绿色高质高效创建示范田10万亩；测土配方施肥示范面积10.3万亩；江孜县青稞种植面积为11.1万亩，其中青稞良种推广面积为10.33万亩。共建设良种繁育基地7267亩，其中"喜玛拉22号"原种田200亩，"喜玛拉22号"一级种子田1324亩，"喜玛拉22号"二级种子田4888亩，"藏青2000"二级种子田855亩。除流转区域外农户自留耕地农家肥亩均积造量达到2.61吨，积造总量达到33.1万吨，超额完成积造任务；江孜县共调运化肥3846.7吨，有机肥4272吨，农药21.6吨，年内全部分配到户，投入农业生产；推行"土地托管"模式，统一由13家村集体农机合作社负责实施土地托管3.2万亩，实现经济收入92.18万元。实施深松面积4.9万亩（流转区域实施深松4.3万亩）；从"中国好粮油"项目资金中使用342.34万元，购置农机具69台；从"拉洛灌区"扶贫资金中使用617.83万元，用于购置农机具91台；

3月16日，江孜县万亩耕地托管开播仪式暨农机作业现场观摩会在热索乡努康村举行，图为农机驾驶员们整装待发

机耕、机播两项作业率分别达到80%、76%以上；向日喀则市高原有机产业发展有限责任公司流转耕地5.3万亩，实现经济收入5041万元。流转区群众通过参与流转区域机械作业和田间管理，实现经济收入1378.8万元；截至年末，完成县内部种子田种子精选包衣1600.8吨；县内部调剂种子471.7吨。向兄弟地、市、县外调青稞良种508.1吨，共实现经济收入627.07万元。

2021年江孜县粮油产量达到66311.2吨，青稞产量达到58167.07吨，小麦产量达到4065.13吨，油菜产量2838.95吨，蔬菜产量达到33736.82吨，饲草产量9948.85吨。

【畜牧业】2021年，投入400万元购置200头优质奶牛。截至年末完成购置74头。争取良种财政补贴，引进种公羊150只，全部配备完成。给无畜户共配备3064只羊，1399吨饲料。已完成黄牛冻配15136头，牦牛经济杂交冻配1266头。开展春秋季防疫工作，确保春秋防疫密度达100%。结合疫情防控工作，及时采血开展疫情监测工作。共采集血清牛280份，羊950份，猪80份，鸡100份。抗体合格率达70%以上。实行牲畜产地检疫报检制度，做到"三不"，即不见畜禽不出证、不出无把握证、不出不规范证。截至年末，共产地检疫12328头（只、匹），检疫产品2310.97吨。

2021年，江孜县牲畜存栏302451头（只、匹），新生仔畜达到11.49万头（只、匹），成活率达到85%，出栏12.72万头（只、

9月3日，西藏自治区农业技术推广中心主任隆英（前排左五）一行到江孜镇开展种植业科技项目自治区级验收，图为验收组专家及陪同人员合影

匹）。奶产量18403.5吨，肉产量1955.31吨，禽蛋产量78.15吨。

【特色农牧业品牌建设】 2021年，县域农业产业化龙头企业达到13家，其中市级以上龙头企业6家，县级龙头企业7家。农牧民专业合作社发展到667家，其中自治区级示范社7家，市级示范社5家，国家级示范社1家；清理运营不佳合作社52家。争取国家扶持资金90万元，扶持3家示范社完善设施功能；投入20万元扶持2家家庭农场。

【农业项目】 2021年，农业领域续建项目1个，为江孜县2020年高标准农田建设项目，总投资9599.94万元，截至年末，项目进度达92%。

农业领域新建实施项目12个，总投资1.88亿元。江孜县重孜乡农业产业强镇建设项目，总投资1000万元，年末完工；江孜县青稞良种繁育基地建设项目，总投资2000万元，截至年末项目完成40%；江孜县青稞秸秆资源化利用项目，总投资1076.94万元，年末完工；江孜县喜嘎生态奶牛养殖场改扩建项目，总投资2000万元，年末完工；江孜县农田基础设施改善工程项目，总投资425万元，年末项目完成95%；江孜县热索乡乃萨生猪农民养殖场畜禽粪污资源化利用项目，总投资65万元，年末项目完成45%；江孜县农作物重大疫情田间监测网点建设项目，总投资200万元，项目采购完成；江孜县优质蔬菜建设项目（一期），总投资600万元，年末项目完成95%；江孜县2021年高标准农田项目，总投资8640万元，面积3.6万亩。年末完成前期工作，处于招投标阶段；江孜县养牛场建设项目（一期），总投资1343.93万元，年末完成70%；江孜县藏鸡养殖基地建设项目，总投资1170.55万元，年末完成80%；江孜县养羊附属设施建设项目，总投资300万元，年末完成60%。

【产权制度改革】 2021年，江孜县完成农村集体产权制度改革年度清产核资、成员身份确认、股权量化、成立集体经济组织等各项阶段任务，全县共成立152个农村集体经济组织，共确定集体经济组织成员12669户64358人，资产量化6385.88万元，完成集体经济组织登记赋码、刻章，并与中国农业银行江孜县支行签订协议，筹备开通村集体经济组织专用账户。

【农村人居环境】 完成2019年、2020年农村“厕所革命”整村推进项目，完成6207户改厕任务，兑现2019年度奖补资金516.4万元及2020年度奖补资金725万元；开展以春季战役、夏季战役、秋冬季战役及中国共产党建党节、国庆节等为主题的清洁清扫工作，将人居环境整治纳入村规民约、乡规民约，兑现155万元村庄清洁工作经费。共清理白色垃圾1.25万余吨；整治

5月17日，江孜县在县农牧综合服务中心举办春季种植业实用技术培训班，图为培训现场

乱堆乱放650余处，修建和拆除残垣断壁20余处；清理水塘183座、河塘沟渠553千米，清理卫生死角863处，清理或更换废旧广告6处，发动群众投工投劳8820人。

【产业扶贫】 2021年，江孜县共实施产业扶贫项目18个。包含纺织、农产品交易、温室瓜果培育、藏毯、养殖等，累计投入资金1.09亿元。其中国家投入1.08亿元，自筹资金30万元。截至年末，完工项目13个，在建项目5个。

【防抗灾工作】 下发《防抗灾应急预案》，为19个乡（镇）发放防抗灾饲草料200吨。为有需求的乡（镇）发放引水管1093根。养殖业兑付政策性农牧业保险金1095.65万元、种植业兑付政策性农牧业保险金19.07万元。

【农业科技服务】 组织县农牧综合服务中心技术人员开展技能培训，演示田间管理、病虫害防治等实用技术，传授科学施肥施药等方法，开展技术服务16场次，惠及3000余人次。传授常见疫病防控知识等，开展技能培训8期，累计参训人数824人次。

（格桑曲珍）

江孜县红河谷现代农业科技示范区

【概　况】 江孜县红河谷现代农业科技示范区（简称“园区”）是上海市对口援藏重点项目之一。园区位于江孜镇东郊村，海拔4040米，核心区占地12.2公顷。截至2021年末，园区完成三期建设，项目总投资9833万元，其中一期投资3400万元，二期投资4000万元，三期（第九批）投资2433万元。被批准为日喀则国家农业科技园区第二核心区、自治区及日喀则市科普教育基地。

截至2021年末，园区建成0.25公顷智能化育苗温室1座、0.2公顷园艺科普温室1座、0.38公顷智能光伏温室1座、0.35公顷生态餐厅温室1座、连栋塑料大棚1.4公顷、新型移动日光温室9座、标准化日光温室12座、集装箱植物工厂2座。

【园区定位】 立足江孜、服务西藏、辐射全国，成为“西藏与上海浦东现代化农业对接的桥梁”。

【技术人才队伍建设】 成立园区转型升级小组，从政府部门抽调3人，对接上海浦东农业发展（集团）有限公司引进技术总监1人，招聘当地大学生7人，负责组织、领导、协调转型升级各项工作。

【产业发展】 截至年末形成蔬菜花卉种苗培育、设施蔬果生产、科普科育、农技培训、休闲观光

4月28日，园区免费向乡（镇）辐射点发放蔬菜育苗，图为群众领取蔬菜育苗

5 项主导产业。

【发展思路】 园区按照江孜独特区位、特色产品、广博土地和旅游胜地的有利优势，建设花园式农业园区、生态型生产模式、企业化经营管理、全程化科技支撑的现代农业示范区核心区，园区通过“园区 + 企业 + 农户”“1+19+X”的发展思路，示范辐射功能延伸到当地周边农业设施栽培生产基地，完善园区一、二、三产业融合发展，将农业的高科技生产与当地的休闲观光旅游、学生科普教育、环珠峰旅游、特色产业加工有机融合发展。

【发展目标】 按照上海市、浦东新区两级领导要求和西藏日喀则市五县环珠峰全域旅游发展总体规划，上海市第九批援藏干部提出以“文旅先导、三产联动、辐射带动、乡村振兴”的发展理念，将园区打造成农业科技新高地、产业扶贫辐射地、旅游休闲集散地。

【主要功能区】 江孜县红河谷现代农业科技示范区包含培训机构、劳务公司和四大旅游功能分区，分别为拓展互动区、采摘体验区、科普观光区、餐饮配套区。拓展互动区含户外活动区、玫瑰游园、房车基地（58 个轿车停车位、11 个房车停车位）、赛马场。采摘体验区含 0.38 公顷智能温室小番茄、黄瓜种植采摘区和 0.2 公顷移动日光温室立体草莓采摘区。科普观光区含食用菌、藏红花种植示范基地，植物组培中心，集装箱植物工厂，0.3 公顷蔬菜花卉育苗工厂，0.2 公顷园艺科普温室，0.13 公顷鱼菜共生温室。餐饮配套区含高原生态餐厅（占地 0.35 公顷，可同时提供 260 人团体就餐）、培训机构。

【特色产业】 藏红花产业 2016 年 11 月，江孜县开始引进藏红

7月15日，县委书记陈昊（右一）到园区调研蔬菜育苗培植情况，图为陈昊到育苗基地查看瓜苗生长情况

花种球培育种植。截至2021年末，藏红花基地占地10公顷，收获种球约100万株，通过“公司+农户”和“企业+基地+农户”的合作形式形成新型扶贫模式。

蜂蜜产业　2018年6月，引进江孜县珠峰红河谷蜂业有限公司经营蜜蜂养殖、蜂蜜加工及蜂蜜销售。截至2021年末，公司员工8人，有蜂蜜养殖基地5个，蜜蜂800箱，年产值80万元，人均年工资12000元。纯利润每年30万元，带动建档立卡脱贫户青年6人就业，并对130户无劳动力建档立卡脱贫户进行分红，每户2000元。

【助力乡村振兴】2021年，示范区三期项目向农牧民免费提供各类优质蔬菜种苗40余万株；培训农牧民科技特派员和贫困户69人；带动100余名农牧民灵活就业，其中建档立卡脱贫人口80人；建立34个辐射点，其中蔬菜辐射点32个，食用菌辐射点1个，藏红花辐射点1个，带动355名建档立卡脱贫人口，人均年增收1万余元。

（格桑央珍）

林业和草原管理

【概　况】江孜县林地面积52500.5公顷，占全县面积的13.64%；非林地面积332422.13公顷。按林地地类分有林地面积1282.3公顷，占林地面积的2.44%；灌木林地面积47053.87公顷，占林地面积的89.63%；未成林地面积1605.66公顷，占林地面积的3.06%；其他林地面积2490.53公顷（无立木林地面积13.03公顷、宜林地面积2477.5公顷），占林地面积的4.74%。草场面积320460公顷，可利用面积303893公顷。

9月16日，江孜县林业和草原局组织干部职工到车仁乡车仁村开展“四旁”植树行动验收，图为村干部为验收组介绍植树情况

【资源监督管理】2021年，县林业和草原局成立领导小组，对全县内建设项目以及民房建设等使用林草地资源进行排查。共办理林草地征占手续34件，调动林业专业护林员89人、草原监督员57人、生态岗位林业护林岗位人员1018人、生态岗位草原监督员岗位800人。对造林项目和涉林、涉草项目进行监管，开展每月督导、补审和报批工作，各乡（镇）、各村（居）按照属地管理原则，对辖区内林、草地实行定期自查、资料存档，并开展占用林、草地上报等工作。年内，对15万株树苗、木材市场和16家苗圃进行全覆盖检疫4批次，未发现病虫害。完成森林火灾风险普查21个样地调查工作。处理违规开垦天然牧草地案件1宗。

【草原保护管理】年内，启动人工种草生态修复，加快退化草原恢复治理。加强草原征占用管理和执法监督，依法查处非法开垦、非法占用草原等违法行为，完善草原管护机制。

3月30日，江孜县林业和草原局组织干部职工到康卓乡亚吾村开展义务植树活动，图为植树活动现场

【森林防火】 进入防火期之前，部署和安排护林防火工作。县林业和草原局成立防火领导小组、通过发放宣传单、悬挂森林防火标语等渠道进行宣传，共发放宣传单600份。深化火灾隐患排查治理，加强应急管理，提高防范和应对森林草原火灾的能力，按照自治区、市森林防火工作会议精神，向各乡（镇）发放防火通知。

【公益林管护】 2021年，江孜县纳入森林生态效益补偿的公益林总面积57.2万亩（国家二级公益林面积5.31万亩、地方公益林面积51.89万亩）。按照“森林生态效益补偿资金管理办法”的要求使用公益林资金，国家级公益林管护资金通过一卡通方式按每亩10.3元的标准打入管护人员个人银行卡。通过转账支票方式按每亩5.3元的标准给各村居兑现地方公益林管护资金，并开展跟踪监督工作。

【林地改革】 沙棘育苗工作于2020年12月开始，上半年完成撒播育苗江孜沙棘2000万株，沙生槐300万株。2021年，出圃沙棘334.79万株（普通沙棘79.72万株、江孜沙棘255.07万株），沙生槐7.2万株，其他树种46.038万株，实现收入1428.16万元。沙棘育苗基地采取“基地＋支部＋农户”模式，辐射周边21个行政村，利用闲置的蔬菜温室107座进行培育沙棘苗，带动增收250人，增加收入约350万元。

【国土绿化工程】 2021年，江孜县实施植绿护绿项目13个，绿化面积7108.5亩，封育面积87813亩，总投资7169.43万元。带动农牧民群众2000余人次增收120万元，其中建档立卡脱贫群众588人次增收20.35万元。

11月19日，江孜县林业和草原局组织人员到日朗乡卡尔村开展“两江四河”流域造林绿化工程验收，图为验收组实地考察绿化情况

推进沙棘苗木培育基地基础设施功能提升项目、沙棘产业发展规划、沙棘成林管护等5个项目前期准备工作。将义务植树与乡村“四旁”植树相结合，完成海拔4300米以下乡村“四旁”植树20.04万株，完成率达109.5%。

【森林督查整改】 2021年，县林业和草原局对重点工程项目建设占用征收林地进行跟踪检查监督，对江孜县工程领域和砂砖场、采石场、农村宅基地、项目建设领域占用林草资源监管服务分级巡查99次，办理草原征占手续17件；核查森林督查点位34个，违规占用林草地2件、土地整治1件，年内完成整改3件。

【林草科技创新】 2021年，解决江孜沙棘营养培育问题，引进先进苗圃育苗技术和管理模式，开展乡土树种育苗工作。增加林草科技投入，增强林草科技辐射能力。

（群　培）

水　利

【概　况】 2021年，江孜县辖区内共有16条县级河流，分别为年楚河、擦曲河、康卓普曲、斯布普曲、龙马河、杂吾普曲、苦拉普曲、仁青林普曲、卡麦普曲、左如普曲、卡吾普曲、孜吾普曲、其吾普曲、日朗普曲、纳如通曲、恰古普曲。

全县小（2）型水库4座，分别为桑顶水库、康背水库、跃进水库、赤门水库。小（1）型水库1座，即幸福水库。

【续建项目建设】 2021年，江孜县续建水利工程项目4个。江孜县江热乡山洪灾害治理工程，左岸堤防工程1920米，右岸堤防工程4045.00米，穿堤交叉建筑物6座踏步及1座排水涵；江孜县桑顶水库维修养护工程（水库清淤）；江孜县幸福水库维修养护工程（水库清淤）；江孜县卡堆乡卡央村防洪堤工程，新建拦沙坝1座，新建防洪堤600米，维修建造防洪堤300米。

【新建项目建设】 2021年，江孜县新建水利工程项目11个。

江孜县卡麦乡卡麦沟防洪堤工程　工程投入水利发展资金1613.65万元。新建防洪堤总长度为8038.11米，其中新建防洪堤总长度为4278.4米，维修防洪堤总长度为3759.71米；穿堤建筑物5座（排水涵管）。

江孜县年楚河堤防除险加固工程　工程投入水利发展资金175万元。拆除原有干砌石挡墙，重建防洪堤1028米，基础、堤身均为钢筋骨架铅丝石笼，堤身钢筋骨架铅丝石笼护坡式结构。

江孜县康背水库维修工程　工程投入水利发展资金70万元。更换2套闸阀，对闸阀房进行清

10月25日，西藏自治区水土保持局副局长税军（右二）到江孜县检查指导水土保持项目工作，图为税军到满拉水库调研水土保持工作

理和修补，对库区进行清淤。

江孜县跃进水库维修工程 工程投入水利发展资金70万元。

江孜县江热乡帕贵新村硬化排水工程 工程投入水利发展资金330.14万元。道路硬化工程总长2069米，总面积7244平方米，涉及交叉路口1200平方米，路肩硬化4140平方米，边坡防护4221平方米，安全标志牌21块，拟新建排水沟2069米。

江孜县重孜乡防洪堤维修工程 工程投入扶贫资金96万元。新建防洪堤总长1115米（鲁定村1处防洪堤长110米、2处防洪堤长20米、3处防洪堤长30米、4处防洪堤长210米、白沙村新建防洪堤长745米）；消力坎3处，长49米。

江孜县亚吾塘集中安置点修建防洪堤项目 工程投入扶贫资金120万元。新建防洪堤总长910米、排水渠300米、排水渠交叉建筑物3座。

江孜县卡麦乡嘎益村防洪堤工程 工程投入扶贫资金212.69万元。新建防洪堤总长1541.6米。保护范围为嘎益村145户893口人、保护耕地面积为128亩、保护天然草地74亩。

江孜县纳如乡仲村防洪堤工程 工程投入扶贫资金160万元。新建防洪堤总长1375米、堤防交叉建筑物1座。

8月4日，江孜县组织人员到年楚河沿岸开展防汛工作并检查防汛物资储备情况，图为护河员介绍防汛情况

江孜县卡麦一、二级提灌站维修工程 工程投入水利发展资金170.02万元。维修改造卡麦一、二级提灌站的厂房、设备、输电线路等。

江孜县龙马节水灌区工程 工程投入中央预算内资金952.58万元。新建进水口1座，渠道总长12110.8米，分水口、过路箱涵、农用桥、钢管渡槽等渠系建筑物共205座以及金属结构设备及安装、临时工程。

【项目前期工作】 2021年，江孜县达孜乡应急抢险工程、江孜县热索乡孜吾村防洪堤工程、江孜县赤门沟治理工程、江孜县日朗乡、热龙乡防洪堤工程完成概算批复，前期工作投资3322万元。开展满拉灌区现代化改造工程和城乡一体化供水工程等“十四五”规划22个工程设计工作。

【水资源管理】 2021年，深化取用水管理专项整治。督促开展全县农村饮水安全工程、中小型灌区工程、未经批准擅自取水工业和服务业专项整治。加快农业水价综合改革，推进农业用水总量控制和定额管理，推进大中型灌区水费计收工作。对已办理取水许可证的8家砂场收缴水源费。全县用水总量控制在目标值以内。

【防汛抗旱】 2021年，江孜县水利局调整充实2021年防汛抗旱领导小组和水库责任人3人，与卡麦、卡堆2个乡签订《水库安全管理目标责任书》。同时，修订完善《江孜县2021年防汛抗旱应急预案》《江孜县 2021 年超标准洪水防御预案》。并对全县 4 座（康背、桑顶、幸福、跃进）水库完成 2021 年度水库《两案一书》编制工作。明确水库安全责任，在水库管理房及围栏处设立水库安全 3 个责任人（行政责任人、技术责任人、巡查责任人）公示牌。

联合防汛指挥部成员单位在纳如乡幸福水库开展山洪灾害应急演练。组织各村委会班子成员举办山洪灾防御培训会。落实防汛抢险物资储备。争取应急抢险资金 49 万元，购买防汛应急物资。开展应急度汛工程建设。全县共投资 1295.37 万元，在年楚河、江热乡、卡堆乡、纳如乡、卡麦乡实施防洪堤新建、维修，水库清淤等工作。修复县境内简易雨量站、水位站等。

开展汛期各项抢险工作。共排查出隐患点 23 个，针对隐患性质采取对应措施。申请 8.6 万元对纳如通曲冲措村段进行河道清淤、修补车仁干渠车仁村段水渠基础掏空部位、修补紫金乡帮玉干渠决口水渠、开展卡麦乡那吾普曲清淤疏通工作等。落实汛期值班制度，确保防汛监控。

“8·25”达孜乡洪涝灾害发生后，县水利局投入 15.22 万元应急资金，修复苦拉普曲 3 处决口段及对达孜干渠苦拉段淤泥进行清淤，并对因洪水造成冲毁的苦拉村农村饮水水源点进行修复及水质监测。

【工程监督检查】 2021 年，县水利局审查年内完工水利工程资料，组织实施项目合同完工验收相关工作，上报已完成合同完工验收的项目开展竣工验收。对水利新建项目的项目划分和开工备案手续进行把关和审批。定期开展在建工程质量与安全监督检查工作，每季度不少于 3 次。对质量不合格，安全生产不过关的项目进行通报，并限期整改。

【水土保持】 2021 年，县水利局结合世界水日和中国水周开展《中华人民共和国水土保持法》《河长制及水土保持生态修复》宣传 5 次，印发宣传资料 3000 余份。以项目为载体开展水土流失综合工作。年内，受理生产建设水土保持方案报告 35 个，下发水土保持补偿费通知书 7 份。复核江孜县遥感图斑 5 处，1 处风险图斑存在未批先建现象，4 处为非生产建设项目，对违法项目下达责令整改水土保持违法行为决定书，年内完成整改。全年完成“江孜县卡麦乡卡麦沟防洪堤工程”等 75 个项目水土保持方案报告书的批复。

【“河长制”工作】 2021 年，江孜县调整充实县、乡、村三级河长，明确县域内 63 条河流的各级河长，同时，根据日喀则市《关于建立日喀则市“河（湖）长 + 检察长 + 警长”协作机制的实施方案》要求，制定《江孜县“河湖长 + 检察长 + 警长”协作机

9月5日，县委副书记、县长巴桑（左一）到卡麦乡纳吾村调研纳吾村水库环境保护情况，图为巴桑实地考察纳吾村水库

制的实施方案》，对16条县级河流配备7名检察长和16名县级警长。

从本级财政预算中解决专项资金76.21万元，完成亚吾普曲、恰古普曲、苦拉普曲等8条县级河流的“一河一策”方案编制工作和江孜县仁钦林普曲和夏曲普曲2条规模以下河流的管理范围划定工作。康卓普曲、纳如通曲、日朗普曲等9条县级河流的河道采砂规划编制和其吾普曲、杂吾普曲、苦拉普曲等5条县级河流的河道清淤方案编制工作。

组织各乡（镇）水利专干人员对西藏河长制巡河软件App操作进行培训，通过手机App巡河人次达281人。全年共开展执法检查20次，对重点部位进行检查10次，对自治区卫星遥感发现38个疑似问题进行现场复核4次，并对属实问题进行整改。全年共发现“四乱”问题10个，其中涉及“乱占”问题4个，“乱采”问题6个，年内全部整改到位。审批涉河项目2个。

年内，委托第三方编制《江孜县河道采砂规划报告》，县河长办在规划编制期间与相关部门、乡（镇）联合对已列入规划区内的河道进行实地水文分析和河道演变等现状调研、勘测工作。12月25日，规划通过专家审查。

年内，开展各类保护河湖水环境宣传活动15次，发放宣传手册1500份，结合世界水日、中国水周，组织河道管护人员、农牧民群众、驻村干部等各方力量，对沟渠、水塘、水库、河流开展清理垃圾整治工作52次，累计发动干部群众2万余人次，清理垃圾180余吨。

（次仁贡布）

西藏自治区满拉水利枢纽管理局

【概　况】满拉水利枢纽工程是“八五”计划期间国家62个援藏项目之一，位于江孜县龙马乡加布拉村，处于雅鲁藏布江支流年楚河的上游，坝址距日喀则市118千米，距江孜县城28千米。

【安全生产】2021年，满管局制定《2021年灌溉用水计划》《满管局2021年防汛度汛应急预案》。4月，与“三县一区”水利负责人召开年楚河流域春灌供用水洽商会议，确保水库下游“三县一区”433.33平方千米农林牧业的用水需求。

2021年，满管局成立安全生产领导小组，制定《2021年度处置突发事件应急预案》《满拉、冲巴湖水库安全度汛应急预案》，年初与各科室（所）及满拉水电厂签订《安全生产目标管理责任书》。在全局范围内开展安全生产大检查累计60余次。对检查中发现的问题，建立整改台账，实行限期整改销号。利用安全生产月等活动节点，张贴安全标语、安全宣传画14幅；悬挂横幅7条。组织参加网络知识竞赛2次，共计63人。观看安全生产警示教育片1部，组织开展安全生产知识学习公开课1场，开展消防安全知识培训及消防应急演练活动1次。各重点部位新增34个疏散标志，15个消防照明应急灯；更换宣传展板1次，微信群推送安全生产知识20余条。

【灌溉效益】满拉水库1999年开始向下游供水，冲巴湖水库2003年开始向下游供水，截至2021年，“两库”累计向下游供水6.97亿立方米，确保受益区内“三县一区”（江孜县、康马县、白朗县和日喀则市桑珠孜区）23个乡（镇），171个行政村，近10万人的生活用水，满拉水库建成后新增灌溉面积25.42万亩（其中农田18.52万亩、林地6.9万亩），有效灌溉面积达57.52万亩（其中耕地45.12万亩、林草地12.4万亩）。

【防洪效益】2个水库建成，消减洪峰流量，利用滞洪削峰功能，抵御多场由降雨形成的洪水。把

8月11日，西藏自治区副主席坚参（右三）一行到满拉水利枢纽工程督导检查工程运行管理等工作，图为坚参实地查看工程运行情况

年楚河下游河段的防洪标准提高到20年至30年一遇，为江孜县、白朗县、日喀则市的粮食生产提供保障。

【发电效益】 满拉水电厂总装机容量2万千瓦，设计年发电量6100万千瓦时。推动以羊卓雍错和满拉水电站为骨干的调峰电源藏中电网的发展。截至2021年末，历年累计发电13.76亿千瓦时，供电量12.76亿千瓦时，安全运行8049天。截至2021年末，满拉电厂年发电7176万千瓦时，年供电6748万千瓦时。

【人才队伍建设】 2021年，满管局按照自治区水利厅要求满管局派2人参加“水利厅系统组织的党支部党务工作人员和入党积极分子培训学习”。完成“2020年满管局职工培训”工作11人次。2个党支部通过民主投票形式最终评选2名优秀党务工作者，2名优秀党员。

【党的建设】 2021年，满管局党委组织召开2021年党建暨党风廉政建设工作会议。理论学习中心组学习15次，县处级领导干部讲党课3次。2个党支部开展党史专题党课2次，制作党史宣传展板3个，党员撰写心得体会11篇。开展专题党史学习教育学习研讨会6次，党员撰写研讨交流材料10余篇。2个党支部开展理论学习60余次，累计开展党员大会8次、党支部委员会23次，开展党小组会23次、讲党课5次、主题党日活动11次。满拉水电厂主要负责人签订党风廉政建设目标责任书、“一岗双责”目标责任书，党员承诺书39份，禁赌承诺书60份。集中观看《扫黑除恶——为了国泰民安》《榜样》等专题纪录片。开展《中华人民共和国民法典》《中华人民共和国道路安全交通法》

11月7日，满拉水利枢纽管理局局长洛桑多吉（左三）到冲巴湖开展汛后安全隐患排查工作，图为实地排查冲巴湖汛后隐患

3月23日，满拉水利枢纽管理局开展“铭记历史 珍惜今天 开创未来”系列主题党日活动，图为参与党员合影

专题讲座。印发《宗教工作应知应会手册》。2个党支部累计收缴党费5621元。“我为群众办实事”实践活动期间，为群众更换用电线路720米、节能灯泡365个、插座30座、开关70个、节水龙头57个，发放节水及安全用电宣传资料114份，粉刷水利标志54处。

（卓玛拉吉）

交通·通信

中國歷史
文化名城

交通运输管理

6月15日，县交通运输局局长罗布（中）带领相关工作人员及监理、施工单位检查2021年养护工程开展情况，图为实地查看工程情况

【概　况】截至2021年末，江孜县境内有国道2条（G349、G562）、省道2条（S303、S512）、县道4条、乡道5条、村道128条，寺庙公路28条。农村公路总里程680.604千米。乡（镇）通畅率100%；行政村通达率100%，通畅率78.07%。

【项目建设】2021年，江孜县共开复工农村公路建设项目4个，续建2个，总投资3059万元，年内全部完工。江孜县江帮线亚益村至然曲线岔口（苦拉大桥）公路工程，项目总投资689.45万元；江孜县G562沿线村道硬化工程，项目总投资330.55万元；援藏乡村项目，总投资1300万元；援藏携手兴乡村项目，总投资480万元；江孜县龙马乡最康村公路养护工程，总投资74万元；江孜县热龙乡比夏线岔口至比龙、罗布岗、杂拉山口牧场道路养护工程，总投资185万元。

【公路巡查】2021年，县交通运输局协同县公安局交警大队、江孜公路养护段、县应急管理局、县自然资源局等部门对农村公路进行联合检查3次。同时，加大对路产路权的保护力度，加强农村建房领域的管理力度，对涉及农村公路建筑控制区和公路用地内的建筑物进行严格审批。

【综合执法】2021年，县交通运输局组织协调相关部门联合开展非法营运、超限超载综合治理执法行动8次，处理非法营运车辆28辆。

【农村客运】2021年，全县开通（覆盖）农村客运班线乡（镇）19个，开通（覆盖）率达到100%。开通（覆盖）农村客运班线建制村总数129个，开通

10月22日，江孜县交通运输局组织人员到江孜县客运站开展客运安全隐患排查，图为查看疫情防控措施落实情况

11月23日，江孜县交通运输局组织人员在全县各乡（镇）开展农村公路日常小修养护工作验收，图为村干部介绍农村公路养护情况

（覆盖）率达到84.86%。

【农村客运场站建设】2021年，县交通运输局推动新建江孜客运站投入运营。续建金嘎乡、卡堆乡乡(镇)客运综合服务站2个，总投资119.98万元，年内竣工。

【农村客运班线管理】2021年，江孜县农村客运班线18条。年内，县交通运输局组织人员对站场疫情防控、客运车辆车况、司乘人员资质等进行检查督促指导。

（罗玉江）

公路管理

【路政管理】2021年，日喀则市交通运输局江孜养护段（以下简称“江孜养护段”）管养的路段内共发生7起路政案件，收取公路赔（补）偿费2.76万元，破案7起，结案7起，结案率达到100%。年内，江孜养护段未发生道路交通安全事故。

【公路养护】2021年，江孜养护段打冰12处共1290平方米、路面灌缝2.82万平方米（机械灌缝达4120平方米）、沥青路面修补53处2.78万平方米、修补混凝土路面25处738平方米、消耗砂土路铺筑路面料570立方米。

管养路段路肩培土468立方米、清理挡墙杂草杂物980余平方米、清理零星塌方328立方米、整修边坡7.53万平方米、新修钢筋笼护基墙29处共2539立方米、新修铅丝笼护基墙7处共1562立方米、新修浆砌片石挡墙达15处共697立方米、清理杂草86584平方米、疏通涵洞148道、清理边沟2.29万米、修复混凝土硬化路肩18处共4657平方米、新修混凝土盖板边沟2处共583米、新修浆砌片石边沟1处420米、新修浆砌片石栏挡坝3处176立方米、新挖土质边沟1470米，开挖土质截水沟132米、增设农田灌溉孔征径为1米的波纹管29米、孔径为0.8米的波纹管24米。

对接养的85座桥梁（总管养桥梁100座）进行定期、不定期的技术状况检查，并根据检查情况及时制定和完善桥涵应急预案。截至年末，共清理伸缩缝1296米、疏通泄水孔180处、清理洞口杂草杂物192立方米、修补跳车16处共286平方米、修复涵洞铺底4处共52立方米、修补钢纤维混凝土62平方米、安装液体止水带(封霸F880型)18座桥梁、新修孔径为1米的波纹管1道、孔径为0.5米的波纹管3道，危桥（孜金桥）维修便道147米、埋设孔径为1.5米的波纹管7道、孔径为1.2米的2道。

江孜养护段建立安全设施档案，对全路线各类标志牌和安全设施开展经常性检查，对缺损设施及时增补。截至年末，共清理公路用地内1~3米10.2万平方

1月26日，日喀则公路分局党委委员、副局长、纪检书记吾金群培（中）一行到热龙工区检查疫情防控工作，图为吾金群培为道班工人宣讲疫情防控知识

米、清洗标志148块、清洗防护设施（波形护栏板面）6300余平方米、修复防护墩8处13立方米、安装主动防护网1700平方米、剪修沿线遮牌树木1028米、油漆粉刷交通安全设施4696平方米、更换波形护栏板面160米、更换标志牌板面25块，增设波形护栏590米，安装警示反光轮廓标6300个、路面标线达4007平方米。

【创建美丽公路】2021年，江孜养护段对G349线K1268+369～K1421+903（卡入拉山至桑珠孜区加措雄乡）路段149.026千米的道路开展“美丽公路”创建工作。创建过程中，原平角道口改建水泥路面1186平方米、沥青路面174平方米；公路沿线波形护栏安装警示反光轮廓标（每8米1处）6300余个，更换沿线损坏波形护栏160米，更换褪色标志版面34块，新划路面中心标线1500余平方米；维修桥梁伸缩缝钢纤维混凝土16处、更新桥梁信息牌67块；公路沿线清理边坡杂草1.56万余平方米；粉刷公路沿线宣传栏及防护设施3600余平方米；粉刷弹涂沿线工区房屋围墙534平方米；对路肩宽度不够的路段在原有硬化路肩上加宽培土，全线沿线路肩培土586立方米，全线路肩及边坡路肩整齐平顺、边坡稳定、肩宽达0.3米；硬化路肩破损修复4657平方米、上挡墙破损维修4处共11立方米；沿线挡土墙勾缝脱漏修复15处520余平方米；修复公路路基构造物损坏（浆砌片石边沟）58米；修复混凝土路面4处共184平方米，全线公路路面车辙处治25处共20790平方米。

【安全生产】2021年，江孜养护段在全段范围内开展“安全生产月”、“安全生产西藏行”、安

2月8日，西藏自治区交通运输厅慰问组一行到江孜公路段高海拔道班看望慰问在养护一线道班工人，图为慰问组与一线道班工人握手

全生产大检查及整改活动。举办安全生产教育培训6期、根据《安全生产宣传月活动实施方案》开展安全生产宣传活动3次，出动宣传人员42人次，宣传车6辆次，悬挂横幅4条，散发各种宣传材料1300余份，发放各种宣传物品260余件，开展安全生产排查联合整治2次、专项排查9次，排查整治各类安全隐患16项、整改16项，整改率达100%。

修复省道512线（S512）和平机场至嘎东乡路段路基，完成护坡墙长1100余米（工程量1560余立方米）；从节约资金中投入47.6万元，在国道349线（G349）K1276+500处落石严重路段安装主动防护网1700平方米；在段部及工区房屋安装应急灯22座。

【机械设备管理】 2021年，江孜养护段从节约资金中投入23.3万元，购买清扫机2台、割草机1台、波形护栏板面清洁机1台。全年机械保养维修投入资金31.28万元。年内，江孜养护段累计开展机械操作手培训1期、应急演练2期。制定机械操作人员岗位目标责任。

截至年末，江孜养护段日常养护机械完好率达98.15%，利用率达52.15%；抢险保通机械设备完好率达99.72%，利用率达20.67%。

（巴　桑）

邮　政

【概　况】 截至2021年末，中国邮政集团公司西藏自治区江孜县分公司（简称“县邮政分公司”）下设18个乡（镇）便民服务站，开展党报党刊的投送和各类信件、包裹的投递及手工收寄工作。累计完成邮政业务收入407万元，完成年度预算的101%。

【通信建设】 2021年，县邮政分公司强化科技赋能。完善监管手段，“普服监督”“中邮揽投”“藏邮通”等系统作用持续发挥。截至2021年末，全县范围内，共设25个投递点。

【代理金融业务】 截至年末，储蓄余额为1.48亿元，较上年同期增长850万元，定活同时比例79：21，储蓄业务实现收入201.8万元。累计新增发卡350张，开通手机银行客户350余户，保险出单1笔，金额60万元。

【增值电商分销业务】 2021年，县邮政分公司进驻江孜县便民服务大厅受理代收罚没业务，代收交警罚没款金额111万元。在农牧区加强宣传寄递业务，江孜片多氆氇产品收寄包裹业务150件，实现收入5500元。2021年末，推出极速鲜业务，结合县域实际情况，在农村和牛肉市场宣传寄递业务，实现业务35件，收入7800元。为偏远群众开展送货上门服务，全年分销产品累计销售34万元，

1月4日，中国邮政集团公司江孜县分公司开展“树立企业良好形象 提供优质客户服务”活动，图为营业厅干部职工合影

8月4日，中国邮政集团公司江孜县分公司投递员为各乡村投送邮件报纸，图为投递员投送报纸前拍照留底

完成全年预算进度的75%。

【函件业务】2021年，函件业务收入2.2万元，完成年计划的55%。

【报刊业务】2021年，报刊业务实现收入57.35万元，完成预算进度的87.34%，全年报刊流转额110万元。

【包裹业务】2021年，包裹实现业务收入64.15万元，完成年度计划的99.1%。

【物流业务】2021年，开展大庆礼品运输，实现物流收入15.5万元。

【集邮收入】2021年，实现集邮业务收入5000元。

【农牧区邮政通信】2021年，全县共有乡邮投递员20人，乡（镇）营业人员18人；乡（镇）邮路77条，一条投递班期的单程里程平均1052.8千米，其中汽车邮路309.5千米、自行车邮路689.3千米、马班邮路131.5千米。江孜县邮运频次按照753政策要求执行，市至县逐日班、县至乡周五班、乡至村周三班。

（米　琼）

中国电信

【概　况】2021年，中国电信集团有限公司江孜电信局（以下简称“江孜电信局”）自有营业厅（店）2个，乡（镇）合作营业厅（店）7个、合作快店营业厅3个。

【市场经营】2021年，江孜电信局取消国内手机流量“漫游”费；落实携号转网相关工作要求；落实有线宽带免费提速；落实“当日装、当日修、慢必赔”；落实社区清单化改革要求；落实推广扶贫政策，为建档立卡脱贫出列村提供免费宽带；落实电子政务网维护建设工作；落实乡村振兴各项工作。

【通信网络建设】2021年，江孜电信局推进数字乡村，建设数字乡村示范乡（镇）4个，包含400余个点位，同时打造数字乡村示范村12个。推进平安乡（镇）建设4个，共安装摄像头500余个。增加智慧党建、天翼云广播、村务政务公开栏等项目。

年内，江孜县城新建并开通基站23座（5G基站18座）。在西藏自治区首个实现5G网络开通并覆盖。为乡（镇）农村用户更换老旧设备，加大基站扩容33座。

【客户服务】2021年，江孜县电信局建立健全服务制度和考核规则，完善各岗位职责和岗位标准，开展营业员和安装维修人员培训，执行首问负责制。在各营

12月10日，中国电信集团有限公司江孜县电信局在党员活动室开展关于2022年度工作的议事会议，图为会议现场

营业厅设置爱心翼站。

年内，江孜县电信局开展适老化工作，宣传5G服务应知应会，开通携号转网功能，定期或不定期组织慰问环卫工人和老人，讲解防范电信网络诈骗知识。

【通信网络应急保障】 2021年，江孜电信局开展“双网提升”专项一把手工程。在已有网络的基础上，提升网络质量，加强基础网络建设。成立后端维护小组，处理专项、主干等工作；定期开展重要客户网络巡检、主干巡检等工作；按月开展安全生产检查；组织全员开展消防培训；开展重点排查整改，提升无线网络质量。

（张　柯）

中国移动

【概　况】 中国移动通信集团西藏有限公司江孜分公司（简称“中国移动江孜分公司”）成立于2005年5月，江孜县分公司共计27人，区（县）公司经理1人、网格经理6人、全业务支撑1人、综合岗1人、基站维护人员2人、智家工程师6人、服务经理10人。历年来共计服务23480户个人客户，6300户家庭客户、150家集团客户。

【市场经营】 2021年，中国移动江孜分公司通信客户23480户，宽带客户6300户，全年收入完成2400万元。信息化收入168万元。

【通信建设】 2021年，中国移动江孜分公司共建设4G基站11个，解决1000余户使用移动网络的需求及信号弱覆盖情

6月30日，中国移动江孜分公司党支部开展珠峰先行者帮扶活动，图为公司党员帮扶队伍合影

5月29日，中国移动江孜分公司在重孜乡吉仲堆村开展防范电信诈骗宣传，图为宣传人员和群众合影

况，县城及景点建设5G基站16个，基本实现县城5G全覆盖；2021年，共计完成48个村级家庭宽带资源建设，解决2000余户家庭宽带需求和互联网电视需求。

【客户服务】 2021年，中国移动江孜分公司开展各类客户服务调研12次，客户服务类活动15次，共解决客户投诉50余起，客户服务满意度98%。

【应急保通】 2021年，中国移动江孜公司持续开展应急保通工作，全年参与应急保障通信和政府重要会议20余次，全年无重大通信故障发生，通信保障及时率和保通率达到99%以上。

（加　措）

中国联通

【市场经营】 2021年，中国联合网络通信集团有限公司日喀则市分公司江孜县营业部（简称“中国联通江孜营业部”）主营业务收入完成率100.2%，同比增幅14.27%，预算完成率100.2%。出账用户年净增312户，其中5G出账用户占比8.3%。

【渠道建设】 中国联通江孜营业部落实集团OMO渠道体系，推广线上中国联通App的体验和办理。推广乡村级别的能人建设，截至年末，设有实体渠道2个营业厅和新建小微渠道5个。

【通信建设】 2021年，中国联通江孜营业部建设4G/5G精品网络，深化共建共享。新建4G基站3个、5G基站19个，替换固定电话网络FTTH 18个点。

【客户服务】 2021年，中国联通江孜营业部加强服务水平、提

5月17日，中国联通江孜营业点开展第53届国际电信日活动，图为活动现场

升窗口形象，完善服务机制。按照用户真实身份登记制度，实现实名制100%。开展用户信息保密工作和信息安全工作，全年无案例。开展“学党史、办实事——家庭网络检测为民服务行”，全年累计开展9场次，上门拜访180户，成功检测110户。

5月17日，中国联通江孜营业厅组织人员为县城宽带用户重新布置线路，图为工作人员在清理老旧线路

【应急保障】 中国联通江孜营业部加入日喀则联通成立的通信应急保障专业小组，对光缆传输干线进行地毯式隐患排除，定期对全县范围内基站及中继站设备进行安全隐患排查对相关隐患进行整治。年内，处理光缆隐患6项、维修固定电话网络故障20余户。建立值班人员24小时轮流值班机制，完成2021年中国共产党成立100周年通信保障工作。组织开展日喀则通信局机房网络设备安全生产检查工作，开展管道井圈、井盖以及机房和中继站隐患排查、整治等工作。

（普片多）

城建·环保

中國歷史
文化名城

住房和城乡规划

【城镇化建设】《江孜县城市总体规划（2017—2035）（修编）》于2019年6月6日上报西藏自治区城乡规划委员会第二次会议进行审查并通过。江孜县住房和城乡建设局（简称“县住建局”）于2020年开始《江孜县中心城区控制性详细规划及城市设计》编制工作，2021年7月向县人民政府进行最新成果汇报，形成“内部交流稿”。年末，相关工作移交县自然资源局。

【污水、垃圾处理设施建设】 2021年，江孜县新建污水处理厂1座及污水收集管网3.9千米，项目投资3729.85万元，用地面积41.91亩。年内完成基本建设任务，完成投资3595万元。6月末，完成初验，年末试运行。申请实施或立项江孜县污水处理厂二期工程。

【城镇建设】 2021年，江孜县加日郊老街棚户区改造项目完成初验并投入使用。江孜县加日郊老街棚户区改造项目国家投资1112万元，改造主路499.77米、改造巷道433.44米、新建太阳能路灯33盏、沉沙池12座、石护墙及44户危旧房改造工程等。

11月21日，住房和城乡建设部村镇司司长董红梅（右六）、日喀则市住房和城乡建设局局长尼玛次仁（右四）一行到江热乡调查农村清洁能源试点工作，图为在江热乡帕贵新村调研采暖设施项目

江孜县宗堆社区老旧小区外配套设施工程，项目投资1010万元（国家补助资金606万元、自筹404万元），由江孜县宗城投资开发有限公司负责自筹资金并实施，新铺设沥青路面6650平方米，花岗岩路缘石2868米，停车场硬化3654平方米，新装排水管道1023米，给水管道1356米，围墙521米及绿化、照明等工程。截至年末，工程进度完成90%以上。

江孜县宇拓片区棚户区改造项目，投资940万元（470万元申请国家投资、470万元申请中央财政城镇保障性安居工程专项资金），资金全部到位，硬化道路14129.2平方米、沥青道路改造2442.3平方米、盖板排水沟251米及拆除工程、给排水工程、彩砖铺设工程、绿化带栏杆工程以及购置安装太阳能路灯等，年末工程完成30%。

【防灾减灾工程】 江孜县幸福排洪沟改造工程，投资1300万元（国家补助资金780万元、自筹520万元），由江孜县宗城投资开发有限公司负责自筹资金并实施，改造幸福渠排洪沟1430米、小型桥涵13座、污水管网685米以及路面恢复和安装警示标志牌等配套设施，年末工程完成30%。

【市政道路建设】 江孜县新区道路建设工程，国家投资1.38亿元，资金全部到位，新建路面工程109682平方米、路缘石32000米、人行道25228平方米、边坡护坡、水沟及交通工程、给排水工程、电气工程、桥涵工程等配套工程，年末完成全部招投标工作，完成投资约 200 万元。

江孜县玉雄路道路建设项目，国家投资 495.19 万元，新建车行道 36625.7 平方米，人行道 3672.6 平方米，路侧带停车场 865.4 平方米，树池 94 座，路灯 22 盏，及给排水、预埋强弱电管线等相关附属工程，年末完成初验并投入使用。

【村委会标准化建设项目】 江孜县江孜镇江嘎村村级组织活动场所标准化建设项目，县政府自筹资金 180 万元，新建村委会办公室 367.78 平方米，阳光棚 118.3 平方米及地面硬化、实体围墙、旗台、大门、室外给排水与电气等附属工程、设施设备购置等内容，年内完成终验并投入使用。

【建筑市场管理】 2021 年，县住建局受理并办结建设项目招标报建 41 个、合并办理（质量监督）施工许可证 43 个、工程竣工备案 26 个。开展执法检查 10 余次，发放整改通知单 30 份，提出整改问题 150 余条，竣工验收项目 50 余个，经整改后合格率达到 95% 以上。完成建设工程技术资料、安全资料、竣工资料备案管理。

【村镇建设】 江孜县紫金乡紫努村人居环境整治项目，国家投资 100 万元，新建舞台 161.46 平方米，旱厕 34 平方米，排水沟，垃圾桶，太阳能路灯，铺装及围墙维修等，年内完成初验并投入使用。

7 月 15 日，江孜县完成涉及 56 户 234 人的农村危房改造工作，兑现补助资金 96.64 万元。雨季开展危房排查工作，共排查 203 户，其中建档立卡户 31 户，一般户 172 户。鉴定结果为 A 级 15 户（建档立卡户 1 户、一般户 14 户）、B 级 57 户（建档立卡户 12 户、一般户 45 户）、C 级 117 户危房（建档立卡户 17 户、一般户 100 户）、D 级 14 户危房（建档立卡户 1 户、一般户 13 户）。

7月6日，江孜县住房和城乡建设局组织人员对新区道路建设工程线路进行复核，图为工作人员查看工程线路图

【垃圾转运站建设项目】 江孜县日朗乡、车仁乡、年堆乡、藏改乡、康卓乡生活垃圾无害化处理设施项目，启用抗疫特别国债资金 1445.94 万元，为各乡（镇）新建垃圾转运站 152.75 平方米、渗滤液收集池 1 座、旱厕 16.26 平方米、停车棚 40 平方米以及相关附属工程、设备购置等内容，年内完成终验，将运维费需求列入 2022 年财政预算内。

【房屋管理】 2021 年，县住建局开展周转房、公租房、廉租房清查工作，清查出违规占用 18 套并正在处理；开展周转房、公租房、廉租房申请受理及入户调查、分配工作，完成分配周转房、公租房 41 套、受理廉租房申请 15 份。

【租赁补贴】 2021 年，江孜县租赁住房补贴实际发放户数为

190户220人，每人每年3060元，共计79.92万元。

（牛　婧）

城市管理

【行政执法】2021年，江孜县城市管理和综合执法局以城区内主次干道沿街商户跨门经营、占道经营为重点，开展专项整治行动，取缔环城路、国防路、迎宾路占道经营行为67处，规范治理沿街商户出店经营480余处，发放宣传资料1800余份，制作专题宣传片1部。

在江长南路、英雄北路等临街人行道清理乱涂乱画6处、面积82平方米。截至年末，下发责令整改通知书360份，查办行政处罚案件51件，罚款3.19万元，其中占道经营、乱堆乱放案件32起，乱倾倒建筑垃圾案件5起，渣土运输车辆未采取措施6起，污染路面案件3起，破坏路灯案件2起，乱放牛羊案件1起、乱挖道路2起；保存登记（扣押）乱堆乱放杂物和占道摆放商品共计42个品种1280余件，取缔道路沿街影响市容灯箱广告牌120个，拆除上海路龙门架广告牌，拆除破旧横幅436条。

【城市管理】对城区内沿街建筑施工（含民宿建设）采取“六个100%到位”（确保备案登记、施工场所围挡、出入口清扫保洁、渣土车辆封闭运输、基础设施恢复、文明标语张贴100%到位）管理措施。截至年末，累计检查沿街建筑施工共计63处，责令整改23起，干净整洁沿街施工规范整治率达96.4%，大型工地等车辆冲洗台100%到位。

以彩钢结构板房仓库、车库为突破口，推进城区内乱建乱搭整治工作。截至年末，拆除城区内小型违建车库、仓库及家院54处，占地1575.2平方米，拆除英雄北路、卫国路等占用人行道设置供水水池18处。

对城区内主次干道沿街商户门窗、建筑物、路灯、电线杆等上乱贴乱画的小广告进行清理，出动执法人员68人次清理3206处，制作公共信息发布栏6处。

【县域管护】对城区内园林绿化进行为期75天的春灌、夏灌、冬灌浇水养护，覆盖面达100%；出动环卫工人189人次，出动洒水车378辆次，浇水量达5670余立方米。强化剪修除草养护。开展园林绿化死树、垃圾和堆土清理3次，覆盖面达100%，剪修平整2305棵行道树、3200平方米绿化带。幸福水渠周边绿化补植1200平方米，宗山公园水塘周边补造绿化340平方米，种植2个转盘及宗山广场周边鲜花9062株，布置假花8630株，更换绿化带护栏246米、刷漆1020米。对城区内主干道区域2150棵行道树进行刷漆美化，覆盖面达86%。

6月13日，江孜县城市管理和综合执法局联合江孜县交通警察大队在县城开展车辆乱停乱放治理，图为工作人员给车辆贴罚单

【环卫工作】充实专职保洁员10人，对江虹南路足球场等政府储备地、闲置地制作围栏452米、铁皮围挡630米。截至年末，消除卫生死角68处，清理白色垃圾218吨。组织排查并清理处置城市规划区域内江嘎搬迁点西侧等乱堆放建筑垃圾16处，垃圾量2.3万余吨；责令清理达玛场周边等建筑垃圾7处，垃圾量3050余吨。开展幸福水渠全段的白色垃圾和淤泥专项行动，共出动环卫工人380余人次，清理白色垃圾4.5吨，清理淤泥1306米7500吨，拆除江嘎居委会大门北面幸福水渠旁自建板房公厕1处（粪便直排水渠）。开展净化行动。开展“洗街道、迎大庆”环境大提升活动和“净环境、提市容、迎大庆”系列专项整治活动，对主城区车行道、人行道、隔离栏杆、果皮垃圾箱等进行冲洗；出动环卫人员956人次、环卫车辆92辆次、道路冲洗面积达58万平方米。

【公共设施建设和维护】2021年，修复下水道井盖130座、雨水井盖26座，城市各类井盖完好率保持在99.4%。完成宗山广场、卫国路、英雄南路、上海路等下沉、破损路面修复共计修复11处、总面积236平方米；城区坑洼道路10处、面积320平方米修复施工中。检修路灯500盏，其中维修电缆故障97盏，更换灯芯路灯430余盏,加固灯头156个，城市亮灯率保持在87.4%。投入95万元，对城区内9座老厕所进行翻新改造。截至年末，城区26座公共厕所基础设施完好。

（洛　追）

4月3日，江孜县城市管理和综合执法局组织保洁员冲洗县城人行道路，图为人行道路冲洗现场

江孜县宗城投资实业开发有限公司

【概　况】江孜县宗城投资实业开发有限公司（简称“宗城公司”）成立于2016年。2020年开始逐步拓展公司经营业务。截至2021年末，宗城公司经营收入总额1713.16万元，净利润216.83万元。

【资产管理】2021年，江孜县东郊农贸市场以租赁方式交由乐购超市运营，2020年5月1日至2022年5月1日两年免租。2023年年租金为20万元。2023年5月1日至2030年4月30日期间租金按照上一年租金的10%递增收取。县直机关单位沿街门面房167间，年租金收入162.62万元（含疫情减免29.94万元）。1月，参照门面所处街道商业活跃度，重新调整租金标准，整体租金收入平均增长20%，2021年租金收入206.04万元。

【投资管理及项目建设】江孜县宗城服务中心建设项目，4月1日开工，总投资769.33万元，8月9日竣工，年末与县政府洽商后期运营管理相关事宜。

江孜县幸福排洪沟改造项目，8月开工，年内竣工，总

12月23日，江孜县宗城投资实业开发有限公司联合中共江孜县委政法委（雪亮专班组）组织县发展改革委等部门及参建三方开展“雪亮工程”竣工验收工作，图为验收专题报告会现场

投资1300万元，11月完成竣工验收。

江孜县宗堆社区老旧改造项目，10月开工，总投资1100万元。截至年末，地下管网工程、路面沥青铺设和给排水管道改造等工程完工，整体工程完成90%。

日喀则市公共安全视频监控建设联网应用项目（二期）——江孜县工程（简称“雪亮工程”），5月开工，项目总投资为1577.84万元，11月全部完工。

江孜县宗城商业大厦项目，项目总投资5600万元，与100个村居的投资协议签订，通过申请强基惠民经费以投资入股方式融资1700万元，剩余资金申请商业贷款3900万元，截至年末，项目完成EPC总承包招标工作。

【农产品收购与销售】 2021年，江孜县向县内17个农牧民专业合作社和11个个体户收购蔬菜、酥油、奶渣等产品，销往全县28所中、小学校，配送学校“三包”营业总额320万元，实现江孜县农牧民合作社和个体户收入185.91万元。其中，收购江孜县蔬菜种植合作社及个体户菜园蔬菜42.5吨，实现收入21.16万元；收购农畜合作社酥油18.7吨和奶渣粉6054.5千克，实现收入164.76万元。帮助4名未就业大学毕业生、4名农牧民群众实现就业，发放员工工资共计51.1万元。

【普通道路货物运输】 2020年5月，与西藏交通发展集团进行对接商谈，达成日喀则片区边境公路项目20万吨建材运输事宜。截至2021年末，运输总量51420吨，共发车1055辆次，共带动113人实现收入1142.93万元，净收入145.6万元，实现农牧民增收983万元。

【劳务派遣工作】 与西藏天顺

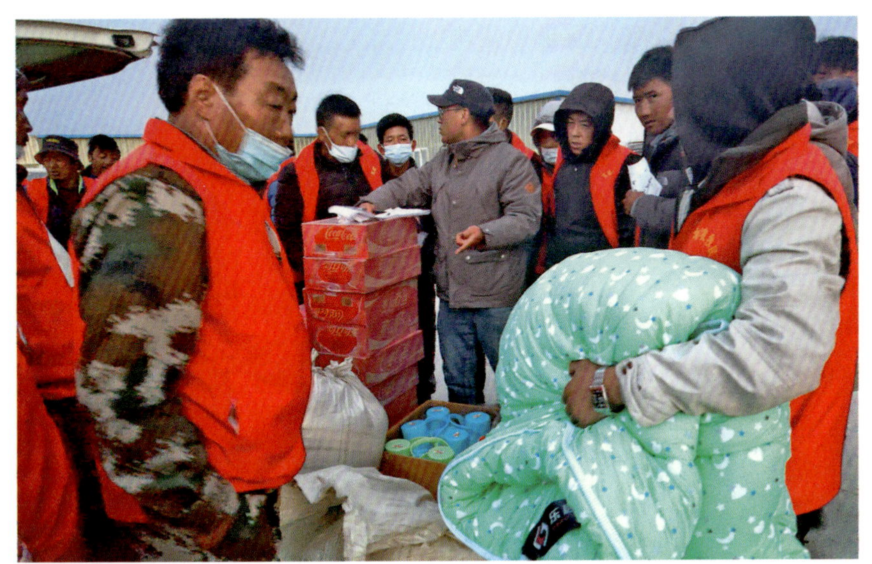

5月6日，江孜县宗城投资实业开发有限公司组织车辆送江孜县务工人员到务工工地并帮其采购生活物资，图为帮务工人员搬运生活物资

路通有限公司签订协议，向拉萨市、林芝市、亚东县等地输送务工农牧民群众310人，从天顺路通公司收款591.86万元，其中岗巴线资金年内到账，兑现民工工资519.69万元，净收入72.18元，其中15.91万元为劳务输出民工奖励款项。2021年，在那曲市、聂拉木县等地组织化输出121人，实现收入57.80万元，截至年末，到账民工工资26.5万元，未到账31.3万元。

（孙晓捷）

生态环境保护

【生态环境概况】2021年，高原草地、林地的覆盖率持续提高，生态修复面持续扩大，生物多样性持续丰富，植被覆盖提高，水网密度增强，水气质量稳定。在2021年度西藏自治区生态环境保护考核中江孜县被评为“良好”等次。

【环境监管】2021年，日喀则市生态环境局江孜县分局（以下简称“县生态环境分局”）对全县重点监管企业，重点建设项目和县城内及周边环境等开展环境监察工作，出动执法车辆60余辆次，执法人员180余人次，填写现场环境监督检查记录卡41份，下发环境督查整改任务的督办通知22份，收到整改报告及图片18份，下达行政处罚决定书3起，处罚金额5.73万元；参与全市生态环境保护交叉执法工作，对18个县（区）饮用水源地、污水、矿山等突出生态环境问题进行交叉执法检查。对辖区内的环境问题进行整治，发现问题点位57个、发现问题数量170个，已完成整改170条，投入资金15.59万元。涉重金属矿区有2个企业，因环境问题关停，截至年末还未开工。对县域内产生废弃物单位的（医疗）危险废弃物处置情况进行监督检查，33家产生废弃物单位（医疗）危险废弃物产生量27.48吨、处置医疗废物9.66吨、过期药品1.02吨、废矿物油14.5吨、废铅蓄电池2.3吨、完成处置量26.16吨，并在全国固体废物信息系统进行危险废物申报登记和危险废物管理计划的备案工作。审办环境影响评价登记表项目47项，协办环境影响报告表项目4个、环境影响报告书项目1个。截至年末，无“三高”企业和非法企业。

【水气监管监测】2021年，全县主要河流水质达到Ⅲ类以上标准、空气质量达到二级以上标准，江孜县射线装置和放射源使用单位4家，在用射线装置均处于安全监管状态。江孜县地表水（河流：年楚河）水质的各项监测指标均符合《地表水环境质量标准》（GB 3838—2002）Ⅲ类限值要求；江孜县集中式生活饮用水

7月21日，日喀则市生态环境局党组书记、副局长罗桑次仁（中）到卡若拉冰川旅游景点检查污水处理情况，图为实地考察污水处理情况

水源地（地下水：备用水源地）水质监测指标均符合《地下水质量标准》（GB/T 14848—2017）Ⅲ类标准限值要求，枯水期和丰水期水质符合《生活饮用水卫生标准》（GB 5749—2006）标准限值；江孜县生活垃圾填埋场地下水1号水质检测结果满足《地下水质量标准》（GB/T 14848—2017）Ⅲ类标准，江孜县满拉水库农田灌溉用水水质进行水质监测，监测项目共包括16项项目监测，均满足《农田灌溉水质标准》（GB 5084—2005）的限值要求。监督性监测中县城垃圾填埋场的地下水和土壤的各项指标数据均符合指标要求。

【生态文明建设】 2021年，江孜县成立生态文明建设工作领导小组，组织开展生态文明建设示范乡（镇）、村（社区）编制规划、方案和申报等创建工作，截至年末，分别上报生态文明建设示范乡（镇）、村（社区）5个和93个。同步推进生态文明建设示范县规划编制工作。3月，江孜生态环境分局发放环保物资，包括大扫帚880把、240升垃圾桶1005个，共涉及19个乡（镇）；完成对10个乡（镇）生活垃圾无害化处理设施建设项目并开展农村人居环境整治项目涉及123个行政村，包括购置垃圾桶、节能试点村（太阳能路灯）、建设禽粪污处理设施、建造旱厕、水旱两用公厕以及村内广场、道路改造等。实施江孜县重孜湿地环境保护工程，投资315.44万元，截至年末已开工建设；实施2021年江孜县日星乡擦布村、白林村等12个先造后补营造林项目，绿化面积7108.5亩，总投资6291.3万元；开展江孜县年楚河流域重要生态功能保护区建设项目，投入资金2999.92万元，实施江孜县年楚河流域重要生态功能保护区建设工程项目，建设内容包括年楚河河道整治工程、生态廊道工程、紫金湿地附属工程（年楚河河道整治工程全长1164米；生态廊道工程改造道路总长1120米，均为沥青混凝土路面，人行道长1567米，排水沟1567米，绿化5344平方米，沿道路设置栏杆、路灯等；紫金湿地附属工程包含湿地围墙和大门改造工程，修建透视砖砌围墙4618米等）。

【污染防治】 江孜县与市、乡签订大气、水、土壤三个领域的《目标责任书》，制定可行的实施方案；组织开展矿产环境风险排查、建设项目环保措施和扬尘治理、黄标车淘汰、汽车修理行业危废固废处置、年楚河其支流水环境整治、县城排污口设置、集中式和分散式饮用水源地巡查及监测、医疗废物处置、危险化学品处置、严控农药化肥施用量等工作。对2个土壤重点监管企业（江孜县城垃圾填埋场和卡堆乡垃圾填埋场）的生态环境监督检查工作。

【督察整改】 中央环保督察组

9月11日，日喀则市生态环境局江孜县分局综合行政执法队对重孜乡垃圾转运站进行监督检查，图为工作人员考察垃圾转运站

反馈意见涉及江孜县整改的问题49项，年内完成46项，推进整改问题3项；自治区本级督察反馈的94项问题，涉及江孜县整改的问题有3项，年内全部办结；中央环保督察组交办的115项信访问题，涉及江孜县整改的问题7项，情况属实5件，不属实2件，年内全部办结。

（尼　珍）

县城文明创建

【概　况】 2021年，县委、县政府抽调5名工作人员组建江孜县创建全区文明城市领导小组办公室（简称“县创城办”），办公室下设2个专项组，即简报信息组和工作督查组。江孜县创建自治区文明城市工作于2021年10月正式启动，围绕全国文明城市创建标准推进各项工作。

【自身建设】 2021年，县创城办定期组织党员干部学习习近平新时代中国特色社会主义思想、习近平总书记关于作风建设的重要讲话等，坚持把集中学习和个人自学相结合。健全制度，规范运作，筑牢制度防线。定期学习各级各类通报文件。

【创城工作】 2021年，江孜县成立江孜县创建全区文明城市工作领导小组，制订完善每周一检工作机制，对县城范围内的环境卫生、餐饮卫生、车辆停放等进行检查。对县城内的主次干道、商场超市、河道沟渠等进行督导检查，共检查出问题23个，包括卫生脏乱差、车辆随意停放、占道经营、乱拉电线、“门前三包”落实不力等。对乱停车等问题进行现场整改。将英雄北路幸福渠人行道拓宽、农贸市场大厅路面破损、卫国路与江长路交叉点附近居民门前自来水占道等问题列入下一步计划。同时，协调解决发现的路牌损坏、乱倒垃圾、餐饮从业人员健康证不齐等问题。县创城办按照日喀则市创建全国文明城市领导小组办公室要求，将申报内容逐项分解到各单位并加强督促指导，协助各单位完成申报材料的收集整理。

【工作目标】 对照全国县级文明城市测评体系，持续加强督导检查，强化问题跟踪整改，推动全县文明城市创建工作，推动三年内完成自治区文明城市创建工作，利用5至10年时间，提升城乡公用服务基础设施，提升各族群众的文明素养。

（王苗苗）

11月16日，县委书记陈昊（右二）带队在县城检查环境卫生工作，图为陈昊实地查看街道卫生情况

财税·金融

财　政 >>>

国家税务 >>>

中国农业银行 >>>

中國歷史
文化名城

财　政

【财政保障】2021年，江孜县预算财力90681.59万元，全县一般公共预算实际财力达到18.97亿元，同比上年同期下降1.42%。县级财政一般公共预算收入4647万元；上级财政补助收入18.18亿元（返还收入352万元，一般性转移支付收入129671万元，专项转移支付收入51787万元，政府性基金预算调入949万元，动用预算稳定调节基金201万元）；地方政府一般债券转贷收入2126万元。

【收入及特点】2021年，县本级财政总收入共6656万元，同比上年下降9.57%。其中一般公共预算收入4647万元，同比增长2.65%（税收2387万元，比上年减收2万元，下降0.007%；非税收入2260万元，同比增收422万元，增长22.95%）；县级基金收入2009万元，下降29.08%。

2021年江孜县本级财政一般预算收入完成4647万元，其中税收收入和非税收入的占比分别为51.37%和48.63%。从数据上看，2021年税收收入比上年同期下降0.007%。

【支出及特点】2021年，完成一般公共预算支出13.41亿元，上解支出375万元；预算稳定调节基金2399万元，结转结余资金5.07亿元，再融资一般债券资金还本2126万元，政府性基金支出完成1193万元。

江孜县2021年财政支出总量13.53亿元。其中：工资福利支出7.73亿元，商品与服务支出5924万元，对个人和家庭补助支出3515万元，法定、专项及本级配套的各项资金支出4.85亿元。

1月7日，江孜县县属国有企业2021年度企业经营运营工作总结大会召开，图为会议现场

【优化支出结构】八项支出共计10.92亿元，占一般预算总支出比重的81.14%，其中：教育支出3.46亿元，一般公共服务支出2.56亿元，节能环保支出1269万元，医疗卫生支出1.05亿元，社会保障和就业支出1.4亿元，公共安全支出8753万元，科学技术支出255万元，城乡社区事务支出1.42亿元。

【支持乡村振兴】落实“四个不摘”要求，统筹整合用于衔接乡村振兴资金2.05亿元，支持优势特色产业发展、小型基础设施建设、乡村振兴示范村建设等。安排巩固脱贫攻坚生态保护岗位6621个，年人均劳动报酬3500元。支持农村集体经济发展、高标准农田建设和美丽乡村建设，推进农村厕所革命等。

【支持生态建设】落实资金2291.43万元，推进海拔4300米以下“四旁”植树行动、重点区域造林、森林资源管护。落实资金562万元，实施草原生态保护补助奖励机制。兑现森林资源管护资金328万元，落实重点生态

11月10日，江孜县县属国有企业布局优化和结构调整重组会议召开，图为会议现场

功能区转移支付资金 1000 万元，用于保护生态环境和改善民生，支持城乡环境卫生、水污染防治和水生态环境保护、土壤环境风险管控和综合防治等。

【助力“三农”发展】 落实资金 130 万元，加大农作物良种推广补贴力度。落实资金 1537 万元，加快农牧业政策性涉农保险发展，加快农牧业生产发展。

【改善保障民生】 落实资金 998 万元，用于公益性岗位 302 人的工资支出；落实城镇最低生活保障资金 178.95 万元和农村最低生活保障资金 250.47 万元。在“三大节日”期间，为困难职工、驻村工作队、城乡低保对象、优抚对象、特困群众等发放慰问金 36.97 万元。落实资金 167.58 万元，用于特困群众集中供养人员补助。

投入资金 4.49 亿元，改善薄弱学校义务教育基础。县本级财政投入教育发展资金 1131.75 万元。实行学前至高中阶段教育农牧民子女补助、“三包”和城镇困难家庭子女助学金政策。学前“三包”年生均二、三类分别达到 3600 元、3700 元；小学及初中“三包”年生均二、三类分别达到 4100 元、4200 元；随班就读生及送教上门年生均 6000 元，春季学期惠及学生 12762 人，占在校生总人数的 94.09%，秋季学期惠及学生 13068 人，占在校生总人数的 93.45%。

落实医疗卫生机构国家基本药物制度补贴资金 395.05 万元。

投入 150 万元支持民间艺术团工作开展，发放“四个一点（自治区、市、县财政补助一点，民间艺术团自身筹措一点）”补助资金 127 万元，电影放映场次补助 33.31 万元。投入资金 108 万元，用于免费开放县（乡）公共文化活动站。

【国企改革】 2021 年，县国资委制定《江孜县县属企业布局优化和改制重组的实施方案》，推进县属 5 家企业的公司制改革及 1 家企业的产权划转工作。聘请审计、评估、法律顾问及财务顾问，对县属全民所有制企业开展清产核资、审计、尽职调查。形成《江孜县县属国有企业布局优化和结构调整的重组实施方案》，并提请县人民政府常务会议及县委常委会会议研究通过。完成县属 5 家企业的改制工作，将县属 5 家企业划入江孜县宗城投资实业开发有限公司。谋划县属企业混合所有制改革工作，制定《江孜县县属企业混改方案》，截至年末，正在开展前期工作。召开专题总结大会，加强对下属企业的监督和管理，明确董事会议事权限，规划处置权。

（张　娣）

国家税务

【税收收入】 2021 年，国家税务总局江孜县税务局（以下简称

7月1日，江孜县税务局开展庆祝中国共产党成立100周年爱心助老主题党日活动，图为工作人员和老人合影

“江孜县税务局”）管辖的纳税登记户达到2013户。其中，单位纳税人944户（一般纳税人93户），个体工商户1069户。扣缴义务人109户，税务部门组织各项收入2.62亿元（含社保基金）同比增收1877万元，同比增长7.71%，其中组织收入6296万元，县级收入2936万元（包括残保金513万元），比上年同期增收189万元，增长3.1%，社保费共征收1.99亿元，完成2021年的税费征收任务。同时落实各项减免税金6308万元。

【税收法治】 2021年，江孜县税务局完成四项非税项目划转和契税征收。在执法过程中，推行行政执法“三项制度”（行政执法公示、执法全过程记录、重大执法决定法制审核）。

【纳税服务】 2021年，江孜县税务局利用第30个税收宣传月、“5·28”民法典颁布日、“6·2”民族团结进步日等开展宣传活动。年内，实地走访企业55次，开展实地税法宣传23次，纳税人培训及座谈会24场596人次，发放税收优惠政策宣传资料3900余份，惠及5000余人次。解答纳税人咨询问题256条，安装税控盘、开具发票等上门服务90余次。在《西藏日报》、“江孜发布”微信公众号等各类媒体共刊登新闻稿件16篇。通过银税互动，发放贷款209.64万元。

【税制改革】 2021年，江孜县税务局成立落实《关于进一步深化税收征管改革的意见》领导小组，在“税阅英雄城”课堂第十一期、第十四期，开展专题学习探讨会。向县政府领导和县发展改革委汇报相关情况，并对《关于进一步深化税收征管改革的意见》中提及的工作目标等内容进行整理，报县发展改革委纳入江孜县“十四五”改革发展规划。并组织在职干部开展关于深

7月15日，江孜县税务局组织人员到江孜藏毯文化发展有限责任公司宣传税收优惠政策，图为发放税收优惠政策宣传册

化税收征管改革意见的测试。

【减税降费】 2021年，江孜县小规模纳税人月销售额未达15万元免征增值，累计减免税款1516万元。对小型微利企业年应纳税所得额不超过100万元的部分，减半征收企业所得税。全年小型微利企业所得税优惠税额1999万元。

组织入户发放减税降费宣传资料，辅导纳税人填写各类申报表；在县城街道设置宣传点，悬挂横幅、发放宣传手册，张贴宣传海报，现场解答纳税人的涉税问题；在办税服务厅设立“减税降费专门咨询岗”，专人专岗解答各类涉税问题；利用江孜纳税服务微信群、税企QQ群，在手机短信平台群发送10000余条减税降费最新政策内容；召开税企交流会，听取纳税人的意见、建议，响应企业的诉求和意见，向纳税人推送相关政策；向县纪委监委、县人大常委会主要领导汇报减税减费工作情况；全体干部职工开展减税降费培训。

（普潘多）

中国农业银行

6月16日，中国农业银行江孜县支行联合江孜县热索乡人民政府在热索乡努康村举办钻石卡村授牌发放仪式，图为仪式现场

【存贷业务】 截至2021年末，中国农业银行股份有限公司江孜县支行各项存款余额为17.66亿元，较年初减少4268.04万元，对公存款余额为7.29亿元，较年初减少2.04亿元，个人存款余额为10.37亿元，较年初增加1.62亿元。

各项贷款余额为12.98亿元，较年初增加2.21亿元。其中，法人贷款余额为2.18亿元，较年初增加0.65亿元；个人贷款余额10.8亿元，较年初增加1.56亿元。

【服务经济】 常态化开展银政企对接，通过走进产业集聚区、上门送贷、扩大宣传等方式服务客户。在业务办理过程中的常见操作问题及解决方案，通过微信群、邮件进行公示。对接江孜县涉及的重点项目，通过信贷业务、投行业务、国际业务、新兴业务等综合服务，为项目方提供金融服务。

【普惠金融】 以“农银e贷”系列产品为抓手，通过数字化转型推动普惠金融信贷业务增量、扩面、提质、降本。年内，普惠型小微企业贷款余额2.04亿元，较年初增加0.96亿元。全年累计发放涉农贷款3639户，贷款金额5.79亿元，涉农贷款余额10.05亿元。较年初增加1.53亿元。

【中间业务】 2021年，中国农业银行股份有限公司江孜县支行改善网点布局，完善功能分区，丰富金融产品，优化服务流程等。中间业务收入221.11万元，截至年末，无不良贷款。

（巴桑顿珠）

教育·文化·旅游

中國歷史文化名城

教育·体育

【概　况】江孜县有各级各类学校75所，其中，高中1所、初中2所、县小学2所、县双语幼儿园3所、乡小学18所、乡级双语幼儿园18所、村级双语幼儿园31所。截至2021年末，在校生15941人，其中，学前教育3636人，小学生7518人，初中生2830人，高中生1957人。全县学前三年毛入园率96.67%，小学入学率100%，初中毛入学率102.09%，义务教育阶段巩固率100%。

全县在职教职工1161人，其中专任教师1156人，正式工5人；专任教师中高中教师185人，初中教师247人，小学教师496人，幼儿园教师194人，县教育局任职34人。

【招生考试】2021年，江孜县高考参考人数519人，上线人数509人，上线率98.07%。其中一本上线51人，上线率9.83%；二本上线229人，上线率44.12%；专科上线229人，上线率44.12%。两所中学参考人数942人，其他省市西藏高中班上线人数94人，上线率9.98%。其中：江孜一中参考人数427人，其他省市西藏高中班上线27人，上线率6.32%；闵行中学参考人数515人，其他省市西藏高中班上线67人，上线率13.01%；小学毕业班参加其他省市西藏初中班选拔考试学生344人，上线50人，录取49人。各项成绩均位于全市前列。

9月9日，江孜县举行庆祝“第37个教师节”总结表彰大会，图为会议现场

【教师队伍】江孜县实行县级领导干部联系学校制度。县教育局开展学科结构紧缺学校竞聘工作，根据《县委教育工作领导小组秘书组关于开展学科结构性紧缺学校竞聘教师的实施方案》，竞聘11名教师。开展公开招聘学前教师分配派遣工作，出台《江孜县2021年公招教师派遣工作实施办法》，组织60名刚参加工作的公开招聘学前教师及家长145人参加“江孜县2021年公招学前教师分配派遣会议”，依次按照公开招聘考试成绩排名和个人意愿进行择园定岗并签订岗位承诺书。实施教学能手评比，加强与相关部门间的沟通，开展“请进来、走出去”培训。

【教育惠民】出台《2021年学前、幼升小、小升初招生工作指导意见》。落实兑现“三包”及营养改善等惠民经费，开展业务培训，提高从业人员业务素质和业务技能。2021年，根据各学校的“三包”学生人数及营养改善学生人数共落实“三包”经费5187.29万元，营养改善计划经费739.12万元。

2021年，县教育局为356名建档立卡脱贫家庭大学生兑现自治区下达2020—2021年免费教育补助金资金145.78万元。为194名建档立卡脱贫家庭大学生兑现市级下达2020—2021学

12月13日，热索乡教育工作人员对热索乡完全小学学生食堂卫生及“三包”食品进行检查，图为查看食堂供应商资质

年免费教育补助金50.24万元。为江孜县卡堆乡白定村建档立卡脱贫家庭大学生兑现2020—2021学年资金14400元（县级承担资金4440元）。

【德育安全教育】 江孜县教育局制定《德育工作方案》，邀请专家，组织学生开展法制教育、交通安全教育、消防安全教育；配齐学校医务室，定期不定期地组织学生进行传染疾病预防教育。

县教育局印发《在全县教师中率先开展“培养什么人 怎样培养人 为谁培养人”专题教育及铸牢中华民族共同体意识工作实施方案》，结合党史学习教育和“三更”专题教育开展德育教育。依托德育室、宣传栏、黑板报、广播站、少先队活动室，推进“书香校园”建设。

开展“三人”专题教育活动、社会主义核心价值观、反分裂斗争教育、新旧西藏对比教育、爱国主义教育、民族团结教育等，开展“四讲四爱”“过好当下幸福生活”“争做神圣国土守护者、幸福家园建设”等主题教育，结合学校精神文明建设和道德与法治教育，将民族团结工作汇编成册。2021年，江孜县第一中学、江孜县第二幼儿园被评为日喀则市民族团结示范学校，江孜县第一小学、江孜县第一双语幼儿园、紫金乡小学等12所学校被评选为县级民族团结进步示范学校。

2021年，各学校开展爱国主义教育活动、禁毒宣传教育、“法律进校园”活动、消防演练、民族团结月活动、“平安西藏”宣传活动500余场次。

参加上级部门组织的各项活动，推荐优秀的学生参加县、市级以“扣好人生第一粒扣子”为主题的新时代好少年评选活动；推荐10名学生参加江孜县第三届新时代好少年评选活动，推荐5名学生参加日喀则市“最美少年”评选活动，在日喀则市“学生资助·助我成长”——感党恩励志教育主题演讲比赛中，江孜县参赛选手获一等奖1人，二等奖3人、三等奖1人，优秀奖2人。

【制度建设】 年内，县教育局出台《2021年学前、幼升小、小升初招生工作指导意见》。下发《关于切实做好“五项管理”工作的通知》。

【教育均衡化发展】 江孜县实施“一把手”工程，成立江孜县推进义务教育均衡发展工作领导小组。制定印发《江孜县推进义务教育均衡发展工作实施方案》《江孜县推进义务教育均衡发展工作责任、监督、问责制度》等制度措施，召开义务教育均衡发展动员会、推进会、专题会。联合县融媒体中心制作义务教育均衡发展宣传片《为了美好的明天》。开展学校必备档案资料建设工作。

【基础设施建设】 2021年，教育系统获批基础设施建设项目

19 个，总投资 1.22 亿元，完工项目 5 个，在建项目 6 个，待开工项目 8 个。为江孜县 18 所乡小学争取落实供暖和安全饮水工程项目。开展教育事业统计填报、实地核查和巩固义务教育均衡发展迎检。推进数字化校园建设试点工作，完成江孜县第一中学、江孜县闵行中学的数字化校园建设验收。

县委教育工作领导小组召开县委工作会议，对 2021 年教育工作进行安排部署。县政府拨付财政配套资金 1115.51 万元，占县级上一年财政收入的 25%；投入 68.2 万元，用于教师节庆祝表彰活动，投入 235 万元，用于教职工伙食补助。

【对口支援】 2021 年上海市第九批援藏小组投入 1835 万元，实施重孜乡小学改扩建及江热乡小学公厕项目工程和闵行中学运动场及学习园地维修改造项目；投入 379.69 万元，实施第一中学、江热乡小学、重孜乡小学科创实践室设备和金嘎乡小学、日星乡小学多媒体建设设备采购项目；投入 135 万元，用于每学年小学六年级及初三毕业班教师奖励。

【教育发展规划】 开展义务教育阶段控辍保学工作，健全义务教育控辍保学长效机制，将机制纳入乡规民约、村规民约；完善家庭经济困难学生资助体系，及时完成各类资金的兑现工作。推进义务教育薄弱环节改善与能力提升，加强乡村学校建设，推进基础教育办学条件标准化。落实新时代教师职业行为十项准则和自治区师德负面清单及其处理办法；建立完善教育、宣传、考核、监督、奖励、惩处六大制度，实行师德师风表现“一票否决”；加强教师培训力度。强化安全监管责任、完善安全防范措施，推进“平安校园”建设；坚持预防为主，加大对学校师生的公共卫生安全、传染病防治和卫生健康知识的宣传和教育工作；强化学校食品安全管理，开展学校食堂从业人员健康检查、食品原料进货查验、食堂和餐饮具清洗消毒；开展信息研判、议事协调、应急处置和善后恢复工作；加强对学生的安全教育，提高学生安全意识和自我防范能力。

4月7日，江孜县在党政综合楼召开县委2021年教育工作会议，图为会议现场

【学前教育】 江孜县学前教育领域共有各级各类幼儿园 45 所，其中 2 所县级幼儿园，2 所临时搬迁点幼儿园，18 所乡级幼儿园，23 所村级幼儿园；全县在园幼儿数为 3636 人，全县学前三年毛入园普及率达到 96.67%，县教育教研室设有学前教育办公室，配有 2 名专职学前教育教研员，全县在职教师 194 人。

【义务教育】 义务教育实行划片招生、免试就近入学，保障进城务工人员随迁子女基础教育阶段无障碍就学。实施素质教育，减轻学生过重的课业负担。深化课程改革，促进教师专业化发展。加强“三包”及营养改善等惠民

9月2日，日喀则市教育局副局长巴次（右三）到江孜县第一小学检查指导教学教研工作，图为巴次查看学生自习情况

经费的管理和落实。加快推进学校标准化建设，实施教师暖心工程、幸福工程，完善配套设施建设。开展教育事业统计填报、实地核查和巩固义务教育均衡发展迎检。推进数字化校园建设试点工作。

【普通高中教育】 2021年，县域内高中1所，在校生1957人，专任教师185人，参考上线率98.07%，其中一本上线率9.83%、二本上线率44.12%、专科上线率44.12%。

【特殊教育】 保障特殊儿童享受义务教育的权利，完善送教上门工作机制。制定出台《江孜县人民政府教育督导委员会关于印发〈江孜县送教上门工作实施方案〉的通知》，建立健全组织机构，确定送教上门工作目标和工作要求。每月对各相关学校上报的送教上门简报进行汇总存档。全年共计开展送教上门工作1500余次，将17名残疾儿童少年送入日喀则市特殊教育学校就读，控辍保学工作实现“动态清零”。

【“五个100%”工作】 江孜县教育局落实“五个100%”教育目标，成立工作领导小组，指导和督促各学校成立专班，开展专项工作。中小学教育普及率100%，全县学前、小学和初中所有学校开展双语课程，课程设置比例完全符合自治区教育厅最新出台的课程设置文件要求，并执行“四个统一”标准；小学数学课程开课率100%，设置小学数学课程，执行一类课程计划小学数学一至二年级每周5节，三至六年级每周6节；中学理化生课程计划完成率100%，组织县级名师编写中学理化生教案印发给任课教师，执行“四统一”标准，江孜县第一中学成立理化生实验教学相关的社团；中学理化生实验课程开出率100%，添置小学科学和中学理化生实验器材，对全县中小学校实验室进行升级改造，县教育局对各学校实验室利用情况进行定期督导，同时加强实验课教师业务培训；职业技术学校国家目录规定课程开出率100%，中考报名前，县教育局和两所初级中学组织初三年级学生及其家长，开展职校招生宣传工作。江孜县雪域阳光职业技术学校和杰卡尔孜惠民服务有限责任公司为“两后生”开设厨师班、唐卡绘画班、汽修班等专业。

【普通话推广】 2021年，县教育局向日喀则市汉语言文字工作委员会办公室申请对江孜县266名教师及干部职工进行普通话水平测试。

【体育工作】 2021年，县教育局落实“阳光一小时”活动，组织开展2次校园运动会，开展全国中小学生体质监测工作。

江孜县将全民健身工作所需经费列入县财政预算，加强公共体育设施建设，在江孜县县城中心、车仁乡、年堆乡、重孜乡、卡堆乡新建6个笼式足球场，在年堆乡、达孜乡新建2个多功能运动场，在县内建有2个室内健身馆。各中小学校、幼儿园均建有运动场。江孜县第二小学建立首个小学高标准运动场。各学校体育场馆和新建体育设施设备在周末及节假日对公众开放。

（达瓦群培）

江孜县高级中学

【概　况】2021年，江孜县高级中学设有38个班级，在校学生1836人，在职教师189人。

【教育教学管理】年内，开展班主任和辅导员聘任、授课教师调配和课程安排工作，制定教学计划。对教师进行年度考核综合评分，参与“一考三评”打分。每周四的下午为全校教研活动日，高一高二年级利用周四下午三节课的时间对下周的教学内容进行集体备课，高三组利用周四下午一节课的时间讨论教学内容。各学科每周组织一次公开课（新老师的公开课，轮教、驻村教师的示范课）。实行师徒结对；开展青年教师网络培训学习。举办教师业务考试。规范考试制度，坚持“周周清”“月月清”制度。学校成立毕业班领导小组，定期召开工作会议，研究、指导毕业班工作。

【德育安全工作】推行素质教育，确立“学生自主化管理”的特色管理模式：推进传统文化、传统节日、文明礼仪进校园、进课堂、进头脑；利用帕拉庄园和宗山抗英纪念馆等江孜特有基地、学校资源开展“爱国主义”教育、“三包惠民政策”感恩教育、“光盘行动”、节约教育、“生理心理”健康教育、“民族团结”教育、反分裂教育、“消防安全”教育等。组织全校教师开展平安校园构建活动。组织班主任与学生签订层层安全责任书，包括学生交通安全、防溺水、防火安全等责任书。组织政教处人员及班主任每周检查危险物品。组织班主任每周对学生进行具体的安全主题班会教育（法治、交通、食品安全、疾病卫生、心理健康、防拥挤踩踏、防火防电、防煤气中毒、防地震的方法等）。开展卫生评比活动，加强纪律常规检查。

6月2日，江孜县高级中学举行2021届高三毕业典礼，图为毕业班师生合影

【规范后勤制度】组织后勤人员参加学习，召开处务会，组织后勤人员学习相关的规章制度。规范学校收费工作，组织财会人员学习相关的规章制度，严格收费，实行财务公开，在校内公布。开展校舍的消毒工作，加强对学生宿舍、学校食堂的消毒工作，专人负责并记录。执行财产损坏赔偿制度。严格进行食堂管理。完善“三包”采购制度，明确采购活动相关机构和岗位的权限和

12月1日，江孜县高级中学举行第8届田径运动会，图为裁判员在做赛前准备

责任，规范决策机制、采购流程、期限要求等内容，制定《日喀则市江孜高级中学关于采购2022年学生“三包”食材、燃料、学生装备、学习用品项目的实施方案》《日喀则市江孜高级中学关于成立2022年“三包”食材及液化气等采购工作及相关事项》。

【10周年校庆活动】 10月1日，江孜县高级中学举办10周年校庆，发扬学校作风，宣传学校办学特色，组织经验交流，总结办学成果，评选历届最佳校友。

【校园文化】 2021年，完善组织建设和制度建设，举办“三八”国际妇女节慰问活动；开展第五届教师篮球比赛，开展全校爬山活动，开展庆祝中国共产党成立100周年系列活动，举办第37个教师节庆祝活动，发放教师生日蛋糕券。3月，校团委组成12人的宣传队，在宗山广场开展综治宣传活动；4月，带领学生参加江孜县“清明节”祭奠革命英烈扫墓活动；5月，举办春季爬山比赛；参加江孜县庆“五四”活动；举办加油学哥学姐文艺演出活动；开展校内黑板报评比活动；举办2021年迎接高一新生文艺演出，筹备校庆歌舞表演。周四组织团支书开展“爱心驿站”易拉罐收缴工作，记录并公示。开展“校园广播站”播音员选拔工作，开展学生食堂管理的各项工作。

开展活力周四，组织学生参加兴趣活动。开设30个社团，涵盖音乐类、美术类、体育类、信息类、阅读类、书法类、英语类。

（尼　仓）

江孜县第一中学

【概　况】 1960年，江孜中学在原江孜小学的基础上，招收首届初中生。1975年，江孜中学招收第一届高中新生。1996年江孜中学正式改名为江孜县第一中学，学校校舍总建筑面积为30159平方米。2013年下学期，高中部完全迁出，学校改为初级中学。2021年，学校共设有27个教学班，在校学生1335人，教职工119人。

【学校管理】 2021年，江孜县第一中学对各项管理制度进行修订、补充和完善。明确各个岗位的工作任务，落实工作责任，采用“只奖不罚”等措施调动教职工的工作积极性。加大对课堂教学改革力度，实行“自主学习、合作探究”模式的课堂模式改革，并通过考试分析会、听课等渠道，促进教师转变教学观念，推动高效课堂教学。教师队伍强调团结协作。学校从管理制度和量化方案的完善入手，推进人文管理，创设教育教学氛围。年内，学校组织开展“星级”学生评比活动、实施教职工考勤制度、轮值制度，常规教学检查制度等。

【教研教改】 年内，优化“周五

10月19日，日喀则市基础教育现场推进会议（第一站）在江孜县第一中学召开，图为会前学生文艺表演

特色教研”及“三清”活动。不定期对教师备课情况进行检查。全年组织5次大型考试:2次“月月清”（包括抽样考试即八年级师生质量监测）；2次初一、初二年级期末考试；日喀则市统一安排的初三学业水平考试。上学期，学校教研室组织开展3次周周清活动。按照“基础教育管理监测”即“双减”“五项”管理政策开展教研活动。

【创建平安校园】 年内，在各部门的配合下开展新生入学教育、开学动员大会、法制讲座、禁毒主题班会、排查管制刀具、校内和校周边安全排查等活动。常规组织开展防灾减灾演练，安全教育、宣传禁毒知识、德育教育、常规卫生检查、安全排查等。

（旦增罗追、其美次旺）

江孜县闵行中学

【概　况】 江孜县闵行中学是由自治区教育厅和上海市闵行区各出资300万元兴建的希望中学，截至2021年末，学校教职工133人，专任教师131人，职工2人，在校学生1495人。2021年，学校开足开齐所有科目的同时，开办藏文兴趣班、国学堂、音乐兴趣班、体育兴趣、藏汉书法兴趣班等10余个社团。学校设有工会、妇委会、团委、教务处、政教处、学工处、总务处、信息中心以及各学科教研组。

【“廉政文化”进校园】 制定并落实“廉政文化进校园”活动工作计划，成立工作领导小组。党总支牵头，党政齐抓共管，部门各负其责，全校师生共建，形成工作合力，将廉政文化建设纳入学校文化建设、学校德育建设之中，推进廉政教育。

【工会工作】 江孜县闵行中学工会开展送温暖活动，帮扶困难、生病、退休教职工及直系亲属生活；组织开办“教工食堂”。

【德育工作】 江孜县闵行中学成立德育工作领导小组，成员以学校政教处、各教研组长、班主任、学生会教师为主。以班级为单位组织学生参观校德育室，对各年级学生进行分段德育教育。

【综治工作】 江孜县闵行中学建立全员安全工作网络和安全工作责任制；建立完善安全教育制度、安全工作责任制及岗位追究制；学定期开展消防安全检查，消防演练，重新配备消防器材；加强学校食品安全监督管理工作；定期排查安全隐患；对师生进行安全常识教育，宣传预防食品中毒、防溺水、防电、防交通事故、防意外伤害等安全知识。利用防灾减灾宣传日、安全宣传周等活动，举办开学

4月24日，拉萨市教研员及骨干教师与江孜县两所初中语文教师进行交流活动，图为江孜县闵行中学教师示范课点评现场

第一课2场次，开展消防安全知识讲座2次和防火防震疏散演习2次；周假前召开安全教育会35次。完善各类应急预案，加强“三防”（火灾、洪灾、震灾）演练。

【聘请法制副校长】 江孜县闵行中学聘请法制副校长定期为学生开展法制宣讲和爱国主义教育。

【成立“双联户”工作领导小组】 江孜县闵行中学成立“双联户”工作领导小组，每栋楼设立联户长。年内，各“双联户”户长对教师宿舍的安全、卫生等情况检查25次。

【教育教学质量】 2021年，江孜闵行中学对教师的履行职责情况进行检查，实行定量和定性打分相结合。加强教学管理的精细化、开展实践活动、强化质量意识、把握工作细节、关注学习困难学生等问题。开展质量分析会，采取自下而上的分析流程：教师个人—学科组—教研组分析；班级质量分析会—年级组的质量分析会。

【社团活动】 2021年，江孜闵行中学在初二年级开办阅读写作社团、电子琴社团、话剧社团、舞蹈社团、六弦琴社团、健美操社团、英语社团中国好故事1班和2班、反转地球社团、年雄之苗文学社团、朗诵社团、足球社团、篮球社团、兴趣实验社团、语文书法社团、藏文书法社团、创客社团、美术社团等18个社团。

【教师培训】 2021年，通过线上培训模式开展教师培训。开展思政培训、铸牢中华民族共同体意识培训。教师适应新的教育教学模式，掌握现代化教育教学手段。

（索朗次仁）

江孜县第一小学

【概　况】 江孜县第一小学原为江孜专区小学，于1953年4月20日在江孜宗山宗堆平措角杰正式成立。是当时日喀则地区创办的第一所现代小学。

学校新建科技楼有学校记事馆（一楼）。二楼图书馆，三楼科技馆均在规划设计。

【学校管理】 学校确立以人为本，依法治校，民主管理的观念，确立领导班子的服务意识，育人意识，创新意识，吃苦意识。实施党务公开、校务公开、财务公开。

【师资建设】 学校加强教师职业道德规范的学习与巩固，狠抓规范的贯彻落实。鼓励教师自学。学校党支部结合“党员三包”工作要求，所有党员帮扶2~3名学困生，制定帮扶措施，帮助学困生解决学习生活中的实际困难。

5月29日，江孜县第一小学组织师生参观帕拉庄园，讲解员为学生讲解帕拉庄园历史

【德育工作】 开展以民族团结为主题的开学第一课教育活动，以爱国主义为核心，培养学生树立热爱祖国，团结同学的理想信念；加强法制宣传和毒品教育，完成江孜县普及法律工作办公室和江孜县禁毒委员会办公室交办的任务，学生完成“全国中小学普法网”的宪法学习和“青骄第二课堂”的禁毒知识学习；组织学生升旗、观看爱国主义影片，组织国旗下讲话；开展“金秋九月颂恩师”主题教育；利用纪念日、主题日开展相关活动。年内，学校开展“第二课堂”“社团活动”共计10余项。

【学校安全管理】 学校与教师签订安全目标责任书；开展防疫工作，学校大门口新设测温通道，校园内每天进行消毒；聘请法治副校长开展法律进校园、观看安全教育影视、办板报、悬挂张贴安全教育挂画、召开主题班会等多种形式对学生进行安全教育；学校与教师签订文明上网承诺书；建立严格的学生交接制度。对学生宿舍坚持夜查制度；加强食堂管理，对食堂食品的采购，消毒及食堂卫生进行检查验收，执行48小时食品留样制度并记录。

【财务管理】 落实“三重一大”制度；推行学校财务公开制度。

【学校体育】 2021年，江孜县第一小学落实执行学校阳光体育，开展校园阳光体育活动。坚持“两操一课（眼保健操、课间广播体操、体育课）”制度。举行田径运动会1次。

【教学教研】 推进教学教研常规工作，增强教研工作的实效性。坚持周前备课。严把课堂教学质量关。严禁教师无准备上课，无教案上课。注重课堂教学的过程管理；严格控制作业量及作业

3月26日，江孜县第一小学组织部分教师参加植树活动，图为参加活动教师合影

时间。

年内，组织教师解读新课标，学习新教材，熟悉新教材的特点；开展校本培训工作；加强教师的培养，在教师中进行“一帮一”的拜师活动；开展听课、评课的研讨活动，教师每学期听课不少于 20 节；鼓励教师参加校内外的教学教研活动和教师间的学习。

（宋亦飞）

江孜县第二小学

【概　况】江孜县第二小学占地面积 3.12 公顷，建筑面积 0.59 公顷，绿化面积 0.62 公顷，有劳动生产基地 11 亩，塑料温室 2 座。有专任教师 47 人：高级教师 9 人、一级教师 29 人、二级教师 6 人、三级教师 3 人；本科学历 31 人，大专学历 15 人，中专学历 1 人；临时工 8 人。师资队伍的学历合格 100%。

截至年末，有 15 个教学班，在校生共计 561 人（含 1 名送教上门学生，2 名随班就读，21 名留守儿童），享受“三包”农牧民子女 419 人，享受助学金学生 78 人，适龄儿童入学率、巩固率和升学率均达到 100%。

【学校管理】2021 年，学校健全各组织机构，完善各种制度。学校落实“双减”政策，强化作业设计研究，规定当堂完成作业。实施课后服务工作，整合学校、家庭、社会等方面资源，帮助家长解决接放学孩子困难问题。引入竞争机制，教学成绩质量与教师奖惩挂钩。推荐教师参加上级组织的各种培训和学习。年内，组织学校年轻教师参加日喀则市中小学教师信息技术应用能力提升整体推进项目。

【教学教研】2021 年，江孜县第二小学坚持以教师观念的转变，促教学方式的变革。开展教师队伍建设、教育教学研究和强化内部管理。组织全体教师学习课程标准及新学期课程内容。鼓励并督促教师注重理论学习。强化教学常规检查督导工作。组织教师共同钻研教材，各教研组组织集体备课 10 余次。教师每学期人均听课 16 节。开展高低年级书法比赛、高低年级写作比赛、朗诵比赛等。

【校园文化建设】2021 年，江孜县第二小学组织宣传墙面文化，综合楼墙面绘制百科知识，教学楼绘制各科基础知识和重点知识，其他墙面宣传良好品德和行为准则。

【德育美育】2021 年，江孜县第二小学开展“讲党恩爱核心 讲团结爱祖国 讲贡献爱家园 讲文明爱生活”系列活动，在学校墙壁、走廊、教室等地布置社会主义核心价值观和“四讲四爱”标语等。组织学生到爱国主义教

9月16日，江孜县第二小学组织学生参观宗山新旧西藏对比宣传栏，图为校长普布旺堆（后排右一）为学生讲解江孜宗山抗英背景

5月28日，江孜县第二小学举办第三十七届田径运动会，图为跳远比赛现场

育基地开展爱国主义教育，在重大节日、重大历史事件纪念日举办庆祝和纪念活动。年内，共开展宣讲教育 26 次，实践教育 20 次。

【体育教育】 江孜县第二小学推行《国家体育锻炼标准》，坚持两操和两活动，组织学生进行体育活动。按照计划开展阳光体育活动，包括爬山比赛、田径运动会、第二届宗山杯校园足球班级联赛等。9 月至 11 月，组织学生进行体质检测。

【艺术教育】 2021 年，江孜县第二小学开设篮球、足球、书法、合唱等社团，定期开展社团活动。年内，组织合唱比赛、“六一”文艺演出等活动。

【创建文明校园】 2021 年，江孜县第二小学建立以学校主要领导担任组长、副组长的领导小组，开展江孜县民族团结进步模范学校创建工作。每周开展“文明班级”“文明宿舍”评比活动，常规开展家长会。

【疫情防控】 2021 年，江孜县第二小学成立新冠肺炎疫情防控工作领导小组。开学后，组织召开疫情防控主题班会。排查掌握师生健康信息，身体状况。每天对校园进行 2 次全覆盖式消毒灭菌，各办公室、教室发放消毒洗手液，每周给学生发放口罩。秋季开学后，组织全校师生、教职工开展新冠疫苗接种。

（普布旺堆、周　婷）

江孜县第一幼儿园

【概　况】 江孜县第一幼儿园位于上海西路 13 号。前身是江孜县幼儿园，于 2006 年 11 月上海第四批援藏干部援建，总投资 250 万元，占地面积约 2036 平方米，2007 年 4 月 16 日正式开园，2017 年园地改扩建。园内现有小班、中班、大班各 2 个，西郊村设有 2 个班，在园幼儿 317 人（西郊 46 人），其中享受“三包”生有 233 人，西郊村占 42 人。园内共有 37 人，专任教师 17 人，西郊专任教师 2 人，乡村振兴 3 人。

【学校管理】 党支部加强对党员的领导，发挥党员的先锋模范作用，加强党员队伍的建设。工会发挥桥梁纽带的作用，推动幼儿园的民主建设。逐级签署目标责任书，实行目标管理。

【安全工作】 2021 年，开学初开展幼儿园开学安全工作部署会以及关于疫情防控知识培训。把安全工作列入工作的议事议程，定期开展安全工作宣传。采取安全防范措施，来园离园时做到“两把关”：把晨检关、把离园关，和家长签订目标责任书。营养工作做到两避

10月11日，江孜县第一幼儿园教师在舞蹈房开讲爱国主义公开课《国旗飘飘》，图为公开课现场

免：避免食物中毒，避免烫伤事故。午睡环节做到“两注意”：注意体弱儿童、注意异常情况。户外活动环节做到“三检查”：检查场地、检查活动器械、检查人数。帮助幼儿树立安全意识。2021年，开展“开学第一课消防安全教育”“反恐防暴常演练，筑牢安全大防线”“疫情防控应急演练”“全国消防安全日，消防演练活动”“文明交通，安全出行”等活动。利用班级家长会、家长园地等，让家长参与对孩子自我保护能力的培养。利用各类假期家长会以及5月20日召开的“共话饮食健康，助力幼儿成长”伙食委员会、10月13日召开的“为群众办实事”家长委员会座谈会等，开展安全教育。校园领导与相关人员签订安全工作管理标准。每月定期排查，重点对幼儿园消防安全、视频监控、校园周边环境、各处护角安全、伙房水电安全等进行自查。成立安全领导小组，安排专人对设施、不安全因素开展检查。

【文化活动】 2021年，江孜县第一幼儿园组织召开“学党史 听党话 感党恩 跟党走”西藏百万农奴解放纪念日红歌传唱活动，“雅言传承文明，经典浸润人生”中华经典诵写讲大赛，“永远跟随党，永远心怀热烈”六一会演，“幼小衔接 助力成长”我要上小学活动，中国共产党成立100周年纪念日系列活动，“遇见未来”毕业系列活动，“学史力行，与爱同行共成长”爱心传递活动，“与爱同行，喜迎冬奥”冬季运动会。

【教研教学】 2021年，江孜县第一幼儿园以年级组单位开展多次研讨，听课及改进后，生成4个优质课。组织教师开展“如何写好简报、活动方案培训”“幼

12月10日，江孜县第一幼儿园举行“与爱同行，喜迎冬奥”冬季运动会，图为幼儿篮球操表演

儿教师日常礼仪培训”“师德师风宣誓活动”“探索幼儿教师职业定位”“关于疫情防控知识培训”“Word 封面、边框设计培训”等；开展教师“岗位练兵”活动——教师信息技术应用能力考核、教师公开课活动、教师专业能力竞赛（唱）等活动。

以“以研促教，教学相长”为载体举办一系列活动；在每周二与周四开展体能大循环活动；开展美工室教学活动观摩、3~6 岁幼儿绘画能力发展培训、教师简笔画培训；开展中国民族民间舞蹈培训；开发幼儿“角色游戏室”“美工室”“体验室”“舞蹈房”。

利用幼儿园外墙，形成以班级为单位的“班级教育教学公示栏”，以园为单位的“教研公示栏”。各班级教师通过图片形式将班级内各项活动展示给家长。

（夏　欢　王志雅）

7月10日，江孜县第二幼儿园举行大班毕业典礼，图为毕业班学生发表毕业感言

江孜县第二幼儿园

【学校管理】 年内，江孜县第二幼儿园完善各项制度、制定各项预案，明确各岗位人员职责。2021 年，江孜县第二幼儿园以“一月一主题”教育模式为载体开展教育教学活动，以游戏为主要活动形式，保障孩子每天不少于 2 小时的户外活动时间，开设舞蹈、主持、手工、足球 4 门特色课程。

实行园长负责制，各部门负责人进行协调和配合；班级管理实行班主任负责制，采用“接送卡”的方式与家长交接孩子；各班每周对孩子进行一次专题安全教育活动并定期不定期地进行防火、防震等安全演练，每月进行 1 次以上安全隐患大排查。严格执行门卫制度，外来人员不得随意进出。

【安全工作】 落实“一岗双责”制。召开专题安全工作会议；定期向幼儿进行安全教育。建立幼儿保护机制。每天对幼儿进行晨检，孩子入园时测量体温、记录追踪登记；放学后组织教师护送孩子至家长手中。通过幼儿成长记录册、微信公众号、家长委员会会议等形式开展家长工作，加强家园合作。支持家长参与幼儿园管理，参加园中亲子活动及大型活动。

组织食堂工作人员学习《饮食卫生制度》《炊事员工作制度》《食品留样制度》相关知识。按照统一采购点采购，蔬菜、面包、牛肉等采购时跟供应商签订合同。加强食堂进货验收工作。实行幼儿食品专人验收，开展食堂进货登记。

【教学教研】 年内，组织和鼓励教师在实际的教学活动中学习贯彻《3~6 岁儿童学习与发展指南》《幼儿园教育指导纲要（试行）》，对教师的备课本和听课记录本、观察记录、教学笔记的撰写定期进行查阅和指导。

对年轻教师进行一对一帮扶

3月19日，江孜县第二幼儿园开展2021—2022年第一学期保育员技能考核，图为参考教师合影

和教学活动观摩指导。对班级主题墙面设计和主题活动的开展进行观摩和交流。

利用民族团结教育基地，活动室、走廊区角、走廊等幼儿园现有的场地，开辟区域游戏活动的空间。根据具体情况，实施国家、地方课程，建设和开发园本课程，拓宽课程内容。

由外出培训的老师回到园内对全园教师进行二次培训。学习援藏教育项目——欢飞乐。年内，利用多媒体教学，制作课件、引进"欢飞乐"动漫课程等。

开展"参观民族团结教育基地""糌粑的制作""酥油的制作"等民族特色活动；"废旧轮胎""纸壳飞盘"等实操活动；"瓶子乐器""纸杯传声筒"等废弃旧物品制作活动。

（巴桑贵吉）

文化旅游管理

【概　况】 截至2021年末，江孜县有文化艺术馆1个，乡（镇）综合文化站19个，行政村文艺演出队155支。

【公共文化服务体系】 2021年，县综合文化活动中心开展活动15场次，开展培训7场次，受训人数200余人次；乡（镇）综合文化站开展活动89场次，开展各类培训41场次，受训人数743人次；村级文艺演出队创编新节目151个，开展演出451场次，观众达到4080人次。

年内，举办江孜县民间文化挖掘与新时代优秀作品创作培训班、中国民族民间舞蹈等级考试师资培训班、藏棋培训班、艺术团演员基本功训练培训班等，受训人数300人次。邀请自治区民族乐器专家，9月14日起开展为期3个月的江孜县"三区"人才支持计划民族乐器六弦琴、笛子、二胡、扬琴培训班。选派县艺术团34名演员对全县155支行政村文艺演出队、2466名演职人员开展文艺指导。

【群众文化活动】 2021年，江孜县举办江孜县"3·28"西藏百万农奴解放纪念日文艺演出，江孜县庆祝中国共产党成立100周年、西藏和平解放70周年行政村文艺演出，江孜县"唱支山歌给党听"大家唱群众歌咏比赛，江孜县庆祝中国共产党成立100周年、西藏和平解放70周年文艺晚会；组织县艺术团、各行政村文艺演出队和社会各界文艺爱好者编排节目进行文艺演出。结合民族团结进步创建活动等内容，组织县艺术团相继在白居寺、各部队开展"民族团结进军营""民族团结进寺庙""我们的节日·中秋"等演出宣传活动。开展"珠峰讲堂颂党恩、边疆儿女笑开颜"中共十九届六中全会精神宣讲暖冬实践行动文艺巡演活动。围绕"戏曲进乡村"活动，县艺术团曲艺队、卡堆乡藏戏队等到各乡（村）开展戏曲、曲艺巡演活动。年内，江孜县开展民族团结相关文艺下乡演出总数达 72 场次，观众达 2 万余人次。

【文艺事业】 2021 年，县艺术团创作民族团结相关小品《党的政策暖人心》《新时代幸福生活》等作品 13 部。作品《播种希望》入选由西藏自治区文联、日喀则市人民政府主办的 2021 年“百年盛世、美丽日喀则”珠峰摄影大赛。作品《播种希望》《早晨的太阳》分别获江孜县 2021 年“党的光辉照边疆”书法摄影比赛一等奖、三等奖。作品《党的政策暖人心》获日喀则市 2021 年相声小品大赛优秀奖。作品《早晨的太阳》入选由西藏自治区人民政府、中国文联主办的 2021 年“第十四届西藏珠穆朗玛摄影大展”。在 2021 年全区庆祝中国共产党成立 100 周年和西藏和平解放 70 周年大型综艺节目《格桑花开》特别节目《青稞飘香》中的民族团结相关文艺节目《幸福不忘感党恩》获得曲艺比赛第一名。

12月16日，江孜县召开2021年“三区”人才支持计划文化专项乐器培训班汇报会，图为汇报表演现场

【文化遗产保护】 截至 2021 年末，江孜县有全国重点文物保护单位 3 处、自治区级文化保护单位 12 处、市级文物保护单位 1 处、县级文物保护单位 23 处、中国历史文化名街 1 处（加日郊老街）。有国家级非物质文化遗产代表性项目 3 项、自治区级非物质文化遗产代表性项目 4 项。年内，江孜县申报并获批国家级非物质文化遗产名录项目藏族唐卡（齐吾岗派）（后藏），申报并获批市级非物质文化遗产名录项目宗堆洛谐。年内，实施江孜卡垫织造技艺、江孜达玛节国家级非物质文化遗产项目和达果米果、藏族唐卡（齐吾岗）（后藏）自治区级非物质文化遗产项目图书、影像资料整理工作。实施“非遗扶贫就业工坊”建设工作。开展“文化和自然遗产日”非物质文化遗产宣传活动，宣传《日喀则市非物质文化遗产条例》等。以“非遗进校园”活动为契机，开展非物质文化遗产在学校的宣传教育。开展“戏曲进乡村”活动，加大卡堆藏戏队等民间各类戏曲班子的保护与传承工作。县文化和旅游局与非物质文化遗产项目代表性传承人签订目标责任书，明确年度工作任务；开展日常监督，了解非物质文化遗产项目代表性传承人的履职情况；加强非物质文化遗产项目代表性传承人对本职工作总结自查；引导非物质文化遗产项目代表性传承人开展传承工作。11 月，江孜县 5 名非物质文化遗产项目代表性传承人参加 2021 年日喀则市非物质文化遗产项目代表性传承人第一期培训班。按照国家级非物质文化遗产代表性传承人补助经费 2 万元、自治区级非物质文化遗产代表性传承人补助经费 1 万元、市级非物质文化遗产代表性传承人补助经费 3000 元的标准，落实各类非物质文化遗产保护资金。

【文化市场管理】 全年共出动

文化旅游执法人员210人次，出动执法车辆10辆，检查经营单位36家，排查安全隐患4家，下发疫情防控宣传海报30余张，更新“双码（健康码、行程码）”标志13张，责令整改通知2份，口头警告5家，下架劣质盗版书籍5册、盗版经书2册，删除网络有害信息10条。

4月12日，与县城内2家网吧、2家图书零售店、12家打字复印店分别签订2021年的安全目标责任书。签订《互联网上网服务安全管理责任书》《打字复印店安全管理目标责任书》《图书零售店安全管理责任书》，讲解有关协议内容和注意的事项。

【文物普查】 截至2021年末，江孜县有不可移动文物78处，其中全国文物保护单位3处（宗山抗英遗址、白居寺、帕拉庄园）、自治区级文化保护单位12处（热龙寺、贵龙日追寺、古如拉康等）、市级文物保护单位1处（香波墓群地）、县级文物保护单位23处、中国历史文化名街1处（加日郊老街，于2012年6月获批）；可移动文物中已登记一级文物95件（包括丝绸文物66件）、二级文物219件（包括丝绸文物133件）、三级文物1009件（包括丝绸文物174件）、一般文物830件（包括丝绸文物62件）、待定级文物766件；石刻文物中岩画31幅、摩崖造像2个、摩崖文字1个、刻字石碑2个、造像碑53个、石刻造像1723个、玛尼石357个、石刻（雕）建筑构件1座、玛尼石群4座。组织专职人员对已建立档案资料进行排查，对帕拉庄园文物记录档案制作进行完善补齐，新建档文物800余件，并安排专人负责管理、专柜存档。

【文物管理与保护】 2021年，县文化和旅游局重新核实全县文物保护点标牌内容中所刻文保单位级别、名称、公布机关、日期、竖标单位等内容，对问题开展整改。推进江孜县部分革命文物遗址普查调研工作。对已建立的文物档案资料进行排查，并安排专人负责管档、专柜存档。建立完善文物安全工作联席会议制度及防火、防盗等文物安全联动机制及联合巡查检查机制。每季度开展1次以上辖区文物保护单位安全大检查。搜集整理《江孜革命史概况整理内容》及相关文献资料。筹划“弘扬光荣传统 赓续红色血脉——中共江孜分工委红色文化教育馆”建设项目。开展文物维修项目日追寺维修、帕拉庄园屋面阿嘎维修等。

【旅游基础】 江孜县申报国家AAAA级旅游景区1处（江孜县英雄古城文化旅游景区）、有国家AAA级旅游景区3处（宗山抗英遗址、卡若拉冰川景区、帕拉庄园景区）、国家A级旅游景区1处（热龙寺景区）、非A级旅游景区8处。全县有星级酒店6家，商务酒店3家，其中三星

7月20日，江孜县文化和旅游局开展文物宗山寻碑记保护工作，图为工作人员查看文物受损情况

级酒店 4 家、二星级酒店 2 家。

【旅游经济】2021 年，江孜县共接待游客万 56.47 万人次，同比增长 7.3%，全部为内宾，实现旅游综合收入 1.01 亿元，同比增长 199.3%（2021 年，根据日喀则市文化和旅游局要求，旅游相关数据统计口径有所调整完善）。

【旅游惠民】2021 年，江孜县农牧民群众参与旅游业实现转移就业达 281 人次。其中大学毕业生就业者 12 人，实现就业收入 114.93 万元；月收入 1500 元以下 10 人，月收入在 1500~3000 元之间的有 70 人，月收入在 3000 元以上的 201 人。

【旅游项目建设】打造“江孜县英雄古城文化旅游景区”，推进国家 AAAA 级旅游景区创建工作，截至年末，通过市级评审，完成各重要节点的设计，项目报备至自治区旅游发展厅。推进“江孜县加日郊老街特色民宿建设项目”，开展加日郊老街特色民宿的建设运营。申报国家旅游基础设施提升专项资金，申报“江孜县游客服务中心建设项目”“江孜县公共服务设施建设项目二期”“宗山抗英遗址红色旅游 AAAA 级景区基础设施提升项目”“江孜县 A 级旅游景区基础设施提升项目”。争取落实非遗展示馆项目，开展旅游特色产品展销、文创体验及“江孜印迹”“极地踏歌”“朗萨文波”等文艺演出。

8月3日，江孜县召开创建AAAA级景区规划思路汇报会，图为会议现场

【旅游市场监管】江孜县文化市场综合行政执法大队对江孜县辖区内的国家 A 级旅游景区、景点、星级酒店、网吧（网咖）及歌曲娱乐场所等，开展疫情防控检查工作 25 次。其中，联合县公安局、县市场监督管理局、县消防救援大队对娱乐场所进行疫情防控专项整治行动共 6 次。年内，江孜县旅游市场综合行政执法队共收到旅游投诉 6 起。其中电话投诉 2 起，网络舆情 4 起，年内全部办结。接受信访案件 1 起，年内办结，办结率 100%。

【旅游培训】12 月 27 至 29 日，江孜县文化和旅游局举办文化旅游从业人员培训班。培训邀请四川农业大学商旅学院 4 名教师进行授课，主要围绕旅游景区服务质量提升、旅游文明服务及讲解服务技能，酒店前台接待、餐饮服务、客房服务，乡村旅游与乡村振兴、旅游营销策略等内容进行授课。培训共设置 4 项课程和 1 个座谈会。全县旅游景区（景点）、星级宾馆、特色藏餐、乡村旅游从业人员 200 余人参加培训。

（丹　增）

藏语言及编译工作

【翻译工作】2021 年，江孜县藏语文工作委员会办公室（简称“县藏语委办”，同时加挂江孜县编译局牌子）完成2021年乡村换届各项重大会议材料，各级党委、政府系列决策部署和政策性文件及主要领导讲话、发言提纲，县直各部门、各商贩有关规范用语文件、资料的翻译任务。全年共翻译各类文件材料300余份，完成《江孜地名录》编纂工作（藏汉版）和全县藏语、汉语培训任务。并为各级领导开展工作现场翻译和会议同声翻译工作。

3月14日，江孜县编译局组织人员在江孜宗山广场开展藏文标准术语宣传，图为群众翻看宣传资料

【宣传活动】 2021年，县藏语委办对县内各广告店下发《规范使用社会用字的通知》，宣传藏语文规范用字相关知识并要求各类社会用字必须由县编译局审核、校对。年内，在江孜县宗山广场组织藏语文规范用字宣传，累计发放宣传资料500余份。

【社会用字检查整改】 2021年，县编译局联合全县19个乡（镇）和县教育局、县委宣传部、县市场监督管理局、县税务局、县公安局、县城市管理和综合执法局等部门，研究制定《关于加强藏语文社会用字检查整改工作的实施方案》。坚持“属地管理”原则，由县藏语文工作委员会办公室主要负责，县教育局、县民政局、县市场监督管理局、县税务局、县公安局、县交通运输局、县文化和旅游局、县内景区管理部门等联合开展社会用字检查整改工作。

年内，县编译局联合县委宣传部、县市场监督管理局、县税务局、县公安局、县城市管理和综合执法局等部门，对全县的社会用字方面进行大检查。共计检查个体工商户、窗口行业2000余家。其中，需要整改的招牌23个（没有藏语译文的4个，顺序混乱2个，译文不准确、比例失调的、错字、漏字、无招牌11个，其他需要更换的6个）。同时，组织对县域内各单位以及各乡（镇）的公章、文件头、信封、证件、会标、宣传栏等藏语文社会用字情况进行检查整改。年内，开展整改验收走访7次，下发整改通知书200余份。

【培训指导】 县编译局对全县范围内的街道、党政机关、窗口行业、路识标牌、广告牌、商户门牌的藏语汉语翻译、文字书写、比例布局、名称统一等情况进行检查。针对检查中发现的问题及时要求其相关单位或个人限期整改到位。同时对各广告店下发《规范使用社会用字的通知》，要求各类社会用字必须由县编译局审核、校对。

（次仁潘多）

科 技

中國歷史文化名城

科学技术管理

【概 况】2021年，江孜县科学技术局以乡村振兴战略为依托，扩大创新链、部署产业链，注重先进农牧技术的引进、示范和推广，探索科技兴农助农惠农的新机制和新路子，发展科技特色产业，推动科技成果转化。

【项目建设】2021年，县科学技术局编制“十四五”规划科技重点项目计划库。确定“十四五”规划科技重点项目13个，涵盖区域创新、示范推广、产业帮扶、基础配套4个方面。申报项目1个。年内，与中国科学院微生物研究所联合申报“肚菌和大球盖菌种选育和优质栽培关键技术研究与推广示范项目”，于2021年12月批准落地，总投资129万元，项目资金由西藏自治区科学技术厅全额拨付。实施续建项目2个，脱毒马铃薯高效优质栽培技术和优质马铃薯高标准规范种植技术示范项目，年内实施完毕，续建资金20.84万元。

【农业科技】2021年，县科学技术局推进农牧业产业结构调整。实施良种青稞、优质马铃薯、“两羊两牛”改造、传统藏鸡等种植养殖试点工作，选育优质品种，总结推广高产、高效的种植养殖模式，推动农牧产品的深加工、细加工。

【科技成果转化】2021年，县科学技术局与西藏农牧学院签订战略合作框架协议，与中国科学院微生物研究所、广东省农科院、西藏农牧科学院确立合作意向。在已引进高原温室控制技术、蔬菜工厂化育苗技术、蔬菜花卉无土栽培技术的基础上，实践白肉灵芝人工栽培技术、藏红花人工栽培技术、高原食药菌菌包制备技术。加快科技科普基地建设，完善红河谷现代农业科技示范园区和热旦岗村食用菌基地功能，争取资金20万元，建成热龙乡小学科技馆，提档升级江孜县第一中学、江孜县闵行中学科技馆。

3月22日，江孜县科学技术局组织科技专干到江孜县沙棘特色产业园进行实地观摩，图为科技专干查看沙棘苗木生长情况

【科技精准扶贫】探索出“公司+基地+农户”“合作社+基地+贫困户”的经营管理模式。2021年，西藏桑旦岗青稞酒业有限责任公司共计销售江孜青稞酒46.06万件，营业额达2353万元，实现盈利305万元，兑现青稞深加工整个项目产业分红481户，分红金额114.96万元；日喀则藏研食品有限公司累计实现产值3000余万元，纳税200余万元，收粮溢价带动当地农牧民增收200余万元，就业增收110余万元。

【人才培养】2021年，县科学技术局以审批的方式聘任科技特派员304人；分3批考招117名大学生科技专干；从畜牧、农学等基层科技领域等选聘6名“三区”科技人才，并与“三区”科技人才签订服务协议；从基层挖

3月19日，江孜县科学技术局在年堆乡开展科技特派员专业化技能提升培训，图为培训现场

掘 3 名乡土科技人才作为科技科普带头人，进行重点培养。全年开展科技特派员专业化培训 1 次和新聘任科技专干职能技术培训 2 次。发放科技特派员补助资金 182.4 万元，出台《江孜县农牧民科技特派员管理细则》《江孜县大学生村（居）科技专干管理办法》等。

【科普工作】2021 年，组建江孜县科学普及志愿者服务总队，招募队员 22 人，组建乡（镇）科学普及志愿者服务分队 18 支，结合科技活动周、全国科普日、“科技五下乡”，开展科普进机关、进校园、进乡村社区、进合作社、进寺庙活动，围绕垃圾转运处理、新冠肺炎疫情防控、“三高”污染防治、消防安全等社会热点和焦点进行科普宣传；张贴防疫知识、卫生常识以及种植养殖技术等科学知识各类科普宣传海报 200 余份，发放知识手册 300 余册，利用全县科技特派员服务微信平台转发转载藏语汉语版科普知识 1000 余条。

【科技实用技能培训】2021 年，组织科技特派员、科技专干在田间地头开设“流动课堂”1300 余场次，演示田间管理、病虫害防治、防旱防汛等实用技术，传授科学施肥施药方法；邀请自治区内、外种植养殖领域的专家学者、“三区”科技人才、县农牧综合服务中心高级兽医师等，为群众开展专门技术培训及技术指导 7 场次，传授土地肥力提升、种植养殖技术、农机操作、气象观察及常见疫病防控知识。

（杨　雄）

气　象

【概　况】2021 年，江孜县年平均气温 7.2℃，较常年值（4.9℃）高 2.3℃，年最高气温 27.1℃，年最低气温 -23.2℃。年降水量 267.6 毫米，较常年值（287.3 毫米）少 19.7 毫米。年日照时数为 3697.1 小时，无霜期 139 天，年内风速 ≥ 17 米 / 秒的大风日 49 天。

江孜县属于高原温带季风半干旱气候区，夏季雨水充沛集中，冬季干旱少雨雪，太阳辐射强，日温差大，年温差小。冬季全县气温偏高，降水偏少，日照时数偏多；春季全县气温偏高，降水偏少，日照时数偏多；夏季全县气温基本正常，降水基本正常或略多，日照时数偏多；秋季全县气温偏高，降水偏多，日照偏多。

【主要气候事件】2021 年，江孜县极端天气气候事件和气象灾害频发，年内出现强降水、冰雹、大风等气象灾害。根据气象灾情管理系统统计，年内全县共发生灾害 9 次，其中强降水洪涝 4 次，据不完全统计直接经济损失达 3.4 万元。冰雹 5 次，据不完全统计造成直接经济损失 27.85 万元。灾害主要发生在藏改乡、纳如乡、康卓乡、卡堆乡。

2021年江孜县气象灾害受灾情况一览表

表6

发生时间	灾害种类	受灾地点	受灾情况	经济损失（万元）
7月10日	强降水	藏改乡达尔村	农作物受灾50.58亩（重灾30.23亩，绝收20.35亩）	—
7月10日	冰雹伴强降水	藏改乡楚古村	幸福水渠西达桥水坝冲毁，淹没种子田5.8亩	—
7月10日	强降水	藏改乡亚益村	水坝冲毁25米，农作物受灾8.3亩	—
7月10日	强降水	藏改乡藏改村	农作物受灾28亩	—
7月12日	冰雹伴强降水	康卓乡吉定村	农作物受灾121亩，绝收1亩	5.45
7月12日	冰雹伴强降水	康卓乡纳如村	农作物受灾300亩，减产300亩	4.41
7月14日	强降水	纳如乡吐如岗村	农作物受灾3亩，绝收1.31亩	2.6
7月23日	强降水	卡堆乡卡吾村	农作物受灾130亩	4.6
7月23日	强降水	卡堆乡年普村	农作物受灾100亩	6
7月30日	冰雹	纳如乡日括村	农作物受灾460亩，绝收3亩	—

【气象服务】 2021年，县气象局为西藏和平解放70周年、中国共产党成立100周年活动开展气象保障服务。利用713雷达，开展江孜县人工影响天气作业指挥，为江孜县重大活动开展短临预报。针对江孜县气候特点与服务需求，除常规气象服务外，开展田间调查1次，开展灾情调查3次，制作发布预警信息2期、春运气象服务40期、地质灾害52期、农情报19期、天气消息29期、降水实况123期、秋收气象服务专报2期、大庆服务专报13期，各级党委、政府和相关部门转发或引用决策服务材料37次。

8月11日，江孜县气象局开展汛期气象服务情况检查，图为查看为农气象服务站工作开展情况

【人工影响天气作业】 2021年，江孜县管辖的19个人工影响天气作业点全部实现标准化。江孜县人民政府投资136万元更换8个作业点的高炮，投资10万元重建紫金乡作业点围墙。全年，江孜县共开展134人次人工影响天气作业，发射2066枚高炮弹，投入与产值比例达到1：36。

【防雷体制改革】 2021年，县气象局与江孜县各部门联合开展防雷安全执法工作3次，在重大活动期间加强防雷安全执法检查，并全程做音频视频记录。与江孜县相关场所主要负责人签订2021年防雷安全责任书，并开展安全检查2次，多部门联合执法3次。制定防雷安全管理机制。

2021年汛前，县气象局对3县39个乡（镇）的学校、卫生院、政府、医院等2层楼以上建筑开展防雷安全执法检查工作，并将存在的问题报送至相关部门，提出整改工作方案。年内，累计对易燃易爆场所联合执法2次，日常检查4次，对人员密集场所执法检查2次，提交整改意见2次。

【人才队伍建设】 2021年，江孜县引进通信工程专业人才1人。组织气象人员参加各类培训8人次（参加南京信息工程大学气象部门计财业务系统县级财务人员培训班1人次，参加人影火箭实地培训1人次，参加预报和气象综合观测培训2人次，参加自治区组织的业务提升培训3人次，选派兼职纪检员到甘肃省兰州市参加2021年第2期基层气象部门纪检审计培训班1人次）。联合日喀则市、萨迦县、南木林县三地人工影响天气办公室开展人工影响天气实操培训1次。年内，县气象局在车仁乡、康卓乡、卡麦乡更新作业人员3人。

【气象现代化建设】 2021年，县气象局组织对管辖范围内的3县16个乡（镇）自动站围栏进行改造，对金嘎、重孜、加克西、日朗、热索等自动站进行搬迁，36套乡（镇）自动站均达到10×10米标准；协助市气象局业务科建立169自动站，年内投入运行；对辖区自动站开展周维护31站次、月维护25站次、季度维护123站次、年维护3站次。年内，排除国家站故障2次、国家天气站故障1次、区域站故障12次。

【片区化管理】 2021年，县气象局管辖江孜县、仁布县、白朗县三县的气象工作。年内，完成《西藏自治区仁布县气象志》编写。与仁布县气象相关单位共同签发《关于成立仁布县气象防灾减灾指挥部的通知》，并与仁布县73个行政村签订《气象防灾减灾村级行动计划》。完成原仁布县气象局固定资产清查入库工作（入库江孜县气象局）。

按照“地域相近、气候相似、种植结构相同”的原则，县气象局在江孜县、白朗县、仁布县开展气象服务、综合观测、防灾减灾宣传、灾害防御等工作。除常规气象服务外，在3县分别开展田间调查、预警信息、春运气象服务、地质灾害信息、农事情报、天气消息、降水实况、气象服务专报、大庆服务专报等服务。相关服务材料被各级党委、政府和相关部门引用或转发30余次。

【气象扶贫】 2021年，县气象局按照《日喀则市气象助力精准扶贫自动气象站乡（镇）覆盖能力建设工作方案》，促进江孜县、仁布县、白朗县建设36个四要素气象自动站，并与精准扶贫融合，确定站点看护人员，解决当地贫困户就业问题，3县自动站新增看护人员35人，每人每年酬劳4800元。同时，县气象局开展“一对一”扶贫工作，职工通过集资向重孜乡番琼村帮扶对象2户3人捐赠人民币3550元。

（罗　布）

8月11日，西藏自治区昌都市气象局到江孜县开展业务交流，图为实地考察人工影响天气作业开展情况

医疗卫生

中國歷史
文化名城

卫生健康事业

【概　况】 截至2021年末，江孜县共有公立医疗机构175个。有县级医院1所、乡（镇）卫生院19所、村（社区）卫生室155所。民营医院2家，诊所10家。县、乡（镇）、村（居）三级共有医务人员646人，其中县级医院医护人员148人，乡（镇）医护人员185人，村医295人，其他医技人员18人。

【医药卫生体制改革】 12月17日，医共体建设领导小组与县中心医院完成人事交接，逐步实现人事一体化管理。12月24日，江孜县中心医院正式挂牌，实现牵头医院人财物统管、临床专科建设、帮扶成员单位、规范提供服务，各乡（镇）分院承担医疗公卫职能和任务、双向转诊、康复服务、规范签约服务、乡村一体化管理，村卫生室承担签约服务、健康管理、公共卫生的分级诊疗格局。

【基础设施建设】 2021年，江孜县投资1100万元建设基础条件完善的重孜乡中心卫生院建设项目。江孜县卫生健康委员会（简称“县卫生健康委”）通过国家投资及援藏投资1340万元

12月24日，江孜县举行江孜县中心医院成立暨揭牌仪式，图为仪式现场

完成江孜县卫生服务中心改扩建项目、江孜县人民医院新建医用高压氧舱建设项目等一系列重点建设项目。建立健全公共卫生和重大防控救治体系建设。

2021年，江孜县投资290.1万元开展公共卫生和重大防控救治体系建设项目，建立公共卫生和重大防控救治长效机制。投资200万元建设江孜县应急物资保障体系建设项目。

【人才队伍建设】 年内，完善基层公共卫生服务设备及人员配

8月19日，县委书记陈昊（右二）到江孜县人民医院调研疫情防控和医共体建设情况，图为医院领导介绍医共体建设情况

备，通过公开招聘、定向分配等渠道，新增乡（镇）医务人员29人；利用援藏力量开展培训，组织“引进来”12人次，“走出去”8人次，赴上海市浦东新区进修5人次。利用全科医生转岗培训、儿科转岗培训和各类线上培训等方式，组织江孜县各级医疗机构医务人员参加培训，并结合江孜县全科医生培训基地的实训室及“全科医生线上培训云平台”系统，定期对医务人员进行能力考核；采取举办线下培训、跟班学习和中心医院中级以上骨干医师下基层带教、指导等方式，举办乡（镇）卫生院骨干人员培训、乡村医生培训、乡（镇）卫生院妇幼骨干医师培训、核酸样本采集培训等培训；制定乡（镇）卫生院轮流到县人民医院儿科、妇产科等重点科室进行跟班学习，村卫生室在岗村医轮流到乡（镇）卫生院进行专业知识及临床问诊技术的学习制度。

【卫生服务体系】 年内，推进医疗卫生体制改革，完成县域医共体建设，完善县域医疗卫生服务体系。推动分级诊疗、合理诊治和有序就医秩序，健全农村三级医疗卫生服务体系，实现基本医疗卫生服务全覆盖。推进优质服务基层行活动，提升基层医疗机构综合服务能力。提升基层医疗机构的医疗设备水平，配备人脸测温仪、健康一体机等设施设备。组建以县中心医院骨干医师为指导的家庭医生签约团队。

【公共卫生】 年内，推动各项卫生工作完成。建立覆盖县、乡（镇）、村（居）三级公共卫生事件监测预警报告指挥网络体系，基本医疗及公共卫生服务实现网格化覆盖。健全覆盖县、乡、村三级公共卫生事件监测预警报告指挥网络体系及传染病报告管理制度。开展城乡居民健康档案建档工作，对辖区内应建档人群实施应建尽建措施。开展慢性病管理及死因检测工作。开展健康教育和健康促进活动。为适龄儿童免费接种国家免疫规划疫苗。开展辖区内城乡居民及在编僧尼健康体检工作。

【“组团式”医疗人才援藏】 年内，开展“组团式”医疗对口帮扶工作，选拔第六轮“组团式”医疗队从临床到医院管理开展援藏工作。

第六批“组团式”援藏医疗队强化医院新冠疫情防控工作，推动医院防控方案、控措施落地落实；通过远程视频连线，与上海市浦东新区人民医院党建联建新模式；推进医院胸痛救治单元建设，开展前期各项准备工作；推进运用医疗质量品质管理工具1项（品管圈——“提高下肢骨折患者冰敷的规范率”），在全国二级综合性医院大赛中获得三等奖；推广医院VTE防治工作；其间共诊治患者4292人；开展手术52例；开展新技术、新业务8项（腹股沟疝前进路腹膜前间隙修补术、胃空肠吻合术、肝

9月11日，上海市浦东新区精神卫生专家在江孜县开展疑似精神障碍患者诊断，图为诊断现场

总管修补＋胆总管吻合＋T 管引流术、后外踝骨折经后外侧切口入路钢板螺钉内固定术、肩胛骨骨折经腋后缘入路钢板螺钉内固定术、跟骨骨折小切口微创钢板螺钉内固定术、血气分析及冠状动脉 CTA 检查等）；专家会诊 53 次 61 人次；教学查房 56 次 375 人次；疑难病例讨论 37 次 174 人次；专题学术讲座 23 场 450 人次；专科业务及医疗急救技能培训 18 场 1000 余人次；带教进修生、实习生共 8 人；举办医疗义诊 5 次近 120 人；下乡开展学生体检 6 次 760 人次；组织医疗保障 8 次 600 余人；参加院外学术交流会议 6 次；举办医师节相关活动。援藏队员每月按时向市卫生健康委报送工作总结和工作量统计等相关信息。启动胸痛、卒中、创伤三大中心建设，推进 VTE、医疗质量持续性改进等工作，年内，三大中心基层单元网络单位均创建成功并完成授牌。

【健康扶贫】 建立健全医疗资源配置机制，强化县、乡（镇）、村（社区）三级统筹；推进健康乡村建设，提升村卫生室标准化建设；提高基层医疗卫生水平、乡（镇）卫生院医疗服务能力；加强县域紧密型医共体建设。

【藏医药工作】 截至年末，江孜县共有藏医药专业人员 45 人，县乡医疗机构基本实现藏医药服务全覆盖。

【卫生监督】 年内，开展饮用水卫生安全巡查，对学校饮用水、末梢水进行巡查，确保江孜县生活用水安全卫生。开展学校卫生监督，对辖区内学校开展传染病防控工作监督检查，指导学校开展各种防控工作。开展医疗市场监督，打击医疗市场超范围行医现象。

【卫生应急】 年内，实行卫生应急工作全县一盘棋，以降低事件可能造成的危害为原则，领导靠前指挥，业务骨干服从调配。

【妇幼保健】 2021 年，孕产妇建册率达 93%，产检检查率达 97%，产检 5 次以上达到 92%，高危孕产妇跟踪管理、监测、随访和住院分娩率达 100%。开展 7 岁以下岁儿童管理，访视率达 100%。落实农牧区妇女住院分娩补助政策，住院分娩率达 100%。推进预防艾滋病、梅毒和乙肝母婴传播工作，完成孕产妇艾滋病、梅毒和乙肝母婴传播监测工作任务。开展农村妇女“两癌”检查。贯彻出生缺陷综合防治项目，完成预防增补叶酸预防神经管缺陷项目、预防产前筛查项目、预防新生儿疾病筛查项目。推进贫困地区儿童营养改善项目，营养包服用率达到 92%。

【疫情防控】 年内，开展新冠疫苗接种工作。推进核酸检测能力建设。截至年末，江孜县共有 2

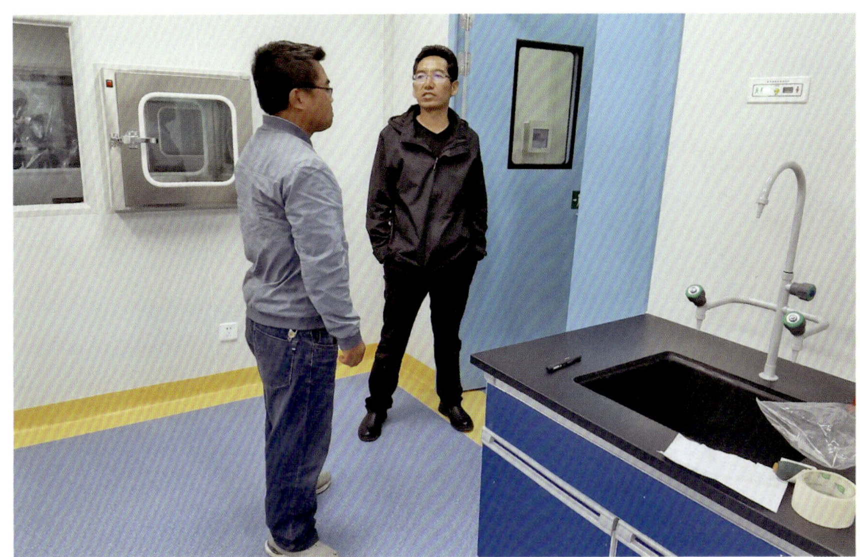

7月17日，县委副书记、县长巴桑（右一）到江孜县县卫生健康委员会调研核酸检测站建设项目，图为参观核酸采集室建设情况

个核酸检测实验室，均已投入使用。发挥东郊一级检查站护城河作用，落实相关隔离和核酸检测措施，严防“输入型”隐患。筹措防疫物资，保障物资储备。开展支援边境县工作，共计派出医务人员 112 人次。加大监督检查力度。成立疫情防控专项督查组，对各乡（镇）、机关单位、快递公司、酒店、商超等开展专项督查，对发现的问题现场指导，责令整改。

（胡专专）

医疗保障

【概　况】 2021 年，江孜县医疗保障局推进医疗保障各项工作落地见效。年内，江孜县城乡居民基本医疗保险参保人数 6.51 万人，参保率达到 98% 以上。

【医疗惠民】 2021 年，城乡居民基本医疗保险人均财政补助标准在 2020 年基础上提高 30 元，达到每人每年 615 元，缴费档次为 280 元、150 元、90 元，报销比例分别为 90%、70%、60%。全县建档立卡脱贫户资助参保缴费实现应保尽保。落实建档立卡脱贫人口参保缴费补贴政策，全县共有建档立卡脱贫人口 11111 人，享受建档立卡脱贫人口资助参保 9592 人，个人缴费 70 元，从医疗救助资金中每人资助参保 210 元，资助金额 201.43 万元。

完全丧失劳动能力的重度残疾人员（一级、二级残疾人员）、特困供养人员、无收入孤寡老人、孤儿、最低生活保障对象、重点优抚对象等困难人群，缴费档次确定为第三档 280 元，共有 1381 人，共计金额 38.67 万元。全额由县医疗救助资金代为缴纳。“6065”人员共 6088 人，由自治区、市两级代为缴纳。

【待遇保障】 落实特困人员医疗保障待遇，强化基本医保、大病保险、医疗救助“三重保障”梯次减负作用。优化县域内定点医疗机构“一站式”结算服务，开辟特困人员绿色服务通道。

执行《日喀则市城乡居民基本医疗保险实施办法》和《日喀则市医疗保障扶贫工作实施方案》，针对建档立卡脱贫人口的倾斜政策，实现基本医保、大病保险和医疗救助三重保障体系全覆盖、全落实，且在第三档次报销比例基础上提升 5%。

城乡居民医疗保险最高支付限额为 6 万元，普通门诊支付最高限额为 300 元。年内，住院报销 2250 人次，报销金额 1176.01 万元，门诊报销 3805 人次，报销金额 178.64 万元。城乡居民医疗救助 1101 人次，救助金额 278.64 万元。办理城镇职工普通住院及门诊特殊病报销 283 人次，报销金额 32.02 万元，城镇职工生育报销 103 人次，报销金额 168.49 万元；办理职工个人账户清户 37 人，清户金额 33 万元；发放 2021

9月9日，江孜县医疗保障局在江孜宗山广场开展医保政策宣讲活动，图为工作人员在布置宣传点

12月14日，江孜县医疗保障局开展“打击欺诈骗保”行动日常检查，图为工作人员在紫丹玛大药房查看医保系统运行情况

年职工体检费2040人，发放金额267.14万元；发放特困人员护理费105人，发放金额8.4万元。

【医药管理服务】 截至2021年末，江孜县共有2家定点医院和5家定点零售药店。年内，成立打击欺诈骗取医疗保险基金领导小组并制定专项检查方案，要求定点医疗机构严格按照目录进行药品销售。县医疗保障局定期不定期联合相关职能部门到各药店开展检查，打击欺诈骗保专项行动，查处定点医药机构7家，其中限期整改定点医药机构6家，扣减保证金5.15万元。并召开典型案例通报会，公开曝光存在的突出问题。

【一站式结算服务】 江孜县定点医疗机构实现“先诊疗后付费”一站式结算服务，全年统筹结算基金1147.46万元。同时与19个乡（镇）卫生院签订定点医疗机构服务协议，推进农牧民群众医疗费用结算业务直接在基层一线办结工作。

（李妮华）

医疗服务

【概　况】 江孜县人民医院占地面积58582.6平方米（江孜县藏医院占地36363.6平方米），建筑面积13738.96平方米（江孜县藏医院建筑面积3924.34平方米）。医院设有150张床位，全院职工203人。医院设有47个部门，21个独立科室。

【业务开展】 2021年，江孜县人民医院接门（急）诊病人9.49万人次，住院病人3448人次，完成各列手术720人次（其中外科手术549台、妇科手术138台、眼科手术33台），开展“内镜食管异物取出治疗术”和“内镜下钛夹止血治疗术”新项目等。截

2月22日，江孜县人民医院开展2021年春季征兵体检工作，图为报名参军青年排队进行体检

至年末，能开展脑外手术、腔镜、肠梗阻术、肠切除吻合术、胃大部切除术、胆囊切除术（腹腔镜）、肝包虫内囊摘除术、肝脾破裂修补术、泌尿系统结石去除及修补术，各种骨折内外固定术、剖宫产术、白内障囊内摘除术等。

【疫情防控】 年内，江孜县人民医院每周对全院职工开展新冠病毒核酸检测工作，检测结果均为阴性。对全院护理人员进行咽拭子核酸标本采集操作培训与考核。全年核酸检测应检 13056 人次，实检 15401 人次。参加核酸试验室间质控，并取得核酸检测人员资质的共 11 人。年内，江孜县人民医院启用防疫“场所码”，凡进入江孜县人民医院人员均需加扫“江孜县人民医院场所码”，并要求全程佩戴口罩。

截至年末，县人民医院完成新冠疫苗第一针接种 58941 人次，第二针接种 55490 人次，第三针接种 15682 人次，3~11 岁接种疫苗 6825 人次。

江孜县开展新冠肺炎疫情防控应急处置演练活动，并设置宗山广场、凌和广场、车仁乡 3 个采样点进行区域性全员核酸检测演练。

【医疗设备】 年内，县人民医院投资 410.7 万余元，购置全自动凝血分析仪、电子肠镜、人体热成像测温仪、血液体液分析仪及特定蛋白分析仪、糖化血红蛋白检测仪等设备。出资 22.15 万元对放射科、污水处理站、氧气站、供应室、电梯等进行第三方特种设备年检维护。截至年末，医院有彩色超声仪、DR 机、16 排螺旋 CT 机、500 毫安 X 光机、全自动血液生化分析仪、全自动血液分析仪、全自动尿液分析仪、全自动电解质分析仪、全自动血凝分析仪、牙科治疗仪全套、医星网络管理系统、B 超、心电图、除颤心多参数监护仪、胃镜、激光治疗仪、眼科手术显微镜、角膜裂隙灯等医疗设备。服务范围覆盖附近 6 个县（亚东县、岗巴县、康马县、白朗县、仁布县、浪卡子县）。

【信息化建设】 年内，江孜县人民医院与中国农业银行江孜县支行签订战略合作协议，将银行系统与医院信息系统连接，通过银行的自助设备、网上银行、电话银行等渠道，为患者提供预约挂号、取号、缴纳药费、查询、打印医疗报告等就医服务。上线“智慧医院”的系统，实现线上线下全覆盖的医疗服务创新模式，推动传统医疗服务模式向移动互联网服务模式转型。另投资 3.86 万元建立设备管理系统。

【人才培养】 年内，江孜县人民医院采取送出去、请进来方式加强人才培养，派出 9 名骨干医护人员名分别到上海市浦东新区人民医院、自治区第一人民医院、自治区藏医院等进修骨科、普外、消化内科、呼吸内科、儿科、口腔、妇科、藏医、高压氧舱等。邀请

5月26日，上海浦东新区人民医院与江孜县人民医院利用远程平台共同开展“沉浸式”音乐党课活动，图为江孜县人民医院活动现场

自治区人民医院、上海浦东新区人民医院等专家教授在县人民医院坐诊、讲学、查房等工作指导。开展院内学习，制定骨干医务人员进修后开展讲座，科内每月一次集体学习，组织全院理论知识考试28次。并根据国家基层卫生健康司《关于推进紧密型县域医疗卫生共同体建设的通知》精神，举行各乡（镇）卫生院管理人员培训，20余人参训。年内派驻32名医护人员到亚东县、定结县、聂拉木县进行抗疫支援。

【巡诊惠民活动】 2021年，江孜县人民医院组织开展贫困户结对帮扶慰问，组织业务骨干医护人员利用春节、中秋节、端午节等节假日，开展“中华民族一家亲,同心共筑中国梦”以及以“服务百姓健康行动”为主题的送医送药、大型义诊活动28次。走访贫困家庭活动8次，送去价值8万余元的药品、生产生活用品等；为全县寺庙僧尼及农牧民开展免费健康体检活动等。

【学术交流】 2021年，江孜县人民医院举办“江孜首届创伤学术交流会”。

【职工代表大会】 年内，县人民医院召开职工代表大会全体会议1次，审议通过“维修数字拍片DR”费用使用事宜，并围绕中心议题对重大问题进行审议，提出意见和建议。推动“三重一大”决策制度落地落实。

【医护节日活动】 8月19日，江孜县人民医院以“弘扬抗疫精神，护佑人民健康”为主题，组织开展防控疫情防护服穿脱比赛、心肺复苏培训、技能考核、评选“标兵医师”等系列医师节活动。5月12日，江孜县人民医院围绕“传承红色基因，创新发展护理”的主题，举办护士节系列活动暨表彰大会。

【品管圈】 江孜县人民医院以“提高下肢骨折患者冰敷的规范率”项目荣获第九届全国医院品管圈大赛二级医院专场三等奖。江孜县人民医院提升医院管理能力，发挥品管圈等质量管理工具在医院管理中的作用，调动一线医护人员的积极性，加强多学科建设，提高信息化水平，提升医院的医疗质量内涵。

【紧密型县域医共体】 年内，江孜县举行“江孜县中心医院”成立暨揭牌仪式。全县20家医院从对口帮扶、技术协作进入互助发展阶段。

【三大中心建设】 年内，江孜县人民医院举行三大中心——胸痛中心、创伤救治中心、卒中中心网络建设单位授牌签约仪式暨培训。

【药事管理】 年内，江孜县人民医院邀请自治区人民医院以及日喀则市药事质控中心专家，对医院药事管理方面存在问题进行现

5月12日，江孜县人民医院举行第110届国际护士节庆祝活动暨表彰大会，图为参会人员合影

场指导及培训。年内，同江孜县市场监督管理局、日喀则市生态环境局江孜县分局以及江孜县公安局治安大队相关工作人员对使用完毕的麻醉药品、第一类精神药品空安瓿和过期药品进行现场集中监督销毁。

【藏医藏药】 年内，县藏医院组织开展藏药材实地普查培训暨鉴别活动。截至年末，县藏医院有藏医专业人员 15 人及护士 4 人。就诊 9907 人次，全年出院 300 人次，能制剂常用藏药 68 个，未设独立机构。

【重点项目建设】 2021 年，县人民医院总投资 2340 万元，完成新医技妇幼楼建设项目。投资 530 万元，新建藏医院制剂室（援藏资金投资 430 万元）。投资 317 万元，添置藏医院制剂室设施设备及开展藏医院文化室建设。援藏投资 200 万元新建完成高压氧舱项目。

（达瓦桑布）

疾病防控

【新冠疫情防控】 2021 年，江孜县疾病预防控制中心（简称“县疾控中心”）完成核酸实验室的建设并投入使用。年内，对 51 人开展流行病学调查，对 352 人进行核酸采样，指导消杀工作 23 次，开展应急保障活动 16 次，开展专项督导检查 22 次，开展预防性消杀工作 16 次。

【传染病防控】 2021 年，江孜县共发生 373 例传染病，分别是细菌性痢疾、结核病、手足口病、水痘、风疹、腮腺炎、乙肝等，发病率为 548.5/10 万，其中发病人数最多为手足口病，人数为 163 例，占传染病发病总数 43.7%。实行疫情每日“零”报告制度，疫情信息报告率保持在 99% 以上，报告疫情信息准确率达到 100%，处置率达到 100%，没有出现人员死亡和扩大疫情蔓延情况。

2021 年，江孜县共登记结核病人 75 例，其中新涂阳 22 例，治愈 6 例，结核病人系统管理 75 例，系统管理率 100%，其中结核死亡 1 例，完成疗程 7 例，失败 1 例，无丢失病人，诊断变更 5 例，不良反应 11 例，转入耐多药治疗 2 例。

3月19日，江孜县疾病预防控制中心工作人员到江孜县高级中学开展结核病防治筛查工作，图为学生排队做血液检测

12 月 1 日，县疾控中心在英雄南路举行艾滋病宣传活动。悬挂“携手抗艾、重在预防”横幅，摆放艾滋病主题宣传展板，发放宣传艾滋病宣传资料、安全套等。现场共有 500 余人参与，摆放艾滋病展板 2 版，发放安全套 1000 余支，宣传材料 800 余份。

【免疫预防管理】 2021 年，江孜县完成新冠疫苗接种 12.07 万人次，其中第一剂接种应接种数 6.2 万人次，实接种数 5.86 万人次，接种率为 94.52%。第二剂接种应接种数 6.2 万人，实

2021年江孜县儿童基础免疫接种情况一览表

表7

疫苗种类	应种人数（人）	实种人数（人）	接种率（%）
乙肝疫苗	2225	2172	98
乙肝首针	676	673	99
卡介苗	719	702	97
脊髓灰质炎疫苗	2354	2228	95
百白破疫苗	2721	2495	92
麻腮风疫苗	890	828	93

2021年江孜县儿童加强免疫及扩大免疫接种情况一览表

表8

疫苗种类	应种人数（人）	实种人数（人）	接种率（%）
百白破疫苗	1161	982	85
脊髓灰质炎疫苗	871	827	95
麻腮风疫苗	912	872	96
A群流脑疫苗	1743	1692	97
A+C流脑疫苗	2780	1610	58
甲肝疫苗	913	858	94

接种数4.56万人次，接种率为73.55%。第三剂实接种数为6326人次。3~11岁第一剂应接种数为1.05万人次，实接种数为1.02万人次，接种率为97.14%。

4月25日，县疾控中心组织开展计划免疫宣传日活动。

2021年，全县新出生儿建卡、建证率达100%。

9月1至20日，对全县所有小学和幼儿园开展接种证查验工作，应查验儿童3103人，实查人数儿童3096人，查验覆盖率99.77%。带接种证人数3086人，建立卡证率100%。疫苗应补种针824剂次，实补种人数554人。

各乡（镇）开展15岁以下适龄儿童疫苗查漏补种工作，共对295名儿童进行相应疫苗补种，脊灰糖丸补种295剂次。

【卫生应急】 年内，县疾控中心完善突发公共卫生事件防治工作预案，开展人员、设备、物质、消毒药品的各项准备工作。年内，

7月21日，江孜县疾病预防控制中心开展丰水期末梢水采样检测工作，图为采样现场

3月4日，江孜县疾病预防控制中心工作人员到江孜县第一中学开展健康教育宣传，图为工作人员为学生讲解艾滋病防治知识

应急接种麻腮风疫苗 1646 剂次。

【卫生监测】 年内，县疾控中心开展饮用水监测工作。丰水期和枯水期总共采样送检 88 份水样，经检测全部饮用水样品均达到指标要求。开展死因监测工作，全年总死亡人数317人，死亡率4.6‰。

【地方病防治】 2021 年，江孜县对 300 户居民食用碘盐进行全定量检测，经检测居民食用碘盐合格率达到 95% 以上；全县棘球蚴病筛查人数 3000 人（农牧民 2000 人、学生 1000 人），收集采样犬粪 1207 份，啮齿类动物 500 份，检测 100 只绵羊内脏采样病变脏器份数为 14 份。

【慢性病防控】 2021 年，江孜县开展特殊人群家庭医生签约服务工作，开展慢性病摸底工作，开展慢性病管理，依托乡（镇）卫生院、村卫生室建立慢性病防控的三级网络。

（顿珠扎西、次平）

社会事业

中國歷史
文化名城

民　政

【概　况】2021年，江孜县农村最低生活保障标准提高到每人每年5060元，城镇最低生活保障标准提高到每人每月910元，全年共保障城乡最低生活保障对象995人（城镇144人，农村851人），落实城乡最低生活保障资金342.05万元；集中特困人员供养标准提高到每人每年14196元，分散特困人员供养标准提高到每人每年7590元，全年共保障城乡特困供养对象143人（分散105人，集中38人），落实特困供养资金133.41万元；乡（镇）临时救助备用金制度实现19个乡（镇）全覆盖，全年进行临时救助165人次，落实临时救助资金159万元。

【社会福利】年内，由上海市民政局牵头，上海复兴公益基金会为江孜县特困人员集中供养服务中心捐赠价值30万元的物资。完善分散特困供养人员照料服务，按照“分类定标、差异服务”的要求，乡（镇）人民政府、村（居）委会、近亲属与分散供养特困人员、照料服务人签订委托照料协议。

2021年，全县共有留守儿童103人、困境儿童147人、事实无人抚养儿童8人。全县共配备村（居）儿童主任155人，乡（镇）儿童督导员19人。

【婚姻登记】2021年，江孜县婚姻登记取消单身证明材料，执行离婚冷静期制度。全年共办理结婚登记594对，离婚登记72对，实现登记合格率100%，档案归档率100%。

【基层政权建设】年内，指导完成全县155个村（居）村规民约、居民公约的制定完善工作。巩固落实基层政权领域扫黑除恶排查整治工作。3月，在村（居）“两委”换届工作完成后，指导各乡（镇）在全国基层政权信息系统中完成村委会成员信息录入工作，并为各村（居）更换村居统一社会信用代码证。配合县委组织部门完成全县155个村（居）“两委”换届选举工作，并于4月组织开展新任村（居）主任的技能培训工作。鼓励社区工作者、民政助理员、志愿者等参加社会工作者考试，1人获得全国社会工作者职业资格证书。

【区划地名】年内，县民政局以服务全县经济建设和群众生活为出发点和落脚点，开展区划地名工作，以规范地名、创建平安边界为抓手，提高区划地名工作服务和管理水平。

【慈善基金运营管理】2021年8月23日，江孜县慈善协会正式成立，组织召开江孜县慈善协会成立大会暨揭牌仪式。10月25日，组织召开江孜县慈善协会第一届会员代表大会，审议通过《江

7月30日，上海复星公益基金会助力江孜县日托中心建设项目揭牌暨签约仪式举行，图为参加仪式领导和日托中心老人合影

孜县慈善协会章程》，选举产生会长1人、副会长7人、秘书长1人、理事8人。截至年末，江孜县慈善协会共招募单位会员88个，个人会员2541个，募集慈善善款共计1001万余元。年内，江孜县慈善协会为江孜县3个家庭实施大病救助项目，发放慈善救助资金28万元。

【“双集中”工作】 年内，江孜县巩固特困人员集中供养和孤弃儿童集中收养“双集中”工作。全县38名有集中供养意愿的特困老人在江孜县特困人员集中供养服务中心集中供养，49名孤弃儿童在日喀则市儿童福利一院、二院集中收养，“双集中”率达100%。

【流浪乞讨人员救助管理】 年内，县民政局与县城市管理和综合执法局、县公安局、县卫生健康委、县教育局、县民族宗教事务局、县司法局等部门联系，联合开展救助工作。动员社会力量参与，发动商铺、饭馆、环卫等热心群众提供流浪乞讨人员求助线索。将生活确实存在困难的家庭纳入最低生活保障等相关救助政策。将辖区内4名流浪乞讨人员送到日喀则市流浪乞讨救助管理站进行扶贫技能培训。开展以“寒冬送温暖”“夏季送清凉”为主题的专项救助和日常巡街救助工作。全年共对42名自治区外流浪乞讨人员进行救助，发放救助资金3600元。将辖区内符合条件的经常性流浪乞讨人员纳入城乡最低生活保障等救助政策。

【城乡社区建设】 年内，协助组织部门开展村（居）党组织书记的教育培训工作，鼓励村（居）党组织书记“上讲台、讲党课”；开展党员先锋岗、党员责任区、党员责任田等主题实践活动。完善城乡社区自治制度，完善村（居）民议事会制度，建立和完善重大事项公示制度，强化社区监督评议制度。

3月25日，江孜县民政局在县委党校举办江孜县2021年度新一届村（居）委员会主任培训班，图为培训现场

【残疾人工作】 年内，完善困难残疾人生活补贴和重度残疾人护理补贴制度，落实残疾人“两项补贴”标准动态调整机制。建立完善民政牵头、相关部门协作配合的统筹协调机制。实施残疾人“福康工程”，开展贫困重度残疾人照护服务。对17户残疾人家庭进行无障碍改造工作，并以每户3500元的补助标准完成相关家庭的无障碍改造工作，投入资金5.95万元。全年共兑现残疾人“两项补贴”2191人452.84万元。

（安　森）

人力资源和社会保障

【企业职工养老保险】 2021年，江孜县有企业单位16个，企业职工养老保险参保人数538人。

5月20日，江孜县举行涅康哒哇卡垫加工（民族手工艺品加工藏毯编织）开班仪式，图为仪式现场

【机关事业单位养老保险】 2021年，江孜县有机关事业单位47个，乡（镇）机关57个，教育机构26个，机关事业养老保险参保人数2361人，工伤保险参保人数3437人，失业保险参保人数1416人。

（米玛仓决）

【城乡居民养老保险】 2021年，江孜县参加城乡居民养老保险参保总人数4.3万人，参保率97%。其中城乡居民养老保险享受待遇人员7551人。完成社保卡信息采集人员6.44万人。截至年末，社保卡激活发放量6.37万张。

【养老待遇发放】 2021年，江孜县享受养老待遇7551人次，发放养老金2306.63万元。

（边巴普吉）

【人才培育】 2021年，江孜县人力资源和社会保障局推动岗位定职和“双定向”工作。推进事业单位专技职称与管理岗位结构调整。根据《江孜县事业干部交流调整办法》，推进全县事业干部交流调整工作。

【工资福利】 2021年，江孜县执行“三支一扶”人员新标准工资11人，拨付“三支一扶”人员的安家费、包干路费19人，“三支一扶”期满停发6人；全年共执行新晋职称人员职级工资81人和调整降薪工资1人；完成15名退休工人工资变动审批表（2013年1月至2020年6月）；完成10名调动人员和14名调整人员工资变动审批表；完成全县事业工作人员及机关工人分类区分职级700人的统计工作并上报；完成全县事业工勤763人增资预发报送及兑现工作（2018年7月至2021年8月），涉及资金1400余万元；完成9月、10月在职人员单独增资预发工作。

（索朗德吉）

【农民工管理】 2021年，全县工程建设领域项目工地开展集中执法检查及普法宣传活动4次，召开根治欠薪联席会议2次；江孜县59个政府投资项目缴纳民工工资保障金，截至年末，10个项目正在办理相关手续。69个项目在西藏银行开设农民工工资专户，住建领域项目开户率100%；共接到上访案件70件，涉及农民工1.85万人次，金额871.93万元，追回农民工工资471万元，达成支付共识123万元，剩余7件正在协调解决中。在全国欠薪平台反映22条，涉及141人，农民工工资345.91万元，全部解决。信访转办案件4件，涉及20人，农民工工资8.63万元，全部解决；县纪委监委向县人社局移交1起欠薪案件，涉及16人，农民工工资14.31万元，已全部解决。受理劳动仲裁案件3件，涉及农民工报酬50余万元，均公开开庭审结。

（蓝　广）

【农牧民就业】 2021 年，全县实现转移就业 2.41 万人创收 3.92 亿元，组织化输出 1.58 万人、自治区外转移就业 185 人，分别完成目标任务的 101%、137%、110%、115%。完成年度农牧民转移就业各项目标任务。

推进“政府主导 + 企业运作 + 专业合作社参与 + 人社组织”的“点对点”转移就业工作模式，“点对点”输送到西藏交发天顺路桥工程有限公司那曲市、聂拉木县和亚东县项目点共计 157 人，江苏省扬州市组团式转移就业 22 人，实现组团式自治区外转移就业零的突破。

开展农牧民职业技能培训 4 期，提供装载机、挖掘机、藏式厨师、民族手工艺品加工、混凝土工、缝纫、水电维修技能培训，涉及 668 人。通过乡（镇）推荐、专班组调研等形式开展以工代训 2 期，围绕卡垫编织、陶瓷技艺、菌菇生产、奶渣制作、抹灰技术等方面，涉及 13 家合作社 274 人；开展为期 5 天的畜禽养殖实用技术培训，涉及 1234 人。

【大学生创业就业】 2021 年，江孜县应届高校毕业生 634 人；本地院校 241 人、外地院校 393 人。截至年末，就业 631 人，就业率 99.5%。其中公职岗位就业 161 人，市场就业 449 人。稳岗就业率 60%，灵活就业率 40%。

截至年末，江孜县高校毕业生创业经营涉及种植业、养殖基地、装饰装修、建筑施工、青稞加工、家政服务、车辆美容、文化传媒、餐饮、酒店、超市等。全年为 35 名高校毕业生兑现各类创业资金 181.03 万元。

2021 年举办现场招聘会 1 场次，为大学生提供就业岗位 49 个；线下搜集提供岗位 420 余个，组织 20 余名应届毕业生参加市级专场招聘。截至年末，县域内 21 家企业吸纳高校毕业生 84 人。

（严志镖）

4月12日，江孜县在江孜宗山广场举办第七届现场招聘会，图为招聘会人才登记现场

退役军人事务

【概　况】 2021 年，江孜县有 1 个江孜县退役军人服务中心，19 个乡（镇）退役军人服务站。年内，江孜县退役军人事务局开展退役军人走访慰问、政策落实、帮扶解困、矛盾化解、优抚资金落实等工作，引导群众开展双拥共建工作。

【自主择业】 2021 年，江孜县退役军人自主就业，由所在服役部队发放一次性退役金，一次性补偿金和家属优待金，全部纳入财政预算。年内，接收 2020 年退役军人，2021 年 7 月为退役军人发放一次性补偿金和家属优待金。

【教育培训】 2021 年，县退役军人事务局以“发扬红色传统、传承红色基因、铭记光辉历史”

11月12日，江孜县双拥工作领导小组办公室开展“六送六进”社会化拥军活动进军营，图为活动现场

为主题，组织乡（镇）、党政机关、学校、驻军部队等单位进行红色教育参观红色教育基地10余次，受教育群众1500余人次。

【政策保障】 2021年，县退役军人事务局落实《中华人民共和国退役军人保障法》《退役士兵安置条例》《军人抚恤优待条例》《烈士褒扬条例》等政策，对全县重点优抚对象进行核实和数据更新，并对个人档案进行汇编。

【双拥优抚安置】 2021年，江孜县在“三大节日”向驻军部队发放慰问金，“八一”中国人民解放军建军节向驻军部队发放慰问金。江孜县落实抚恤政策，开展优抚对象信访和维稳工作。在优抚资金的管理和使用上，坚持专款专用、专人负责，为江孜县优抚对象发放抚恤和生活补助，为全县荣立三等功军人家庭送去喜报和慰问金，对全县退役军人老党员、困难退役军人党员和烈士遗属开展走访慰问活动。

（巴桑片多）

12月13日，江孜县举行军地联合第八个国家公祭日活动，图为活动现场

民族宗教事务

【民族概况】 江孜县常住人口68650人（第七次全国人口普查数据），藏族人口为65767人，其他少数民族人口为501人，汉族人口为2382人。藏族人口占总人口的95.8%，其他民族人口占全县总人口的4.2%（汉族占3.47%，其他少数民族占0.73%）。

【民族政策落实】 2021年，江孜县民族宗教事务局组织编制扶持人口较少民族事业发展专项规划。参与各部门涉及民族工作政策出台和修订，确保党的民族政策贯彻落实。

【民族政策宣传】 2021年，江孜县民族宗教事务局开展民族政策、法律法规、民族基本知识的宣传普及活动，对党团员干部和职工，侧重组织他们学习马克思主义民族理论和党的民族政策、宗教政策。对文化水平低的农民、城镇居民和中小学生，侧重向他们宣传民族团结的好人好事。

6月2日，江孜县组织全县各族各界干部群众代表举行“民族团结、从我做起”百人倡议签名仪式暨以“民族大团结、幸福英雄城”为主题的集中宣传活动，图为参加活动的干部群众合影

【民族团结进步创建活动】 2021年，江孜县被国家、自治区、日喀则市连续三年命名为民族团结进步示范县、模范县，成功创建4家自治区级、9家市级、80家县级民族团结进步模范单位和教育基地。

年内，江孜县成立江孜县创建全国民族团结进步示范县工作领导小组，专设江孜县创建全国民族团结进步示范县工作专项经费。组织召开江孜县创建全国民族团结进步示范县工作推进会（2次）、民族团结进步创建工作专题培训会、江孜县民族团结进步创建“九进”工作座谈会、中秋联谊会等。制定印发《江孜县关于进一步加强民族团结进步创建 铸牢中华民族共同体意识工作的实施方案》《江孜县关于推进民族团结进步示范县创建“九进”的实施方案》《江孜县关于〈西藏自治区民族团结进步创建规划（2021—2025年）〉实施细则》。

9月17日，江孜县举行以“弘扬传统中华文化 铸牢中华民族共同体意识”为主题的“我们的节日 中秋”联谊活动，图为参加活动人员合影

【宗教事务管理】 2021年，江孜县民族宗教事务局协调江孜县住房和城乡建设局到全县各偏远寺庙对寺庙僧舍危房以及困难僧尼进行调研统计，并向上级行业部门上报61个僧舍危房、17名困难僧尼情况。年内，向县政府申请寺庙僧舍和挡墙抢（维）修资金84万元。

推进“利寺惠僧”政策，全

9月16日，江孜县召开县委理论学习中心组2021年第17次学习（扩大）会议，专题学习研讨习近平总书记关于铸牢中华民族共同体意识和民族宗教工作的重要讲话，图为会议现场

县寺庙僧尼实现医保、养保政策全覆盖，参保率达100%。新增加最低生活保障51人，截至年末，江孜县共有261名僧尼享受农村最低生活保障，3名僧尼享受城镇最低生活保障。向县民政部门申请困难僧尼临时救助资金12万元。为12名困难僧尼发放每人1万元的临时救助资金。

配备完善宗教活动场所消防器材。按需求采购消防柜、消防栓、消防服等15种消防器材，共计5.3万元。巩固“九有”工程成果。按照寺庙需求，解决炯堆寺饮水管道维修资金6万元、天觉林寺水源保护维修资金4万元，2项维修工程年内竣工，拨付维修资金共计10万元。

按照寺庙财税监管覆盖30%的要求，江孜县民族宗教事务局推进白居寺等寺庙财税监管工作。截至年末，完成办理全县寺庙场所登记证、社会统一信用代码、宗教活动场所土地确权、固定资产登记等工作。组织开展寺庙财会人员培训，建立健全寺庙财务制度。

（姚西林）

江孜藏毯

【概　况】 江孜藏毯文化发展有限责任公司于2018年2月成立，公司前身为江孜县年堆乡尼玛藏式卡垫加工农民专业合作社，注册资金1500万元，公司占地面积为10000平方米，2021年营业额669万元。主要经营范围有3D或平面效果的艺术藏毯、挂毯、地毯、卡垫、毛毯等藏毯产品；拥有国家发明专利“看照片纺藏毯的纸样使用技术”应用。

【乡村振兴】 2021年，江孜藏毯文化发展有限责任公司通过

江孜藏毯文化发展有限责任公司员工正在编织手工藏毯产品，图为车间生产场景

"公司+合作社+贫困户+无偿对无劳力贫困户分红"方式开展乡村振兴工作，带动65名群众就业，其中固定就业23人，灵活就业42人，建档立卡脱贫群众26人，向无劳力脱贫群众358人兑现分红54万元。整合带动周边分散合作社，加强乡村产业人才队伍建设，解决贫困群众就近就变就业与收入低、无技术问题。截至2021年，累计培训60余人次，培训后就业率达100%。

10月2日，江孜藏毯文化发展有限责任公司组织员工技能培训，图为讨论编织技艺

【产业创新】 研发五高传发手工藏毯编织架子，提升纺织效率。研发"藏毯的纸样实用技术"并申报国家专利。在原有手工技艺基础上，开展编织设备到每个生产的工序升级，研发"五高传发"手工藏毯编织架子。改善私人定制的手工藏毯编织技艺。提升纺织效率，江孜藏毯文化发展有限责任公司实现产品价格低于同类型产品市场价格40%。

（旦增称来）

乡镇概况

中國歷史
文化名城

江孜镇

【概　况】 全镇下辖3个社区、4个村、31个自然村。全镇党员360人，机关党支部党员39人。截至年末，辖区4076户12309人，其中户籍户数2342户和户籍人数7206人（农民1445户5104人，城镇居民897户2102人）。2021年耕地面积10242亩，粮食农作物总产量5712.2万吨，牲畜存栏总头数7815头。

【经济发展】 2021年，全镇国民经济总收入1.3亿元，同比增长21.57%。第一产业总收入3484.15万元，其中，农业收入1952.96万元，牧业收入1477.63万元，林业收入53.56万元；第二产业收入4679.97万元，其中，工业收入达1110.17万元，建筑业收入达3569.8万元；第三产业总收入4845.25万元，其中，交通运输业收入1313.52万元，商业、餐饮业收入1242.11万元，服务业收入达937.22万元，其他政策性收入1352.4万元。年人均收入20518元。

【农牧业】 推进农村农业发展，加大农业标准化、科技化和机械化程度，增加全镇农机普及率和覆盖率，全镇农机率达到85%。2021年，全镇粮食种植面积10242亩，土地流转承包种植面积3604.25亩，其中，农牧民青稞种植面积7483.5亩，小麦种植面积1351.8亩，豌豆种植面积444亩，油菜种植面积243亩，饲草料种植面积385.95亩，蔬菜种植面积333.6亩。年粮食产量达5712.2吨。其中，青稞产量3331.6吨。全镇土地流转3604.25亩，发放补贴360.43万元。

年内，全镇共有牲畜12451头（匹、只）。其中，绵羊3411只，山羊375只，犏牛4384头，黄牛4032头，马249匹。2021年，肉产量11.6吨，产奶量600吨，产奶渣53.1吨。产绵羊毛17吨，山羊毛150千克。

2021年，江孜镇加大对动物、牲畜疫情的监测、排查、防疫力度。召开秋季动物防疫工作动员部署会1次，安排7个村（社区）防疫人员对辖区内动物进行疫苗注射等常规防疫措施。

【教育事业】 2021年，江孜镇中、小学入学率和巩固率均达到100%，启动实施营养餐计划，全镇享受营养餐学生4366人。管辖有学校3所。江孜镇西郊村幼儿园距离县城3千米，学校有正式教师1人，学生45人，保洁员2人，聘用职工2人，厨师1人；江孜镇东郊村幼儿园距离县城3千米，学校有正式教师4人，学生98人。其中，小班36人（享受“三包”人数35人，享受助学金1人）；中班32人，大班30人，全部享受“三包”

9月16日，江孜镇机关党支部、新时代文明实践所开展“我为群众办实事、助农秋收解民忧”主题党日及志愿服务活动，图为参加活动人员合影

政策。保育员2人，厨师1人；江孜镇江嘎岗幼儿园距离县城1千米，学校有正式教师2人，截至年末在园正式教师1人，学生33人，全部享受“三包”政策。保育员1人，厨师1人。全镇适龄儿童在全部接受学前教育，入学率达100%。

【医疗卫生】江孜镇推进甲级卫生室创建活动。截至年末，有卫生院1所和村（社区）卫生室7所。2021年，江孜镇卫生院实际开放床位2张，年门诊量约为1.3万余人。院内设有治疗室、注射室、产房、药房等科室，配备105种常用药品，救护车、手术器械、消毒仪、电脑等常规诊疗设施设备和信息化设备。每村（社区）设2名乡村医生，共12人。所有村（社区）卫生室均配备常用药品和基本诊疗设施。

2021年，江孜镇卫生院对农牧民群众开展进健康体检活动1次，覆盖6890人次，开展结核病、慢性病等疾病防控宣传工作12次。普及生育科学知识，完善孕妇信息档案，实行动态管理，孕产妇分娩率稳定在99%以上。加大对全镇辖区内公共卫生监督，对饮用水水质进行采样及协管监测，跟进全县学生及新生儿疫苗接种情况。对公共场所及学校等多人口聚集区域进行检查和消毒。开展传染病防治等宣传工作。

【文化事业】2021年，全镇共有县级非物质文化遗产保护项目2个，农家书屋7个，文化站工作人员13人，设站长1人。有行政村（社区）文艺队7个，文艺队队员120人。完善成立镇级党员志愿服务队伍1支，成立村居志愿服务队伍7支。

2021年，以文化站为服务平台，组织开展文体活动，向群众开放图书阅览。围绕中国共产党成立100周年和西藏和平解放70周年及“3·28”西藏百万农奴解放纪念日、春耕春播活动、“五一”国际劳动节、“五四”青年节、“七一”中国共产党建党节、“八一”建军节、“十一”国庆节、春节、藏历新年等重大节庆和重大活动，开展群众性文体演出活动13场次，参与群众1800余人次。

【生态环保】2021年，对江孜镇辖区所有商户、工厂开展污染普查行动，对各制造业企业、养殖类企业进行登记造册。江孜镇河长制工作共设立镇级总河长2人、镇级河长3人、镇级警长2人、村级河长6人、村级河湖巡查员98人、河长制专职工作人员1人，设计制作河长制公示牌10块，宣传栏1个。开展环境卫生整治活动和爱国卫生运动，开展“6·5”世界环境日宣传工作，发放环保相关宣传资料500余份、开展村居环保宣传宣讲10场次。

2021年，江孜镇共有加日郊、宗堆、拉则3个居委会完成西藏自治区生态文明建设示范村的申报工作。

【社会保障】2021年，江孜镇

6月8日，江孜镇新时代文明实践所组织开展“唱支山歌给党听，边疆人民心向党”歌舞比赛，图为比赛获奖人员合影

启动实施新型农村社会养老保险工作，应参保人数1910人，实际参保1837人，全镇城乡居民养老保险参保率96.2%，缴费金额37.09万元，其中60岁以上领取基础养老金的老人555人。完成发放一级、二级残疾人补助92人共33.54万元，三级、四级残疾人补助134人共16.42万元。

6月21日，江孜镇新时代文明实践所组织党员志愿服务队开展“爱护环境、美化家园”主题实践活动，图为党员志愿服务队合影

【乡村振兴】2021年，全镇享受生态补偿补助539户825人、家庭医生签约率已达100%；实现转移就业1908人（组织化输出人数471人，自治区外转移就业人数15人）；江孜镇小学升初中111人，全部就学，初中应届毕业生90人，其中未投档学生12人，截至年末89名学生就学，1名学生离家出走，无法取得联系，镇工作人员持续开展劝学工作。全镇适龄儿童入学率达100%。2021年全镇参与技能培训19人（厨师9人、挖掘机5人、装载机3人、藏毯编制1人、电工1人）。易地搬迁户315户（去世1户）。针对易地搬迁村江嘎岗村，配套扶贫产业沙棘种植和手工业合作社，引导群众参与入股。年内全村314户全部入股，分红86万元。开展医疗保障工作，确保所有建档立卡脱贫户、边缘户易致贫户参保率达100%。对辖区内群众饮水质量进行检查。对各村（居）委会群众住房进行安全隐患排查，针对存在的问题及时整改。

【返贫监测】2021年，江孜镇健全防止返贫动态监测机制。全镇脱贫户共有206户627人，监测户3户9人，占全镇建档立卡脱贫户0.59%。

【产业发展】2021年，江孜镇辖区登记在册各类合作社44家（自治区示范社3家、市级示范社3家、县级示范社1家），入社社员6639人，其中村（居）“两委”班子成员41人、乡村振兴专干6人，注册资金4799.32万元。主要以种植加工、劳务输出、养殖业、生态、农机、民族手工业、餐饮业为主。实现总收入1867.2万元，产业分红165.47万元（部分合作社年末进行分红），带动就业370人，实现人均年收入2万余元。

【自然灾害】2021年，江孜镇党委、政府协调辖区7个行政村（居）“两委”班子、驻村工作队、“双联户”户长、党员志愿服务队伍利用新时代文明实践所（站）在庆祝中国共产党成立100周年和西藏和平解放70周年期间，开展防灾、减灾、救灾知识宣讲教育10余场次。全年，组织开展灾情隐患排查和处置工作8次。截至年末，江孜镇无灾情发生。

【项目建设】2021年，江孜镇推进项目建设工作，开展江嘎岗村集体经济商品房项目建设，项目投入中央财政资金50万元、社会资金18万元（驻村经费17万元、村民入股1万元），受益1137人。完成加日郊综合性服务场所项目建设，项目资金由国家扶持，地方支持，社会资金投入共计130万元。

【援藏工作】2021年，援藏对口支援在东郊村对口投入圆梦农机合作社，投入资金232万元，总收入10万元；投入400余万元，开展东郊村基层设施提升项目。援藏领导定期结合重点工作到江孜镇村居基层调研、检查、指导工作。

【特色产业】2021年，江孜镇发展以农牧业、民族手工业、加工业为基础的特色产业。截至年末，东郊农牧养牛专业合作社、年麦黑青稞加工农民专业合作社、康桑糌粑加工农民专业合作社、齐宁农畜产品加工农民专业合作社、拉则种植业农民专业合作社、孙康民族手工家具制作农民专业合作社等特色产业发展具有一定规模。

（刘　丽）

江热乡

【概　况】2021年，江热乡辖13个村，位于县政府驻地南部，距县城5千米，面积245平方千米。属半农半牧乡，种植青稞、小麦、豌豆、油菜，牧业牧养牦牛、黄牛、羊。境内有保存完好的封建领主庄园——帕拉庄园。

7月6日，江热乡组织召开庆祝中国共产党成立100周年和西藏和平解放70周年表彰大会，图为大会主席台

【经济发展】2021年，江热乡国民经济总收入1.25亿元，同比增长23%，农牧民年人均纯收入1.69万元，现金总收入10637.78万元。第一产业（农牧业）经济总收入4643.84万元。其中，农业收入2967.6万元，牧业收入1661.05万元，林业收入15.19万元；第二产业经济总收入3456.48万元，同比增长32%，其中，工业收入169.28万元，建筑业收入3287.2万元；第三产业经济总收入4350.88万元，同比增长1.6%，其中，运输业收入1511.82万元，商业收入253.7万元，服务业收入1007.28万元，其他收入1578.08万元。

【农牧业】2021年，江热乡12个行政村实现粮食作物种植10409亩，其中，小麦560亩，青稞6171亩；实现经济作物种植2800亩、饲草种植718亩。全年全乡共实现粮食产量3833.3吨，粮油产量4066.2吨。推广畜牧业改良工作，实现绵羊改良1340只、黄牛改良2442头。截至年末，实现牲畜存栏牛5147头、羊17061只、马522匹，出栏牛723头、羊4656只，新增牛2784头、羊4998只、马42匹。

【项目建设】2021年，班觉伦布村乡村振兴示范点引领试点村建设项目，总投资1000万元。

争取强基惠民项目7个，涉及藏鸡养殖、蔬菜种植、手工编织等，项目资金110万元。

【产业发展】 2021年，江热乡扶持乡村产业合作社发展，辖区内有劳务输出合作社13个，已运行12个（10个合作社为土地流转用工，涉及农牧民614人）。2021年全乡组织劳务输出2058人次，创收3623万元，其中，脱贫户606人次，创收742.89万元，政府组织化劳务输出1414人次。年内共安排生态岗位704个，兑现岗位资金246.4万元，自治区外就业17人。全乡参与技能培训324人。农作物（青稞种植）培训29人、农作物病虫灾害培训27人、畜禽养殖160人、以工代训39人、食用菌种植19人、水电维修12人、装载机挖掘机20人、电工1人、厨师17人。

【教育事业】 全乡义务教育阶段适龄儿童1115人，义务教育阶段学生入学率、巩固率均达到100%（义务教育阶段残疾学生7人送教上门）；江热乡完全小学、村幼儿园教职工共51人。全乡普及15年免费教育政策，从小学到高中享受国家“三包”政策，义务教育阶段学生的营养计划实现全覆盖。截至年末，全乡学前在校生282人，小学在校生609人，初中在校生224人。

【医疗卫生】 江热乡共有卫生院1所，医护人员11人，病床位3张，有村卫生室13个，村医25人。年内，对全乡建档立卡脱贫户进行健康管理，建立建档立卡脱贫户健康档案。采取集中体检、下乡体检、入户体检等形式为建档立卡脱贫人口开展免费体检，全年体检4952人次。落实家庭医生签约责任制，与全乡882户群众进行签约结对，疫情防控期间消毒45次，测量体温875人次。

9月2日，西藏自治区农业技术推广服务中心验收组一行到江热乡让康村检查验收2021年种植业科技项目，图为实地考察农田

【文化事业】 2021年，江热乡开展“民心向党、礼赞百年”庆祝中国共产党成立100周年系列活动，开展志愿服务，开展理论政策宣传。

【社会保障】 江热乡7户17人纳入最低生活保障供养范围，兑现最低生活保障金3.24万元；通过识别出无劳动力、无生活来源、无法定抚养义务人等方式将其纳入特困人员救助供养范围，实施医疗救助300人，实施临时救助8户，兑现临时救助金3.4万元，特困人员帮扶1人，兑现帮扶资金6300元。

【生态环保】 江热乡人民政府将环保工作纳入年度目标任务考核，执行一票否决制，推进环保工作。成立环境保护工作领导小组，统筹协调环境保护各方面工作。建立健全网格化队伍，落实网格化日常监管机制，固定2名专职工作人员，各村配备保洁员、道路养护员等生态岗位700余人。开展环境保护宣传教育，组织村“两委”负责人和乡村干部学习和执行环保法律法规。

【乡村振兴】 2021年，江热乡落实“四个不摘”要求，巩固拓展脱贫攻坚成果，推动有序有效衔接，加大帮扶力度，防止返贫监测帮扶；狠抓脱贫攻坚问题整改，巩固提升脱贫攻坚工作成效；以乡村振兴示范点建设为契机，开展新农村建设，推进组织、生态、文化、人才领域工作。

6月5日，江热乡机关党支部组织党员开展“党史学习之参观红色教育基地”活动，图为参加活动党员合影

【自然灾害】 2021年，江热乡辖区内发生自然灾害1起，为河岸和堤坝垮塌，江热乡与江孜县水利局协调，申请2卷铁丝网及300个防洪袋实施河岸和堤坝加固，灾害未造成人员伤亡或财产损失。

【返贫监测】 江热乡建立健全返贫致贫监测帮扶机制。根据《江热乡防止返贫动态监测和帮扶机制的实施方案》，以全乡1022户农牧民为排查基数，每月开展动态排查。开展易地扶贫搬迁对象动态排查帮扶，江热乡易地搬迁扶贫安置点入住率为100%，127户脱贫搬迁户均有安全住房，教育、医疗、饮水安全等政策均得到落实，未发现影响脱贫攻坚成果的问题。对自治区、市、县各级反馈的预警线索开展入户核实，核实预警线索信息12条，全乡无因病因学因灾返贫致贫现象发生。

【对口支援】 上海市第九批援藏干部人才江孜联络小组为江热乡投入423.09万资金，分别设立帕贵新村给排水工程项目（90.01万元）；帕贵村新建1号路（61.59万元）；扎西雄村蔬菜种植大棚建设项目（271.49万元）。

【特色产业】 2021年，江热乡动员和引导全乡农牧民群众参与土地流转项目，引导富余劳动力向第二、第三产业转型，江热乡以“公司+合作社+贫困户”的带动模式同高原有机青稞公司签订7129.01亩地的集中连片农田流转区域，在流转农户得到每亩1000元流转费用的前提下，各村劳务输出合作社承担农田浇灌任务，班觉伦布村农机合作社承担4920.28亩地的机耕、机播任务。截至年末，合作社有机械设备16台，县农业农村局资助拖拉机6台、收割机4台，总价值168.42万元。合作社运行后带动就业增收61人。

（巴　顿）

紫金乡

【概　况】 紫金乡位于江孜县西北部，东连江热乡，西连重孜乡，南靠康卓乡，北隔年楚河与藏改乡相望。乡政府位于日江公路沿线，平均海拔4050米，距离县城7千米。全乡总土地面积

9月16日，紫金乡新时代文明实践所开展"我为群众办实事、助农秋收解民忧"主题活动，图为参与活动人员合影

46.8 平方千米，下辖 7 个行政村，702 户 3914 人，劳动力 2096 人。全乡有 11 个党支部，253 名党员（农牧民党员 211 人）；耕地面积 12343.78 亩，草场面积 10.99 万亩，牲畜 1368 头。经济结构以种植业、农区畜牧业、林业和特色产业为主，主产青稞、春麦、油菜籽等农作物；林地面积 1075.5 亩，湿地 1400 亩。

紫金乡有 6 年制完全小学 1 所，乡卫生院 1 所，寺庙 1 座，乡文化站 1 所，乡派出所 1 所。截至年末，紫金乡农牧民安居工程覆盖率达到 100%，农村人居环境覆盖达到 100%。

【经济发展】 2021 年，紫金乡农村经济总收入 1.15 亿元，第一产业收入 3119.1 万元，第二产业收入 3545.9 万元，第三产业收入 4846.19 万元。粮食年产量 577.1 吨，油菜籽年产量 251 吨，年人均纯收入 15483.61 元。

【农牧业】 2021 年，全乡种植面积 12343.79 亩，其中青稞面积 10019.8 亩，小麦面积 519.93 亩，豆类面积 531.85 亩，油菜面积 540.85 亩，其他 731.36 亩。紫金乡青稞品种"喜马拉雅 22 号"原种田 200 亩、一级种子田 689 亩、二级种子田 1264 亩、"百亩千斤"示范田 108 亩；"藏青 2000"二级种子田 291 亩，通过自治区、市、县三级 2021 年种植业科技项目验收工作。粮油总产量 5419.5 吨，其中青稞产量 4768.2 吨。2021 年，合作社土地托管机械旋耕面积 2539.61 亩，托管机械播种面积 1717.04 亩，托管机械耕地面积 1758.98 亩。兑现 2021 年耕地保护与质量提升（粮食作物）补贴资金 24.7 万元，2021 年种粮农民一次性补贴资金 6.2 万元。

2021 年，全乡黄牛改良任务 2113 头，年末完成改良 1879 头，完成率 89%。全年集中开展春、秋两季动物免疫工作，注射疫苗牛 3172 头、山（绵）羊 8212 只、猪 16 头、家禽 1262 羽，覆盖率 100%。全乡全年未发生重大动物疫病。

【产业发展】 2021 年，资金乡有农牧民合作社 33 家，运行合作社 28 家，2013 年后，经营性资产 549.31 万元，经营收入总额 679.44 万元，纯收入 301.42 万元。全年合作社带动就业 182 人，就业人均增收 13348 元。7 家合作社进行分红，分红 343 户 47 万元，其中建档立卡脱贫户 59 户分红 5.75 万元。年末分红合作社 6 家，分红 93 万元。截至年末，紫金乡有 1 家自治区级示范合作社（江孜县年楚永发农机农民专业合作社），国家累计投入资金 254.4 万元（2021 年国家投入资金 52.4 万元），经营性资产 350 万元。争创地市级示范合作社 3 家（江孜县格喜农副食品加工农民专业合作社、江孜县岗吉藏鸡养殖农民专业合作社、江孜县帮玉大蒜种植农民专业合作社）总资产 307.83 万元，国家累计投入资金 257.8 万（2021 年国家投入资金 34.8 万元）。由中共中央组织部下发的 50 万元用于嘎西养羊合作社建设，项目实施后带动 4 人就业，人均收入达 2.5 万元，成为江孜县养羊合作社示范点。

【教育事业】 2021 年，紫金乡签订控辍保学目标责任书，巩固全乡义务教育阶段入学率、巩固率。提高入学率、开展控辍保学工作，加大宣传力度、加大教育力度、加大管理力度、加大惩罚力度，对辍学生开展上门宣传、劝学等工作，学生在校率达 100%。截至年末，紫金乡送教上门人员 4 人，两后生 17 人，建档立卡脱贫户大学生 28 人。

【医疗卫生】 2021 年，紫金乡完成 2022 年城乡居民基本医疗保险参保 3317 人（130 元档次 2955 人、320 元档次 362 人）、特殊身份 368 人（政府代缴）、不在本村缴费 225 人、去世 13 人、失联 5 人。2021 年全乡医疗救助 30 人，医疗报销 2 次 67 户。

2021 年，紫金乡建立疫情外来管控台账 11 本，累计消毒 110 余次。建立免疫屏障，贯彻落实新冠疫苗接种工作。

【文化事业】 为庆祝中国共产党成立 100 周年，西藏和平解放 70 周年，紫金乡组织开展一系列宣讲暨文艺活动，活动以“青春心向党 奋进新时代”暨“唱支山歌给党听，边疆人民心向党”为主题，开展“永远跟党走 · 奋进新征程”宣讲暨文艺演出活动，文艺活动动员紫金乡 7 个行政村，观看人数 1000 余人。在各大节日前文艺活动或者在重大活动时，由县艺术团 2 位指导员到 7 个行政村对文艺队员进行形体训练、舞蹈基本功、民族舞蹈等方面进行培训，2021 年授课指导培训 4 次，培训人数 448 人次。

11月25日，紫金乡党委开展以“红色故事”为主题的国家通用语言演讲比赛，图为演讲比赛现场

【社会保障】 全乡纳入城乡最低生活保障对象有 7 户 16 人（城市低保 1 户 1 人），分散特困 3 户 5 人、残疾 115 人，建立最低生活保障档案 7 份，发放最低生活保障对象最低生活保障资金 12.65 万元；临时救助 10 户 5.9 万元。

【生态环保】 在全乡开展“大整治、大清扫、大清运”活动 12 次，乡机关坚持每周一卫生大扫除，利用“6 · 5”世界环境日通过广播、LED（发光二极管）大屏幕滚动显示模式、宣传标语等形式，开展环保工作宣传 5 次，发放宣传单 200 张，张贴标语 7 条，整治乱堆乱放建筑垃圾和私搭乱建牛棚 2 处。对辖区内年楚河道、康卓普曲河道巡河 24 次，清理河道 96 次 2320 人次。

【乡村振兴】 开展农牧民转移就业工作。开展高校和农牧民就业创业政策宣讲、农牧民实名制系统培训共 7 次，参加技能培训 4 期 45 人，主要技能培训包括装

6月23日，紫金乡党委书记卓拉（左二）慰问困难党员，图为卓拉慰问困难党员

载机、挖掘机、厨师、电工、水电维修等。截至年末，全乡农牧民转移就业1591人，完成目标任务的103%；组织化转移就业955人（建档立卡脱贫户267人），完成目标任务的103%；实现创收3189万元，完成目标任务的159%；宣传动员自治区外就业11人，完成目标任务的100%。全乡转移人数较上年增长91人。

【自然灾害】 紫金乡与7个行政村、学校、卫生院、寺庙等签订安全生产、消防和森林草原防火等责任状40份。在汛期，成立应急领导小组，在全乡范围内开展汛期排查，对存在安全隐患的5个点开展维修工作，共消耗铅丝笼10圈，防洪编织袋约12000袋，参与维修人员600余人次，出动车辆150余辆次。全年开展安全生产宣讲活动16次，发放宣传资料6000余份，安全隐患排查60次，发现道路安全隐患13处，对危险路段增设彩旗、警示标语7处，在行政村交通路口和安全隐患点处申请凸透镜8个、警示牌5个，增设安装村道路减速带4处46米，更换消防灭火器4个，发放反光贴6960条。全年未发生较大安全事故。

【返贫监测】 年内，对低收入的7户开展防返贫风险排查，重点监测其收入支出、“两不愁三保障”、饮水安全等状况。截至年末，紫金乡不存在返贫风险户。宣传职业技能培训、开展易地搬迁后续帮扶等工作。强化劳务输出组织化程度。

（旦增其美）

车仁乡

【概　况】 车仁乡位于江孜县东南部，北纬28°51′，东经89°41′。东与龙马乡交界，南与康马县南泥乡毗邻，西接年堆乡，北与日朗乡相交，全乡平均海拔4100米。全乡总面积138.8平方千米，下辖8个行政村，人口597户3157人。全乡耕地面积8068亩，草场面积19.05万亩。乡政府驻地车仁村，有车仁派出所、车仁乡卫生院、车仁乡完全小学，全乡有党员316人。

【经济发展】 2021年，车仁乡经济总收入9606.52万元，第一产业3337.21万元、第二产业3253.58万元、第三产业3015.73万元。人均纯收入21365元，较上年增长16%。

【农牧业】 2021年，车仁乡播种面积8086.57亩。其中青稞种植4098.92亩（“喜马拉雅22号”种植2182.78亩）、油菜1069.95亩、小麦528亩、豌豆1060.5亩、饲草388.05亩，其他475.43亩，流转土地476亩，其他类447.15亩。粮油产量3824.3吨，其中青稞2591.3吨、油菜316.2吨、豌豆479.8吨、小麦437吨。向纳如乡、吉隆县、丁青县等地内

9月8日，车仁乡组织政府工作人员到田间地头开展政策宣讲，图为宣讲现场

调外调“喜马拉雅22号”优质青稞种132.8吨，实现经济收入84.96万元。

牲畜总数12862头（只、匹），其中大畜3818头（只、匹）、小畜9044头（只、匹）。年末出栏4890头（只、匹），其中大畜801头（只、匹）、小畜4089头（只、匹）。完成黄牛改良1386头，完成率达85%。开展春秋季重大动物疫病防控工作，累计对1.3万余头（只、匹）牲畜进行疫苗接种，接种率达100%。

【社会稳定】推进平安车仁建设，加快推进社会治理现代化。完善矛盾纠纷化解机制。推行社会稳定风险评估和重大不稳定问题清单制度。完善预防和处置突发事件处置机制。组织专门力量下沉村居，对重点行业、重点位置、高风险点进行摸排。深化宗教领域管理。强化联防联控机制。全年累计宣传宣讲社会稳定、平安创建32次，受教育群众4500余人次；组织党员先锋队、志愿服务队等开展群防群治，组织巡逻350余次。

【医疗卫生】车仁乡辖区有卫生院1所，医护人员10人；8个行政村各设有1所村卫生室，共有村医17人。开展疫病预防控制工作。2021年，车仁乡大病集中救治25人、慢性病签约106人、重病3人，疾病治愈清退12人。新型农村合作医疗参合率99%，儿童疫苗接种率96%。向63人兑现“一孩双女”资金6万元、23名特别扶助人员补贴资金12.3万元；鼓励妇女优生优育、住院分娩。

【文化事业】2021年，车仁乡围绕庆祝中国共产党成立100周年、西藏和平解放70周年，通过回顾党史、新中国发展史、西藏地方和祖国关系史、西藏发

5月23日，车仁乡卫生院医护人员为老年人检查身体，图为乡卫生院医务人员询问群众身体状况

5月28日，车仁乡开展"美好生活·民法典相伴"宣讲活动，图为活动现场

展历程，培育和践行社会主义核心价值观。组织开展入户宣传宣讲、关心孤寡老人和儿童、感恩教育、打扫环境卫生等志愿服务活动120余场次。开展"3·28"西藏百万农奴解放纪念日活动、学雷锋志愿帮扶活动、"歌颂幸福生活、共筑美丽江孜"文艺比赛、庆祝中国共产党成立100周年和西藏和平解放70周年活动文艺文体等活动。

【社会保障】 2021年，全乡城乡基本医疗保险参保人数2745人，参保率达91%。开展农村低保、残疾人"两项补贴"、老年人"两项补贴"、寿星老人、特困供养人员等特殊群体动态调整以及临时救助工作，向142名残疾人（重度残疾58人、困难残疾84人）兑现残疾人补助资金30万元；向24名寿星老人兑现7200元补助资金。技全乡36人参加职业技能培训，劳务输出1982人，创收1502万元。并对突发困难户开展民政救助。

【疫情防控】 落实疫情防控零报告制度，定期开展行政村、学校、寺庙、超市、餐馆等重要场所防疫督查50余次，不定期对机关、学校、超市等人流密集场所进行消杀130余次；选派4人次到江孜县东郊一级检查站协助开展防疫工作。截至2021年末，全乡适宜接种2823人，其中，已接种新冠疫苗第一针2624人（60岁以上246人，12~59岁1926人，3~11岁452人）、接种新冠疫苗第二针2460人（60岁以上225人，12~59岁1799人，3~11岁436人）、接种新冠疫苗第三针1251人（60岁以上136人）。

【生态环保】 组织党员干部、群众400余人次参加种树种绿、爱树爱绿行动，累计种植8400余株苗木。以"神圣国土守护者、幸福家园建设者"为主题，宣传农村人居环境综合整治工作。全年累计组织党员、"双联户"户长、生态岗位等干部群众开展各类环境卫生整治130余次，参与群众3000余人次、车辆150辆次，清理垃圾10余吨，清理卫生死角50余处，清理疏通沟渠河道20千米。

【乡村振兴】 强化防返贫致贫动态监测，将4户突发困难户纳入监测对象。组织帮扶单位、帮扶责任人开展入户走访、慰问帮扶，从慈善协会、民政救助等举措解决帮扶资金13万余元。对26家农牧民专业合作社开展农村集体资产股权量化和农村集体经济组织成员身份确认，完成对合作社经营管理规范化培训，江孜百孜民族服饰农牧民合作社成功创建市级示范合作社。争取中央扶持资金、产业项目等，13家农牧民专业合作社实现收入322.58万元，实现分红164.68万元。

【对口援藏】 2021年，车仁乡获得援藏资金55万元，新建值班室和乡政府活动舞台。新修400余米混凝土道路（国道349线至乡政府门口）。

（秦　岭）

年堆乡

【概　况】年堆乡位于江孜县城东侧，距江孜县城7千米，与江孜镇、车仁乡、日朗乡接壤，平均海拔4150米，是纯农业乡，辖区内共9个行政村，24个自然村，13个党支部，3个直属单位（年堆乡卫生院、年堆乡完全小学、年堆派出所）。全乡共有793户，户籍人口3930人，土地面积15.1万亩（含流转土地5174.455亩）其中耕地面积1.22万亩，草场12.5万亩，林地1.33万亩，其他用地500亩。全乡累计脱贫133户535人，其中易地搬迁48户181人（江嘎岗37户134人，分散安置4户14人，卓麦村7户33人），返贫监测户10户36人。

【经济发展】2021年，年堆乡实施“公司+基地+合作社+农户”的运行模式，促进农业生产经营的专业化、标准化、规模化和集约化，实现农业增加值680.34万元，人均纯收入12934.7元。养殖业、民族手工业农民专业合作社年经营收入达到4560.9万元，产业分红152.35万元，受益1536人，带动就业972人；流转土地5174.46亩，实现经济收入517.45万元。全乡国民经济总收入1.08亿元，人均年收入为2.11万元，全乡现金收入8876.79万元，其中第一产业总收入3254.72万元，第二产业总收入4085.9万元，第三产业总收入3494.4万元。

7月6日，年堆乡在乡政府大院开展“七一”系列活动，图为党员干部重温入党誓词

【农牧业】2021年，年堆乡粮食播种面积达1.23万亩，粮油总产量达3290.9吨。全乡农机种植面积达到1.21万亩，推广青稞新品种5075亩。蔬菜产量3.7万吨，牲畜存栏13917头（只、匹），出栏3150头（只、匹）。全乡农业机械化率达到75%以上。

【项目建设】2021年，年堆乡完成曲乃村村道硬化及温室项目建设，投资6000万元建设达热村幼儿园、年堆乡完全小学职工宿舍及体育场；组建懂布村喜嘎清洁公司；争取上级工会资金、村级组织经费投资、各村完成村级职工之家建设资金共计60余万元，争取中央强基惠民扶持资金共计86.92万元。

【教育事业】2021年，年堆乡义务教育阶段入学率达到100%。年堆乡党委、政府持续推进双创清零工作，引导未就业毕业大学生创新创业，辖区内的往届高校毕业生稳定就业率达98%，临时就业率为2%。辖区内应届毕业生13人，年内全部实现稳定就业。截至2021年末，全乡范

8月2日，年堆乡机关党支部组织党员召开以“学党史、悟思想、办实事、开新局”党史学习教育专题组织生活会，图为组织生活会现场

围内在校学生共计 630 人（小学生 474 人，幼儿园学生 156 人），教师 37 人（女性 16 人）。

【医疗卫生】 2021 年，年堆乡有 1 所乡卫生院和 9 个村（社区）卫生室。乡卫生院配备医务人员 9 人（公益性岗位 2 人），9 个行政村各配备村医 1 人、兽医 1 人。村（社区）卫生室均配备 170 余种常用药品和基本诊疗设施。

2021 年，年堆乡推进孕妇分娩周期保障机制。城乡基本医疗保险参保 3841 人，参保率 95%，农村居民健康体检率达 90% 以上，新型农村养老保险参保 1902 人，参保率 95%。累计组织农牧民群众学习基本医疗知识，卫生知识宣传 15 次。

【文化事业】 2021 年 6 月，年堆乡集中举办村干部国家通用语言文字演讲比赛；7 月，年堆乡举行中国共产党成立 100 周年暨行政村文艺队文艺演出活动。年内，年堆乡在新时代文明实践站（所）组织开展各类宣讲会 100 余次，受众 3000 余人。

【社会保障】 2021 年，年堆乡年龄达 60 岁领取养老金 407 人，最低生活保障户 11 户 26 人五保户共有 4 户 5 人。享受县民政局医疗救助的有 128 人。全乡总计城乡居民养老保险参保人员 1847 人，缴费金额 37.2 万元。全乡城乡居民养老保险参保率达 100%。

【生态环保】 日朗普曲流经年堆乡杂益村、达热村等行政村，河流长度 15 千米，总流域面积 70 平方千米。2021 年，年堆乡建立完善乡、村两级河长责任体系，明确河长工作职责、管护目标。全年定期组织开展河道清洁 30 余次，参与群众 500 余人次。组织开展林业知识宣传活动 12 场次，受益 312 人次。完成 2021 年植树任务 1.52 万株，兑现集体管护资金 9.4 万元。

【乡村振兴】 2021 年，年堆乡选派合作社员工参加市藏毯卡垫技能培训班，4 名乡村振兴专干参加市级农民专业合作社财务培训，各行政村负责人、农民合作社理事长参加自治区、市、县组织的农民合作社培训 20 人次，完成 37 家合作社年度工商部门年报登记。对村规民约进行梳理，各村通过召开村民代表大会，发动群众参与修改完善村规民约。

【乡村振兴示范点建设】 2021 年，索盖村依靠乡村振兴示范点建设，开展厕所革命（23 户进行示范性的水厕改造）、庭院美化、污水纳管（1.5 千米）、垃圾分类、立面整治（42 户）、人畜分离（84 户）、绿化景观（3 千米）、道路建设（3 条）、水系改造（2 千米）、卫生医疗等十大提升项目，建成同心公园、沪藏一家亲广场，铺设进户小康路。上海第九批援藏干部人才江孜小组根据索盖村的

8月13日，年堆乡在乡政府大院举行升国旗仪式，图为国旗下讲话

实际情况，成立乡村物业服务队。与上海浦东新区航头镇长达村结对，将索盖村的民族手工艺产品、青稞深加工系列产品在盒马鲜生、淘宝、拼多多等电商平台销售。截至年末，累计上市产品20余类，年销售额30余万元，与江孜县珠峰红河谷蜂业有限公司合作的帕拉庄园蜂蜜年内在京东电商平台上市。

【返贫监测】 2021年，年堆乡针对返贫监测户致贫原因，对症下药，纳入产业分红对象、合理安排生态岗位、协调就业岗位、开展多对一的结对帮扶。识别返贫监测户14户46人，其中解除监测7户25人，新识别4户11人。

【政治建设】 2021年，年堆乡党委开展“梦想党课”11讲，按时召开13个党支部的组织生活会和开展民主评议党员工作，举办乡党委理论学习中心组集体学习25次，开展“梦想党课”11次，撰写心得体会120余篇，调研报告33篇。年堆乡党委在全乡范围开展“学史知史，爱党爱国”活动。截至年末，开展国旗下讲党史故事31期。年内，年堆乡召开党员大会，选举产生新一届班子成员11人，回顾和总结过去五年年堆乡推动经济社会发展、基层党的建设所取得的成绩，分析发展进程中面临的困难挑战、存在的工作短板，并围绕落实“十四五”规划，对经济社会发展和党的建设等作出部署。

（索　朗）

热龙乡

【概　况】 热龙乡位于江孜县东部，国道349线沿线，距县城60千米，东连浪卡子县，西邻龙马乡，北靠仁布县，南方群山环绕，辖7个行政村14个自然村，全乡470户2255人，耕地面积2063亩，草地面积661411.3亩。2021年末牲畜存栏共20144头，人均收入15056元。

4月28日，中国共产党热龙乡党员大会召开，图为会议现场

【经济发展】2021年，热龙乡农牧民补助奖励资金187.45万元，集体管护资金31.33万元，耕地力保护补贴4.03万元，一次性补贴1.38万元，一家亲岗巴羊8.47万元，村级动物防疫员补贴11.88万元。全乡经济总收入达到3709.61万元，其中第一产业1347.43万元，第二产业835.35万元，第三产业1526.84万元；支出641.29万元。农牧民人均可支配收入14516元，同比增长14.45%。粮食总产量816.7吨，粮油总产量128.2吨。

【农牧业】2021年，热龙乡召开农牧工作部署会，安排部署全年农牧业工作的同时层层签订各项目标责任书。到农牧区一线宣传农业农村工作会议精神和强农惠农政策。组织开展乡农牧业技术人员、各村“两委”班子、双联户及科技特派员召开青稞良种推广、施肥及农药使用和动物防疫等技术指导培训共7次，培训人员1000余人次，同时共开展宣传活动4次，受教育人数达800余人次。

热龙乡种植面积2063亩，共调运有机肥47.33吨。开展积造农家肥工作，共积造农家肥3713.4吨。组织热龙乡科技特派员对种子包衣、施肥用肥和田间管理（除草）等进行教学指导。落实农机购置补贴政策，与县级相关部门协调沟通，统计热龙乡的农机具的需求数量，农忙时运送到群众手中。

全乡牲畜20144头（只、匹），其中大畜7142头（只、匹）、小畜13002头（只、匹）。组织人员对热龙乡7个行政村的棘球蚴病、口蹄疫等进行排查，按照“户不漏畜、畜不漏针”的原则，进行春季疫苗注射，各类疫病防治率达到100%。利用661411.27亩草场发展养殖类合作社，比龙村、果琼村、罗布岗村、比萨村农牧民养殖合作社年收入均破10万元。

【项目建设】热龙乡通过“党支部+”能人带动等方式，打造乡、村特色产业，带动建档立卡贫困群众就业增收。筹建合作社25个，其中私营合作社4个，村集体合作社21个，其中养殖类7个、产品加工类4个、劳务输出类7个、生态类7个；25个合作社注册资金470万元，覆盖全乡471户；截至年末，全乡产生经济效益合作社5个，户年均分红1500元，涉及建档立卡脱贫户30户、边缘户10户。发展劳务输出合作社、马玉村体验旅游等产业，服务和支持卡若拉冰川第三方运营公司（带动就业22人）。

【产业发展】发展扶持党建示范点优势产业，曲堆村有合作社3个，村集体产业3个。夏美隆养殖农民专业合作社投入资金173万元（整合强基惠民资金投入33万元，群众入股折合现金140万元），养殖羊2480只，总收入达72万元（卖出800只羊，每只平均900元），村集体经济收

12月29日，热龙乡举行2021年度村规民约执行总结大会暨三大节日集体慰问活动，图为现场舞蹈表演

入达到 18 万元，农牧民群众分红达 14 万元。“岗巴羊一家亲”合作社共入股羊 200 只，农牧民群众分红 1.98 万元。农牧民群众分红达 15.98 万元。村集体产业沙棘育苗 5 万株，收入 2.5 万元；羊毛梳理机以承包的形式租给农牧民，年收入 5000 元。2021 年末，村集体经济总收入 21 万元。

【教育事业】 2021 年，热龙乡有幼儿园 1 所，小学 1 所。辖区义务教育适龄入学儿童 345 人，无辍学生；热龙乡落实教育脱贫政策，兑现建档立卡脱贫户大学生教育补助资金。

【医疗卫生】 2021 年，热龙乡有卫生院 1 所，村（社区）卫生室 7 所。年内，发动农牧民群众参加城乡基本医疗保险，年末全乡参保率达 100%。组织实施县、乡（镇）、村（社区）三级健康扶贫家庭医生签约工程。对建档立卡脱贫户实施基本公共卫生服务全覆盖，年内组织开展免费健康体检 2 场次。以大病、慢性病、重病为主题开展健康教育 6 场次，针对贫困孕产妇实施孕期全过程系统管理和跟踪服务 9 人。

【文化事业】 2021 年，热龙乡成立行政村文艺演出队。开展文物保护工作。组织开展文物普查，积极申报“热龙朋索”和“热龙果琼望果节”为县级非物质文化遗产。加强对农家书屋的管理，配合中国邮政江孜县分公司和县文化和旅游局对各村农家书屋及牧家书屋进行督查。保证农家书屋正常开放。

（李　钊）

7月1日，热龙乡召开庆祝中国共产党成立100周年表彰大会，图为现场歌舞表演

龙马乡

【概　况】 龙马乡位于江孜县东部。全乡耕地面积 3241.08 亩。东与热龙乡交界，南与康马县接壤，西与车仁乡相邻，北与仁布县德吉林镇接壤。平均海拔 4500 米，共有 10 个行政村（2 个纯牧村）、17 个自然村，有乡小学 1 所、乡卫生院 1 所、中国农业银行营业网点 1 家，寺庙 2 座。截至年末，全乡 355 户 2006 人，其中 86 户 413 人为建档立卡脱贫户，最低生活保障户 7 户 11 人，特困户 1 户 1 人。下辖 10 个村委会。境内有锑、水晶等矿藏和受国家保护的藏野驴、野羊、野牦牛、雪鸡等野生动物。

【经济发展】 全乡经济收入以农业和牧业为主，主要种植青稞、油菜及放养牛、羊为主。全乡国民经济总收入 3740 万元，增长 26%，第一产业收入 1003.3 万元；第二产业收入 1263.3 万元，比上年增长 105 万元，增长 0.08%；第三产业收入 1473.3 万元，比上年增长 249.3 万元，增长 0.2%。人均纯收入 13972 元。

【农牧业】 2021 年，龙马乡推进畜牧生产工作，组织牲畜出栏加工，开展饲草料储备工作、秋季动物疫病防控工作，防疫密度达100%，年末全乡牲畜存栏20472头（只、匹），新生仔畜6920头（只、匹），成活率96.4%。动物春季防疫20605头（只、匹），防疫率100%；秋季防疫33949头（只、匹），防疫率100%。

2021年，龙马乡完成农作物播种面积2238亩，其中粮食作物播种面积为1300亩（主要推广粮食品种为“喜马拉雅22号”“藏青2000”“藏青320”），经济作物播种面积788亩，饲草料作物面积150亩（粮：经：饲比例58：35：7），全乡粮油总产591.4吨。

【产业发展】 2021年，龙马乡加大达龙绵羊养殖合作社和加热藏鸡养殖合作社项目的扩建投入及群众入股；推进龙马乡光伏电站项目发展。加大龙马乡萨拉温泉及斯米拉山景区沿线的投资建设力度。构建以藏鸡养殖、绵羊养殖培育为主的农畜产品点。加快建设萨拉温泉的开发力度和配套设施建设，完善斯米拉山景区规划和建设力度。以强旺村、加热村等地势平坦村作为热龙乡主要粮食生产主产区。以最康村、卓庆村为主要牲畜产出区，加大牲畜改良和培育力度。

【教育事业】 2021年，龙马乡有小学1所，在校生172人；幼儿园2所，在园儿童85人。全乡教职工54人，其中幼儿教师19人。全乡控辍保学率达100%，龙马乡开展控辍保学工作，落实义务教育“三包”政策，开展义务教育均衡发展工作。在“六一”国际儿童节，组织慰问学生。

【医疗卫生】 热龙乡有医务工作者18人，其中乡卫生院8人，10个行政村各1人。儿童疫苗接种率到100%。乡卫生院实行村医轮换培训制度，每期2人，培训周期1个月。建档立卡户家庭医生签约率达100%，上门服务率达100%。年内，龙马乡2021年城乡医疗保险参保率达100%，标准人员、建档立卡人员、低保人员、“6065”人员100%享受待遇。2021年，龙马乡城乡居民医疗报销普通门诊和门诊“两病”总额6.94万元，住院和生育“两病”总额4.18万元，特殊门诊总额5655元。

【文化事业】 2021年，全乡共组建10支村级文艺演出队，每月演出不少于2次，每村共计演出10余场。重新布置农家书屋，更新相关书籍4000余册。

【党的建设】 开展习近平总书记重要讲话指示精神集中学习13次，覆盖80人次；召开部署会2次，班子专题研讨会7个专题2场，普通党员研讨4个专题1场。开展廉政教育集中学习20场，覆盖600人。

【生态保护】 2021年，龙马乡

8月2日，龙马乡组织人员在满拉水库旁竖立“水深危险、禁止游泳”警示牌，图为竖牌现场

开展乡级巡河次数160余次，发现问题15条，年内完成整改。村级巡河460余次，发现问题13条，年内完成整改。开展全乡村庄水环境清洁夏季行动，调动全乡范围内的水生态岗位人员定期对龙马河进行垃圾清理；开展卫生排查，推进村庄水环境清洁活动。

【人居环境整治】 开展村居环境卫生整治，各村委会制定卫生清扫制度、卫生评比制度、卫生宣传制度。组织党员志愿服务队对国道349线至斯米拉段进行清扫，截至年末共出动60批240人，清运垃圾15吨。村居开展环境卫生整治活动650余次，清理垃圾30吨。在公路沿线村居建设垃圾掩埋场。开展“白色污染”治理工作。

【自然灾害】 2021年，龙马乡降雨时间空间分布不均，局部发生内涝和干旱。通过有序调度、科学防控、合理调配，未发生较大灾情。

【项目建设】 全乡合作社总数37个，其中产业合作社共17个，劳务输出合作社10个，生态合作社10个。截至年末，运营合作社12个，农机维修合作社1个，农产品加工合作社1个，畜牧养殖合作社7个,劳务输出合作社3个。围绕合作社发展，组织各驻村工作队队长、村“两委”外出参观学习先进经验5次，共30人次。

【基层人大】 乡人大组织对相关法律法规学习6次。5月，组织代表对学校、食堂及周边的商店、藏餐馆进行食品安全检查16次,没收所有过期商品。10月，组织代表对现有的乡规、村规民约进行修改，对环境卫生、流浪狗管理、河长制管理、上访管理等5项内容进行补充完善。

9月13日，江孜县自然资源局局长达次（右二）到宗卓村开展地质隐患点排查，图为工作人员实地排查隐患点

【法制宣传】 龙马乡在辖区内开展中华人民共和国民法典等法律法规宣讲50余场次，覆盖群众1100余人，发放宣传资料1000余册。

【返贫检测】 2021年，龙马乡成立结对帮扶工作领导小组，并组织专人成立2组帮扶工作督查组。对比全乡居民特别是86户423人脱贫户的全年收入，开展脱贫不稳定户、边缘易致贫户、突发严重困难户等的筛查工作。将筛查出的10户（33人）监测户，2户（4人）重点监测户，列为本年帮扶工作的重点户。

【乡村振兴】 通过集中培训、专题辅导、以会代训等形式，加大对“三支队伍”的培训力度。加大对结对帮扶先进事迹的宣传力度。在村一级通过公开栏、标语、广播等方式宣传政策知识。推进“结对帮扶”责任制机制落实。走访建档立卡户86户，覆盖417人。

【社会保障】 2021年，全乡参加技能培训人员11人，劳务输

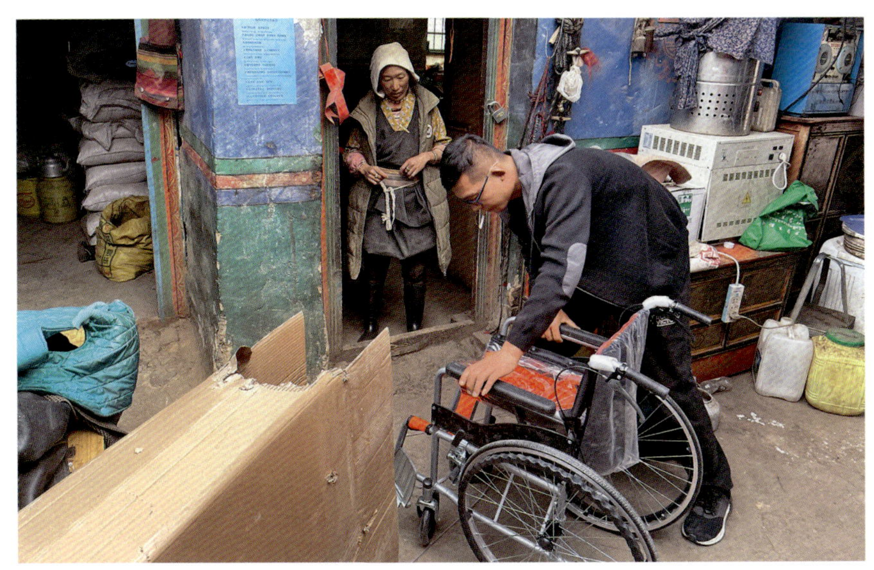

8月26日，龙马乡组织人员入户为残疾人发放轮椅，图为工作人员为残疾群众调试轮椅

出314人（拥有技能150人），年总收入达192万元。转移就业目标完成314人，创收完成192万元，组织化劳务输出完成364人，自治区外转移就业完成4人。参加城乡居民养老保险缴费1203人、收缴保费12.06万元。

（措　姆）

康卓乡

【概　况】康卓乡位于江孜县西南部，东部与紫金乡、江热乡交界，南部与康马县相邻，西部与金嘎乡、日星乡接壤，北部与重孜乡、热索乡相接。距离县城17千米，平均海拔4300米。下辖8个行政村（25个自然村），总人口550户3068人，其中女性人口1501人。全乡面积254.27平方千米，其中耕地面积5559亩，种植青稞、小麦、豌豆、油菜。草场面积24.22万亩，牧养牛、羊，为全县畜种改良基地。乡政府驻查龙村，有派出所1所。乡干部33人，党支部10个，党员286人（农牧民244人、机关28人、完全小学14人）。

【经济发展】2021年康卓乡经济总收入5200.06万元。其中，第一产业1664.31万元、第二产业1999.74万元、第三产业1536.01万元。人均可支配收入达1.689万元，增速达12.6%。

【农牧业】2021年，康卓乡播种面积5559亩，其中青稞3370亩、油菜490亩、小麦45亩、豌豆40亩、饲草759亩、其他855亩。粮油产量2064.2吨，其中，青稞1892.5吨、油菜121.3吨、豌豆15.7吨、小麦34.7吨。牲畜总数19648头（只、匹），其中大畜2138头（匹）、小畜17510只；年末出栏5256头（只、匹），其中大畜358头（匹）、小畜4898

8月19日，康卓乡组织党员干部集中观看西藏和平解放70周年庆祝大会实况，图为活动现场

只。参与县农业农村局科技培训4次。开展牲畜疫病的预防工作，疫苗注射率100%。

【教育事业】2021年，康卓乡有乡小学1所和幼儿园3所，在校教师18人，学生287人（学前儿童100人）。落实“两免一补”政策，严格“三包”经费管理，开展宣传九年义务教育均衡发展政策，适龄儿童和初中生入学率达100%，巩固率分别达99%和98%以上。与各村签订目标责任书，遏制辍学问题。

【医疗卫生】2021年，康卓乡有1所卫生院8名医务人员（1人为公益性岗位），乡农村合作医疗参合率100%，儿童疫苗接种率100%。兑现“一孩双女”资金1.34万元，特殊扶助资金2.7万元，鼓励妇女优生优育、住院分娩。成立疫情防控领导小组，设立人员摸排、防疫宣传等6个专项小组。张贴宣传标语26条，集中开展防疫知识宣讲24场次、应急演练1次。落实戴口罩、测体温、扫场所码、查行程码、健康码等常态化疫情防控措施。年内，3~17岁新冠疫苗第一、二剂接种率分别达98.54%、97.8%；18~59岁以上新冠疫苗第一、二、三剂接种率分别达99.8%、97.69%、94.2%。

【文化事业】2021年，康卓乡制定全年文化服务计划。实行包村（室）责任制。乡文化站下派7名专（兼）职人员包村指导文化工作。开展国家通用语言文字结对帮学活动200余场次，8个行政村15名村干部达标率93%。以“3·28”西藏百万农奴解放纪念日、中国共产党建党节、国庆节、元旦为节点，举办以体育竞技、歌舞比赛、产业大赛、技能评比、趣味活动等为主要内容的季度群众文化活动4场。组队参加全县行政村文艺演出队文艺比赛、红歌比赛、短视频大赛。利用新时代文明实践志愿服务队组织开展人居环境评比、“学雷锋”志愿服务、养殖技能科普、“我们的节日”送爱心服务、通用语言演讲比赛、民族团结进村、健康服务门口送、农村交通劝导、增收技能比赛、理论政策大补课等12次文明实践活动。

【社会保障】2021年，全乡参加技能培训人员102人，劳务输出1125人，其中有技能的413人，全年总收入达3105万元。城乡居民养老保险参保1936人，参保率达99%，60岁以上领取养老金251人，发放养老金5.17万元。

【生态环保】2021年，康卓乡开展“清洁村庄助力乡村生态振兴”主题活动，推进农村人居环境整治工作。辖内主干道、巷道配置垃圾筐447个，建成垃圾转运站1座，垃圾箱、转运车辆等配套设施齐全，按照“户投放、村收集、乡转运”的模式处理生活垃圾。利用河道乱堆乱放的建筑垃圾加

6月21日，康卓乡举行庆祝中国共产党成立100周年暨西藏和平解放70周年“永远跟党走”国家通用语言演讲比赛，图为比赛现场

5月28日，康卓乡卓普村组织群众开展村庄清洁活动，图为活动现场

固防洪堤坝100米。推行人居环境“月月评”，按照规定及时兑现奖惩资金。争取第九批援藏项目，在查龙村种植桃树12000棵，成活率达70%以上，并组织完成“四旁”植树12000余棵。探索推进军地共建，以每年2万元的价格转运部队生活垃圾。

【产业发展】 截至2021年，康卓乡建成养羊基地8个、养牛基地1个、养鸡基地4个、沙棘苗圃基地1个、蔬菜大棚8个、帐篷营地1个、综合商业体2个、集体建筑公司1个，累计实现收入80余万元。

【防返贫监测】 2021年，康卓乡共有监测对象7户29人。7名县级干部、5家县直单位、4家乡直属单位，共121名干部与185个脱贫户结成帮扶关系。年内，共送帮扶物资折合资金1.35万元，送帮扶资金2.99万元。设立生态岗位279人，兑现生态岗位资金97.65万元。年内实现消除返贫致贫风险。

【项目建设】 2021年，岗古、纳如、吉定实施中共中央组织部50万元扶持壮大村集体经济项目。开展卓麦村商业综合体建设项目，卓麦村扶贫生产车间项目，查龙村商业综合体建设项目，康卓乡政府门口至康卓派出所道路硬化建设项目。

【援藏工作】 2021年，上海市第九批援藏小组实施援藏项目1个，为康卓乡种植桃树林10000棵，解决2人就业。

（强巴旦增）

重孜乡

【概　况】 重孜乡地处江孜县西南部、年楚河南岸，乡域面积12.03平方千米，下辖9个行政村，17个自然村。截至2021年末，总人口997户5049人。以农业为主，全乡确权耕地2.21万亩。重孜乡东与紫金乡，西与热索乡，北与达孜、藏改乡，南与日新乡接壤，乡政府距离日喀则市70千米、距江孜县城23千米。境内有国道349线穿过。全乡有党支部13个(乡机关、小学、卫生院、重孜寺管委会和9个行政村党支部)，党员355人，预备党员15人，入党积极分子18人，“三老”人员41人。乡机关内建有综合业务楼、农牧综合服务中心、文化站、职工活动中心，除康庆村、番琼村(属于改扩建)外各行政村建成市、县标准化活动场所，内设有党员活动室、医务室、农家书屋等功能场所，应急广播全覆盖。

【经济发展】 2021年，全乡粮油总产量6906.2吨；安排“喜马拉雅22号”种植4333.97亩，二级种子田431亩，“百亩千斤”示范田133.85亩，大田2269.12亩；青稞“5171”品系种植1500亩。农牧民人均收入22681元。

全乡草场面积13.17万亩，牲畜存栏15759头（只、匹），牲畜出栏4906头（只、匹），出栏率31.1%。共有农牧民专业合作社51家，其中市级示范合作社5家，入社群众583户1094人，注册资金1192.36万元，带动就业381人。

【农牧业】截至年末，重孜乡耕地面积2.22万亩，2019年实施青稞连片种植政策后，完成流转耕地1.08万亩，群众自留耕地1.13万亩。落实农作物种植面积9406亩，其中粮食作物面积6179亩、经济作物面积2306亩、饲草面积921亩。推广“喜马拉雅22号”共种植2833.97亩，其中二级种子田431亩、“百亩千斤”示范田133.85亩、大田2269.12亩；青稞“5171”品系种植1500亩。完成农家肥积造2.1吨，发放有机肥232.2吨，化肥（尿素、二铵、复混肥、氯化钾）发放249.14吨。农药129箱，开展种子精选包衣工作。完成自用精选包衣种子29吨，为流转土地提供二级种子田种子精选包衣58.6吨。

【项目建设】完成农业产业强镇项目建设工作总投资1000万元，县林业和草原局在康庆村新建温室大棚总投资30余万元。在援藏干部的援助下投资130万元的央白养鸡项目完成主体工程。

【产业发展】在稳定粮食生产的基础上，形成以青稞种植、牛羊养殖、民族手工业、青稞加工四大产业为主，以蔬菜、饲草种植为辅的农业产业化发展格局，牛羊养殖合作社运行正常，日定村仁林牲畜短期育肥农民专业合作社年初实现盈利3万元，配合县农业农村局扶持恰古村牛羊养殖合作社。

【教育事业】2021年，重孜乡核查统计0~15周岁、7~15周岁人员基本信息，设立台账。截至年末，重孜乡共有0~15周岁儿童1213人，7~15岁青少年473人，在校学生928人。与学校对接，对辍学生入户教育劝导，对无法入学的青少年组织送教上门4人。

【医疗卫生】2021年，重孜乡完成接种3567人。共有4978人参加城乡基本医疗保险（特困人员11户11人、孤儿10人、建档立卡170户604人、低保户17户39人、6065人员379人、重残人员33人），收缴保费27.67万元。享受“一孩双女”扶助103户，享受特别扶助（小孩残疾、去世）28人。截至年末，重孜乡协助办理医疗救助88人。

【社会保障】2021年，重孜乡参加城乡居民养老保险1870人，收缴养老保险金37.53万元。截至年末，全乡享受养老待遇的有591人。全乡评定为残疾138人，其中一、二级残疾55人，三、四级残疾83人。有特困人员11人，其中集中供养3人。组织开展最低生活保障核

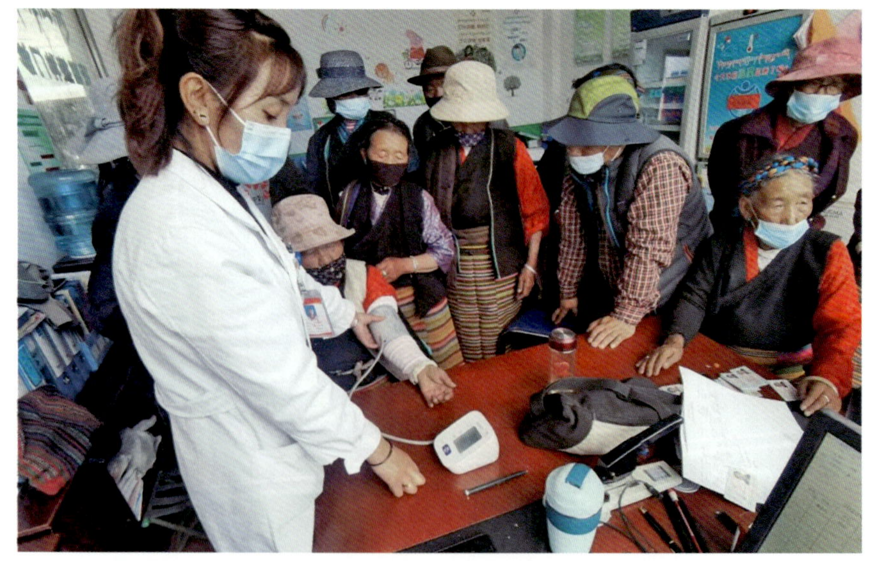

5月22日，重孜乡卫生院医护人员到鲁顶村为老年人检查身体，图为老年群众排队测量血压

5月23日，重孜乡塔杰村驻村工作人员对村内的家禽疫苗接种情况进行统计，图为工作人员查看家禽疫苗接种资料

查工作，共为25户48人办理农村最低生活保障金，登记特困人员11人。有留守儿童9人，困境儿童3人。享受困境家庭临时救助7户。

【生态环保】2021年，重孜乡建立“六清一改”行动方案。结合乡村人居环境调查和农村人居环境整治村庄清洁行动专项整治工作，对重孜乡环境问题进行摸底、排查、整改，开展环境卫生大清理活动，定期进行卫生大扫除，清理农户家中、路面、河塘、沟渠、河道卫生，整治乱堆乱放、私搭乱建、占道经营等现象。完成河长更新备案工作，落实巡河制度。开展自治区级生态文明建设示范村申报工作，申报白沙、恰古、番琼等6个村开展创建工作，申请日定村生态村提档创建为自治区级生态文明建设示范村，并上报相应材料。

【乡村振兴】2021年，重孜乡组织开展“听党话、感党恩、跟党走”宣传教育活动。推行科技特派员制度，新招录科技专干9人。实施高素质农民培育计划、乡村产业振兴带头人培育。培养科技领军人才、青年科技人才和高水平创新团队。开展农村改革重点任务落实。巩固提升农村集体产权制度改革成果，探索建立农村集体资产监督管理服务体系，探索新型农村集体经济发展路径。推进农村宅基地制度改革试点，开展房地一体宅基地确权登记。开展农村土地流转交易市场规范化建设试点。

【返贫监测】2021年，重孜乡收集相关行业部门反馈的可能导致农户返贫致贫的风险信息，转给村“两委”。梳理自主向村“两委”申报有返贫致贫风险的农户信息，了解农民人均纯收入低于监测线或有致贫返贫风险的农户信息，组织联系村驻村工作队、包村干部、村“两委”干部等共同参与，对部门反馈的风险信息、其他风险信息进行集中会商，对所有农户进行分析研判，锁定存在致贫返贫风险的农户入户排查。组成排查小组，走访存在致贫返贫风险的农户、监测对象和稳定消除风险的农户，排查收入支出情况、“两不愁三保障”和饮水安全状况等指标的帮扶成效或持续巩固情况。

（曲玉贵）

达孜乡

【概　况】2021年，达孜乡开展党史学习教育、“三更”专题教育、健全基层党组织。开展新任村干部培训会，利用驻村工作及乡村振兴专干力量，加强国家通用语言文字的学习培训。

【经济发展】年内，达孜乡共有农民专业合作社26家，24家合作社正常运营，合作社入股人数573人，成员出资总额214.45

6月27日，县政协党组书记、主席拉巴仓决（左一）到达孜乡调研政协委员联络情况，图为拉巴仓决询问政协委员情况

万元，2021年经营收入总额439.14万元，分红334.14万元，人均分红5831元。辐射带动社员以外农牧民448户，3100余人，人均增收1077元。截至年末，全乡共申报市级示范合作社3家，县级示范合作社6家。仁青岗合作社获得上级扶持资金60万元，县级部门计划扩大仁青岗合作社养殖规模，建立饲草储备仓库及牛奶加工的基础设施。县级部门为仁青岗村、德吉村两家养殖合作社发放“时风”品牌运输车。

【农牧业】 年内，达孜乡青稞种植面积7668.3亩、小麦275.93亩、油菜1283.8亩、土豆180.15亩、饲草788.67亩、投入化肥214.03吨；开展禽流感预防1569头（只、匹），春季驱虫5027头（只、匹）。猪瘟注菌39头（只、匹）。年末牲畜存栏数10457头（只、匹），其中适龄牲畜5453头（只、匹），占总比例的52.14%，全乡牲畜共产仔5304头（只、匹），成活率80.9%，成畜死亡374头（只、匹），死活率3.7%。

【教育事业】 年内，达孜乡通过宣传、刷写固定标语、召开家长座谈会、发致家长的信等形式，宣传《中华人民共和国义务教育法》和《中华人民共和国教师法》3次。在教师节、“六一”国际儿童节等节日，组织到学校慰问师生。召开教师节表彰大会、教育工作会和春节教师座谈会，提高教师工作积极性。实施“双线承包责任制”“乡机关干部联系制”，全乡小学入学率达到100%，初中入学率99%，辍学率控制在1%以内，达到普及九年义务教育目标。

【医疗卫生】 年内，达孜乡协助上级卫生部门开展各项医疗救治、牧民健康体检（体检率达到97%）城乡基本医疗保险、农牧民住院及门诊报销票据的清查工

4月28日，中国共产党达孜乡第十届委员会第一次全体会议召开，图为达孜乡第十届委员会委员合影

作、各类传染病的防控、孕产妇及儿童保健系统管理、慢性病随访管理及健康宣教等。开展疫情防控工作，组织群众接种新冠疫苗、组织人员摸排往返边境九县的外出务工人员及其他省市的务工人员工作。

【文化事业】 年内，达孜乡健全乡（镇）、村、户三级农村文化网络。实施广播电视“村村通”文业信息资源共享、乡综合文化站农村电影放映、“农家书屋”、村级广播等文化惠民工程。文化站、图书室实行全天免费开放，在全乡9个行政村免费放映电影12场。全乡9个行政村建设文化活动室和“农家书屋”等。

【社会保障】 年内，达孜乡城乡养老保险参保1329人，收缴保费12.66万元，享受城乡居民养老保险待遇352人。全乡城乡居民医疗保险参保人数2432人，收缴保费为34.05万元，参保率95%；实现输出人数1123人，总创收1729.95万元，人均创收1.5万余元。

【生态环保】 年内，达孜乡组织全乡干部职工和各村群众开展卫生大扫除和白色垃圾清理活动，成立环境保护领导小组，制定环境保护实施方案、考核机制。环境保护领导小组进行环境保护专项检查11次，结合河长制工作组织生态岗位人员进行卫生整治清理71次，组织各村环境卫生整治29次，填埋垃圾9吨。

【乡村振兴】 年内，达孜乡成立以县级包乡领导为组长、乡主要领导为副组长，乡班子成员、各村支部书记和各驻村工作队长为成员的领导小组，结合五项工作要求，综合资源、人员技术和现有产业项目等，分析产业项目发展状况，规划短期、中期、长期发展方向，对乡域内较有发展潜力的产业项目进行初步分析。

（罗伟瑞）

卡麦乡

【概　况】 卡麦乡位于江孜县城西北部，距县城35千米，东部与卡堆乡交界，南部与达孜乡接壤，西部与白朗县相邻，北部与南木林县相接，全乡面积25.57万亩，下辖10个行政村。截至年末，全乡总户数781户4834人、女性3326人、劳动力2311人。共有“双联户”联户单位82个，其中村级联户77个、机关5个，“双联户”户长82人。寺庙4座。

【农牧业】 卡麦乡耕地面积共有2.04万亩，其中土地流转工作4626.44亩，大畜4805头（匹）、小畜11638只。

卡麦乡动员10个村（居）组织干部开展2021年种植业工作安排部署会，通报2020年种植任务完成情况，下发2021年各村居种植任务指标。农作物大

3月14日，卡麦乡组织派出所民警和“双联户”户长开展治安巡逻，图为民警和“双联户”户长列队巡逻现场

田种植面积9570亩（除去流转亩数）、青稞6270亩、小麦135亩、油菜435亩、蔬菜1390亩、土豆1305亩、设施35亩、其他50亩、饲草饲料种植面积1340亩，完成指标分解到各村任务。完成县农业农村局下发的各项任务，发放农药、有机肥、化肥并收集农家肥。2021年，卡麦乡农家肥共积造14219.2立方米、商品有机肥共发放6005袋、化肥发放193.7吨（尿素48.5吨970袋、二铵25.2吨504袋、氯化钾4吨80袋、复混肥116吨2320袋），常规农药按照群众资金承担10%要求，上缴农药费2.14万元。召集村（居）科技特派员指导农业技术工作。卡麦乡流转土地4627.35亩，涉及亚杰村、塘麦村、杰麦村、麻恰村。

卡麦乡完成发放农民实际种粮一次性补贴，补贴主要对象为农户种植的青稞、小麦亩数，共有6405亩，补贴金为7.17万元。耕地保护与质量提升（粮食作物）补贴共有5575.01亩，发放21.28万元。实地查看“喜马拉雅22号”种植实际面积，卡麦乡召集村干部召开部署会，要求村（居）委会定期兑现补贴资金。

完成2021年度农牧民补助奖励政策（草奖）工作，本年度牲畜共31085只羊（折绵羊单位）。完成牲畜禽资源普查工作，1.96万头（只、匹），其中能繁母畜7678头（只、匹）。牦牛经济杂交项目工作任务238头，完成57头。产犊58头、现存犊牛为42头。乡黄牛改良项目任务900头，完成158头。完成春季动物口蹄疫及五号病防控工作1.71万头（只、匹）；完成动物棘球蚴病防疫工作1842只羔羊；完成三联四防疫苗工作6725只；完成动物羊痘病防控及治疗工作，接种疫苗13816只羊；完成禽流感防疫工作，家禽2775羽。

【农村集体产权制度改革】完成2020年的村居集体资产入账工作以及2020年系统录入。制定《江孜县农村集体成员身份确认工作办法》《江孜县农村集体成员身份确认操作流程》等，完成乡级成员身份确认工作，资料整理完善。全乡农村集体成员共有864户5264人，非集体成员134户278人。5月，召开江孜县农村集体产权制度改革股权量化推进会，量化经营性资产899.54万元。成员股份数为4764.1股，资产总额700.04万元。成立农村集体经济组织10个。

【人居环境整治】卡麦乡农牧办公室及乡政务办公室联合召开卡麦乡2021年度农村人居环境整治动员部署会，明确开展环境评比工作，并开展“美丽乡村”“美丽人家”评选活动。

【经济发展】2021年，全乡共48个合作社，新成立合作社3个。分别是亚杰村的江孜县杰培林种植养殖农民专业合作社（牛、羊、猪、鸡养殖，马、牛、羊改良；各种饲料加工；青稞、小麦、油菜、蔬菜、饲草的种植；农产品加工及销售）、塘麦村的西藏江孜县札玲养鸡农民专业合作社（藏鸡养殖、销售鸡蛋）、西藏江孜县卡麦塘麦牛奶养殖农民专业合作社（牛、羊、猪、鸡养殖）。

【特色产业】卡麦乡实行农牧并举。农业以种植青稞、小麦、豌豆、油菜为主，畜牧业养殖牦牛、羊。工业以农畜产品加工、陶瓷、奶渣为主，陶瓷加工业形成一定规模。

【教育事业】成立教育工作领导小组。执行义务教育控辍保学动态监测制度，对全乡适龄上学学生进行摸底排查，健全完善适龄儿童少年数据库、建立0~15周岁的人员信息台账。截至年末，0~15周岁1374人，其中送教上门3人。每月通报情况，并签订控辍保学目标责任书，对存在的辍学生开展上门宣传、劝学等工作。年内，入学率、在校率达

6月1日，卡麦乡党委、政府在卡麦乡完全小学开展“爱心捐赠、情暖六一”活动，图为工作人员给学生发放生活用品

100%。开展义务教育阶段因病、因残适龄少年儿童“常态化”送教上门服务，实现“送教上门”覆盖率100%。

【换届工作】 2月6—25日，卡麦乡进行村组织换届选举工作，选举共产生党支部委员50人，村委会委员37人，村务监督委员会委员30人，团支部成员27人，妇联委员会执行委员会委员50人。

【社会保障】 年内，卡麦乡完成10个村（社区）城乡居民养老保险金缴纳工作，全乡满足参保条件人数3200余人，参保人数2864人，缴费人数2269人，缴费金额23.45万元。最低生活保障63人。全乡农村有劳力1600余人，其中外出务工1450余人，其中建档立卡脱贫户262人。完成年度总目标100%。

【文化事业】 卡麦乡开展“国旗飘起来、国歌唱起来”活动；开展“新旧西藏对比”以及各个新时代文明实践站组织文艺演出活动；开展“美丽乡村清洁行动”活动，联合宣传、巡回宣讲活动；开展志愿活动130余场次，受益群众1万余人次。组织各村开展“我为群众办实事 惠民政策进万家”宣讲活动。组建各村（社区）文艺演出队，组织文艺演出。

【乡村振兴】 6月，卡麦乡对10个行政村进行排查脱贫不稳定户、边缘易致贫户工作。8月，按照县乡村振兴局有关要求，将脱贫攻坚档案资料进行归档交至县委档案馆。

【安全生产】 2021年，卡麦乡调整成立卡麦乡安全生产领导小组，分别与10个行政村、4家寺庙、卡麦乡完全小学、卡麦乡幼儿园、3所村级幼儿园、1所乡卫生院、2家砖厂签订安全生产责任书。

（格　珍）

6月25日，卡麦乡开展庆祝中国共产党成立100周年、西藏自治区和平解放70周年文艺演出，图为入场式现场

卡堆乡

8月25日，卡堆乡组织开展农业安全生产大检查，图为实地查看青稞长势

【概　况】卡堆乡位于江孜县西北部，距离县政府驻地43千米，总面积151平方千米，乡平均海拔4034米。全乡下辖11个行政村。以农业生产为主，主产青稞、小麦、油菜等作物，主要饲养绵羊、山羊、奶牛等牲畜，2021年人均收入为21966元。

乡党委下设个15党支部28个党小组，共有党员324人。全乡有13个共青团组织和13个工会组织、13个妇联组织，共青团团员181人，工会会员（含农牧民会员）1732人。

【经济发展】2021年，卡堆乡总人口5506人，其中农牧民5384人。年末牲畜存栏21601头（只、匹），第一产业收入3869.06万元，第二产业收入4976.39万元，第三产业收入7493.78万元，人均纯收入21966元。2021年，卡堆乡举办技能培训5场，组织卡堆人民闯世界服务协会，成立11个劳务输出合作社。年内实现农牧区劳动力转移就业1996人，参训243人次,其中应届毕业生57人，转移就业创收3034万元。

【农牧业】2021年，卡堆乡耕地面积为16188亩，高标准农田平整2.61万亩，农作物播种面积16188亩，其中粮食作物播种面积10485亩、经济作物面积3165亩、饲草饲料面积2088亩、其他450亩，青稞“藏青2000”3000亩、“藏青320”2540亩、“喜马拉雅22号”2500亩。粮食亩产和年总产量分别达到300千克和6410吨。全乡草场面积17.91万亩，2021年牲畜存栏2.16万头（只、匹）。黄牛改良任务800头，完成447头，牦牛经济杂交利用项目任务571头，完成226头，犊牛售卖32头，收入9.27万元。

【项目建设】2021年，卡堆乡向县交通运输局申请养护资金5万元开展农村公路小修养护工作2次，维护乡村公路47.6千米；申请资金5.82万元完成年普村小桥的维修维护。

【产业发展】2021年，卡堆乡共有44家专业合作社组织，其中养殖6家、种植4家、手工业5家、加工类6家、生态合作社11家、劳务输出11家、农机机械类1家,共实现收入188万元。

【教育事业】2021年，卡堆乡适龄儿童入学率100%。投入教育扶持资金9000元。开展国家通用语言文字推广活动。全乡开展通用语言文字结对辅导200余次，组织各驻村队开展国家通用语言文字集中上课70余场次，截至年末，村主要干部会讲国家通用语言达85%、其他干部达54%以上。大学生“三免一补”涉及42人，送入市特殊教育学

11月24日，卡堆乡藏戏团开展“戏曲进乡村”活动，图为藏戏表演现场

校1人，随班就读1人，送教上门1人，“两后生”转移就业1人，创收2.1万元。

【医疗卫生】 2021年，卡堆乡开展农牧民群众疫情防控相关知识的宣传教育80场次，宣传“厕所革命”“两降一升”和结核病、肝炎、风湿病、大骨节病等地方病综合防治工作20余场次，引导适龄人群接种新冠疫苗4000余人次，常态化开展村居卫生消毒130余次，开展疫情防护工作，农牧民家中清洁卫生厕所普及率100%，同时新生婴幼儿和妇产婴儿死亡率为0。

【文化事业】 2021年，卡堆乡开展中国共产党成立100周年庆祝活动13场次、西藏和平解放70周年庆祝活动12场次，5000余人次参与。全乡11个行政村文艺队伍全年开展演练均在10次以上。

【社会保障】 2021年，卡堆乡城乡居民医疗保险缴费4120人，其中特殊身份人群587人，建档立卡脱贫户963人；为9户最低生活保障户兑现低保金共2.51万元；为49名4级残疾人发放燃油补贴1.86万元；为177名残疾人开展信息采集工作，为12户特困户发放补贴和福利共5.59万元；为6户临时困难户发放救助金3万元；为15名“一孩双女”，2名特困扶持户兑现补助金2.71万元；为19名特别补助对象兑现资金9.5万元。为老党员、老干部和生活困难党员发放各类慰问金2万余元。

【生态环保】 2021年，卡堆乡完成本“四旁”植树1.47万株，完成率100%，成活率达95%。通过组织新时代文明实践所（站）志愿服务队伍、生态岗位人员每周一三五对全乡境内公路、河流及其两侧的“白色”垃圾进行清理，安排专职垃圾清运

7月28日，卡堆乡组织人员开展防汛设施修缮工作，图为工作人员在制备混凝土

工定期对堆积的垃圾进行清运填埋和无害化处理。按照半年考核、一季一通报制度对208名村庄保洁人员考评。

【乡村振兴】2021年，卡堆乡配合县乡村振兴局与江孜县档案馆完成扶贫档案的整理提升工作。坚持“农户主动申请、部门信息比对、干部定期回访”相结合的“三位一体”监测网络，落实防贫保险和兜底救助机制。落实“四个不摘”要求，紧盯“两不愁、三保障”、饮水安全、特困群体救助帮扶等关键指标。全乡656个建档立卡脱贫人口及低收入人群纳入生态岗位中，新增84户群众获得中国农业银行小额信贷共352.95万元。

【自然灾害】7月23日，卡堆乡受强降雨影响，白定村1户房屋受损，受损面积为85平方米；增麻村2户房屋受损，受损面积为589平方米。境内共受损农田230亩，分别是卡吾村130亩；年普村100亩，经济损失共计10.6万元。

【返贫监测】2021年，卡堆乡边缘易致贫3户9人的监测户消除风险。12月18日，重新排查出重点监测户2户6人，其中1户为边缘易致贫户，1户为脱贫不稳定户。

【对口支援】2021年，江孜县第九批援藏工作组为卡堆乡便民服务大厅投入扶持资金13.51万元，用于便民服务大厅改建和购买办公设备。

【特色产业】2021年，卡堆乡引导全乡500余名群众投工投劳到江孜县万亩沙棘育苗项目中，带领各村负责人定期对沙棘进行除草、施肥、浇水等动态管理，种植温室48座，收入80万元。

（旦增扎西）

纳如乡

【概　况】纳如乡位于江孜县东北部的通曲上游，离江孜县城50千米，东北与日朗乡和年堆乡相邻，北部与日喀则市相接。平均海拔4200米，全乡土地面积的7.84%，其中耕地面积8772亩，林地1156.71万亩。草场39.38万亩。年日照时数为3189.9小时，日照百分率为73%，年平均气温4.7℃，年均降水量284.5毫米、年均蒸发量2527.9毫米。全乡辖10个行政村，平均海拔4200米，总面积235平方千米。辖区内有完全小学1所，派出所1所，卫生院1所，“双联户”单位68个，寺庙2座。全乡总人口779户4527人。

【经济发展】2021年，全乡农村经济总收入1.46亿元，粮食总产量4179.2吨。人均纯收入22051元。截至年末，纳如乡有合作社40家，实现经营收入

9月24日，纳如乡机关党支部、纳如乡新时代文明实践所开展“我为群众办实事、助农秋收解民忧”主题党日活动，图为党员合影

85.43万元，达到5个100%入股要求，共带动就业53人，人均增收2400元，实现分红20.72万元。

【农牧业】纳如乡耕地面积8761亩，草场面积为39.38万亩。年出栏牲畜1.1万头（只、匹），其中大畜1764头（黄牛694头、奶牛574头、公牛120头、犏牛76头、牦牛300头）、小畜9881只（绵羊8296只、山羊1585只），猪34头，年末牲畜存栏2.78万头（只、匹）；粮油总产量2785.2吨，其中油菜135.2吨。纳如乡粮食播种面积5400亩，其中“藏青2000”播种1720亩，“喜马拉雅22号”播种1300亩，当地青稞630亩，小麦160亩，油菜880亩，其他710亩。饲草料播种面积为1066亩，粮、经、饲比例62∶26∶12。集中开展重大动物疫病防控疫苗接种工作。开展犏牛基础母畜清查工作，召开牦牛经济杂交项目推进专题会议，推进犏牛与安格斯牛“三元杂交”工作，完成杂交配种131头。

【项目建设】2021年，纳如乡完成投资1956万元的赤门水库改扩建工程，改善3025亩土地灌溉问题。对接县交通运输局，投入120余万元实施日贡布多、恰曲、恰巴、仲措、日括村5个村及炯堆寺的农村公路养护和应急保通项目。其中，投入资金80余万元实施日贡布多村公路挡墙建设项目，还投资20余万元对炯堆寺道路进行整修。

【产业发展】开展专合组织规范提升行动，开展村集体经济薄弱村提升行动，推荐3家合作社（出龙藏鸡养殖合作社、恰巴邦炯糌粑加工合作社、日括村色错氆氇加工合作社）为市级示范合作社。帮助出龙村争取90余万元实施出龙村养鸡场改扩建项目，在县农贸市场设立销售专柜，年内项目基本完工。出龙村利用闲置羊圈，集体草场向建档立卡脱贫群众无畜户和少畜户分发羊只，充实进该村生态合作社，将空壳合作社实质化运营。

【教育事业】2021年，纳如乡辖区内有完全小学1所，教师42人，学生615人，其中学前班135人。小学入学率100%，巩固率100%，初中入学率100%，巩固率100%。开展“控辍保学”工作。通过检查督导、思想教育、建立控辍保学双向目标责任制等措施，确保学龄儿童入学率。利用“六一”国际儿童节、教师节对教职工进行慰问。首次将司法程序引入教育领域，保障义务教育阶段学生入学率100%，整合4000元用于10个村困难青少年群体帮扶。

【医疗卫生】2021年，纳如乡有卫生院1所，配备专业医护车1辆，医疗场所面积达2600平方米，办公区建筑面积达到470平方米。全乡2021年城乡居民

7月6日，纳如乡开展庆祝中国共产党成立100周年和西藏和平解放70周年文艺汇演活动，图为乡党委书记次仁平措（左五）作开幕演讲

医疗保险参保率95%以上。

【文化事业】2021年，全乡整体更换国旗8次，排查宣传栏、宣传橱窗12次，更换宣传标语12次。以中国共产党成立100周年和西藏和平解放70周年为契机，全年共开展学习宣讲350余场次、实践活动23次、文艺演出11次，为群众办实事53件。建立乡党委班子包村、党员干部包户宣讲机制，市级包乡领导宣讲2次，县级包乡领导宣讲4次，乡党委书记示范宣讲4次，书记上党课3次，包村班子成员走村入户宣讲20次，党员干部、各驻村工作队、村“两委”班子成员、农牧民宣讲员入户宣讲352次。全年共走访寺庙12次，协同行业部门解决3项难点问题。

【社会保障】2021年，纳如乡对低保进行调整，纳入最低生活保障25户，发放最低生活保障金10.85万元，发放特困供养金8.35万元，发放残疾人补贴3.25万元。启动城乡居民养老保险收费工作，实际完成缴费2039人，共缴费40.78万元；城乡居民基本医疗保险乡统一完成缴费3337人，截至12月6日完成征缴2235人。开展疫情防控工作，加大对中、高风险地区返乡和重点行业返乡人员的摸底排查。为各村、学校、派出所、炯堆寺配备体温枪、酒精、消毒液、口罩等防疫物资。截至12月8日，全乡共计接种新冠疫苗一针剂2923人次，二针剂2664人次，三针剂208人次。

【生态环保】2021年，纳如乡完成“四旁”植树任务9500株，树苗成活率平均达89%以上，共带动增收42.75万元。推动桑顶村、萨玛村、吐如雄村、恰曲村、日括村自治区生态文明创建示范村创建工作，年内通过县级主管部门审核；完成桑顶村、吐如雄村“创建全国健康促进县”创建巩固工作。出台《纳如乡乡村环境综合整治实施方案》，在全乡范围内集中开展整治“七乱”，开展农村环境整治。截至2021年末，开展环境保护宣传活动5场次，受众840余人，发放宣传资料200余份。开展乡村环境整治行动100余次，开展生活垃圾处置、白色垃圾清理，公路路面清理、标识标牌清理，规范房屋建设，加强家庭环境卫生整治等。

【乡村振兴】2021年，安排相关县级领导均开展结对帮扶工作，给予现金帮扶并帮助寻找就业岗位。开展就业引导技术培训，应届毕业生29人，已就业28人，1人延期毕业，应届高校毕业生就业率达100%。组织开展农牧民畜禽养殖技能培训班，全乡10个行政村的农牧民群众、养殖合作社负责人、科技特派员、兽医等99人参加培训。全年农牧民转移就业1744人，收入2722万元，组织化劳务输出465人，自治区外就业5人。

【自然灾害】8月27日下午5时，纳如乡仲措村突降暴雨，3户26人的农田受灾，3.4亩农田严重受损，绝收面积2.6亩，造成经济损失3800余元。

【返贫监测】建立防止返贫机制，强化已脱贫户后续帮扶。对脱贫户和监测户的收支情况进行核查，将排查发现的3户突发严重困难户和2户边缘易致贫户按照程序纳入监测系统。对因突发事件陷入困境的家庭及时发放临时救助6起，兑现救助资金4.7万元。其中，乡级临时救助2起、县级临时救助4起。

【特色产业】2021年，纳如乡产业项目依托当地施工队，通过整合驻村经费加群众集资形式购买机械设备，与建筑施工队签订租聘协议，实现收益分红，增加群众收入。纳如乡的藏鸡养殖规模长期维持在8000~10000只，“赤门藏鸡”和藏鸡蛋在全县拥有一定的知名度，但规模和效益均未得到有效开发。藏式家具、

11月25日，纳如乡在乡人大代表之家开办国家通用语言集中培训班，图为培训现场

奶渣加工等均有产出，停留在小作坊形态。

【党的建设】 完成全乡10个行政村级组织、乡党委换届选举工作，完善村“两委”班子后备干部培养制度。开展全乡性国家通用语言学习活动。通过专班学习、微信平台、文化补习夜校、集中培训等方式，组织国家通用语言文字的10个村干部学习培训，建立干部结对帮学制度。截至年末，全乡村（居）主要干部中基本会讲国家通用语言的达到75%以上，其他村（居）干部达到50%以上。全年共开展党史学习教育12次，开展研讨8次，开展自查活动2次，志愿服务活动23次，解决群众难题23个。全乡共发展14名优秀青年入党，吸纳33人作为入党积极分子。利用庆祝中国共产党成立100周年、西藏和平解放70周年大型活动等，调动村级文艺队，组织开展文艺活动11场次，同时更换辖区内大型展板13块，悬挂国旗、彩旗、横幅216面（条）。

【党风廉政建设】 组织全乡干部学习典型案例共32次、开展党风廉政宣传教育3次，观看警示教育片1次。严控“三公”经费支出，重点关注“三公”经费支出是否真实、合规进行监督检查1次，对干部报销情况进行全面清查1次，对公务接待中“吃公函”问题、在项目评审验收中发放和收受红包问题进行自查自纠；到县、市纪委张贴公务用车标识。围绕“两不愁三保障”、产业项目运行管理、农村人居环境整治、村（居）“三资”管理等方面对纳如乡各部门及10个村开展专项监督检查。全年共收到问题线索2件，乡纪委成立初核组对反映的问题线索进行初步核实，并将前期核实情况上报给县纪委监委。

（温云龙）

热索乡

【概　况】 热索乡位于江孜县西部，距离县政府驻地25千米，东连重孜乡，西邻白朗县洛江镇，北靠达孜乡，南与白朗县杜琼乡毗邻，辖管7个行政村。全乡共有757户3804人。全乡共有基层党组织14个，党员335人。2021年建档立卡脱贫户142户547人；分散特困供养人员4人；困境儿童3人，“三老人员”27人。辖区有派出所1所，民警4人。共有寺庙2座。卫生院1所，医务人员7人。

【经济发展】 2021年，全乡经济总收入达11267.69万元，比上年增加7%，第一产业收入2283.92万元，第二产业收入6343.33万元，第三产业收入2640.44万元；农牧民人均收入21689.5元，比上年增加8%。全乡建成运行农牧民专业合作社33家，发展村集体经济29个，带动就业424

人,2021年实现收益936.29万元，分红145.06万元，500万元以上村集体经济1个。

【农牧业】 全乡共有耕地12144亩，草场面积70210亩。全乡青稞总产量3025吨。年内播种面积1.21万亩，农作物良种推广面积5161亩、其中“藏青2000”播种面积300亩、“喜马拉雅22号”播种面积4061亩、“青稞5171”播种面积800亩。使用农药、化肥128.8吨。牲畜总数为9964头（只、匹），其中大畜4261头（匹），小畜5703只。年末出栏1704头(只、匹），其中大畜452头（匹）、小畜1252只。完成黄牛改良任务1417头。开展牲畜疫病的预防工作，疫苗注射率达100%；开展牲畜清点各项工作，通过县级验收。

【项目建设】 通过协调县交通运输局争取热索乡孜吾村、帮日村路面改造维修项目9.7万元；协调县交运局争取帮日村危险涵洞改造抢修共7300元；协调江孜县吉啦自来水公司申请5万元，解决江孜县孜吾村短期育肥养羊农民专业合作社给排水难的问题；协调县农业农村局解决乃萨村村道路管涵等问题；协调县水利局解决孜吾村农田灌溉水渠项目30余万元；协调县林业和草原局为热索乡坚热寺争取沙棘苗子1000株。

【产业发展】 全乡共有33家合作社，其中村集体合作社26家：养殖业7家、农业机械类合作社3家、民族手工业2家、劳务输出合作社7家、生态合作社7家、个人合作社7家。村集体建筑公司4家。合作社带动全乡419人就业，年末实现盈利的合作社共计10家，收入总额达277.76万元，实现分红的合作社6家，实现分红金额72.64万元。由江孜县金塔集团对热索乡建档立卡脱贫户中51名老弱病残人员产业分红5.1万元。

【教育事业】 2021年，热索乡有乡完全小学1所,幼儿园2所，共有教职工35人，学生362人，学前教育180人。全乡学生0~18岁1212人，7~12岁401人，有“送教上门”学生4人，适龄儿童入学率达到100%，巩固率100%。建档立卡脱贫家庭大学生19人，其中自治区外大学生14人，自治区内大学生5人。辖区内高校毕业生31人(延迟毕业2人)，其中已就业29人，应届高校毕业生就业率达到100%。年内，就“发展教育”进行政策宣讲15次。联合乡完全小学举办“六一”国际儿童节活动1次，对贫困家庭儿童开展慰问，并对乡完全小学的学生就餐及用餐食品安全进行监督，每月入户家庭至少3次。

【医疗卫生】 2021年，热索乡孕产妇建册50人，产前检查255次，增补叶酸发放100盒，活产数46人，产后访视255次；儿童保健、新生儿家庭访视50人（135次），1岁以内儿童健康检查数82人（350次），1~2岁儿童健康检查数109人（330次），3~6岁儿童健康检查数249人（1015次），0~6岁疾病管理48人、预防接种848人；全乡高血压患者283人，随访次数2015次，糖尿病患者3人，精神病患者5人；就诊人数2980人，建档立卡脱贫户167户634人，全部完成家庭医生签约。

年内，热索乡享受“一孩双女”政策32人，补助资金3.07万元。“寿星老人”共24人，健康补贴资金7800元。联合乡卫生院在全乡范围内开展知识讲座、爱心义诊活动，共发放各类宣传单1000余份。

【文化事业】 2021年，热索乡成立以热索乡群众文化活动领导小组。各村成立村文化工作领导小组，建立文艺队伍。全年开展文化研究工作1次，将文化工作纳入乡目标考核，按规定使用免费开放资金。召开村级文化工作会2次，免费开放文化站保障电子

7月6日，热索乡开展“民心向党、礼赞百年”文艺汇演活动，庆祝中国共产党成立100周年，图为演职人员合影

阅览室和多功能活动室。以节日为契机组织开展文化活动70场次；对辖区内2个文物保护点定期进行巡查，并确定文物保护员。

【社会保障】 2021年，热索乡最低生活保障户11户34人，分散特困供养人员4人，困境儿童3人。全年发放县级临时救助资金9万元、发放乡级临时救助备用金1.7万元，受益群众52人。发放残疾燃油补贴8360元；发放残疾人“两项补贴”19.68万元。2021年度城乡居民养老保险参保1585人，其中16~59周岁1800人，60岁以上358人，缴纳保费31.8万元。

【生态环保】 2021年，热索乡完成绿化面积300亩、“四旁”植树1.45万株，建成运行乡垃圾转运站，成立护河队、护林队、护路队，常态化开展年楚河和国道两旁垃圾清理工作。制定“热索乡生态补偿岗位管理办法”与各户签订《生态补偿岗位履职协议书》，共安排生态岗位人员213人；开展环境保护法的学习宣传，共计宣传21场次，发放宣传材料150余份。组织人员对辖区内5处垃圾填埋场进行填埋；召开环保动员部署会议8次，专题整改会议5次，专项督导22次；完成更新乡、村两级“河长制”制度并设立7座村（居）河长制工作区域划分示意图宣传牌，为42名水生态岗位人员发放工作服和劳保工具。开展乡级巡河5次，村级巡河16次。年内，排查辖区757户饮用水水质达标及吃水难等问题，未发现相应情况；对公路沿线、年楚河河道、村居巷道进行清理90余次。

【乡村振兴】 热索乡脱贫户共有142户547人，其中监测户4户13人。截至年末，热索乡生态岗位人员213人，兑现生态岗位资金63.9万元；2021年热索

7月7日，热索乡组织人员勘察孜吾村道路硬化项目地形地貌，图为工作人员实地勘察道路环境

11月20日，热索乡组织党员干部对国道349线沿线白色垃圾进行清理，图为活动现场

乡结对帮扶人员帮扶142户脱贫户物资价值1.1万元，送温暖帮扶资金6万元，解难事办实事事件12件。掌握热索乡4户返贫监测户的生产生活情况。开展帮扶已消除监测户相关工作，对该辖区内的“三类户”（脱贫不稳定户、边缘易致贫户、突发严重困难户）进行动态监测管理。

【特色产业】 热索乡特色产业以农机和养殖专业合作社为主，辖区内有“江孜县努康农机租赁专业合作社”“江孜县热索乡德洛养鸡农民专业合作社”“江孜县果帮庆绵羊短期育肥农民专业合作社”“江孜县努康村富民养牛农民合作社”等。2019年7月，努康村115户597人共同出资成立江孜县努康农机租赁专业合作社，实现5个（村“两委”班子、建档立卡脱贫户、残疾人户、边缘户、党员）100%入社。合作社以“村委会+科技特派员+联户长+村小组”的管理模式运行。截至2021年末，合作社共有农机具17台。耕地面积5064亩、饲草包装6108亩、秋季收割亩数4084亩。2021年收入118.23万元，分红40万元。

（达娃普赤）

加克西乡

【概　况】 加克西，意为“能吹走铁的地方”，地处江孜县西南部，距县城90余千米。加克西乡东连康马县雄章乡，南邻亚东县吉如乡，西濒白朗县东喜乡，北靠江孜县金嘎乡，总面积17802公顷，草场总面积16054.69公顷，人工种草面积为87.98公顷（34.684公顷为青饲料）。平均海拔4750米，驻地海拔4652米，下辖3个行政村。全乡129户625人，劳动力392人；党员97人（乡机关

9月5日，加克西乡党员志愿服务队到各村开展环境整治宣传工作，图为党员志愿服务队和群众一起清理垃圾

党员 20 人)。

【经济建设】 2021 年,加克西乡国民经济总收入为 1248.84 万元,同比增长 6.6%,第一产业 462.64 万元、第二产业 146.86 万元、第三产业 639.34 万元;人均可支配收入为 16412 元,同比增长 12.7%。截至 2021 年底,全乡牲畜存栏 11720 头(只、匹),共出栏小畜 3872 只、大畜 144 头,生产肉类产品 635 万余千克,实现经济收入 292.21 万余元。

【农牧业】 加克西乡是江孜县唯一的纯牧业乡。2021 年,加克西乡加大草场管理和保护力度。大力发展畜牧业,探索新的牧业生产模式,发展壮大村级集体经济,向牧民群众兑现 2021 年度农牧民草原补助奖励资金 77.8 万元。

【产业发展】 2021 年,加克西乡推行党支部 + 群众(建档立卡贫困户)+ 致富带头人的合作模式,全乡共有各类合作社 9 个(绵羊短期育肥合作社 3 个、劳务输出合作社 3 个、生态保护建设农牧民专业合作社 3 个),共计收入 23.6 万元,向辖区内 129 户分红 7.8 万元。

【教育事业】 加克西乡有小学 1 所,设一年级班,适龄儿童入学率 100%。全乡有在校学生 142 人,学前生 23 人、小学生 57 人、初中生 29 人、高中生 23 人、大学生 10 人。

【医疗事业】 加克西乡有 1 所卫生院、3 个卫生室。截至 2021 年末,共为全乡 625 人建立电子健康档案,覆盖率 100%,并定期对重点人群进行随访,慢性病签约 63 人,精神病签约 5 人,糖尿病签约 1 人,签约率达 100%;实施家庭医生签约服务及农牧民健康体检共 623 人,为全乡 48 名 65 岁以上老年人开展健康体检签约服务。开展健康教育和传染病防治以及卫生监督协管工作。落实国家基本药物制度,严格执行新型农牧区合作医疗政策,严格按照执业许可范围开展基本医疗服务工作。

【社会保障】 加克西加快完善社会保障体系步伐,加强调研,在原有的 2 户特困户、4 户最低生活保障户之上新识别 3 户最低生活保障户。对 3 户实施临时救助帮扶。2021 年加克西乡农牧民合作医疗应参合 620 人,参合 613 人,参合率达 98.9%,年内新增参合人员 8 人。2021 年加克西乡城乡居民养老保险应参保 389 人,实际参保 362 人,参保率达 93%,年内无新增参保人。

【生态环保】 加克西乡组织各群团组织定期对辖区内开展环境整治工作,投入劳力、物力对各村道路、河道及村周边的环境卫生进行整治。明确落实各村工作责任制、责任区,做到定人、定标准、定路段、定区域,并加强健康知识、卫生常识宣传教育,

9月22日,乡党委书记索朗旦增(右一)在夏吾村检查人居环境整治工作开展情况,图为查看垃圾集中堆放点

开展移风易俗、崇尚科学宣传教育活动，提高群众环保意识。

【乡村振兴】加克西乡以增加群众收入为核心，壮大村级集体经济，推进人居环境整治，推进实施乡村振兴战略，坚持“四不摘”原则，组织干部职工对脱贫户开展结对帮扶，入户宣讲惠民政策，转变群众思想观念；对全乡群众实施动态管理。组织群众开展环境整治行动，提升乡村治理能力。

【自然灾害】2021年，加克西乡强村发生1起自然灾害引起的桥梁部分倒塌事故，乡党委、政府上报相关部门并对桥梁损坏部分进行维修，未对群众的生产生活造成影响。

【返贫监测】加克西乡坚持防返贫监测动态管理，加强防返贫动态监测工作督察监督力度。识别1户返贫监测户，并结合实际实施临时救助等方式进行帮扶。

（央金卓玛）

藏改乡

6月1日，藏改乡夏尔岗生态旅游营地开业，图为典礼现场

【概　况】藏改乡位于江孜县城北侧，距离江孜县城14千米，与江孜镇、达孜乡接壤，平均海拔4085米。全乡辖7个行政村，23个自然村，9个党支部，有3个直属单位（派出所、藏改乡卫生院、藏改乡完全小学），3座寺庙。全乡共有493户2858人，耕地面积6646亩，草场面积153002亩，牲畜总数13407头（只、匹）。

【经济发展】年内，全乡经济总收入7638.37万元，比上年增长968.67万元，年均增率14.5%，农村经济纯收入5564.32万元，比上年增长692.54万元，增长率为14.2%；农民人均纯收入20102元，比上年增长2488.91元，增长率为14.1%。

【农牧业】年内，全乡总播种面积4407.1亩。其中粮食播种面积2637.4亩，经济作物播种面积1769.7亩。青稞良种繁育基地“喜马拉雅22号”二级种子田284亩、“藏青2000”二级种子田200亩、“百亩千斤”示范田205亩，土地流转面积为2239亩；粮油产量1987.5吨；农业种植机械化种植面积达6646亩，其中土地流转2239亩，农民自种4407亩；年内牲畜存栏有13407头（只、匹）、出栏3673头（只、匹）。对2705头牛、10119只羊注射口蹄疫苗，防疫密度100%，对1497只家禽注射流感疫苗，防疫密97%，对10119头羊注射小反刍病疫苗，年内无重大动物疫病发生。

【产业发展】全乡共有农民专业合作社32家，其中种植业合作社2家、养殖业合作社4家、农产品加工合作社2家、农机服务合作社2家、劳务输出合作社7家、旅游服务合作社1家、其他合作社 14 家；创建自治区级示范合作社 1 家，县级示范合作社 1 家。2021 年，全乡合作社入股 506 人，辐射带动 319 户、1238 人，33 家合作社注册资金达到 332.19 万元，2021 年经营收入达到 272.8 万元，社员人均收入 2.27 万元，实现分红 26.35 万元。年内，全乡 33 家合作社均完成工商年报登记。

【教育事业】 年内，藏改乡通过宣传自治区九年义务教育“三包”、十五年免费教育等政策，免除困难学生的学杂费用。适龄儿童入学率、巩固率达 100%。与县教育局、乡派出所对接，筛查教育系统内失学儿童，落实控辍保学。藏改乡与各村委会、藏改乡完全小学签订目标责任书。与各村“双联户”成员、各“双联户”户长、各村委会、各驻村工作队、乡政府、乡完全小学、县教育局等，签订“五级”控辍保学目标责任书。年内，全乡投档中职生 4 人、未投档 14 人、高中生 1 人，共劝返复读适龄儿童 16 人。

【医疗卫生】 年内，藏改乡卫生院完成门诊工作量 1486 人次，为全乡 2389 人进行体检。为 131 名高血压患者、4 名精神病患者、3 名糖尿病患者、130 名老年人、1 名结核病患者建立个

6月30日，藏改乡举行庆祝中国共产党成立100周年、西藏和平解放70周年系列活动自行车骑行比赛，图为获奖选手合影

人健康档案，并开展随访。为疫苗适宜人群接种新冠疫苗 3962 针剂，为流动人员接种新冠疫苗 3 针剂。

【文化事业】 年内，藏改乡开展集中宣讲 100 余场次，分散宣讲 600 余场次，派 7 名科级干部包村指导群众思想教育工作。4 次听取新时代文明实践所（站）建设工作汇报，开展各类活动 30 场次，受益群众 4000 余人次，组建志愿服务队伍 14 支，开展志愿服务活动 100 余场次。全年共开展各类文体活动和庆祝活动 10 余场次，受益群众 2000 余人次。全年共开展各类宣传教育 10 余场次，入户宣传 100 余次，开展集中清理宗教装饰物活动 1 次。全年共开展社会主义核心价值观集中宣传教育 9 场次，利用横幅宣传各类标语 100 余条，受益群众 1000 余人次。以“3·28”西藏百万农奴解放纪念日、中国共产党建党节、国庆节为节点，举办以体育竞技、红歌比赛、舞蹈比赛、趣味活动等为主要内容的群众文化活动。组队参加全县行政村文艺演出队文艺比赛、舞蹈比赛、短视频大赛、文艺比赛和短视频大赛。组织开展人居环境评比、“学雷锋”志愿服务、通用语言演讲比赛、民族团结进村（居）等 8 次文明实践活动。

【社会保障】 年内，开展各类政策宣传，完成养老金领取人员情况统计。组织群众参与技能培训，在杂吾村开办氆氇编织“以工代训”。年全乡实现劳务输出 1109 人，累计创收 1441 万元，人均创收达 0.98 万元。组织化

劳务输出694人，自治区外转移就业31人。全年共有应届大学毕业生19人，均实现就业。全年组织农牧民群众参加市、县两级技能培训50余人次，全部实现就业。申请兑现临时救助资金14万元，帮助困难群众10户44人。兑现4位特困人员照料护理补贴费3200元。帮助2户无畜户、少畜户对接申请藏系绵羊20只、饲料3200千克（价值3.28万元）；全年市、县、乡三级共计101名干部职工在藏改乡开展“扶贫帮困、结对认亲”送温暖活动，为100户建档立卡脱贫户送去价值3.61万元的生活必需品。

7月14日，县委书记陈昊（左一）到藏改乡开展合作社运营调研，图为陈昊考察藏改乡杂务村纺织业农民专业合作社

【基础设施】 年内，完成夏尔岗村村委会至年楚河堤、夏尔岗村温室大棚至乡道2条村道建设；完成亚益村通行桥至达孜乡古拉桥1条乡道硬化铺设。

【生态环保】 2021年，藏改乡各村在路旁、水旁、宅旁、村旁种植各类树木1.48万株。落实“河长制”，年内组织乡、村两级河长巡河60余次。组织发动群众集中清理年楚河河道沿岸6次。

【乡村振兴】 年内，藏改乡完善、修订乡规民约、村规民约。开展乡村振兴专干培养和管理，加大党员发展力度；完善乡村振兴专干跟班学习制度，加强乡村振兴专干的业务能力水平。

【返贫检测】 2021年，藏改乡有建档立卡脱贫户113户519人，其中防返贫监测户5户16人，已消除风险户2户6人，未消除风险户3户10人。江嘎易地搬迁户安置13户50人、跨县易地搬迁户安置2户10人，建档立卡脱贫户中五保户5户6人，最低生活保障户15户46人，老弱病残50人。年内，全乡享受生态补偿岗位216人，其中建档立卡脱贫户183人，低收入群众33人。兑现以奖代补资金63户，兑现金额12.2万元，岗巴羊产业入股47户，总兑现分红金额为4.53万元。

【对口支援】 上海市第九批援藏干部人才江孜联络小组在夏尔岗村共计投入1000余万元。其中，建设江孜县藏改乡夏尔岗村林卡营地投入160万元；修建村道路，整修村委会和改善28户村容村貌共计投入700余万元；夏尔岗村农业大棚建设基地投入200万元。

【特色产业】 年内，藏改乡成立年麦生态旅游农民专业合作社。改造生态旅游休闲区。合作社注册总资金11.6万元，其中夏尔岗村入股5万元，52户群众共同入股5.2万元，其余6个行政村及夏尔岗村乡村振兴专干各入股2000元（共1.4万元）。2021年，合作社营业额51万元，解决9名（含1名边缘户、2名脱贫户）村民就业问题。

（张敏娜）

日朗乡

【概　况】日朗乡位于江孜县县境中部偏东的山谷地带，北接卡堆乡，南与年堆乡相邻，西与江孜镇接壤，东与纳如乡、仁布县查巴乡毗邻，距县城约20千米，平均海拔约4300米，属典型的高原性气候，空气稀薄，日照充足，昼夜温差大。日朗乡下辖4个行政村、19个自然村。其中纳如村属于纯牧业村、其他行政村属于半农半牧村。2021年，全乡共有237户1298人，劳动力673人。共有8个党支部，正式党员152人，其中农牧民党员占总数的78.29%。全乡耕地面积2637亩，草场总面积为30.87万亩，其中草场承包面积29.67万亩。

【经济发展】2021年，日朗乡经济总收入2465.44万元，同比增长10.15%，其中第一产业862.7万元，第二产业1045.22万元，第三产业557.52万元。全乡发放各类补贴357.94万元。人均纯收入15067元，同比增长16.2%。粮油总产量1212.2吨，同比增加74.1吨。

【农牧业】2021年，日朗乡组织召开农牧工作部署会和农牧业技术培训；在春季疫病防疫工作开展时，宣传防疫防治相关法律法规、病死畜禽无害化处理等知识；组织技术人员对村两委班子及科技特派员等开展种子包衣、农药使用方法等培训，宣传农业相关知识和惠民政策等。年内，开展各类农牧业知识宣传4次，受教育群众300余人次。开展培训宣传6次，受教育群众500余人次。

日朗乡增加“藏青2000”“喜马拉雅22号”“藏青320”等种植面积，青稞种植面积1840.65亩，豌豆种植面积166.8亩，油菜种植面积454.65亩，青饲料种植面积60.9亩。按照日朗乡2637亩耕地的任务分解，完成每亩1.55吨的任务，农家肥积造量4500余吨，同时下发尿素、二铵、氯化钾、复混肥等肥料；组织日朗乡农牧人员，加大对燕麦、阔叶草、金针虫等病虫害的防治和指导力度；召开“良种精选指导技术”“施肥及农药使用指导技术”培训会议4次，实行农综技术人员包村包片指导农业技术工作，同时技术人员与各村签订“目标责任书”。2021年，全乡粮油总产量1212.2吨，农业总收入333万元。

组织乡村防疫人员，开展小反刍兽疫苗、布病疫苗、棘球蚴病疫苗注射工作，注射大畜2550头、小畜13661头、家禽1588羽，免疫密度达100%。对全乡所有畜舍、养殖合作社等进行集中清洗、消毒。开展“牦牛经济杂交”项目，完成杂交配种20头。按照日朗乡草场面积30.867万亩的生态平衡要求，全乡牲畜存栏12254头（只、匹），其中大畜2168头（匹）、小畜

9月23日，日朗乡机关支部在卡尔村开展助农秋收活动，图为活动现场

共计 10086 只。全年牧业总收入 507.27 万元。

【项目建设】 2021 年末，全乡共建成合作社 17 个和建筑公司 1 个，带动 563 人加入合作社，创收 392.1 万元。卡尔藏式手工制陶合作社总收入 84.5 万元。卡尔农机服务合作社覆盖 10 余个乡（镇）。

【产业发展】 日朗乡大力发展特色产业，以“党支部 + 能人带动 + 公司合作 + 贫困户”的模式，壮大藏式手工制陶合作社、藏鸡养殖合作社、达昂生态种植合作社和农机合作社等。年内，利用本地生产、人力和技术等资源，组建帮嘎绵羊养殖合作社，向县相关部门申请资金和技术上的帮助，加大合作社社员绵羊养殖技术培训。带动农牧民群众和建档立卡脱贫户 563 人增收，增加经济收入约 392.1 万元。

【教育事业】 年内，日朗乡适龄儿童入学率、巩固率达到 100%。开展爱国主义、社会主义、党史教育宣传、“四讲四爱”宣讲和法律进校园活动，为在校师生上法制课 2 场。开展“六一”国际儿童节慰问活动，为日朗乡完全小学在校学生发放水杯 138 个，价值 6210 元。为日朗乡完全小学学生发放防寒手套 161 双，共计 3703 元。为日朗乡完全小学学生捐赠爱心书包 300 个。加大教育政策宣传力度，开展自治区教育政策宣讲 10 次。2021 年，日朗乡完全小学共有学生 162 人，其中学前教育 62 人，小学 100 人。

12月2日，北蔡宜家——西藏日朗乡爱心助学活动仪式在日朗乡完全小学举行，上海市宜家北蔡商场店通过线上捐赠仪式为日朗乡学生发放文具，图为日朗乡完全小学活动现场

【医疗卫生】 年内，日朗乡开展医疗政策入户宣讲和慢性病签约服务活动，并按要求开展送医上门活动。组织乡卫生院为群众宣传基本医疗知识和新型农村医疗保险。开展疫病预防控制工作，儿童疫苗接种率达到 100%。

【文化事业】 成立日朗乡精神文明建设领导小组，制定工作方案、计划和制度等。在庆祝中国共产党成立 100 周年系列活动期间，组织乡村党员干部群众，开展文艺演出、中国共产党成立 100 周年演讲比赛、唱红色歌曲、升国旗重温入党誓词、主题党日活动和集中收看庆祝中国共产党成立 100 周年大会等系列活动 50 余次。加大村规民约修订完善力度，组织召开村规民约修订审议会议，对各村村规民约修订情况进行集中讨论，完成日朗乡 4 个行政村的藏语汉语村规民约编订工作。

【社会保障】 年内，为日朗乡 4 户农牧民群众发放临时救助金 2.5 万元；为日朗乡最低生活保障户发放 1 月到 9 月最低生活保障金 1.94 万元；为措堆村养殖业解决购买饲料资金 10 万元；为全乡 3 个行政村解决 300 毫米口径引水管 375 米；西藏金塔建设集团有限公司为日朗乡3户群众发放临时救助金共3万元；为日朗乡旺堆户新建住房解决3万元；为日朗乡突发交通事故群众司法援助3.5万元。2021年，全乡参加城乡居民养老保险585人，收缴保费11.7万元。

【生态环保】 年内，日朗乡制定2021年环保工作计划和环境整治方案。开展环境保护日和生态文明宣传，为各村群众开展宣传5场次，发放宣传资料200余册。制定环境整治实施方案和“门前三包”制度，召开人居环境村庄清洁动员会和推进会，加强全乡“四清四化”工作。完善日朗乡各河流河长人员，加大监督指导力度，常态化开展日朗乡境内河流巡查工作，整治河道白色垃圾和损坏河堤行为。

【基层党建】 年内，日朗乡成立基层党建工作领导小组，召开全乡基层党建工作部署会和推进会，制定日朗乡2021年度基层党建工作方案。组织新任村班子成员和各村党员等，集中开展政治理论培训班1次，在“七一”中国共产党建党节期间开展乡党委书记为全体党员上专题党课1次，各支部书记为各党支部党员上专题党课4次，开展中共十九大和十九届六中全会精神等专题学习30余次，开展理论学习中心组学习23场次，开展政治理论测试1次，各党支部以“三会一课”形式开展学习170余场次。

11月2日，日朗乡卡尔村召开党建工作现场会，图为会议现场

开展国家通用语言培训，分门别类制定教学内容，结成帮学对子25对。全乡新发展党员5人，发展3名乡村振兴专干为预备党员，并纳入村后备干部。

【生态环境】 2021年，日朗乡组织辖区内群众投工投劳，开展“四旁”植树4710株，生态修复种植沙棘1800余亩。

【自然灾害】 年内，日朗乡制定自然灾害预警制度，设立乡、村自然灾害紧急避难场所，建立农村应急广播系统。开展灾后救助工作，各村统计冰雪灾害影响作物种类、面积等，安排专人协助各村办理受灾统计、保险报销等工作。年内，日朗乡兑现农牧民群众受灾救助资金47.29万元。

【乡村振兴】 年内，对日朗乡脱贫攻坚相关材料进行归档，按要求编制目录，统一归档材料，共归档四大类160余份脱贫攻坚材料，上交到县档案馆。截至年末，日朗乡共有生态岗位人员217人。全乡共组织24人参加各类技能培训。通过联系周边市、县等用工单位，以村级组织、能人带动、产业带动等形式，加大劳务组织和输出力度。截至年末，全乡外出务工共467人，创收约1160万元。

【返贫监测】 2021年，日朗乡开展入户走访，开展脱贫户摸底和监测对象人员增减和收支测算等工作。全乡共有脱贫户89户445人，其中新增6人，减少1人。年内，通过现金、生活物资等形式开展帮扶慰问2次，共计2.11万元。

【对口支援】 年内，日朗乡争取上级专项资金和上海援藏小组帮助，投入各类资金242.22万元，用于扩大藏式手工制陶、藏鸡养殖、达昂生态种植、绵羊养殖、农机服务和沙棘种植等项目。

【特色产业】 “江孜陶瓷”素有“高原陶乡”之称。2018年5月，日朗乡组建藏式手工制陶农民合作社。年内，合作社实现总收入84.5万元，为农牧民创收82.28万元。

（李誉诚）

金嘎乡

4月28日，金嘎乡组织召开党员代表大会，图为会议现场

【概　况】 金嘎乡地处江孜县西部偏南区域，东与康卓乡交界，南与康马县为邻，西与白朗县接壤，北与日星乡相接，离县城47千米，平均海拔4300米。全乡辖8个行政村，17个自然村。截至2021年末，总人口601户2810人。全乡耕地面积4209亩，草场面积51.88万亩，牲畜总数19866头（只、匹），其中大畜2831头，小畜17035只，是半农半牧乡。辖区内有金嘎乡完全小学1所、卫生所1所、乡派出所1所，辖区内有2座寺庙。

【经济发展】 2021年，金嘎乡第一产业（农牧业）收入1537.03万元，第二产业（制造业及工业）收入达3367.29万元，第三产业（服务业）收入达2771.13万元，全年金嘎乡农村经济总收入7675.45万元。农牧民人均收入达20462元，同比增长16.4%。

【农牧业工作】 全乡农作物总播面积4724亩，其中粮食播种面积4209亩，全年粮食产量达到1389吨，增幅8.9%。年度牲畜存栏达2.52万头（匹、只），年牲畜出栏总头数为6049头（匹、只），牲畜存栏1.99万头（匹、只），经济增收725.88万元。年内对全乡171头牦牛进行人工授精，共培育81头“安格斯”犊牛、实现农牧民增收24万元。全年共兑现草原补助奖励资金104.57万元。

【项目建设】 年内，金嘎乡利用强基惠民资金及群众自筹资金，开展拉瓦村绵羊养殖项目、拉热村牦牛经济杂交项目；利用县级项目统筹经费、中央扶持资金，开展嘎西温泉项目，共计投资110.62万元；利用强基惠民经费及群众自筹资金共计52.2万元，入股金嘎乡民族特色服装产业。

【产业发展】 年内，金嘎乡利用150万元中央扶持资金，扩大3个村集体经济发展规模。新建拉热村绵羊养殖合作社。完善全乡26个合作社管理制度、运营模式并加强财务收支和分红情况监管。实施金嘎乡嘎西村温泉旅游项目。

【教育事业】 全乡有幼儿园2所，共有专职幼师14人，学生93人；乡完全小学1所，专职教师25人，在校学生249人。全乡适龄儿童入学率达到100%。采取宣传引导方式规劝5名学生返校，1名学生因家庭原因无法返校，办理休学一学期手续。兑现6名建档立卡脱贫家庭大学生补助资金。为2名学生开展送教上门。开展师德师风建设和安全教育活动，加强校园周边的食品、道路、设施等安全工作。

6月19日，金嘎乡组织干部职工参加中国共产党成立100周年红歌比赛，图为参赛人员合影

【医疗卫生】 全乡有卫生院1个，正式医务人员7人；8个行政村各有1个卫生室，每个卫生室配备2名村级医务人员。年内，金嘎乡慢性病家庭医生签约实现全覆盖，定期开展上门随诊服务。2021年全乡城乡基本医疗保险参保2690人，参保率99%。开展卫生政策宣讲和知识宣讲，涉及5390人次。常态化开展人员进出登记、公共场所消毒、体温监测等工作，引导全体农牧民群众接种新冠疫苗。截至2021年末，第一针新冠疫苗接种2100人，第二针新冠疫苗接种2075人，第三针新冠疫苗接种20人。

【文化事业】 年内，金嘎乡组织各村村庄美、村风美、庭院美的“三美”评比活动。通过各大节日组织开展文艺活动，全年共组织开展文艺活动20余场次。组织乡文艺演出队参与江孜县举办的各类活动，兑现活动补贴、误工补贴等各类资金25万余元。

【社会保障】 年内，确定最低生活保障户11户20人，特困户13户15人。2021年转移就业人员1053人，组织劳务输出604人，自治区外务工2人，年度务工总收入达1621万余元。全乡大学应届毕业生16人，包括建档立卡脱贫家庭大学毕业生2人，就业率达100%。动员辖区内群众参加技能培训，全年20名群众参加驾驶、焊工、厨师、电工维修等培训，就业率90%。

【生态环保】 年内，金嘎乡大力实施生态环保整治工作。开展村庄绿化活动。严格落实乡村“四旁”植树工作，在全乡范围内种植竹柳和沙棘共9500棵，成活率达84%。落实“河长制”工作。乡、村两级河长全年共巡河134次，开展河道垃圾清理工作35次。开展生态文明建设示范村居申报工作，全乡有3个行政村居申报生态文明建设示范村居。动员乡机关全体干部职工对乡政府大院和周边街道进行卫生清理，各村对村委会、道路及公共场所进行环境整治，向各村发放环卫工具，要求养殖户边放牧边清理。不定期、不间断对河道巡回检查、整治，打击非法采砂等行为。

【乡村振兴】 年内，金嘎乡成立乡村振兴领导小组，并设立乡村振兴办公室，由1名副乡长抓具体工作，并配备4名乡村振兴专干；按照县乡村振兴局的部署及相关要求及时开展已脱贫户和监测户相关动态调整工作。全年对

11月28日，县委副书记、县长巴桑（右一）到嘎西村实地考察温泉项目建设，图为巴桑实地考察项目建设情况

16户困难家庭和突发意外事故家庭进行临时救助，共计3万元。开展生态岗位人员考核，确保生态岗位发挥作用。

【自然灾害】 年内，金嘎乡党委、政府开展自然灾害预警预防预测工作，完善自然灾害应急处置机制、预防协调机制、处置完善机制。全年未发生自然灾害。

【返贫监测】 年内，针对全乡范围内的68脱贫户、3户监测户，建立健全防返贫致贫监测和帮扶机制，常态化开展防返贫监测。全年进行入户收入核算3次，未发现有返贫致贫风险人员。对脱贫户开展结对帮扶、捐献物资，帮扶1.07万元。依托各村集体经济及特色产业发展，统筹将全乡留守妇女、残疾人、老年人等监测群体纳入产业帮扶中，以分红、慰问等形式，提高群体基础收入。对完全丧失劳动能力的监测对象，依托农村最低生活保障、城乡居民基本养老及特困人员救助等政策性保障，将符合条件的对象纳入其中。

【特色产业】 年内，金嘎乡发掘具有金嘎乡特色的产业项目，如金嘎温泉、金嘎犏牛、特色景点等。其中，金嘎温泉为重点开发特色产业，争取各类资金共计110.62万元。

（旦增却朗）

日星乡

【概　况】 日星乡地处江孜县西部，年楚河上游，距县城55千米。全乡辖8个行政村。全乡面积140平方千米，以农业为主，种植青稞、小麦、豌豆、油菜等。

【经济发展】 2021年，日星乡实现经济总收入达5935.49万元，其中第一产业1574.82万元，第二产业1804.04万元，第三产业2556.63万元。年人均收入18010元。

【农牧业】 年内，日星乡推广良种“藏青2000”，播种面积700亩；“喜马拉雅22号”播种面积1300亩，青稞实播面积共4500余亩。通过自培和引进等方式改良绵羊品种，在全乡推行“两羊两牛”产业，在央卡村和塔巴村争取200余万元组建养牛和品质改良农牧专业合作社。截至年末，全乡有2所大规模养殖基地。年内，由乡农牧综合服务中心牵头，完成黄牛改良38头，完成率96%。

2021年，日星乡牲畜存栏共计17020头（只、匹）。其中黄牛、奶牛共存栏1464头，绵羊11982只，山羊3540只，骡子6匹，驴28头。农牧民实现转移就业986人。

【教育事业】 2021年，日星乡义务教育阶段入学率达到100%。推进双创清零工作。全乡毕业大

9月25日，日星乡开展面对面宣传党的方针政策活动，图为工作人员深入田间地头为群众讲解惠民政策

学生13人，全部实现稳定就业。

【医疗卫生】2021年，日星乡农牧民合作医疗保险参保人数2465人，参保率达100%，农村居民健康体检率达到90%以上。

【文化事业】年内，向全乡3名老党员颁发光荣在党50周年纪念章、走访慰问困难党员和离任村干部26人、邀请退休老干部宣讲新旧西藏对比专题讲座3次、受众人数1000余人。分利用LED滚动显示屏、宣传栏、横幅，宣传国家通用语言文字，共组织开展国家通用语言文字培训教育活动180余场次，各村主要干部80%以上能够使用通用语言文字，其他村居干部50%以上能用通用语言文字交流。

【社会保障】2021年，日星乡农村特困户（五保户）供养6户8人，其中分散供养6户8人、兑现供养资金2.67万元。有农村寿星老人10人,均为80~89岁，兑现农村寿星老人生活补助资金3000元。有残疾人62人，享受困难残疾人34人，兑现困难残疾人生活补助共4.08万元；重度残疾人28人，兑现重度残疾人护理补助10.08万元。截至年末，日星乡收到生活困难救助申请10人，兑现补助资金8.5万元。

2021年，“三老人员”补助资金发放12.75万元，一孩双女补助资金发放1.87万元，最低生活保障金发放2.61万元（9户22人），五保户补助资金共发放4.8万元（6户8人），残疾人补助资金共发放10.89万元（63人），临时救助资金共发放7.7万元（10户），生态岗位补助资金共发放141.65万元（394人）。

【生态环保】2021年，日星乡开展农村人居环境整治村庄清洁活动，把每月5日和20日定为日星乡环境整治日。截至年末，

7月3日，日星乡开展庆祝中国共产党成立100周年、西藏和平解放70周年文艺演出，图为农牧民群众表演节目

开展环境整治活动140余次，发动农牧民党员群众3200余人次；辖区共擦曲河1条河流，为县级河流，全乡共有水生态管护员68人。年内，日星乡河长制办公室组织开展河道巡查20次80余人参加；开展“四旁”植树活动，开展无树户清零宣传活动3次，完成植树7800株。

9月23日，日星乡机关党支部、新时代文明实践所开展“我为群众办实事、助农秋收解民忧”主题党日活动，图为党员志愿者合影

【乡村振兴】 2021年，日星乡投入强基惠民资金136.38万元在吹美村、卡吾村、旁孜村修建沙棘苗木培育中心；争取中央扶持资金50万元在卡吾村修建水塘、水渠等灌溉系统，年末基本完工；争取36.78万元开展擦布村藏鸡林下养殖项目年末竣工。2021年，日星乡村集体经济总收入153.54万元，同比增长600%；个人合作社总收入164.5万元，村集体和个人合作社总收入318.04万元，同比增长超200%。

【产业发展】 截至2021年7月，旁孜村光伏电站收入30万元，提供就业岗位5个；擦布村成立600只规模养羊合作社，截至年末正在修建通水管道等设施；擦布村投入建设3000只藏鸡规模养鸡场；杂达村成立养牛合作社，年末在与市农业农村局对接分配30头奶牛；吹美村京美饲草加工农民专业合作社收入10万余元，向全村31户分红1500元；县林业和草原局在吹美村修建5座400平方米沙棘育苗温室大棚和正在建设6座温室大棚；白林村申请国家扶持资金50万元，成立养羊农民专业合作社，购买幼崽羊300只、育肥羊400只，提供就业岗位2个，带动全村35户，完成分红5万元；卡吾村援藏投资160万元修建连栋温室1840.7平方米，共5个温室大棚，用于沙棘苗木培育，年内项目完工；央卡村奶牛农民专业合作社2021年收入32万元，村集体收入2万元。

【自然灾害】 7月19日下午，日星乡旁孜村发生山洪泥石流灾害，700余亩林地被泥石流淹没。日星乡申请应急经费3.85万元用于河道清淤和保坎加固工作。

【返贫监测】 2021年，日星乡对全乡111户572人脱贫户制定针对性帮扶措施。年内111户建档立卡脱贫户人均纯收入超过贫困线。

（车林浩）

人　物

中國歷史文化名城

人物简介

【全国脱贫攻坚先进个人】

扎塔，男，藏族，西藏江孜县人，1975年5月出生。1993年12月至1997年12月服役于武警西藏总队那曲支队，现任江孜县政协副主席、西藏金塔集团董事长，无党派人士。2012年创建西藏金塔建设集团有限公司，主营建材销售、采砂机械租赁。2012—2020年，先后获“优秀中国特色社会主义事业建设者”。“西藏劳动模范”“民族团结进步模范个人”称号。2021年2月，获“全国脱贫攻坚先进个人”称号；9月，获“西藏自治区模范退役军人”称号。

旦增称来，男，藏族，1991年出生，毕业于西藏大学建筑系设计专业。西藏自治区日喀则市江孜县年堆乡尼玛藏式卡垫加工农民专业合作社理事长、西藏江卡尔孜文化发展有限公司董事长。2014年，辞去公务员职务回乡创办江孜县年堆乡尼玛藏式卡垫加工农民专业合作社。研发“看照片纺藏毯的纸样使用技术”。2018年，成立西藏江卡尔孜文化发展有限公司，注册“索日巴”与“昵炜藏毯”商标。2019年获“西藏自治区脱贫攻坚创新奖”，2020年获“全国脱贫攻坚奖创新奖”。2021年2月，获“全国脱贫攻坚先进个人”称号。

【部委表彰先进个人】

拉巴次仁，男，藏族，1983出生，毕业于西藏自治区高等警官学校刑事侦查学专业。2007年担任专职法警，工作中，他始终坚持全心全意为人民服务，为大局工作服务，刻苦学习，努力工作，形成政治坚定，业务精通，纪律严明的优良作风。2014年开展一年驻村工作。他与群众同吃、同住、同劳动、同学习、宣读党的惠民政策，帮助群众办实事、解难事、谋发展，受到各族群众衷心拥护和称赞，多次被授予年度先进工作者、优秀党员、优秀公务员、三等功等。2021年10月，获“全国人民法院司法警察先进个人”称号。

达仓，女，藏族，中共党员，1979年4月出生，西藏江孜县人，2001年毕业于西藏自治区警察学校。2021年任江孜县公安局治安大队大队长。从警20年，历任康马县公安局纪检监察室主任、江孜县西郊便民警务站副站长、江孜县公安局治安大队大队长。在任江孜县公安局治安大队大队长期间，指导全县各级治安部门积极作为，开展缉枪治爆、危险物品安全管理等工作，并取得优异战果；联合县市场监督管理局开展“食药环”专项检查，收缴并销毁过期食品、化妆品、饮料、粮油等，获得群众一致好评；同时，开展校园安全主题宣传教育活动20余次、防范电信诈骗宣传150余次，化解各类矛盾纠纷176起。先后获得日喀则市公安局嘉奖、“日喀则市五一劳动奖章”，荣立三等功一次，并多次被评选为年度优秀公务员。2021年5月，被公安部、中华全国总工会授予“成绩突出个人奖”。

拉多，男，藏族，西藏江孜县人、中共党员、小学学历。努康村村党支部书记。获评2021年日喀则市优秀共产党员、2021年全区脱贫攻坚先进个人、2017年市级“先进双联户”、2014年自治区级“先进双联户”2018年市级“先进双联户”、2018年自治区级“先进双联户”、2020年市级“先进双联户”、2020年“自治区级先进双联户”、2021年度“全国粮食生产先进个人”。

个人荣誉

2021年江孜县获县级以上个人荣誉情况一览表

表9

姓名	性别	民族	工作单位	获奖名称	表彰时间	授予单位
国家级表彰						
扎塔	男	藏族	政协江孜县委员会	全国脱贫攻坚先进个人	2021年2月	中共中央、国务院
旦增称来	男	藏族	江孜县年堆乡尼玛藏式卡垫加工农民专业合作社	全国脱贫攻坚先进个人	2021年2月	中共中央、国务院
自治区（部委）级表彰						
拉多	男	藏族	热索乡努康村	全国粮食生产先进个人	2021年12月	农业农村部
达仓	女	藏族	江孜县公安局治安大队	全国公安机关成绩突出个人	2021年5月	公安部、中华全国总工会
拉巴次仁	男	藏族	江孜县人民法院法警大队	全国人民法院司法警察先进个人	2021年1月	最高人民法院
扎塔	男	藏族	政协江孜县委员会	全区模范退役军人	2021年9月	中共西藏自治区委员会退役军人事务工作领导小组
罗布	男	藏族	政协江孜县委员会	全区脱贫攻坚先进个人	2021年4月	中共西藏自治区委员会西藏自治区人民政府
唐建新	男	汉族	江孜县扶贫开发办公室	全区脱贫攻坚先进个人	2021年4月	中共西藏自治区委员会西藏自治区人民政府
曲加	男	藏族	江孜县发展和改革委员会	全区脱贫攻坚先进个人	2021年4月	中共西藏自治区委员会西藏自治区人民政府
次仁顿珠	男	藏族	江孜县民政局	全区脱贫攻坚先进个人	2021年4月	中共西藏自治区委员会西藏自治区人民政府
罗布	男	藏族	江孜县交通运输局	全区脱贫攻坚先进个人	2021年4月	中共西藏自治区委员会西藏自治区人民政府
索朗达瓦	男	藏族	江热乡党委	全区脱贫攻坚先进个人	2021年4月	中共西藏自治区委员会西藏自治区人民政府
仓琼	女	藏族	卡麦乡政府	全区脱贫攻坚先进个人	2021年4月	中共西藏自治区委员会西藏自治区人民政府
伦珠次仁	男	藏族	达孜乡文化站	全区脱贫攻坚先进个人	2021年4月	中共西藏自治区委员会西藏自治区人民政府
拉多	男	藏族	热索乡努康村	全区脱贫攻坚先进个人	2021年4月	中共西藏自治区委员会西藏自治区人民政府
格桑曲珍	女	藏族	江孜县退役军人事务局	2021年度自治区级党员示范岗	2021年11月	西藏自治区退役军人事务厅
强巴顿珠	男	藏族	江孜县民族宗教事务局	2021年度全区民委系统信息工作先进个人	2021年12月	西藏自治区民族事务委员会

续表9

姓名	性别	民族	工作单位	获奖名称	表彰时间	授予单位
格桑	男	藏族	江孜县人民医院	全区优秀党务工作者	2021年11月	中共西藏自治区委员会
市（厅）级表彰						
普卓玛	女	藏族	江孜县气象局	2020年度气象工作中做出突出贡献，给予嘉奖	2021年6月	西藏自治区气象局
尼玛贵吉	男	藏族	江孜县卡麦乡小学	第二批西藏自治区级中小学骨干教师	2021年4月	西藏自治区教育厅
巴贵	男	藏族	江孜县卡堆乡小学	教学能手	2021年4月	西藏自治区教育厅
旺堆加布	男	藏族	江孜县卡堆乡小学	教学能手	2021年4月	西藏自治区教育厅
普次	男	藏族	江孜县第二小学	学科带头人	2021年4月	西藏自治区教育厅
罗萨次仁	男	藏族	江孜县高级中学	骨干教师	2021年9月	西藏自治区教育厅
阿旺赤列	男	藏族	江孜县高级中学	教学能手	2021年9月	西藏自治区教育厅
旦增列珠	男	藏族	江孜县高级中学	教学能手	2021年9月	西藏自治区教育厅
尼仓	女	藏族	江孜县高级中学	骨干教师	2021年9月	西藏自治区教育厅
扎西多布拉	男	藏族	江孜县高级中学	教学能手	2021年9月	西藏自治区教育厅
卓玛央宗	女	藏族	江孜县高级中学	教学能手	2021年9月	西藏自治区教育厅
次旺拉姆	女	藏族	江孜县高级中学	教师能手	2021年9月	西藏自治区教育厅
西洛	男	藏族	江孜县高级中学	学科带头人	2021年9月	西藏自治区教育厅
尼玛多吉	男	藏族	江孜县高级中学	自治区优秀评卷员	2021年9月	西藏自治区教育厅
卢英	女	汉族	江孜县闵行中学	教学能手	2021年4月	西藏自治区教育厅
陈昌洪	男	汉族	江孜县公安局城关派出所	二等功	2021年2月	西藏自治区公安厅
次仁旦巴	男	藏族	江孜县公安局刑侦大队	三等功	2021年1月	西藏自治区公安厅
孙飞	男	汉族	江孜镇人民政府	学习积分分子	2021年4月	中共西藏自治区委员会宣传部
拉巴琼达	女	藏族	江孜县第二幼儿园	骨干教师	2021年4月	西藏自治区教育厅
米玛央吉	女	藏族	江孜县税务局	个人三等功	2021年11月	国家税务总局 西藏自治区税务局
普潘多	女	藏族	江孜县税务局	个人嘉奖	2021年8月	国家税务总局 西藏自治区税务局
普卓玛	女	藏族	江孜县气象局	个人嘉奖	2021年6月	西藏自治区气象局
仓决	男	藏族	江孜县第一小学	优秀校（园）长	2021年9月	中共日喀则市委员会 日喀则市人民政府
米玛索朗	男	藏族	江孜县第一小学	思想政治教育先进工作者	2021年9月	中共日喀则市委员会 日喀则市人民政府
次顿	男	藏族	江孜县第一小学	优秀教育工作者	2021年9月	中共日喀则市委员会 日喀则市人民政府
仓吉	女	藏族	江孜县公安局紫金乡派出所	最美政法干警	2021年8月	日喀则市人民政府

续表9

姓名	性别	民族	工作单位	获奖名称	表彰时间	授予单位
罗小红	女	汉族	江孜县人民检察院	最美政法干警	2021年8月	中共日喀则市委员会 日喀则市人民政府
洛桑扎西	男	藏族	江孜县司法局	最美政法干警	2021年8月	中共日喀则市委员会 日喀则市人民政府
罗杰	男	藏族	江孜县卡堆乡年普村	先进“双联户”	2021年11月	中共日喀则市委会平安日喀则建设领导小组
久杰	男	藏族	日朗乡人民政府	先进驻村工作队员	2021年4月	中共日喀则市委员会组织部、日喀则市创先争优强基础惠民生活动领导小组办公室
扎西卓嘎	女	藏族	加克西乡人民政府	先进驻村工作队员	2021年4月	中共日喀则市委员会组织部、日喀则市创先争优强基础惠民生活动领导小组办公室
格桑旦增	男	藏族	加克西乡人民政府	先进驻村工作队员	2021年4月	中共日喀则市委员会组织部、日喀则市创先争优强基础惠民生活动领导小组办公室
普片	女	藏族	江孜县烟草专卖局	先进驻村工作队员	2021年4月	中共日喀则市委员会组织部、日喀则市创先争优强基础惠民生活动领导小组办公室
达片	女	藏族	江孜镇人民政府	先进驻村工作队员	2021年4月	中共日喀则市委员会组织部、日喀则市创先争优强基础惠民生活动领导小组办公室
普片	女	藏族	江孜县烟草专卖局	最美驻村干部	2021年4月	中共日喀则市委员会组织部、日喀则市创先争优强基础惠民生活动领导小组办公室
旦珍	女	藏族	江孜县江热乡小学	优秀教师	2021年9月	中共日喀则市委员会、日喀则市人民政府
贡确加措	男	藏族	江孜县重孜乡小学	优秀教育工作者	2021年9月	中共日喀则市委员会、日喀则市人民政府
达珍	女	藏族	江孜县第二小学	优秀教师	2021年9月	中共日喀则市委员会、日喀则市人民政府
普琼	男	藏族	江孜县第二小学	优秀教师	2021年9月	中共日喀则市委员会、日喀则市人民政府
李碧春	女	汉族	江孜县高级中学	优秀教育工作者	2021年9月	日喀则市人民政府

续表9

姓名	性别	民族	工作单位	获奖名称	表彰时间	授予单位
罗布	男	藏族	江孜县高级中学	优秀教师	2021年9月	日喀则市人民政府
次平	男	藏族	江孜县高级中学	模范班主任	2021年9月	中共日喀则市委员会、日喀则市人民政府
罗珍	女	藏族	江孜县高级中学	市级思想政治教育先进工作者	2021年9月	中共日喀则市委员会、日喀则市人民政府
普布普尺	女	藏族	江孜县高级中学	市级思想政治教育先进工作者	2021年9月	中共日喀则市委员会、日喀则市人民政府
索朗次仁	男	藏族	江孜县高级中学	优秀教育工作者	2021年9月	日喀则市人民政府
邹凤	女	汉族	江孜县闵行中学	初任培训班优秀班干部	2021年6月	西藏民族大学
县（局）级表彰						
白玛次仁	男	藏族	江孜县东郊一级公安检查站	治安业务先进个人	2021年1月	中共日喀则市公安局委员会
洛桑旦增	男	藏族	江孜县公安局年堆乡派出所	治安业务先进个人	2021年1月	中共日喀则市公安局委员会
尼玛索朗	男	藏族	江孜县公安局交警大队	侦查办案能手	2021年1月	中共日喀则市公安局委员会
晋美	男	藏族	江孜县公安局刑侦大队	侦查办案能手	2021年1月	中共日喀则市公安局委员会
琼达次仁	男	藏族	江孜县公安局驻寺点民警	先进工作者	2021年1月	中共日喀则市公安局委员会
次仁旺拉	男	藏族	江孜县公安局热龙乡派出所	先进工作者	2021年1月	中共日喀则市公安局委员会
拉珍	女	藏族	江孜县气象局	日喀则市气象系统先进个人	2021年12月	日喀则市气象局
普珠	男	藏族	江孜县气象局	日喀则市气象系统先进个人	2021年12月	日喀则市气象局
索朗旦增	男	藏族	江孜县气象局	日喀则市气象系统先进个人	2021年12月	日喀则市气象局
白央	女	藏族	拉孜镇	优秀调查员	2021年12月	国家统计局日喀则调查队
次仁达杰	男	藏族	江孜县纳如乡小学	珠峰好教师	2021年9月	日喀则市教育局
达瓦顿珠	男	藏族	江孜县纳如乡小学	优秀校长	2021年9月	日喀则市教育局
扎琼	女	藏族	江孜县紫金乡完全小学	珠峰好老师	2021年9月	日喀则市教育局
巴桑卓玛	女	藏族	江孜县第一中学	优秀班主任	2021年9月	日喀则市教育局
其美次旺	男	藏族	江孜县第一中学	思想政治教育先进工作者	2021年9月	日喀则市教育局
巴桑欧珠	男	藏族	江孜县日朗乡完全小学	珠峰好老师	2021年9月	日喀则市教育局
巴贵	男	藏族	江孜县卡堆乡小学	优秀指导老师	2021年5月	日喀则市教育局、中共日喀则市教育局党组
桑姆	女	藏族	江孜县热索乡小学	优秀教师	2021年9月	日喀则市人民政府
白玛央金	女	藏族	江孜县第二幼儿园	优秀教师	2021年9月	日喀则市人民政府

续表9

姓名	性别	民族	工作单位	获奖名称	表彰时间	授予单位
次仁仓拉	女	藏族	江孜县热龙乡小学	名教师	2021年9月	日喀则市委市人民政府
央吉	女	藏族	共青团江孜县委员会	日喀则青年五四奖章	2021年5月	共青团日喀则市委员会、日喀则市青年联合会
李周敏	男	汉族	县委政法委	三等功	2021年11月	中共江孜县委员会 江孜县人民政府
次多	男	藏族	江孜镇	2021年度江孜县平安建设（综治工作）先进工作者	2021年11月	中共江孜县委员会 江孜县人民政府
张婷婷	女	汉族	江热乡	2021年度江孜县平安建设（综治工作）先进工作者	2021年11月	中共江孜县委员会 江孜县人民政府
次仁旺姆	女	藏族	紫金乡	2021年度江孜县平安建设（综治工作）先进工作者	2021年11月	中共江孜县委员会 江孜县人民政府
白玛	女	藏族	金嘎乡	2021年度江孜县平安建设（综治工作）先进工作者	2021年11月	中共江孜县委员会 江孜县人民政府
李胜	男	汉族	康卓乡	2021年度江孜县平安建设（综治工作）先进工作者	2021年11月	中共江孜县委员会 江孜县人民政府
久杰	男	藏族	日朗乡	2021年度江孜县平安建设（综治工作）先进工作者	2021年11月	中共江孜县委员会 江孜县人民政府
达仓	女	藏族	江孜县公安局治安大队	三等功	2021年12月	中共江孜县委员会 江孜县人民政府
边巴顿珠	男	藏族	江孜县东郊一级公安检查站	三等功	2021年12月	中共江孜县委员会 江孜县人民政府
次旦扎西	男	藏族	江孜县公安局法制大队	三等功	2021年12月	中共江孜县委员会 江孜县人民政府
欧珠	男	藏族	江孜县公安局看守所	三等功	2021年12月	中共江孜县委员会 江孜县人民政府
旦增卓嘎	女	藏族	江孜县公安局治安大队	三等功	2021年12月	中共江孜县委员会 江孜县人民政府
索朗次仁	男	藏族	江孜县公安局重孜乡派出所	三等功	2021年12月	中共江孜县委员会 江孜县人民政府
达娃罗布	男	藏族	江孜县公安局车仁乡派出所	三等功	2021年12月	中共江孜县委员会 江孜县人民政府
索朗白珠	男	藏族	江孜县公安局日朗乡派出所	三等功	2021年12月	中共江孜县委员会 江孜县人民政府
次旦旺拉	男	藏族	江孜县公安局纳如乡派出所	三等功	2021年12月	中共江孜县委员会 江孜县人民政府
次仁加布	男	藏族	江孜县公安局江嘎便民警务站	三等功	2021年12月	中共江孜县委员会 江孜县人民政府

续表9

姓名	性别	民族	工作单位	获奖名称	表彰时间	授予单位
马勇涛	男	汉族	江孜县公安局宗堆便民警务站	三等功	2021年12月	中共江孜县委员会 江孜县人民政府
俞云岐	男	汉族	江孜县公安局卡麦乡派出所	三等功	2021年12月	中共江孜县委员会 江孜县人民政府
扎西	男	藏族	江孜县公安局情报中心	三等功	2021年12月	中共江孜县委员会 江孜县人民政府
卓玛次仁	女	藏族	江孜县教育局	三等功	2021年9月	中共江孜县委员会 江孜县人民政府
次琼	女	藏族	江孜县纳如乡小学	师德师风标兵	2021年9月	中共江孜县委员会 江孜县人民政府
加布	男	藏族	江孜县纳如乡小学	单科成绩优秀教师	2021年9月	中共江孜县委员会 江孜县人民政府
顿珠	男	藏族	江孜县纳如乡小学	控辍保学先进个人	2021年9月	中共江孜县委员会 江孜县人民政府
边巴拉姆	女	藏族	江孜县纳如乡小学	优秀教师	2021年9月	中共江孜县委员会 江孜县人民政府
巴桑琼达	女	藏族	江孜县纳如乡小学	优秀班主任	2021年9月	中共江孜县委员会 江孜县人民政府
旦增次仁	男	藏族	江孜县纳如乡小学	思想教育工作者	2021年9月	中共江孜县委员会 江孜县人民政府
普琼	男	藏族	江孜县纳如乡小学	最美乡村教师	2021年9月	中共江孜县委员会 江孜县人民政府
达娃曲珍	女	藏族	江孜县纳如乡幼儿园	最美乡村教师	2021年9月	中共江孜县委员会 江孜县人民政府
琼吉	女	藏族	江孜县日星乡小学	最美乡村教师	2021年9月	中共江孜县委员会 江孜县人民政府
次旦多吉	男	藏族	江孜县日星乡小学	优秀统计员	2021年9月	中共江孜县委员会 江孜县人民政府
平措	男	藏族	江孜县日星乡小学	优秀财务工作人员	2021年9月	中共江孜县委员会 江孜县人民政府
仁青欧珠	男	藏族	江孜县日星乡小学	优秀校园安全工作者	2021年9月	中共江孜县委员会 江孜县人民政府
扎西措姆	女	藏族	江孜县日星乡幼儿园	优秀班主任	2021年9月	中共江孜县委员会 江孜县人民政府
普赤	女	藏族	江孜县日星乡幼儿园	学前教育先进个人	2021年9月	中共江孜县委员会 江孜县人民政府
曲达	男	藏族	江孜县卡麦乡小学	优秀指导老师	2021年5月	中共江孜县委员会 江孜县人民政府

续表9

姓名	性别	民族	工作单位	获奖名称	表彰时间	授予单位
卓嘎	女	藏族	江孜县卡麦乡小学	优秀班主任	2021年9月	中共江孜县委员会 江孜县人民政府
江芳波	男	汉族	江孜县卡麦乡小学	教育信息化优秀管理员	2021年9月	中共江孜县委员会 江孜县人民政府
洛桑晋巴	男	藏族	江孜县藏族改乡小学	优秀教师	2021年9月	中共江孜县委员会 江孜县人民政府
董彦利	女	汉族	江孜县年堆乡双语幼儿园	学前教育先进个人	2021年9月	中共江孜县委员会 江孜县人民政府
琼达	男	藏族	江孜县年堆乡小学	优秀体育工作者	2021年9月	中共江孜县委员会 江孜县人民政府
阿片	女	藏族	江孜县年堆乡小学	单科成绩优秀教师	2021年9月	中共江孜县委员会 江孜县人民政府
阿片	女	藏族	江孜县年堆乡小学	优秀教师	2021年9月	中共江孜县委员会 江孜县人民政府
欧普穷	男	藏族	江孜县车仁乡小学	师资业务先进个人	2021年9月	中共江孜县委员会 江孜县人民政府
普琼索朗	男	藏族	江孜县车仁乡小学	优秀党员	2021年9月	中共江孜县委员会 江孜县人民政府
顿珠	男	藏族	江孜县热龙乡小学	教育信息化优秀管理员	2021年9月	中共江孜县委员会 江孜县人民政府
顿珠	男	藏族	江孜县热龙乡小学	单科成绩优秀教师	2021年9月	中共江孜县委员会 江孜县人民政府
顿珠	男	藏族	江孜县热龙乡小学	思想政治教育工作先进个人	2021年9月	中共江孜县委员会 江孜县人民政府
边巴片多	女	藏族	江孜县热龙乡幼儿园	优秀班主任	2021年9月	中共江孜县委员会 江孜县人民政府
嘎桑	女	藏族	江孜县热龙乡小学	优秀党员	2021年9月	中共江孜县委员会 江孜县人民政府
普琼	男	藏族	江孜县热龙乡小学	单科成绩优秀教师	2021年9月	中共江孜县委员会 江孜县人民政府
曲培	男	藏族	江孜县热龙乡小学	优秀班主任	2021年9月	中共江孜县委员会 江孜县人民政府
曲培	男	藏族	江孜县热龙乡小学	单科成绩优秀教师	2021年9月	中共江孜县委员会 江孜县人民政府
拉穷	男	藏族	江孜县热龙乡小学	珠峰好教师	2021年9月	中共江孜县委员会 江孜县人民政府
次仁顿珠	男	藏族	江孜县热龙乡小学	优秀财务工作人员	2021年9月	中共江孜县委员会 江孜县人民政府

续表9

姓名	性别	民族	工作单位	获奖名称	表彰时间	授予单位
琼达	女	藏族	江孜县热龙乡小学	师德师风标兵	2021年9月	中共江孜县委员会 江孜县人民政府
边巴拉姆	女	藏族	江孜县热龙乡小学	最美乡村教师	2021年9月	中共江孜县委员会 江孜县人民政府
索次	男	藏族	江孜县紫金乡完全小学	优秀校长	2021年9月	中共江孜县委员会 江孜县人民政府
旦木珍	男	藏族	江孜县紫金乡完全小学	优秀乡村振兴工作者	2021年9月	中共江孜县委员会 江孜县人民政府
央吉	女	藏族	江孜县紫金乡完全小学	优先教师	2021年9月	中共江孜县委员会 江孜县人民政府
琼达	女	藏族	江孜县紫金乡完全小学	师德师风优秀教师	2021年9月	中共江孜县委员会 江孜县人民政府
德央	女	藏族	江孜县紫金乡完全小学	教坛新秀	2021年9月	中共江孜县委员会 江孜县人民政府
旦增	男	藏族	江孜县达孜乡小学	师德师风标兵	2021年9月	中共江孜县委员会 江孜县人民政府
赵峰	男	汉族	江孜县达孜乡小学	招生工作先进个人	2021年9月	中共江孜县委员会 江孜县人民政府
白玛玉珍	女	藏族	江孜县达孜乡小学	县级优秀班主任	2021年9月	中共江孜县委员会 江孜县人民政府
拉平	男	藏族	江孜县达孜乡小学	优秀校长	2021年9月	中共江孜县委员会 江孜县人民政府
郭杰	男	藏族	江孜县龙马乡小学	师德师风标兵奖	2021年9月	中共江孜县委员会 江孜县人民政府
郭杰	男	藏族	江孜县龙马乡小学	单科成绩优秀教师	2021年9月	中共江孜县委员会 江孜县人民政府
索朗次仁	男	藏族	江孜县龙马乡小学	优秀指导老师	2021年5月	中共江孜县委员会 江孜县人民政府
尼琼	女	藏族	江孜县龙马乡小学	单科成绩优秀教师	2021年9月	中共江孜县委员会 江孜县人民政府
拉巴卓嘎	女	藏族	江孜县龙马乡小学	最美乡村教师	2021年9月	中共江孜县委员会 江孜县人民政府
拉巴卓嘎	女	藏族	江孜县龙马乡小学	单科成绩优秀教师	2021年9月	中共江孜县委员会 江孜县人民政府
拉珍	女	藏族	江孜县龙马乡幼儿园	优秀班主任	2021年9月	中共江孜县委员会 江孜县人民政府
加错	男	藏族	江孜县龙马乡小学	优秀校园安全工作者	2021年9月	中共江孜县委员会 江孜县人民政府

续表9

姓名	性别	民族	工作单位	获奖名称	表彰时间	授予单位
普次	男	藏族	江孜县第二小学	优秀教师	2021年9月	中共江孜县委员会 江孜县人民政府
次仁拉姆	女	藏族	江孜县江热乡幼儿园	学前教育先进个人	2021年9月	中共江孜县委员会 江孜县人民政府
普片	女	藏族	江孜县重孜乡小学	师德师风标兵	2021年9月	中共江孜县委员会 江孜县人民政府
次卓	女	藏族	江孜县重孜乡小学	思想政治教育工作先进个人	2021年9月	中共江孜县委员会 江孜县人民政府
李志清	男	汉族	江孜县教育局	优秀统计员	2021年9月	中共江孜县委员会 江孜县人民政府
格卓	女	藏族	江孜县第二幼儿园	师资业务先进个人	2021年9月	中共江孜县委员会 江孜县人民政府
次仁德吉	女	藏族	江孜县第二幼儿园	学前教育先进个人	2021年9月	中共江孜县委员会 江孜县人民政府
张红佳	女	汉族	江孜县第二幼儿园	学前教育先进个人	2021年9月	中共江孜县委员会 江孜县人民政府
索朗次仁	男	藏族	江孜县第二幼儿园	优秀教师	2021年9月	中共江孜县委员会 江孜县人民政府
普尺	女	藏族	江孜县江热乡加堆村幼儿园	学前教育先进个人奖	2021年9月	中共江孜县委员会 江孜县人民政府
吉宗	女	藏族	江孜县江热乡加堆村幼儿园	学前教育先进个人奖	2021年9月	中共江孜县委员会 江孜县人民政府
旦增旺久	男	藏族	江孜县第一中学	优秀班主任	2021年9月	中共江孜县委员会 江孜县人民政府
德吉拉姆	女	藏族	江孜县第一中学	优秀党员	2021年9月	中共江孜县委员会 江孜县人民政府
孔蕊	女	汉族	江孜县第一中学	教坛新秀	2021年9月	中共江孜县委员会 江孜县人民政府
拉巴仓决	女	藏族	江孜县第一中学	优秀教师	2021年9月	中共江孜县委员会 江孜县人民政府
索朗德吉	女	藏族	江孜县第一中学	教学质量优胜奖	2021年9月	中共江孜县委员会 江孜县人民政府
邓建	女	汉族	江孜县第一中学	教学质量优胜奖	2021年9月	中共江孜县委员会 江孜县人民政府
格桑顿珠	男	藏族	江孜县第一中学	教学质量优胜奖	2021年9月	中共江孜县委员会 江孜县人民政府
次旦欧珠	男	藏族	江孜县第一中学	教学质量优胜奖	2021年9月	中共江孜县委员会 江孜县人民政府

续表9

姓名	性别	民族	工作单位	获奖名称	表彰时间	授予单位
普布央拉	女	藏族	江孜县第一中学	教学质量优胜奖	2021年9月	中共江孜县委员会 江孜县人民政府
嘎玛曲珍	女	藏族	江孜县第一中学	教学质量优胜奖	2021年9月	中共江孜县委员会 江孜县人民政府
扎西旺久	男	藏族	江孜县高级中学	优秀班主任	2021年9月	江孜县教育局
平措顿珠	男	藏族	江孜县高级中学	优秀统计工作人员	2021年9月	江孜县教育局
曲扎	男	藏族	江孜县高级中学	优秀教师	2021年9月	江孜县人民政府
拉确	男	藏族	江孜县车仁乡小学	骨干教师	2021年11月	江孜县教育局
刘凯能	男	汉族	江孜县卡堆乡小学	骨干教师	2021年11月	江孜县教育局
旺堆加布	男	藏族	江孜县卡堆乡小学	名校（园）长	2021年11月	江孜县教育局
次仁曲珍	女	藏族	江孜县卡堆乡嘎雪村 幼儿园	名校（园）长	2021年11月	江孜县教育局
白珍旦增	女	藏族	江孜县康卓乡双语幼儿园	学科带头人	2021年11月	江孜县教育局
白珍旦增	女	藏族	江孜县康卓乡双语幼儿园	优秀班主任	2021年9月	江孜县教育局
德吉曲珍	女	藏族	江孜县康卓乡吉定村 幼儿园	教坛新秀	2021年9月	江孜县教育局
普顿	男	藏族	江孜县康卓乡小学	优秀教务主任	2021年9月	江孜县教育局
格卓	女	藏族	江孜县第二幼儿园	骨干教师	2021年11月	江孜县教育局
美多卓嘎	女	藏族	江孜县龙马乡小学	小学数学教学能手	2021年5月	江孜县教育局委员会、 江孜县教育局
旦增卓嘎	女	藏族	江孜县闵行中学	教坛新秀	2021年9月	江孜县教育局委员会、 江孜县教育局
次仁伦珠	男	藏族	江孜县闵行中学	优秀后勤工作人员	2021年9月	中共江孜县委员会 江孜县人民政府
王克进	男	汉族	江孜县闵行中学	单科成绩优秀教师	2021年9月	中共江孜县委员会 江孜县人民政府
普琼	男	藏族	江孜县闵行中学	优秀教师	2021年9月	中共江孜县委员会 江孜县人民政府
白玛罗布	男	藏族	江孜县第一幼儿园	优秀校（园）长	2021年9月	中共江孜县委员会 江孜县人民政府
卓玛	女	藏族	江孜县第一幼儿园	优秀教师	2021年9月	中共江孜县委员会 江孜县人民政府
仓决	女	藏族	江孜县第一幼儿园	师德师风标兵	2021年9月	中共江孜县委员会 江孜县人民政府
王志雅	女	汉族	江孜县第一幼儿园	学前教育先进个人	2021年9月	中共江孜县委员会 江孜县人民政府
楚多	女	藏族	江孜县第一幼儿园	学前教育先进个人	2021年9月	中共江孜县委员会 江孜县人民政府

续表9

姓名	性别	民族	工作单位	获奖名称	表彰时间	授予单位
朗加扎西	男	藏族	江孜县第一幼儿园	优秀校园安全工作者	2021年9月	中共江孜县委员会 江孜县人民政府
索朗次仁	男	藏族	江孜县文化艺术馆	2021年江孜县“争做神圣国土守护者 幸福家园建设者”乡村振兴人才	2021年11月	中共江孜县委员会 江孜县人民政府
多布杰	男	藏族	吉定村党支部	江孜县优秀宣讲员	2021年4月	县委宣传部
庞学堃	男	汉族	加克西乡	江孜县创先争优强基础惠民生活动先进驻村（居）工作队员	2021年11月	中共江孜县委员会 江孜县人民政府
平措	男	藏族	加克西乡	江孜县创先争优强基础惠民生活动先进驻村（居）工作队员	2021年11月	中共江孜县委员会 江孜县人民政府
竞赛（征集）项目县级以上荣誉						
拉巴仓决	女	藏族	江孜县第一中学	2021年“我的书屋 我的梦”农村少年儿童阅读实践活动指导作文优秀作品	2021年12月	中共中央宣传部印刷发行局
巴桑罗布	男	藏族	江孜县藏改乡小学	2021第八届环巴松措国际山地自行车越野竞技赛	2021年5月	西藏自治区体育局
普顿	男	藏族	江孜县康卓乡小学	2020年全区中小学优质教育教学资源征集活动语文组优秀奖	2021年7月	西藏自治区教育厅
普顿	男	藏族	江孜县康卓乡小学	2021年全区中小学优质教育教学资源征集活动道德法制组一等奖	2021年7月	西藏自治区教育厅
旦增卓嘎	女	藏族	江孜县闵行中学	在2021年全区初中教师教学竞赛决赛中荣获道德与法治组二等奖	2021年11月	西藏自治区教育厅
小旦增	男	藏族	江孜县闵行中学	课件《自我认识》获“2020年全区中小学优质教育教学资源征集活动”道德与法治组优秀奖	2021年11月	西藏自治区教育厅
王克进	男	汉族	江孜县闵行中学	“以史为鉴 开创未来”知识竞赛中优秀奖	2021年12月	中共日喀则市委、 日喀则市人民政府
次仁拉姆	女	藏族	江孜县高级中学	日喀则市2021年教师课堂教学技能竞赛 高中地理三等奖	2021年	日喀则市教育局
次德吉	男	藏族	江孜县高级中学	教师课堂教学技能大赛中地理学科优秀评委	2021年	日喀则市教育局
顿珠平措	男	藏族	江孜县高级中学	日喀则市2021年教师课堂教学技能竞赛中获高中藏语学科优秀评委	2021年	日喀则市教育局

续表9

姓名	性别	民族	工作单位	获奖名称	表彰时间	授予单位
古桑拉姆	女	藏族	江孜县高级中学	日喀则市2021年教师课堂教学技能竞赛 高中化学三等奖	2021年	日喀则市教育局
扎西顿珠	男	藏族	江孜县高级中学	2021教师课堂教学技能大赛中化学学科优秀评委	2021年	日喀则市教育局
扎西南加	男	藏族	江孜县高级中学	日喀则市2021年教师课堂教学技能竞赛 高中生物第一名	2021年	日喀则市教育局
蔡雪波	男	汉族	江孜县高级中学	日喀则市2021年教师课堂教学技能竞赛 高中物理二等奖	2021年	日喀则市教育局
次仁加布	男	藏族	江孜县第一小学	2021年日喀则市“中小学人工智能与信息技术创新实践活动”“智能冬奥”物流机器人项目，一等奖，指导教师	2021年11月	日喀则市教育局
格桑旦增	男	藏族	江孜县第一小学	“学生资助·助我成长”——感党恩励志教育主题演讲比赛优秀指导教师	2021年5月	中共日喀则市教育局党组、日喀则市教育局
范道志	男	汉族	江孜县闵行中学	“日喀则市中小学人工智能与信息技术创新实践活动”市级比赛优秀指导教师	2021年11月	日喀则市教育局
其米卓嘎	女	藏族	江孜县闵行中学	日喀则市2021年教师课堂教学技能竞赛初中生物三等奖	2021年5月	日喀则市教育局
旦增卓嘎	女	藏族	江孜县闵行中学	日喀则市2021年教师课堂教学技能竞赛初中道德与法治二等奖	2021年5月	日喀则市教育局
刘凯能	男	汉族	江孜县卡堆乡小学	日喀则市2021年教师课堂教学技能竞赛小学科学三等奖	2021年5月	日喀则市教育局
旺堆加布	男	藏族	江孜县卡堆乡小学	日喀则市2021年教师课堂教学技能竞赛小学数学二等奖	2021年5月	日喀则市教育局
美多卓嘎	女	藏族	江孜县龙马乡小学	日喀则市2021年教师课堂教学技能竞赛小学数学三等奖	2021年5月	日喀则市教育局
拉巴卓玛	女	藏族	江孜县热索乡小学	日喀则市2021年教师课堂教学技能竞赛小学藏文二等奖	2021年5月	日喀则市教育局

续表9

姓名	性别	民族	工作单位	获奖名称	表彰时间	授予单位
旺青格列	男	藏族	江孜县日星乡小学	日喀则市首届足协杯优秀裁判员	2021年7月	日喀则市教育体育局
次仁旺姆	女	藏族	江孜县车仁乡小学	江孜县“党的光辉照边疆”书法摄影比赛藏文书法三等奖	2021年6月	中共江孜县委员会 江孜县人民政府
加布	男	藏族	江孜县卡堆乡小学	江孜县“党的光辉照边疆”书法摄影比赛藏文书法一等奖	2021年9月	中共江孜县委员会 江孜县人民政府
加布	男	藏族	江孜县卡堆乡小学	“庆三八，迎五四”藏文书法比赛第一名	2021年4月	共青团江孜县委员会 江孜县妇女联合会
尼玛欧珠	男	藏族	江孜县高级中学	江孜县“党的光辉照边疆”书法摄影比赛汉文书法二等奖	2021年	中共江孜县委员会 江孜县人民政府
扎西达瓦	男	藏族	江孜县高级中学	江孜县“党的光辉照边疆”书法摄影比赛汉文书法三等奖	2021年	中共江孜县委员会 江孜县人民政府
付再芬	女	汉族	江孜县紫金乡幼儿园	江孜县党史学习教育知识竞赛二等奖	2021年11月	江孜县总工会、江孜县委党史学习教育领导小组办公室
王润红	女	汉族	江孜县闵行中学	“以史为鉴 开创未来”知识竞赛优秀奖	2021年12月	日喀则市委宣传部日喀则市委党史学习教育领导小组办公室、日喀则市人民政府
王克进	男	汉族	江孜县闵行中学	江孜县党史学习教育知识竞赛一等奖	2021年11月	江孜县总工会、江孜县委党史学习教育领导小组办公室
邹凤	女	汉族	江孜县闵行中学	江孜县党史学习教育知识竞赛一等奖	2021年11月	江孜县总工会、江孜县委党史学习教育领导小组办公室
达珍	女	藏族	江孜县闵行中学	江孜县党史学习教育知识竞赛一等奖	2021年11月	江孜县总工会、江孜县委党史学习教育领导小组办公室
邹凤	女	汉族	江孜县闵行中学	“以史为鉴 开创未来”知识竞赛 优秀奖	2021年12月	日喀则市委宣传部日喀则市委党史学习教育领导小组办公室、日喀则市人民政府
王克进	男	汉族	江孜县闵行中学	江孜县“党的光辉照边疆”书法摄影比赛汉文书法 二等奖	2021年6月	中共江孜县委员会、 江孜县人民政府

附　录

中國歷史
文化名城

江孜县人民代表大会常务委员会报告（节选）

——江孜县第十四届人民代表大会第二次会议上

（2022年1月17日）

2021年主要工作

2021年，县人大常委会深入学习贯彻落实党的十九大和十九届历次全会精神，始终坚持以习近平新时代中国特色社会主义思想为指导，严格按照江孜县第十次党代会部署，紧密围绕“名城振兴工程”，准确把握根本点、全面聚焦关键点、牢牢抓住基本点、不断强化支撑点，科学谋划、主动作为，为江孜县名城振兴、高质量发展做出了积极贡献。截至2021年末，召开常委会会议8次、主任会议12次，开展“三查（察）”活动18次、形成“三查（察）”报告18篇，听取审议工作19项、作出决议决定审议意见25个，配合自治区、市人大开展工作21次，接待兄弟县市人大考察组35次，圆满完成十四届人大一次会议确定的各项工作目标任务。

一、准确把握根本点，以更高的政治站位服务发展大局

准确把握“始终坚持党的领导、人民当家作主和依法治国有机统一”这个根本点，确保人大工作正确的政治方向，奋力开创新时代人大工作新局面。一是旗帜鲜明讲政治。坚定不移地贯彻党的路线方针政策，不折不扣地落实重大事项重要工作请示报告制度。始终坚持“县委领导、人大主办、部门配合”的原则，开展县、乡人大换届选举工作。始终坚持县委领导，严格依法选举任免，确保党的主张和组织意图依法实现。2021年，依法确定选举日，同步召开19个乡（镇）第十五届人民代表大会第一次会议，选举产生19名乡（镇）人大主席，政府19名乡（镇）长、55名副乡（镇）长；召开县第十四届人民代表大会第一次会议，选举产生新一届县人大常委会班子和委员、县人民政府领导班子、县监察委员会主任、县人民法院院长、县人民检察院检察长；任免国家机关工作人员45人次，间接选举产生自治区级人大代表5名、市级人大代表19人，直接选举产生县级人大代表153名、乡级人大代表820人，对县直机关7名干部进行了任后1年工作述职评议；在县委的正确领导和县委组织部的关心支持下，严格按照“三定”方案要求，完成了人大常委会办公室和3个专门委员会人员配置和工作机构职能调整。二是立足大局定目标。围绕“名城振兴工程”，确定人大工作重点，努力做到监督重点紧扣县委中心工作，推进县委决策部署贯彻落实。着眼稳定、发展、生态、强边“四件大事”发挥作用、形成合力、有所作为，发挥人大制度优势，及时启动监督程序，推动发展成果全民共享。在县委的坚强领导下，定位好四大班子“合唱团”成员角色，结合县人大紧

密联系群众、汇聚民情民智的优势，持续推进巩固拓展脱贫攻坚成果和乡村振兴战略有效衔接、深化供给侧结构性改革、生态环境治理、重大项目推进、联系服务企业、创建民族团结示范县等重点工作，更好地服务江孜县社会长治久安和经济高质量发展大局。围绕助力“名城振兴工程”提供人大方案，县人大常委会主要领导亲自带队，历时 15 天全面调研了 19 个乡（镇）人大常委会办公室、人大代表之家、人大代表小组活动室，详细了解了乡（镇）人大机构设置、制度建设、经费使用及人员配置等情况，共同探讨了助力“名城振兴工程”的切入点和着力点，要求各乡（镇）人大代表从“凝心聚力谋发展、一心一意搞建设”的高度来认识人大的地位和作用，各乡（镇）党委把乡（镇）人大工作纳入乡（镇）党委工作的重要议事日程，每年定期听取和研究乡（镇）人大工作，促使乡（镇）人大在代表人民管理地方事务中有职、有责、有权，确立了“围绕中心、服务大局，探索创新、健全机制，激发潜力、推动工作”的新时代人大工作 3 个重点突破方向。三是勇于担当抓落实。县人大常委会班子成员把抓落实当成监督的侧重点来推进，作为监督的主攻点来突破，敢于坚持原则、坚持真理，敢于较真、勇于担当，对定下来的事情，看准了的目标，做到议立决、决立行、行必果，一件一件抓落实，一项一项监到位，一步一步往前推。坚持讨论问题先学法，做出决议决定符合法，开展监督执行法，制定措施依据法，担当实干促落实。形成县人大常委会监督抓落实长效机制，针对不落实或落实不力的部门或单位，采取责令限期整改、询问、质询等刚性约束和监督方式，推动县委决策部署得到有效落实。2021 年，针对全县 155 个村（居）的《村规民约》进行了为期 10 天的专题调研，县人大常委会召开主任会议专题研究，提出 3 个方面 11 条具体修改意见，下发给各村（居），责成各乡（镇）人大主席团结合各村（居）实际做出进一步修改并上报县人大常委会最终审定。

二、全面聚焦关键点，以更多的创新举措履行监督职责

全面聚焦“坚持以人民为中心的思想，抓住发展是第一要务，突出民主法治建设”这个关键点，探索创新监督举措履行监管职责。一是聚焦经济高质量发展常态监督。持续开展常态监督，听取和审议了《江孜县人民政府关于“十四五”规划和 2035 年远景目标纲要》《江孜县人民政府关于 2020 年国民经济执行情况的报告》《江孜县人民政府关于 2020 年财政预算执行情况及 2021 年财政预算安排的报告》，通过了上述三个报告的决议，形成了《江孜县人大财经委员会关于江孜县人民政府“十四五”规划和 2035 年远景目标纲要的审查结果报告》《江孜县人大财经委员会关于江孜县 2020 年财政预算执行情况与 2021 年财政预算的审查结果报告》并及时反馈给相关业务部门，向县人民政府提出建设性的审议意见和建议，助推全县经济持续健康发展。二是聚焦人民群众关切专项监督。抽调县人大财经委负责人，会同县财政局（国资委）、县审计局、县自然资源局等相关部门成立调研组，深入县直部门、江孜饭店、县国合公司、县宗城公司等实地走访座谈，对我县加强和改进新时代人大预算决算审查监督和国有资产管理监督进行了为期 5 天的专题调研，形成了《江孜县人大关于加强和改进新时代人大预算决算审查监督和国有资产管理监督专题调研报告》报送市人大常委会。配合市人大常委会视察城市市容环境综合整治工作，加快社会建设，改善民生事业，专注社会治理，督促县城管局等职能部门当好“城市管家”。高度关注全县专合组织产业同质化问题，组成调研组对全县专合组织进行专题调研，提出专合组织产业要向“配套特色旅游项目、青稞精深加工、藏毯订单式编织、壮大农机集体合作社、酥油等特色产品进入电商销售市场、加快清洁能源规模化开发”5 个大板块靠

拢，致力转型发展，适度超前发展，督促县乡村振兴局等职能部门当好推进产业发展的“施工队长”。紧跟“名城振兴工程”步伐，专项监督各职能部门依法履职尽责，建睿智之言、行固本之举，科学编制“十四五”规划和2035年远景目标纲要，督促县发展改革委等职能部门当好江孜古城的“城市工匠”。三是聚焦民主法治建设重点监督。配合市人大常委会对全县《义务教育法》《国家宗教事务条例》《西藏自治区民族团结进步模范区创建条例》《西藏自治区国家生态文明高地建设条例》等贯彻实施情况进行执法检查；对县人民政府关于贯彻落实“三重一大”事项报告请示制度的实施意见提出合法性的意见建议；审查了县人民政府大额资金运转报告25个，涉及资金4亿余元；听取和审议了《县人民法院2020年工作报告》《县人民检察院2020年工作报告》，通过了两个报告的决议，有效助推民主法治建设，彰显司法公平正义。

三、牢牢抓住基本点，以更强的服务本领保障代表履职

牢牢抓住“加强代表工作，强化服务保障意识，增强服务本领”这个基本点，提升服务水平保障代表履职。一是服务平台为代表履职“充电续航”。举人大之力把县人大代表之家打造成全县代表服务中心，明确代表服务中心职责，健全代表服务中心制度，发挥代表服务中心职能；细化代表培训计划，丰富代表培训内容，有针对性地组织代表培训，不断提高代表履职能力和服务水平。2021年，集中开展代表履职能力培训2次，委托19个乡（镇）主席团开展履职能力培训19次，973名县、乡人大代表培训首次实现全覆盖，代表竭尽全力履职尽责，切实做到了讲政治不能乱规矩、讲纪律不能出差错、讲民主不能少程序。二是活动平台为代表履职“接通天线”。强化“代表之家”建设和“人大代表小组活动室”建设，持续健全工作机制；不断畅通民主渠道，邀请代表列席县人大常委会会议，参加“一府一委两院”相关活动，保障代表提案权、表决权、审议权、质询权；不断丰富和拓展代表活动形式和内容，全面开展“巩固拓展脱贫攻坚成果和乡村振兴战略有效衔接、人大代表在行动”主题活动。截至年末，全县建成规范化“人大代表之家”20个，包括1个县人大代表之家、19个乡（镇）人大代表之家；督促各乡（镇）人大把有限的资金用在刀刃上，建成规范化“人大代表小组活动室”29个，超额完成县十四届人大一次会议提出的“每个乡（镇）至少建成一个人大代表小组活动室”的目标任务。三是监督平台为代表履职“拓宽路子”。组织代表开展调查视察，收集群众意见建议，加强意见建议标准化撰写指导，确保代表提出高质量的意见建议。不断改进意见建议办理工作，优化意见建议办理督促机制，着力解决“重答复轻落实”的问题。对全县973名县、乡人大代表提出“四个一”(5)要求，召开县人大常委会主任会议研究确定县第十四届人民代表大会第一次会议上县级人大代表提交的41件建议、批评和意见的处理意见，向县人民政府发出《江孜县人大常委会关于县第十四届人民代表大会第一次会议上县级人大代表提交的41件建议、批评和意见转交的函》，提出相关的意见建议办理和完成时限等具体要求，确保我县人大代表建议、批评和意见落实落地。2021年，各级人大代表共提出159件建议、批评和意见，受理率100%，答复率100%，办结率90.56%，同比提高4.36个百分点。

四、不断强化支撑点，以更严的标准要求加强自身建设

不断强化“着眼思想作风机制，扎实推进廉洁自律，提升人大系统影响力”这个支撑点，不断加

强自身建设。一是强化思想支撑，提升政治能力。以政治建设为引领，抓好思想政治理论学习，增强使命感责任感，保持工作激情干劲，争做贯彻执行党的路线方针政策的“捍卫者”。围绕习近平新时代中国特色社会主义思想、党史学习教育、“三更”专题教育等内容组织县人大理论学习中心组集中学习12次，召开县人大党组民主生活会3次，县人大常委会班子轮流讲专题党课5次，召开专题学习会议12次，围绕“三更”专题教育四个专题开展学习研讨4次，围绕党史教育八个专题开展学习研讨8次，每名班子成员撰写理论研讨材料12篇，心得体会3篇，班子成员在不断地学习中政治思想得到升华、理论素质得到增强、工作水平得到提高。二是强化作风支撑，提升服务能力。以县人大机关建设“改进作风、狠抓落实”为抓手，大兴学习之风，改进调查之风，弘扬实干之风，筑牢思想防线，谨守廉洁底线，严守法纪红线，争做遵守作风建设的“执行者”。认真学习贯彻落实《习近平谈治国理政》第三卷、《关于新形势下党内政治生活的若干准则》《中国共产党党内监督条例》《中国共产党和国家机关基层组织工作条例》《中国共产党纪律检查委员会工作条例》，履行县人大常委会党组从严管党治党主体责任和监督责任，党组书记全面履行党风廉政建设第一责任人的职责，班子成员把“一岗双责”要求落到实处，高度重视机关党员干部的教育、管理和监督，发现苗头性、倾向性问题，及时提醒并督促纠正，确保依规依纪依法正风肃纪反腐，防微杜渐，筑牢思想防线，坚守廉政底线，不越法纪红线。三是强化机制支撑，提升创新能力。坚持守正创新，完善工作机制，优化工作程序，用制度管人管事，推动工作向纵深开展。创造性开展“人大讲堂”促提升活动，人大常委会委员、人大机关干部轮流上讲堂开展学教活动和普及专业知识活动，培育创新思维，做到知行合一、学以致用，争做推动工作创新提高的“开拓者”。建立健全县人大常委会各项规章制度27项，形成县人大常委会制度汇编并严格遵照执行。四是强化作用支撑，提升影响能力。正确引导973名县、乡人大代表活跃在疫情防控的主战场，成为宣讲党的十九届六中全会精神和自治区第十次党代会精神的主力军，争做弘扬“两路”精神、老西藏精神和孔繁森精神的“传承者”。拳拳爱心托起巩固拓展脱贫攻坚成果的太阳，浓浓情意点燃全面实施乡村振兴战略的梦想，人大系统和各级人大代表主动为江孜县慈善协会等爱心捐款36.57万元；人大系统持续开展“结对认亲交朋友”活动，坚持“输血与造血”并举，为结对帮扶户出主意、想办法发家致富，兑现帮扶资金4.44万元。

各位代表，成绩的取得是以习近平同志为核心的党中央英明领导，县委高度重视，“一府一委两院”和社会各界人士密切配合，全体代表、县人大常委会委员和乡（镇）人大主席团通力协作的结果。在此，我谨代表县人大常委会向大家表示崇高的敬意和衷心的感谢！

面对新征程、新任务、新要求，县人大常委会工作与县委的要求和人民的期盼还有一定差距，主要是：监督工作的跟踪督办机制需要进一步探索，服务保障代表履职的载体需要进一步拓展，自身建设还需要进一步加强。各位代表，县人大常委会将坚持问题导向，认真研究措施，努力加以解决。

名词解释

一、*四点*：根本点、关键点、基本点、支撑点。其中，根本点是始终坚持党的领导、人民当家作主和依法治国有机统一；关键点是坚持以人民为中心的思想，抓住发展是第一要务，突出民主法治建设；基本点是抓住代表工作，强化服务保障意识，增强服务本领；支撑点是着眼思想作风机制，扎实推进廉洁自律，提升人大系统影响力。

二、五新：在服务发展大局上展现新作为，在促进民生改善上彰显新担当，在推动法治建设上呈现新突破，在突出代表作用上展示新气象，在加强素质能力上实现新提升。

三、三查（察）：调查、视察、执法检查。

四、三查（察）报告：调查报告、视察报告、执法检查报告。

五、四个一：解决一件矛盾纠纷、办理一件实事、提出一条经济发展意见建议、撰写一份落实西藏强民惠民富民政策的提案或议案。

六、两个确立：确立习近平同志党中央的核心、全党的核心地位，确立习近平新时代中国特色社会主义思想的指导地位。

七、四个意识：政治意识、大局意识、核心意识、看齐意识。

八、四个自信：中国特色社会主义道路自信、理论自信、制度自信、文化自信。

九、两个维护：坚决维护总书记党中央的核心、全党的核心地位，坚决维护党中央权威和集中统一领导。

十、六个表率：带头做坚定践行“两个维护”的表率，带头做勤政为民的表率，带头作勇于担当的表率，带头做团结干事的表率，带头作清正廉洁的表率，带头做管党治党的表率。

十一、四个创建：着力创建民族团结进步模范区，着力创建高原经济高质量发展先行区，着力创建国家生态文明高地，着力创建国家固边兴边富民行动示范区。

十二、四个走在前列：努力做到民族团结进步走在全国前列，努力做到高原经济高质量发展走在全国前列，努力做到生态文明建设走在全国前列，努力做到固边兴边富民行动走在全国前列。

十三、四个确保：确保国家安全和长治久安，确保人民生活水平不断提高，确保生态环境良好，确保边防巩固和边境安全。

十四、放管服：放管服，就是简政放权、放管结合、优化服务的简称。“放”即简政放权，降低准入门槛；“管”即创新监管，促进公平竞争；“服”即高效服务，营造便利环境。

十五、双联：委员联系代表、代表联系群众。

十六、双争：争创先进代表小组、争当优秀人大代表。

十七、三个一：代表小组和每名人大代表每年写一份履职报告、提一条以上合理化建议、为群众办一件实事。

中国人民政治协商会议江孜县委员会常务委员会工作报告（节选）

——在政协第十届江孜县委员会第二次会议上

（2022年1月17日）

拉巴仓决

各位委员、同志们：

我代表中国人民政治协商会议第十届江孜县委员会常务委员会向大会报告工作，请予审议，并请列席会议的同志提出意见。

2021年工作回顾

2021年以来，在市政协的精心指导和县委的坚强领导下，在县人大、县政府的大力支持下，以习近平新时代中国特色社会主义思想为指导，深入学习贯彻党的十九届六中全会和中央第七次西藏工作座谈会精神，深入贯彻落实习近平总书记关于西藏工作的重要论述和视察西藏时的重要讲话精神，贯彻落实党中央、区党委、市委和县委关于政协工作的安排部署，围绕全县“名城振兴工程”工作思路，充分发挥政治协商、民主监督、参政议政、凝聚共识职能作用，为助推江孜全面建成小康社会、开启社会主义现代化新征程，实现“十四五”良好开局贡献政协力量。

一、坚持党的领导，始终将政治要求贯穿政协工作全过程

政协党组在工作中把方向、管大局、保落实，持续巩固拓展“不忘初心、牢记使命”主题教育成果，深入开展党史学习教育和“三更”专题教育活动，以党组理论学习中心组为引领，党组班子成员带头示范，不断加强政治理论学习，切实学懂弄通做实习近平新时代中国特色社会主义思想和习近平总书记关于加强和改进人民政协工作的重要指示，全面贯彻新时代党的治藏方略，努力做到内化于心、外化于行。一是强学习，增信念。利用政协党组会、主席会、常委会以及委员学习培训等平台，深入学习党史、新中国史、改革开放史、社会主义发展史、西藏地方和祖国关系史；组织政协“两支队伍”以走、观、看、听、聊的方式，深入江孜宗山抗英遗址、帕拉庄园，康马县朗通庄园、日喀则市廉政文化教育基地以及西藏金塔集团企业党建示范点开展实地教育，不断提高广大委员的政治意识和担当观念，切实增强“四个意识”，坚定“四个自信”，做到“两个维护”。二是重融入，求实效。立足工作实

际，结合岗位职责，组织党员委员融入政协“党组+党支部”开展大学习大讨论活动，践行党的初心使命，传承伟大建党精神，用党的光荣传统和优良作风坚定信念、凝聚力量，在思想上、政治上、行动上始终与以习近平同志为核心的党中央保持高度一致。三是聚力量，真力行。始终坚持“县委想什么、政协议什么，政府做什么、政协帮什么”的工作理念，积极响应县委号召，动员组织各界别委员，主动参与、积极服务全县中心工作，做到同频共振、同向发力。2021年，各界别委员在江孜县慈善事业发展中带头募捐，先后有62名委员向江孜县慈善协会捐助善款364.75万元。同时，扎塔委员当选为慈善协会会长，4名委员当选为副会长，6名委员当选理事，充分彰显了政协委员弘扬慈善文化、聚力民生改善的责任担当。

二、突出服务大局，“十四五”开局之年交出合格答卷

立足我县“十四五”规划，紧跟“名城振兴工程”奋斗步伐，始终坚持“党委工作推进到哪里，政协工作就跟进到哪里，力量就凝聚到哪里”思路，充分发挥专门协商机构作用，发扬民主和增进团结相互贯通，建言资政和凝聚共识双向发力。一是政治协商献良策。组织委员召开“基层政协两支队伍建设”“推动农牧业产业革命，助力乡村振兴”等专题协商民主座谈会；围绕“江孜文化资料收集，为实施名城振兴积淀文化底蕴”“加日郊老街提档升级改造及保护”“加强民族团结，铸牢中华民族共同体意识”开展协商调研；组织委员集中视察我县西藏金塔集团江孜东部市场、西藏桑旦岗青稞酒业有限责任公司、西藏啊香大蒜有限公司、江孜县红河谷现代农业科技示范区、江孜县喜嘎生态奶牛养殖农民专业合作社等优质经营主体，了解生产经营状况和带动就业情况，通过协商调研共提出意见建议9条。二是民主监督建净言。紧紧围绕县委、县政府推进巩固脱贫攻坚成果与乡村振兴战略有效衔接的重要任务，组织委员针对“提高城镇低收入家庭生活水平”“河（湖）长制工作落实”“争创民族团结进步示范县”“重点旅游文化建设”等重点工作，开展专项民主监督，针对存在的5条问题提出意见建议，均得到及时反馈，监督职能的实效性不断提高。同时，委员参加人民检察院检务公开活动和人民法院案件审理旁听9次，民主监督司法公正、公开、公平工作执行落实情况，促进社会和谐稳定。三是参政议政重实效。以“赓续红色基因、学习先进典型，加强自身建设、助推乡村振兴”主题，组织委员赴林芝、昌都、那曲、拉萨部分县（区）开展协商考察学习活动，形成考察调研报告1篇，提出工作意见建议15条，受到县委、县政府的充分肯定，相关部门高度重视，提出具体落实举措，推动相关工作及时落实改进。全年共收到提案95件、立案74件，转为意见建议16条，针对《关于规范和加大农牧民专业合作社规范化的提案》《关于城市绿化的提案》《关于进一步加大城市管理工作力度，改善县容县貌的提案》等重点提案，及时召开提案交办会，签订责任状，提案及意见建议办复率达100%，部分群众关心的热点难点问题得到有效解决。

三、广泛凝聚共识，汇聚团结合作正能量

县政协深刻把握新时代党的民族工作主线，自觉承担起举旗帜、聚民心、育新人、兴文化、展形象的使命任务，不断铸牢中华民族共同体意识。一是大团结大联合强信心聚合力。2021年，组织委员走进基层一线，与达孜乡政协联络办联合开展“百年奋斗 奉献为民”为主题的庆祝中国共产党成立100周年暨西藏和平解放70周年活动，走访慰问党龄50年的老党员，走进合作社实地调研，走

近农牧民家中看望困难户，走访慰问宗教界委员，活动期间，广大委员自发向“大庆”系列活动资助26.74万元，发挥了委员资源共享，凝聚力量办大事作用；积极做好区内外政协考察团来访接待工作,共接待考察团15批194人次,达到了互学互鉴、经验共享和推介宣传江孜的效果。二是文史工作聚焦团结育人。切实做好文史资料挖掘、保护工作。出版文史书籍《吉苏老爷的妙语》，收集《江孜抗英历史》《江孜分工委历史》《江孜名人历史》等历史珍贵素材，大力弘扬优秀传统文化、讲好江孜故事、传播江孜声音，充分发挥了人民政协文史资料存史、资政、团结、育人作用。三是用心用情办实事聚民心。开展“走进一线、为民解难”政协在行动系列活动，为达孜乡德吉村、达麦村、年措寺及日星乡塔巴村12户困难家庭送去价值5万元“两庆”爱心礼物，走访慰问3名光荣在党50年的老党员；热索乡旺加委员为当地困难户白玛曲珍投入帮扶资金37万元修建新房,建筑面积达320平方米，日星乡委员旺加为重孜乡康庆村帮扶资金17万元修建农牧民文化运动广场，建筑面积达1000余平方米，并为江孜县敬老院慰问5万元。通过广大委员主动为民解难、为党分忧，送去党的关怀，激发群众内生动力，坚定感党恩、听党话、跟党走的信心与决心。

四、不断强基固本，推动自身建设提升上见行见效

坚持把严明政治纪律、政治规矩作为首要政治任务，贯彻党中央、区党委、市委和县委决策部署，确保各项工作任务落细落实。一是强化责任促廉政。坚持以党的建设统领政协队伍建设，政协党组向县委专题报告工作4次；组织委员召开廉政座谈会，传达学习纪委转发的违纪违法案件通报文件、观看警示教育片，教育引导广大政协委员和机关干部汲取教训、引以为戒，年内未发生违纪违规现象。二是建章立制转作风。换届以来，党组及时修改完善《县政协党组议事规则》《县政协常务委员会议事规则》《县政协主席会议制度》《县政协意识形态工作方案》《主席联系常委、常委联系委员制度》《县政协委员履职服务管理办法》《县政协委员考核方案》7项规章制度，以制度建设为切入点，不断促进作风转变和效能提升。三是管服并重提效能。建立完善“一委员一档案一履职本”制度，以反映委员提案、社情民意信息、参加委员讲坛、学习培训、视察考察调研、服务群众、参加社会公益活动为主的10项履职内容。规范完善《委员履职考核细则和量化标准》，组织政协常委采取实地考评、综合评价等方式，对县政协委员2021年度履职情况进行综合评价，评选出优秀委员8名、先进提案工作者6名、先进文史资料征集工作者5名、委员创建示范企业5家、先进乡（镇）政协委员联络办3家，拟在本次政协全体会议上予以表彰，不断增强广大政协委员的荣誉感、使命感和责任感，激发政协委员履职尽责、爱岗敬业、争先创优的积极性。

各位委员，同志们！过去的一年，我们用汗水浇灌收获、以实干笃定前行，取得了一定的成绩，得到县委、县政府和社会各界的充分肯定。这些成绩的取得，最根本在于习近平新时代中国特色社会主义思想的科学指引，得益于上级政协精心指导，得益于县委坚强领导和县人大、政府及各有关方面大力支持，得益于全体政协委员携手奋进、共同努力。在此，我代表政协第十届江孜县委员会、常务委员会，向所有关心、支持政协工作的社会各界人士表示衷心的感谢并致以崇高的敬意！

在总结成绩的同时，我们也清醒地认识到，对照新时代人民政协的新使命新任务新要求，工作中还存在一些差距和短板。主要表现为思想政治引领工作的针对性、有效性有待进一步增强；委员的责任担当还需进一步提升；建言资政和凝聚共识的载

体还需进一步丰富；调查研究的针对性、实效性还需进一步提高；乡镇委员联络办只挂名不出征的问题亟待解决。这些问题我们将高度重视，在今后的工作中认真加以改进和提高。

名词解释

一、三更：政治标准要更高，党性要求要更严，组织纪律性要更强。

二、政协“两支队伍”：政协委员和政协干部。

三、两个确立：确立习近平同志党中央的核心、全党的核心地位，确立习近平新时代中国特色社会主义思想的指导地位。

四、四个意识：政治意识、大局意识、核心意识、看齐意识。

五、四个自信：中国特色社会主义道路自信、理论自信、制度自信、文化自信。

六、两个维护：坚决维护总书记党中央的核心、全党的核心地位，坚决维护党中央权威和集中统一领导。

七、放管服：放管服，就是简政放权、放管结合、优化服务的简称。“放”即简政放权，降低准入门槛；“管”即创新监管，促进公平竞争；“服”即高效服务，营造便利环境。

突出政治定位 聚焦主责主业 以高质量的监督为江孜名城振兴工程建设提供坚强纪律保障（节选）

——在中国共产党江孜县第十届纪律检查委员会第二次全体会议上的工作报告

（2022年3月7日）

吴 锋

各位委员、同志们：

我代表中国共产党江孜县第十届纪律检查委员会常务委员会向第二次全体会议作报告，请予以审议。

这次会议的主要任务是：坚持以习近平新时代中国特色社会主义思想为指导，全面贯彻党的十九大和十九届历次全会精神、中央第七次西藏工作座谈会精神、自治区第十次党代会精神，深入学习贯彻习近平总书记在西藏考察调研时重要讲话精神，贯彻落实十九届中央纪委六次全会、十届自治区纪委二次全会、二届日喀则市委六次全会、二届市纪委三次全会和十届县委三次全会精神，回顾总结2021年全县纪检监察工作，安排部署2022年工作任务。刚才，陈昊书记作了讲话，肯定了过去一年全县纪检监察工作取得的成效，分析了党风廉政建设和反腐败工作仍面临的严峻形势，强调了新发展阶段纪检监察工作的任务目标。我们要认真学习领会，坚决贯彻落实。

一、2021年工作回顾

2021年是党和国家历史上极不平凡的一年，共产党人历经艰苦卓绝的百年奋斗，带领全国各族人民实现了从站起来、富起来到强起来的历史性跨越。这一年，经济社会的迅速发展给纪检监察工作提出了许多新的要求，在上级纪委、县委的坚强领导下，全县纪检监察干部进一步增强“四个意识”、坚定“四个自信”、做到“两个维护”，坚持稳中求进的总基调，紧扣高质量发展的基本线，在大战大考中坚持忠诚干净担当，切实发挥了纪检监察机关监督保障执行、促进完善发展的作用。

（一）坚定政治立场，突出政治监督，推进全面从严治党责任落实

一是突出党风廉政建设的“首”与“要”。抓住了主体责任，就抓住了党风廉政建设的“牛鼻子”，协助县委调整充实了党风廉政建设责任制领导小组，制定了领导班子、领导干部党风廉政建设责任清单，同时，针对日常监督检查中发现的苗头性、倾向性问题，换届后陆续向县委主要领导发出

建议报告2份，与19个乡镇党委主要负责同志实现全覆盖的谈心谈话，进一步强化责任到人、责任到事，自上而下传导责任压力，压实全面从严治党主体责任。二是把准“两个维护”的“纲”与“魂”。坚持把纪检监察工作置于党的绝对领导之下，坚定不移紧跟党中央的决策部署，一年来，围绕党的十九届六中全会精神学习与运用，围绕党中央关于违建别墅治理、粮食购销领域腐败问题专项整治、巩固拓展脱贫攻坚成果与乡村振兴有效衔接等领域的指示批示精神的贯彻与执行，认真开展监督检查10余次，累计督促整改立行立改问题50余条，切实把“两个维护”落实到具体工作中。三是抓牢政治责任的“常”与“严”。着眼纪检监察机关政治责任履行，紧盯疫情防控、换届选举、民族宗教工作等重点领域责任落实，常态化严肃开展政治监督，针对落实监管责任不力、不作为慢作为等典型问题，坚决查处，坚决推动整改，一年来，深入抗疫一线开展专项监督检查25次，发现问题线索2件，给予诫勉谈话1人，约谈3人，谈话提醒4人，批评教育4人；组织签订换届纪律“十严禁”承诺书3000余份，受理违反换届纪律问题线索4件；开展“萨嘎达瓦”监督检查6次，查处违反政治纪律1人。

（二）提升反腐质效，强化纪律震慑，推动“三不”一体常态发展

一是聚焦惩治震慑，强化标本兼治。始终坚持无禁区、全覆盖、零容忍，坚持重遏制、强高压、长震慑的高压态势，不断深化案件查办质效，突出标本兼治，着力去腐生肌，严厉惩治违纪违规违法问题。一年来，全县纪检监察机关共处置问题线索127件，其中，谈话函询16件，初核86件，立案25件，暂存2件；给予党纪政务处分18人，其中，开除党籍6人，开除党籍开除公职1人，“不敢腐”的成效愈加显现。二是聚焦惩戒挽救，突出抓早抓小。把准纪检监察机关是政治机关这一根本定位，坚持抓早抓小，惩前毖后，紧盯苗头性、倾向性问题，“正歪树”“治病树”“拔烂树”，推动实现政治效果、纪法效果、社会效果的有机统一。一年来，围绕职能部门监管责任履行，下发监察建议书10份、纪律检查建议书2份，通过督促以上单位召开专题会议、制定整改方案的方式，总结经验、汲取教训、推动整改，“不能腐”的氛围愈加浓厚。三是聚焦教育警醒，并重激励约束。坚持严管与厚爱相结合，激励与约束相并重，严格落实受处分党员干部回访教育谈话制度，以违纪违法行为的典型性、严重性及违纪对象的特殊性为出发点，分批次对全县受处分党员干部开展回访谈话。一年来，已对7名受处分人员进行了回访教育，包括宣讲组织政策、掌握思想动态、纾解心理压力、激励担当作为，既体现了监督执纪的“力度”，又体现了组织关爱的“温度”，“不想腐”的认识愈加深刻。

（三）厚植为民情怀，坚定使命担当，护航民生领域工作走深走实

一是着力解决民生实事。深入整治妨碍惠民政策落实的“微腐败”，紧盯“三资管理”、产业合作社、教育医疗、生态保护、食品药品安全、低保养老等领域，监督和查处行使权力背后的为政不为、为政不勤、为政不公等问题，切实解决群众急难愁盼问题，真正维护好人民群众利益。一年来，全县共受理民生领域问题线索20件，给予党内严重警告1人，诫勉谈话2人，约谈4人，谈话提醒3人。二是着力抓好“黑恶”治理。以开展政法队伍教育整顿为契机，紧盯“打伞破网”，加大线索摸排和查办力度，对自2016年起受理的涉及政法系统的23件问题线索进行全面起底排查，对1件涉恶案件进行深入复核，深挖背后的“保护伞”“关系网”等类似问题。同时，紧盯基层“村霸”“沙霸”“矿霸”等危害自然资源、损害群众利益的背后腐败问题，多措并举深挖细查基层涉黑涉恶问题线索，坚决维护基层群众合法权益。一年来，共开展“村霸”“沙霸”“矿霸”问题线索排查10余次，班子成员带队

下访4次。三是着力推动有效衔接。聚焦脱贫攻坚成果与乡村振兴有效衔接“过渡期”重点，通过主动过问、谈话了解、监督推动进一步压实行业部门主体责任。同时，坚持目标导向，制定专项监督任务清单,围绕具体事项深入开展监督检查。一年来，开展脱贫攻坚成果与乡村振兴有效衔接专项监督培训2场次，监督检查10余次，发现问题110余条，与乡村振兴局主要负责同志谈话2次，切实以有力举措推动了有效衔接的顺畅执行。

（四）巩固作风建设，狠抓工作落实，精准履行纪检监察监督专责

一是严把选人用人“监督关”。始终坚持正确的选人用人导向,从严落实监督职责,严防干部“带病上岗”，紧盯党员干部的政治、廉洁及素质能力表现，对干部提拔、代表评选、职级晋升、个人或集体评先评优等廉政情况进行严格把关，切实把党风廉政意见征求与回复工作作为纪检监察机关发挥监督作用的有效载体，一年来，共出具党风廉政审核意见回复函115件2342人次，提出否定意见22人次。二是守好作风建设“预防关”。持续发挥事前监督作用，做实党员干部教育管理基础工作，通过建立健全党员干部廉政档案管理制度、在全县范围内开展廉政风险点排查工作，全面掌握党员干部特别是党员领导干部基本信息情况、廉洁从政情况以及岗位风险评估情况，在监督检查、审查调查中发挥参谋助手作用的同时，进一步增强广大党员干部的政治意识、纪律意识和担当意识。三是抓牢工作责任“落实关”。做实做细日常监督的同时，推动专项监督向纵深发展，确保既抓小也抓大，从表象看本质，从现象剖根源，切实提高监督的针对性和实效性。一年来，围绕纪检监察监督责任落实，

深入开展“泡病号”“吃公函”“私车公养”、私设“小金库”、违规发放津补贴、援藏资金管理及公款代缴水电费、政法教育系统整顿等专项整治工作，累计监督检查20余次，发现问题16条，追缴违反中央八项规定精神违规发放、违规报销资金70万余元；监督行业部门收缴房租、水电费107万余元，督促整改问题30余条。

（五）注重教育引导，强化固本培元，推动作风源头治理创新创制

一是激扬浊清“治未病”。扎实开展警示教育和廉政文化建设，以强化事前教育提醒为主线，紧盯重大节日节点期间党员干部作风建设问题，对全县党员干部、公职人员累计发文提醒12次、编辑发送廉洁短信7000余条，组织党员领导干部前往日喀则市廉政教育基地参观学习5批150余人次，开展廉政宣讲活动5次、发放廉政宣传资料2000余份、印发六大纪律廉政教育漫画2700余册，组织党员领导干部观看警示教育片4场次240余人次，在保持追责问责、惩戒挽救力度不减的基础上,完善对“人”的教育提醒与纪律震慑配套机制，抓好“肌体治疗”的同时，同步抓好“治未病”。二是廉政谈话“筑防线”。综合运用“五话”体系，通过任前谈话重预防、个别谈话抓关键、日常谈话鸣警钟、回访谈话卸包袱、督办谈话促落实，坚持纪委监委“一把手”带头谈、班子成员分片负责联系谈，针对部门单位及个人在强化履职、干事担当、作风建设等方面存在的突出问题，适时开展廉政谈话，狠刹歪风邪气、弘扬清风正气。一年来，累计开展各类廉政谈话10余次、教育300余人。三是片区协作“聚合力”。立足推进纪检监察工作高质量发展，探索片区协作联动机制，将19个乡（镇）分为4个工作片区，由县纪委统筹带动乡（镇）纪委履行职能，全面形成县乡协同监督、协同办案、协同推进的工作格局；同时，将50余家县直单位划分纳入4个片区监督范围，形成监督合力，为进一步落实跟进监督、精准监督、全面监督提供了有力的制度保障。

（六）运用巡察成果，坚持常态长效，切实发挥巡察利剑遏制作用

一是突出常规巡察全覆盖。聚焦巡察政治定位、

政治属性，充分发挥巡察监督利剑作用，着力推动巡察实现有效覆盖和有形覆盖，及时启动了九届江孜县委第十一轮巡察，共成立5个巡察组，对10家单位进行常规巡察、8家单位进行巡察“回头看”，反馈立行立改问题151个，反馈突出问题131个，均已整改完成，移交问题线索2件，给予诫勉谈话2人，谈话提醒3人。二是探索统筹巡察新模式。创新巡察方法，充分发挥统筹联动作用，推动巡察向基层延伸和拓展，在市委和县委分级负责下，成立了市县混合交叉巡察组和十届江孜县委第一轮统筹巡察暨村（居）巡察组，覆盖了6家县直单位和4个乡镇4个村，共反馈立行立改问题25个，反馈问题102个。三是提高巡察成果转化率。充分发挥县委巡察办、巡察组的指导作用，全程跟进指导被巡察党组织落实巡察整改任务，保障巡察成果向工作成效的快速转化。截至年末，在县委巡察办指导下10家被巡察党组织已制定完成巡察整改方案，反馈问题正在整改过程中。

（七）聚焦素质提升，立根铸魂塑能，持续强化纪检监察队伍建设

一是发挥党建引领作用。创新方式方法，突出政治引领，开设了纪法学习“夜读班”，将其作为支部建设的新阵地，为党员干部“蓄能充电”；党的领导贯穿始终，把常委会会议作为党建引领的抓手，带头讲政治、抓学习，带头讲规范、抓质效，引导学习贯彻落实党中央重大决策部署，实现把方向、谋大局的目的。二是持续巩固“三转”成果。按照推进更高水平、更深层次“三转”的要求，把“三转”当成一个整体，同步抓实、抓紧、抓到位，就乡（镇）纪委“三转”不到位的问题向19个乡（镇）下发了《关于进一步深化乡（镇）纪委“三转”坚守职责定位的通知》，并要求各乡（镇）党委进一步明确主体责任，严格贯彻执行《通知》精神，全力配合落实“三转”，坚决防止乡（镇）纪委专责不专“回头转”的现象。三是配齐配强干部队伍。充分利用换届契机，秉持“好中选优、优中选强”的原则，严把基层监督力量“筛选关”，着力把政治觉悟高、业务能力强、品行作风正的干部充实到纪检监察队伍中，实现了队伍的“血液”更新、进出平衡，有效优化了纪检监察干部队伍结构。一年来，共选优配强乡（镇）纪检监察干部21人，切实提高了干部队伍的综合素质。四是聚焦能力素质提升。立足教育培训，不断鼓足能力素质提升的干劲，积极组织纪检监察干部进行脱贫攻坚与乡村振兴有效衔接重点工作专项监督培训、集中观看中纪委系列培训视频5场次，累计培训300余人次；同步制定《江孜县纪委监委跟班学习管理实施办法（试行）》，分批安排乡（镇）纪委、派出监察室干部到自治区、市、县三级跟班学习、开展专项监督、巡视巡察等70余人次，切实通过“教育培训”“以岗代训”“以案代训”等方式提高纪检监察干部的监督执纪问责、监督调查处置能力。

各位委员，同志们：以上成绩的取得，离不开市纪委监委、县委的坚强领导，离不开援藏省市的大力援助，离不开广大党员干部群众的配合支持，离不开全县纪检监察干部的不懈奋斗。在此，我谨代表第十届县纪律检查委员会常务委员会，向长期以来关心支持纪检监察工作的各级领导、各位同志，向协助配合纪检监察工作的各级各部门，向忠诚履职尽责的全体纪检监察、巡察干部，表示衷心的感谢！

党的十八大以来，全面从严治党取得了历史性、开创性成就，产生了全方位、深层次影响，反腐败斗争取得压倒性胜利并全面巩固，我们虽然取得了一定的成绩，但我们依然面临着严峻的挑战。一是少数党委（党组）管党治党意识有待加强，在落实全面从严治党主体责任方面还存在方向不明、责任不清的情形，党风廉政建设和反腐败工作开展还停留在传达文件、召开会议上，对责任怎么落实、工

作怎么推进，还缺乏具体的抓手和有力的措施；二是全县纪检监察干部履行协助职责敏感性不够、工作力度不强，主要表现在上级纪委具体监督检查任务下达后，监督跟进不及时，特别是在全面从严治党主体责任落实、巩固拓展脱贫攻坚与乡村振兴有效衔接等监督方面，还存在不会监督、不善监督的情形；三是全县问题线索查办数量较大，但优质线索较少，问题线索初核了结较多，立案审查调查较少，受理信访举报成案较多，监督检查主动发现问题较少，特别是乡（镇）纪委发现问题能力较弱，未能有效实现两级纪委监督力量的整合。对此，我们必须高度重视，认真加以解决。

江孜县2021年国民经济和社会发展计划执行情况及2022年国民经济和社会发展计划的报告（节选）

——2022年1月18日在江孜县第十四届人民代表大会第二次会议上

江孜县发展和改革委员会

各位代表：

受县人民政府委托，现将2021年国民经济和社会发展计划执行情况及2022年国民经济和社会发展计划草案报告提请县第十四届人民代表大会第二次会议审议，并请县政协各位委员和各位列席人员提出意见。

一、2021年国民经济和社会发展计划执行情况

2021年以来，坚持以习近平新时代中国特色社会主义思想为指导，全面贯彻落实党的十九大和十九届历次全会精神，全面贯彻落实习近平总书记关于西藏工作重要论述、视察西藏时的重要讲话精神和新时代党的治藏方略，贯彻落实中央第七次西藏工作座谈会、中央民族工作会议精神，立足新发展阶段，聚焦“四件大事”，不断增强“四个意识”、坚定“四个自信”、做到“两个维护”，坚持新发展理念，坚持稳中求进工作总基调，紧紧围绕“乡村振兴”战略和“名城振兴工程”建设目标，统筹推进疫情防控和经济社会发展，强化措施、真抓实干，扎实做好“六稳”工作，全面落实“六保”任务。2021年以来，我县社会大局实现持续稳定，经济运行保持在合理区间，民生改善及粮食安全得到有效保障，基本实现“十四五”时期经济社会发展良好开局。

预计2021年，实现地区生产总值29.35亿元，同比增长8.00%；农村居民人均可支配收入达到19777元，同比增长13.42%；地方财政一般公共预算收入完成4647万元，同比增长2.70%；社会消费品零售总额实现8.24亿元，同比增长10.50%。全县经济继续保持稳中有进、稳中向好的良好态势。主要体现在以下几个方面：

（一）经济运行平稳健康有序。强化经济运行调度，坚持规划引领，深入推进“十四五”规划及各类专项规划编制，认真落实中央第七次西藏工作座谈会确定的优惠政策。统筹疫情防控和经济社会发展，定期组织召开经济运行分析会议，促进经济平稳运行。强化市场保供稳价，注重对粮油、蔬菜、肉类等生活必需品市场变化的日常监测，在重要节假日期间，认真开展市场供需调查及价格监督执法活动，确保市场运行平稳。强化基本要素支持，累

计完成客运量5万人次，社会用电量712.60万千瓦时、同比增长51.2%，共建成5G基站34座，县城区域初步实现5G网络全覆盖。金融机构各项贷款余额13亿元，同比增长20.86%，其中涉农贷款10.20亿元，同比增长19.61%；小额企业贷款2.18亿元，同比增长42.48%，累计税收减免6185万元。各类市场主体达6656户，同比增长17.50%。

（二）乡村振兴战略全面推进。完成乡村振兴战略实施方案、防返贫致贫动态监测和帮扶机制实施方案，为实施乡村振兴战略制定时间表、绘制路线图，建立健全易返贫致贫人口快速发现和响应机制，分层分类及时纳入帮扶政策范围，实行动态清零。2021年安排乡村振兴补助资金2.05亿元，推进5大类36个项目实施，其中统筹安排生态岗位6756个、兑现资金2343.77万元。完成扶贫产业项目固定资产登记40565.88万元，助力完成消费扶贫3016.19万元。

（三）产业新旧动能接续转换。农牧业生产有序推进，粮油作物面积12.82万亩、产量1.33亿斤，其中青稞面积11.10万亩、产量1.16亿斤，机耕、机播两项作业率分别达到80%、76%以上，粮食生产总体安全。牲畜存栏32.25万头（只、匹），新生仔畜11.49万头（只、匹），仔畜成活率84.96%。牲畜出栏12.72万头（只、匹），肉产量0.31万吨，奶产量1.84万吨。新型经营主体持续发展，县域农业产业化龙头企业达到13家，其中市级以上龙头企业6家，县级龙头企业7家。农牧民专业合作社发展到667家，其中国家级示范社1家，自治区级示范社7家，市级示范社5家。西藏桑旦岗青稞酒业有限责任公司实现收入2154万元，带动就业49人创收323万元，江孜青稞酒占西藏市场份额达80%。沙棘苗圃完成出圃400万株，实现收入1428.16万元,采取“基地+支部+农户”模式，辐射周边21个行政村，带动就业250人创收350万元。清洁能源产业不断壮大，华润新能源光伏发电（江孜）有限公司稳定实现主营业务收入2000万元以上，完成规上企业申报市级审核，全年总装机容量达2万千瓦，实现并网发电3202.32万千瓦时、同比增长5.65%。服务业进一步回暖复苏，共接待游客56.47万人次、同比增长7.30%，实现综合收入1.01亿元。县乡村三级初步实现电商服务全覆盖，县物流仓储中心四通一达快递总收发量33.10万件，邮政业务量完成35.70万件、同比增长8.00%。

（四）项目工作推进接续有力。共6次组团赴自治区对接争取项目，成功争取中央预算内资金2.51亿元。预计2021年完成全社会固定资产投资16.30亿元、同比增长10.30%，招商引资到位资金2.77亿元，实施援藏项目15个总投资1.2亿元。第三幼儿园、第一小学改扩建、人民医院改扩建及医用高压氧舱、核酸检测实验室、卡若拉景区建设、高标准农田、赤门水库、加日郊老街棚户区、玉雄路、幸福排洪沟改造、5个乡镇垃圾转运站、县城污水处理厂、“雪亮工程”、县城区域老旧电表改造等一大批公共服务及基础设施建设项目圆满完成。新区市政道路、宇拓片区棚户区、龙马节水灌区、卡麦沟防洪堤、县卫生服务中心、重孜乡中心卫生院、8所小学风雨操场及改扩建等重点项目有序实施。

（五）民生福祉实现长足发展。教育事业再创佳绩，共有各级各类学校75所，各项成绩均位于全市前列。高考上线率98.07%，内地西藏高中班上线率9.98%、初中班录取49人。学前三年毛入园率达96.67%，小学毛入学率100%，初中毛入学率102.09%，义务教育阶段巩固率100%。落实“三包”及营养改善经费6018.33万元。医疗卫生服务普惠民生，共有公立医疗机构175个，县域综合医改中心医院挂牌成立，藏医院有效运转，县乡医疗机构基本实现藏医药服务全覆盖。孕产妇住院分娩率达100%，孕产妇死亡率控制在113.6/10万，婴幼儿死亡率控制在9.09/1000，五岁以下儿童死亡率控制在20.5/1000。社会保障力度日益增强，累计完成社保卡信息采集65374人，基本养老保险、医疗保险参保率均达97%以上。农村低保标准提高到5060元/（人·年），城镇低保标准提高到910元/（人·月），农村、城镇特困供养标准分别提高到7590元/（人·年）、14196元/（人·年），兑现农村城镇低保金342.04万元、特困供养金133.45万元，落实临时救助159万元、残疾两项补贴452.39万元。落实退役军人自主就业一次性退役金和家属优待金107万元，重点优抚对象抚恤金84.44万元。县慈善协会成立并成功募集善款1001.18万元。就业保障工作扎实推进，开展农牧民职业技能培训2278人、就业率达85%以上，实现转移就业24066人、创收3.9亿元，组织化输出15795人，区外转移就业185人。应届高校毕业生634人、就业率99.5%，兑现高校毕业生创业资金181.03万元。解决退役军人就业12人，创业4人。基层文化事业更加繁荣，艺术团对155支行政村文艺演出队、2466名演职人员开展文艺指导，开展“文艺下乡”“戏曲进乡村”活动112场次，乡镇综合文化站开展活动89场次，累计惠及群众4万余人次。艺术团新创文艺节目13个，村级文艺演出队创编新节目151个，其中《幸福不忘感党恩》在全区“庆祝中国共产党成立100周年和西藏和平解放70周年”大型文艺节目中获得曲艺比赛第一人。

（六）美丽江孜建设成效显著。垃圾填埋场及垃圾转运站覆盖13个乡镇，县城污水处理厂落地建成。累计申报生态文明建设示范乡（镇）5个、村（居）93个，完成6207户农村改厕任务。全年巡河5740人次，实施24个农村安全饮用水水源点保护工程、水源点保护覆盖率达到56.13%。完成绿化面积7108.5亩，完成海拔4300米以下“四旁”植树20万株、兑现补助资金725万元。对“三高”企业做到了零审批、零引进，有效巩固污染防治攻坚战阶段成果，空气质量达到II级标准以上，集中式饮用水源地水质达标率100%，重要河流水质环境质量指标、土壤监测指标达到国家标准。

（七）改革开放增添发展活力。“互联网+政务服务”网络全覆盖，便民服务大厅开设16个便民窗口，可办事项69个，受理业务28174件、办结率达到99.7%，网上办件76183件，电子证照签发13787张。推进农村集体产权制度改革，152个农村集体经济组织确定成员12669户64358人，资产量化6385.88万元，发放宅基地确权证8679本。江浦两地全方位、宽领域、多层次的合作交流不断深入，“组团式”教育医疗人才援藏成效显著，人才交流交往2498人次，5家浦东企业与5家江孜青创企业确立对口帮扶关系。

（八）疫情防控成果持续巩固。坚持疫情防控“一盘棋”思想，进一步细化工作方案预案，强化资金、人员、物资力量保障，最大限度保护人民群众生命安全和身体健康。严格落实“外防输入、内防反弹”总体要求，紧盯区内外疫情形势变化，紧盯疫情防控重点环节、重点场所。自筹469.83万元建设核酸检测实验室1座，全力做好东郊一级检查站人员进出排查，加大核酸检测力度，推进疫苗接种，共完成核酸检测2.86万份，疫苗接种13.18万剂次，派出124名医务人员赴亚东县等4个边境县开展疫情防控支援工作，圆满完成县级疫情防控演练。

关于江孜县2021年预算执行情况和2022年预算草案的报告（节选）

——2022年1月17日在江孜县第十四届人民代表大会第二次会议上

江孜县财政局

各位代表：

受江孜县人民政府委托，现将江孜县2021年预算执行情况和2022年预算草案提请江孜县第十四届人民代表大会第二次审议，并请县政协委员和列席人员提出意见。

一、2021年预算执行情况

2021年是中国共产党成立100周年、西藏和平解放70周年，县财政部门在习近平新时代中国特色社会主义思想的指引和县委、县人民政府的正确领导下，在县人大及其常委会的依法监督和县政协民主监督下，聚焦县委"名城振兴工程"总体工作思路，统筹疫情防控和经济社会发展，坚持稳中求进工作总基调，严格执行人大审查批准的预算，巩固拓展脱贫攻坚成果，迈上现代化新征程，实现"十四五"良好开局，预算执行总体平稳。

（一）2021年预算执行情况

1. 一般公共预算。全县一般公共预算收入总量189734万元，同比上年下降1.42%，其中：县本级一般公共预算收入4647万元，同比上年增长2.65%，但县级收入离预期目标有较大差距，减税缴费和增值税留抵退税政策影响较大。从具体收入构成来看，县本级税收收入2387万元，同比减收302万元，下降11.23%；县本级非税收入2260万元，同比422万元，增长22.96%，主要为新增残疾人就业保障金收入；上级转移支付补助收入181810万元，与上年基本持平；从政府性基金预算中调入949万元；从国有资本经营预算中调入1万元；动用预算稳定调节基金201万元；政府再融资一般债券转贷收入2126万元。

一般公共预算支出总量189734万元，与去年基本持平。其中：公共预算支出133759万元，债务还本付息2456万元，上解支出375万元，安排预算稳定调节基金2399万元，结转下年50745万元。

2. 政府性基金预算。政府性基金预算收入总量2990万元，完成年初预算的114.88%。其中，县级收入2008万元，下降29.12%，主要是国有土地使用权有偿出让收入减少；上级政府性基金预算补助收入679万元，同比下降91.48%，主要是上级停止发行抗疫特别国债机动资金，上年结转303万元。全县政府性基金预算支出总量2008万元，其中：基金支出1193万元，调出政府性基金949万元，结转下年 848 万元。

3. 国有资本经营预算。全县国有资本经营预算收入总量 1 万元，同比上年增长 100%，为上级补助收入。支出方向为调入公共预算 1 万元。

4. 预算执行需要说明的事项

一是相比往年，一般公共预算和政府性基金预算结转规模较大。根据《国务院关于进一步深化预算管理制度改革的意见》（国发〔2021〕5 号）规定，为增强预算编制统筹能力，从 2021 年起县级财政国库集中支付结余不再按权责发生制列支，以当年实际发生的拨款数反映支出，未形成实际支出的资金全部结转下年。二是上述预算执行情况待上级财政批复决算后会有所变化，届时将依法向人大报告相关事项。

（二）地方政府债券使用情况

全县地方债券总量 15684.4 万元，具体为：一是易地搬迁项目转贷债务 4949.15 万元（2019 年转贷），其中 2021 年到期 2125.77 万元，已还本付息；2022 年到期 2823.38 万元，预算中已安排；二是农村公路一般债券 5073.49 万元（2020 年转贷），其中 1287.42 万元为 10 年期，3786.07 万元为 15 年期；三是抗疫特别国债资金 7787.55 万元（群众文化体育中心项目 5000 万元、核酸检测实验室二次装修 150 万元、人民医院设施设备采购 1191.6 万元、垃圾转运站建设项目 144.95 万元），债券期限为 10 年免息，从第六年开始还本，2026 年开始至 2030 年每年需还款 1557.39 万元。

（三）落实人大决议及财政重点工作开展情况

2021 年，财政部门紧紧围绕县委、县政府的中心工作，坚持服务大局出发，通过积极向上争取资金、调整支出结构、盘活存量资金、加快资金调度、加强资金监管力度等措施，重点保障了全县“三保”支出，严格落实重大政策的资金需求，兼顾稳增长和防风险需要，提质增效，实施积极的财政政策、加强财政资源统筹，以更大力度调整优化支出结构，不断提高财政管理水平，促进财政可持续发展。

1. 支持社会大局和谐稳定。加大对反分裂斗争和维护稳定工作投入力度；健全政法资金分配机制，统筹支持政法部门业务办案、司法救助、法律援助、人才培养等，提升政法机关履职能力；完善公安机关公用经费保障标准；提高普法经费标准；稳步推进法检两院财物统管；开展寺庙财税改革，监管覆盖率达到 30%，重点寺庙实现全覆盖；做好建党 100 周年、西藏和平解放 70 周年庆祝活动经费保障。

2. 支持乡村振兴。严格落实“四个不摘”要求，统筹整合用于衔接乡村振兴资金 20510.53 万元，支持优势特色产业发展、小型基础设施建设、乡村振兴示范村建设等，推动巩固拓展脱贫攻坚成果同乡村振兴有效衔接。安排巩固脱贫攻坚生态保护岗位 6621 个，年人均劳动报酬 3500 元。助力提升农业发展质量，支持农村集体经济发展、高标准农田建设和美丽乡村建设，推进农村厕所革命等。

3. 支持筑牢生态安全屏障。不断健全完善与生态文明建设任务相适应的投入保障机制，守好生态安全底线。落实资金 2291.43 万元，推进海拔 4300 米以下“四旁”植树行动、重点区域造林、森林资源管护。落实资金 562 万元，全面实施草原生态保护补助奖励机制。兑现森林资源管护资金 328 万元，大力推进全县生态文明建设，以实际行动践行“绿水青山就是金山银山”发展理念，落实重点生态功能区转移支付资金 1000 万元，重点用于保护生态环境和改善民生，支持城乡环境卫生、水污染防治和水生态环境保护、土壤环境风险管控和综合防治等，打好蓝天、碧水、净土保卫战。支持地质灾害防治体系建设和自然灾害风险普查。

4. 支持农牧民稳步增收。落实资金 130 万元，加大农作物良种推广补贴力度，提高农民种粮积极性，促进农牧业稳产增收。落实资金 1537 万元，加快农牧业政策性涉农保险，提高我县农牧民群众抵御各种自然的能力，加快农牧业生产发展。

5. 支持改善和保障民生。支持就业和社会保障。落实资金 998 万元，用于支出公益性岗位 302 名人员的工资支出；落实城镇低保资金 178.95 万元和农村低保资金 250.47 万元，保障城乡困难群众基本生活，同时在“三大节日”期间，为困难职工、驻村工作队、城乡低保对象、优抚对象、特困群众等发放了 36.97 万元慰问金；落实资金 167.58 万元，用于特困群众集中供养人员补助，各种社会保障体系和救助制度不断得到完善和健全。支持教育事业优先发展。投入资金 44900 万元，大力保障教育事业的优先发展，大大改善了薄弱学校义务教育基础。县本级财政投入教育发展达 1131.75 万元，大力支持教育事业优先发展。全面实行了学前至高中阶段教育农牧民子女补助、“三包”和城镇困难家庭子女助学金政策。学前“三包”年生均二、三类分别达到 3600 元、3700 元；小学及初中“三包”年生均二、三类分别达到 4100 元、4200 元；随班就读生及送教上门年生均 6000 元，春季学期惠及 12762 名学生，占在校生总人数的 94.09%，秋季学期惠及 13068 名学生，占在校生总人数的 93.45%，为教育事业蓬勃发展提供有力资金保障。支持医疗卫生事业发展。落实医疗卫生机构国家基本药物制度补贴资金 395.05 万元，有效解决了群众看病难的问题。支持文化事业发展。投入资金 150 万元支持民间艺术团工作开展，发放“四个一点”补助资金 127 万元，支持电影放映场次补助 33.31 万元，投入资金 108 万元，用于免费开放县（乡）公共文化活动站，为群众业余文化生活提供有力资金保障。

6. 持续提升财政管理水平。创新开展“2+1”财政综合改革。统筹推进绩效预算、零基预算和预算管理一体化建设深度融合的“2+1”财政综合改革，用绩效的手段和零基预算的理念，完善能增能减、有保有压的预算分配机制，打破基数概念和支出固化格局。持续深化财税体制改革。我县结合实际做好财政收支预算管理，支持落实减税降费政策，努力开源节流，科学安排预算，将减税降费与财政收支平衡通盘考虑、统筹协调，通过落实各项税收优惠政策减免税金 6185 万元，其中：落实减税降费政策金额 963 万元。坚决兜牢“三保”底线，坚持政府过紧日子。坚持勤俭节约办一切事业，深入挖掘节支潜力。收回存量资金 6596.34 万元，节省资金全部用于重点民生领域。自觉接受各方监督。依法接受人大预算审查监督，落实人大及其常委会有关预算决议，抓紧抓实审计查出问题整改。依法做好预算调整。向人大常委会报告国有资产管理和绩效管理情况，及时公开预决算。积极回应人大代表关切。

过去一年，财政发展改革各项工作取得积极进展，为推进我县长治久安和高质量发展提供了有力保障。成绩的取得，根本在于以习近平同志为核心的党中央的坚强领导，根本在于习近平新时代中国特色社会主义思想和习近平总书记关于西藏工作的重要论述及新时代党的治藏方略的科学指引，离不开县委、县政府的正确领导，离不开人大、政协及代表委员们的监督指导，也离不开各单位、上海浦东援藏的大力支持，凝结着全县各族干部群众的智慧和心血。

在看到成绩的同时，我们也清醒地认识到，财政工作面临的形势及任务依然十分艰巨。主要问题是：一是财政收入来源单一，收入规模小，重点和刚性项目支出需求增速较快，财政收支矛盾突出。二是财政资金绩效管理和预算执行进度有待于进一步提高，项目实施单位绩效主体意识不强，部分项目前期工作不实、预算执行进度缓慢，绩效目标设立与实际执行有较大差距，资金拨付进度达不到预算执行进度要求。三是面对减税降费政策带来的税收影响，应对办法不多，主动化解风险能力弱，我们将高度重视这些问题，采取有力措施，认真加以解决。

名词解释

一、一般公共预算。是对以税收为主体的财政收入，安排用于保障和改善民生、推动经济社会发展、维护国家安全、维持国家机构正常运转等方面的收支预算。

二、政府性基金预算。是对依照法律、行政法规的规定在一定期限内向特定对象征收、收取或者以其他方式筹集的资金，专项用于特定公共事业发展的收支预算。政府性基金预算应当根据基金项目收入情况和实际支出需要，按基金项目编制，做到以收定支。

三、国有资本经营预算。是对国有资本收益作出支出安排的收支预算。国有资本经营预算应当按照收支平衡的原则编制，不列赤字，并安排资金调入一般公共预算。

四、调入资金。指地方政府为平衡年度预算而按规定从财政专户管理资金以及其他渠道调入的资金。

五、上解支出。指由于政府事权变动等原因而由下级政府解缴上级政府的支出，属于政府预算资金的内部划分，如工商、地税、质量监督等部门垂直管理后的经费上划等。

六、非税收入。文中的非税收入特指一般公共预算收入中除税收以外的其他各项收入，包括：专项收入、行政性事业性收费收入、罚没收入、国有资本经营收入、国有资源（资产）有偿使用收入、其他收入等。

七、转移支付。指以各级政府之间以及辖区之间所存在的财政能力差异为基础，以实现公共服务均等化为主旨而实行的一种财政资金或财政平衡制度。目的是实现社会公平，即上级政府利用转移支付制度的调节，使辖区内和辖区间的公共服务和财政能力趋于均等。

八、地方政府债券。指经国务院批准同意，以省、自治区、直辖市和计划单列市政府为发行和偿还主体发行的地方政府债券。

九、部门预算。通俗地说就是一个部门一本预算。它是由政府各部门依据国家有关政策的规定及其行使职能的需要，由基层预算单位编制，逐级上报、审核、汇总，经财政部门审核后提交人大批准的涵盖部门各项收支的综合财政计划。

十、零基预算。指在编制部门预算时，根据各部门履行的职责、发展目标和人员配备等客观因素来确定资金使用额度，而不以基数作为预算分配的主要依据，一切从“零”开始。

十一、绩效预算。指在编制部门预算时，根据成本—效益比较的原则，决定支出项目是否必要及其金额大小的预算形式。具体说，就是有关部门先制定所要从事事业的计划，再依据政府职能和施政计划选定执行实施方案，提出所需成本及应达到的绩效，通过综合测算，从而确定实施方案所需的支出费用所编制的预算。

十二、财政绩效评价。财政绩效是指采用成本会计观念，实施于政务成本分析的管理方式。财政绩效评价是指运用科学、规范的评价方法，对照统一的评价标准，按照绩效的内在原则，对财政支出行为过程及其效果（包括经济绩效、政治绩效和社会绩效）进行科学、客观、公正的衡量比较和综合评判。

十三、减税降费。具体包括“税收减免”和“取消或停征行政事业性收费”两部分，2016 年以来，国家出台个人所得税改革、小微企业普惠性税收减免、深化增值税改革和降低社会保险费率等相应政策，是一项惠企利民政策。

江孜县人民检察院工作报告（节选）

——2022年1月18日在江孜县第十四届人民代表大会第二次会议上

江孜县人民检察院检察长　余　杰

各位代表：

现在，我代表江孜人民检察院向大会报告工作，请予审议，并请政协委员和列席会议的同志提出意见。

2021年工作回顾

一年来，江孜县检察院在县委和市检察院的坚强领导下，在县人大及其常委会的有力监督下，坚持以习近平新时代中国特色社会主义思想为指导，认真学习贯彻落实党的十九大和十九届二中、三中、四中、五中、六中全会精神和中央第七次西藏工作座谈会精神，深入学习贯彻习近平总书记关于西藏工作的重要论述和新时代党的治藏方略，认真贯彻习近平法治思想和习近平总书记“七一”重要讲话及视察西藏时的重要讲话精神，增强“四个意识”、坚定“四个自信”、做到“两个维护”，以高度的政治自觉、法治自觉、检察自觉担当作为，以能动司法检察理念开启检察新征程，各项工作取得新进展。一年来，共办理各类案件76件，其中刑事检察43件，民事检察10件，行政检察2件，公益诉讼检察21件。

一、强化责任担当，着力服务保障大局

增强服务意识，强化保障措施，持续以高质量检察工作服务县域经济社会高质量发展，实现检察履职与服务大局有机融合。

（一）坚决维护国家安全和社会稳定。坚持总体国家安全观，切实担负起打击犯罪、维护稳定的政治责任。扎实落实各项维稳措施。始终保持对故意伤害等暴力犯罪的严打高压态势，办理案件9件11人（正在办理1件1人）。惩治盗窃等多发性侵财犯罪，办理案件16件23人。惩治危险驾驶、交通肇事等危害公共安全犯罪，办理案件15件15人。

（二）常态化开展扫黑除恶斗争。坚持把扫黑除恶专项斗争作为重大政治任务，常效长治。结合政法队伍教育整顿，摸排倒查扫黑除恶“九类个案”4件，持续落实签字“背书”要求。贯彻落实“四大行业”“十大领域”整治推进会精神，深入各乡镇开展扫黑除恶系列宣传活动和防范电信网络诈骗法治宣传，人民群众的获得感、幸福感、安全感进一步增强。

（三）不断营造良好法治营商环境。牢固树立大局意识，更新服务理念，创新法治举措。持续落实服务和保障企业各项措施，最大限度发挥检察促发展、保民生的司法功能。积极搭建与市场主体“零

距离”交流平台，深入企业开展法治宣讲5次。围绕医疗废弃物处理、防疫物品销售、粮油蔬菜等基本生活供给，联合县市场监督管理局、县发展改革委等部门开展监督2次，确保市场经营有序有力。

（四）主动融入地方社会治理体系建设。立足职能强化诉源治理，规范完善12309检察服务平台，打通服务群众“最后一公里”。受理并妥善办理群众来信来访13件，认真落实来信来访“7日内程序回复，3个月内办理过程或结果答复”的要求。联合县信访局深入各乡镇开展信访线索摸排2次。强化法治引领，积极延伸检察职能，严格“谁执法谁普法”责任制，聚焦妇女儿童等弱势群体权益保护，围绕“开学季”校园安全、防诈反诈、禁毒、反家暴等社会热点问题开展法治宣传44场次，受教育人数4500余人次，发放宣传资料2500余份，共筑社会法治根基。持续助力乡村振兴战略实施，依法办理诈骗案件3件5人。坚持“应救尽救”，防止因案致贫、因案返贫，召开公开听证会并落实司法救助金35000元，实现该领域“零”的突破，充分体现司法“温度”。

二、聚焦主责主业，着力守护公平正义

牢牢把握新时代检察机关宪法定位，严格落实《中共中央关于加强新时代检察机关法律监督工作的意见》，加大监督力度，提升监督质效，推动“四大检察”全面协调充分发展。

（一）持续做优刑事检察。严厉打击各类刑事犯罪，依法批准逮捕13人，提起公诉28人。办理新型犯罪案件2件（分别为传授犯罪方法罪和职务侵占罪）。提前介入重大案件5件，积极引导侦查取证。贯彻落实“少捕慎诉慎押”司法理念，对不构成犯罪或涉嫌犯罪但无社会危害性、犯罪情节显著轻微、悔罪态度好的不批准逮捕3人，不起诉8人。坚持“以公开促公正、以公正赢公信”，落实“应听尽听”要求，依法公开听证5次。充分履行检察机关在刑事诉讼认罪认罚从宽制度中的主导责任，办理认罪认罚案件30人，其中提起公诉23人，提出并被审判机关采纳量刑建议率达100%；适用速裁程序15件，占比63.64%，有效节约了司法资源。积极构建以“案-件比”为核心的业务指标体系，发挥“风向标”“指挥棒”功能，将退回补充侦查权限收归分管副检察长审核把关，有效减少程序空转、提升司法效率，全年“案件-比”优化为1∶1.16。加强立案监督，监督应当立案而不立案1件，纠正漏罪1人并被作出有罪判决；发出纠正违法通知书及检察建议各1件。加强刑事审判监督，提出抗诉1件，受邀列席同级法院审委会1次。加强刑事执行监督，依申请开展羁押必要性审查，办理社区矫正监督17人，积极监督入矫和解矫工作；规范被剥夺政治权利人员的专项监督5人。结合政法队伍教育整顿，对1990年以来的暂予监外执行715人开展摸排清理工作；开展判处实刑未交付执行监督21件23人，建立“一人一档”；监督落实判处财产刑执行案件39件51人，罚金35.6万元。

（二）不断做强民事行政检察。坚持监督与支持并重，不断破除“重刑轻民”思想，扎实推进民事行政检察工作创新发展。开展民事执行终本案件专项监督，依法调取2018年至2020年民事终结本次执行案件相关卷宗共9件，就共性问题和个性问题合并制发检察建议1件，已被全部采纳并整改。向市人大常委会专题汇报民事检察工作。开展虚假诉讼监督专项行动，依托市县两级院“一体化”办案机制，加大线索摸排力度。对2021年以来办理的部分交通违法行为处罚案件进行审查，就程序问题和执法不规范问题制发检察建议1件。

（三）积极做好公益诉讼检察。践行“双赢多赢共赢”司法理念，受理公益诉讼案件线索并立案21件，制发诉前检察建议12件。积极建立公益诉讼检察协作配合机制，同县纪委监委建立《关于建

立公益诉讼案件线索移送反馈协作机制的办法》，持续把检察建议做到刚性、做成刚性。向同级人大常委会汇报公益诉讼检察工作2次，最大程度争取支持。探索完善行政机关支持配合公益诉讼检察的具体举措，联合县市场监督管理局开展“校园周边食品安全”专项行动，深入辖区62所学校及周边124家餐饮服务单位、小卖部等开展专项监督检查60余次；对县城内21家餐馆、超市等开展食品安全专项检查，提出书面检察建议1件，促使一批安全隐患问题在诉前得到有效解决，充分保障群众“舌尖上”的安全。持续落实高检院“四号检察建议”，对县城内干道窨井盖缺失、残缺情况开展调查，督促相关单位更换井盖134个，有力保障群众“脚底下”的安全。助推实施“名城振兴工程”，就县烈士陵园存在的问题，召开公开听证会并制发检察建议，推动整改落实。助力县域污水排放整治，督促相关部门对1578米水渠清淤1350吨。主动参与乡村人居环境整治，深入7个乡镇开展监督，制发检察建议8件，助力打造美丽宜居乡村。紧盯安全生产、公民信息保护等领域，深入开展安全生产法专项宣传2次。开展“遏制农村乱占耕地建房”专项行动，摸排转办线索2件。聚焦生态环境保护，协调推行“河（湖）长＋检察长＋警长”机制，在守护“碧水、蓝天、净土”中体现“检察蓝”的坚守。

（四）护航未成年人健康成长。联合8个行政部门召开联席会议并制定《关于建立侵害未成年人案件强制报告制度的联席机制》，凝聚未成年人保护合力，协同推动强制报告落实落细。推动落实教职员工入职前违法犯罪记录查询制度，对全县1587名教职员工开展专项清查，针对发现的问题，持续跟进，守护校园“净土”。充分发挥法治副校长作用，开展以新修订的“两法”“检爱同行、共护未来”“反家庭暴力、维护妇女儿童权益”等为主题的法治宣讲，实现“法治进校园”全覆盖。

（五）践行能动司法检察理念。一年来，江孜县刑事案件总量上升，重罪案件有所抬头，轻罪案件呈上升趋势，侵财犯罪位列刑事犯罪案件首位。为此，县检察院牵头召开公检法司联席会议，进一步统一办案标准，积极做好司法应对。完善案件质量评查工作，细化案件质量评查标准，采取自评、互评及交叉评查的方式，对近三年办理的各类案件开展评查。以落实司法责任制、提升司法能力为目标，制定《江孜县检察院检察官联席会议制度工作办法》，专门成立刑事检察、民事行政公益诉讼检察二个检察官联席会，充分发挥检委会、检察官联席会议的“会诊室”“思想库”“学习角”功能，打造业务交流平台。建立定期业务数据研判会商机制，多角度多维度分析检察业务态势，深化业务数据纵横分析对比，查找差距、补齐短板，促进检察业务全面协调充分发展。严格落实入额院领导带头办案机制，办案14件，占案件总数的32.56%。

三、坚持固本培元，着力锻造过硬检察队伍

落实全面从严治党、从严治检责任，抓党建带队建，强化检察工作创新发展的履职保障。

（一）突出抓好思想政治建设。以政治建设为统领，持续推动“党建＋检察”工作模式的深度融合，规范和提升市级党建示范点质效，被评为“日喀则市先进基层党组织”。学深悟透习近平法治思想，贯彻落实《中国共产党政法工作条例》，全面加强检察意识形态工作，始终把党的领导落实到检察工作各环节，不断提高政治判断力、政治领悟力、政治执行力。认真执行重大事项请示报告制度，主动向党委、政法委及上级院党组请示报告重大事项。

（二）突出抓好队伍教育整顿。始终把队伍教育整顿与党史学习教育、“三更”专题教育统筹融合，绘制“推进图”、排出“时间表”，推动教育整顿走深走实。强化学习教育，筑牢政治忠诚。开展各类学习教育60余次、研讨会12次，在严格遵

守政治纪律和政治规矩上凝心聚力，在服务中心和保障大局上知重负重。深入自查自纠，通过思想发动、对标检视，填报并办结“六大”顽瘴痼疾 12 件。落实“自查从宽、被查从严”政策，运用“第一种形态”处理 7 人。统筹推进“七查”工作，自查重点案件 48 件、异地交叉评查重点案件 46 件，确保执法司法领域顽瘴痼疾整治无死角。把“我为群众办实事”活动贯穿始终，以 12309 检察服务中心为平台，推出便民利民举措，开展办实事活动 21 项。突出长效常治，制定《江孜县人民检察院检察服务中心为民便民利民工作办法》等机制 6 项。荣获市级“最美政法干警”1 人、全国先进普法工作者提名人选 1 人。

（三）突出抓好素质能力建设。紧紧抓住“关键少数”，加强党组自身建设，持续落实严的工作主基调。坚持民主集中制，抓大事、议大事，提升“三重一大”事项决策科学化水平；规范和完善党组会议、党组理论学习中心组会议。突出政治标准，树牢讲担当、重实干的选人用人导向，推荐党组成员 2 人，遴选检察官 3 人，职务职级晋升 1 人。按照区党委编办的统一要求，推进落实内设机构改革，实现机构整合、职能优化，开展干警轮岗交流 5 人。着力提升检察干警素能，以“一体化”办案机制为抓手，选派 3 名干警跟班办理大要案。用实用好“检答网”、检察教育云课堂等学习平台，参加培训 300 余人次。

（四）突出抓好纪律作风建设。围绕检察权运行的各环节，建立重点人员、重点岗位廉政风险点及防控责任清单。认真贯彻执行中央八项规定及其实施细则精神，常态化开展警示教育活动，抓住落实“三个规定”不放松，填报 8 件，严格防范办理人情案、关系案、金钱案。持续抓好中央第十四督导组、最高检党组第三巡视组及县委第十一轮巡察反馈意见的整改落实工作。

（五）突出抓好基础保障建设。深化科技强检，

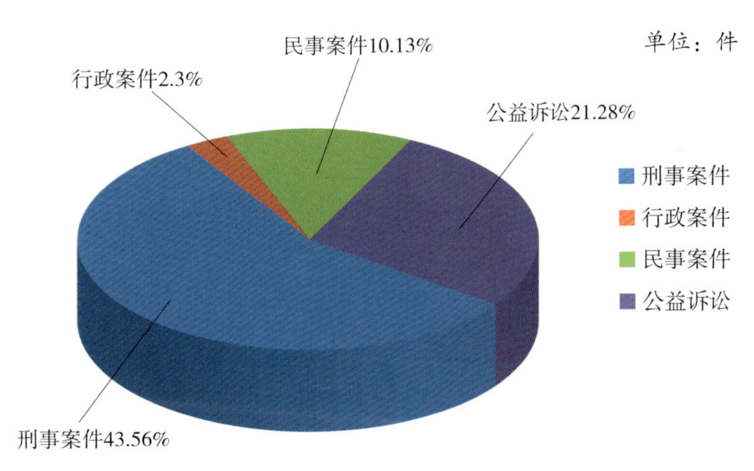

2021年江孜县人民检察院“四大检察”结构图

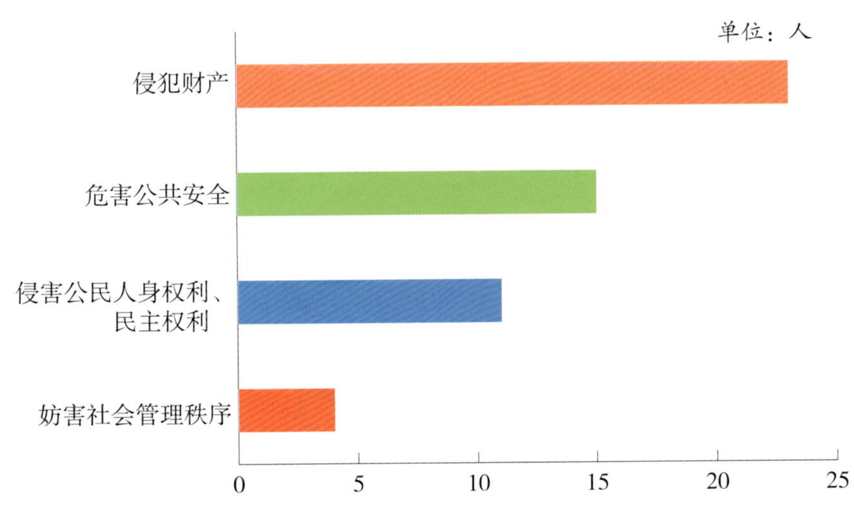

2021年江孜县人民检察院刑事案件分布图

加强 2.0 版检察工作网、检察工作局域网、听证室等项目建设，投入资金 60 余万元。协调落实公益诉讼检察勘查车 1 辆 60 万元。夯实检务保障基础，将供暖供氧、暖心爱警、智慧检察建设等项目统筹纳入“十四五”规划。严格规范独立财务管理。

各位代表：一年来，江孜县检察院自觉践行初心使命，主动担当作为，各项检察工作稳步向前，其根本在于习近平法治思想和新时代党的治藏方略的科学指引，主要在于县委和上级院的坚强领导，也是人大及其常委会有力监督、政府大力支持、政协民主监督、社会各界关心帮助的结果。在此，我代表江孜县人民检察院表示衷心的感谢！

对标新时代新要求，我们也清醒地认识到当前工作中还存在一些短板弱项。一是学思悟透习近平法治思想还有差距，检察理念还需更新转变，工作措施还需提质增效。二是聚焦主责主业，服务保障经济社会发展大局的检察监督新路径仍需加强。三是“四大检察”全面协调充分发展的基础还比较薄弱，法律监督质效不够明显。四是检察队伍综合素质还不能完全适应新时代新需求，能力提升、人才储备任重道远。问题让人警醒、责任倒逼担当，我们将下大力气破解难题，迎难而上。

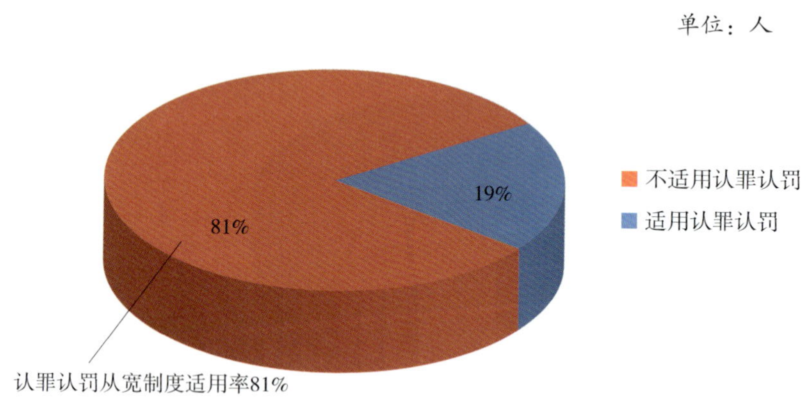

2021年江孜县人民检察院认罪认罚从宽制度适用率

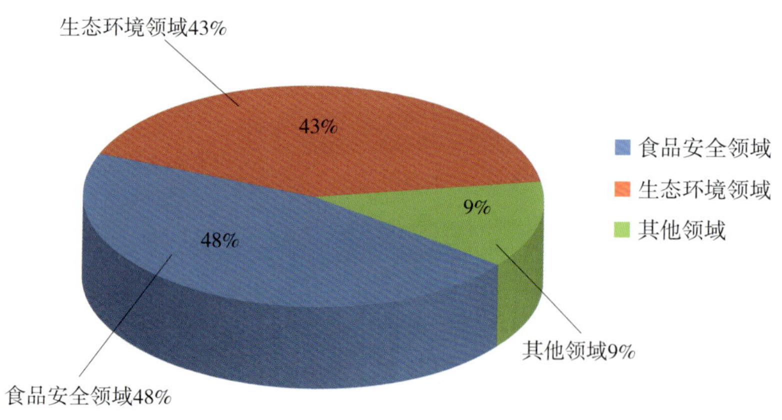

2021年江孜县人民检察院公益诉讼线索分布图

名词解释

一、涉黑涉恶“九类个案”：是指强迫交易罪、组织强迫卖淫罪、开设赌场罪、寻衅滋事罪、敲诈勒索罪、故意伤害罪、非法拘禁罪、聚众斗殴罪、故意毁坏财物罪。

二、诉源治理：是指诉讼的源头治理，是通过多种治理手段，预防、化解潜在纠纷和已经出现的纠纷，有效减少进入诉讼的案件，或有效分流诉讼中的案件，最大限度消减社会对立情绪，彻底息诉罢访，增进社会和谐。

三、七日内程序性回复、三个月内办理过程或结果答复：“群众来信件件有回复”制度中提出了两个硬要求，即“群众来信七日内程序性回复、三个月内实体性答复”。七日内程序性回复，主要是说明信件已经收到，移送哪个单位或部门办理，是否符合受理条件等程序性内容，由直接接收单位（上级院交转的信件上级院已回复）的控告申诉检察部门负责；三个月内办理过程或结果答复，答复内容为案件办理结果或进展情况，由案件承办单位的承办部门负责，并将答复情况通报控告申诉检察部门。

四、认罪认罚从宽制度：是指《中华人民共和国刑事诉讼法》第十五条规定的，犯罪嫌疑人、被告人自愿如实供述自己的罪行，承认指控的犯罪事实，愿意接受处罚的，可以依法从宽处理。

五、少捕慎诉慎押：这是检察机关贯彻宽严相济刑事政策遵循的刑事工作理念。“少捕”是指正确处理逮捕的证据条件、刑罚条件和社会危险性条件三者的关系，加大对逮捕必要性的审查力度，做到可捕可不捕的坚决不捕；“慎诉”是指坚持打击与保护并重，切实发挥不起诉在诉讼中的过滤和救济作用，结合认罪认罚从宽制度的适用，对罪行较轻案件能不诉的不诉、能不判实刑的提出适用缓刑建议，最大限度化解社会矛盾；“慎押”是指对已经逮捕的案件，加大捕后羁押必要性审查力度，对犯罪情节较轻、社会危险性较小，采取其他强制措施能保障诉讼正常进行的，及时建议变更为非羁押强制措施。

六、侵害未成年人案件强制报告制度：2020年5月，最高检、国家监委、教育部等九部门联合发布了《关于建立侵害未成年人案件强制报告制度的意见（试行）》。该《意见》规定，国家机关、法律法规授权行使公权力的各类组织及法律规定的公职人员，学校、校外培训机构、儿童福利机构、社会组织、旅店等密切接触未成年人行业的各类组织及其从业人员，在工作中发现未成年人被性侵、被虐待、被拐卖等遭受或者疑似遭受不法侵害以及面临不法侵害危险的，应当立即向公安机关报案或举报。

七、教职员工入职前违法犯罪记录查询制度：2020年8月，最高检、教育部、公安部联合印发《关于建立教职员工准入查询性侵违法犯罪信息制度的意见》。该《意见》规定，学校新招录教师、行政人员、勤杂人员、安保人员等在校园内工作的教职员工，在入职前应当进行性侵违法犯罪信息查询；在认定教师资格前，教师资格认定机构应当对申请人员进行性侵违法犯罪信息查询。

八、司法救助：是指检察机关在办理案件过程中，对遭受犯罪侵害或者民事侵权，无法通过诉讼获得有效赔偿，生活面临急迫困难的当事人采取的辅助性救济措施。

九、最高检“四号检察建议”：2020年4月28日，最高检为促进解决关系人民群众切身利益的窨井盖安全问题，向住建部发送了《最高人民检察院检察建议书》。这是2018年以来，最高检党组高度重视检察建议工作，发挥示范引领作用，向有关国家机关制发的第四份检察建议书，简称“四号检察建议”。

十、“案–件比”指标评价体系：“案–件比”是最高检深入贯彻以人民为中心的发展思想，创造性设立的一项案件质效评价指标体系。“案”是指发生的具体案件，“件”是指这些具体案件进入司法程序后所经历的诉讼环节。“案–件比”是二者之间的一组对比关系，“件”数越高说明“案”所经历的诉讼环节越多。设置“案–件比”在于引导检察机关通过提高办案质效，将上一个诉讼环节的工作做到极致，减少不必要的诉讼环节，从而节约司法资源，提升人民群众的司法评价。“案–件比”指标评价体系被形象地称为衡量司法办案质效的“GDP”。

十一、虚假诉讼监督：虚假诉讼俗称“打假官司”，指当事人单方或与他人恶意串通，采取伪造证据、虚假陈述等手段，向人民法院提起民事诉讼，炮制出假案子，企图通过诉讼、仲裁、调解等方式，侵害国家利益、社会公共利益或他人合法权益，妨害司法秩序的行为。

十二、“六大”顽瘴痼疾：指的是违反防止干预司法“三个规定”；违规经商办企业和配偶、子女及其配偶违规从事经营活动；违规参股借贷；违规违法减刑、假释、暂予监外执行；有案不立、压案不查、有罪不究；法官检察官离任后违规从事律师职业，充当司法掮客。

十三、“七查”：指的是政法队伍教育整顿中的举报线索核查；涉黑涉恶案件（线索）倒查；重点案件交叉评查；涉法涉诉信访案件清查；法律监督专项检查；智能化数据排查；队伍建设巡查。

十四、“三个规定”：2015年中办国办、中央政法委、“两高三部”先后印发了《领导干部干预司法活动、插手具体案件处理的记录、通报和责任追究规定》《司法机关内部人员过问案件的记录和责任追究规定》《关于进一步规范司法人员与当事人、律师、特殊关系人、中介组织接触交往行为的若干规定》，要求对于领导干部插手干预司法、内部人员过问案件，以及与当事人、律师等不当接触交往行为，司法人员都要主动记录报告，并进行通报和责任追究。2019年8月和2020年4月，最高检先后制发相关实施办法和工作细则，扩大了记录报告的重大事项范围，实行月报告制度，规范填报工作。

江孜县人民法院工作报告（节选）

——2022年1月18日在江孜县第十四届人民代表大会第二次会议上

江孜县人民法院院长　巴桑次仁

各位代表：

现在，我代表江孜县人民法院向大会报告工作，请予审议，并请各位政协委员和列席人员提出意见。

2021年主要工作

2021 年是中国共产党成立 100 周年，西藏和平解放 70 周年，具有重大而深远历史意义，习近平总书记亲临西藏视察指导，为我们做好司法审判工作指明了前进的方向、提供了根本遵循、注入了强大的动力。一年来，在县委坚强领导、县人大及其常委会有力监督和上级人民法院的指导下，江孜县人民法院坚持以习近平新时代中国特色社会主义思想为指导，以习近平法治思想为引领，深刻认识“两个确立”的决定性意义，增强“四个意识”，坚定“四个自信”，做到“两个维护”，深入贯彻党的十九大和十九届历次全会、中央第七次西藏工作座谈会精神、习近平总书记“七一”和视察西藏重要讲话精神、关于西藏工作的重要论述和新时代党的治藏方略，做到司法为民、公正司法、服务大局，统筹推进新冠肺炎疫情防控和司法审判工作，努力让人民群众在每一个司法案件中感受到公平正义。江孜县人民法院全年共受理案件 642 件，审执结 632 件，与去年同期相比案件量增长 20.7%，全年结案率为 94.19%，审限内结案率为 100%。

一、坚持党的全面领导，把握正确政治方向

一是狠抓政治建设。坚持把学习贯彻习近平新时代中国特色社会主义思想和习近平总书记全面依法治国新理念新思想新战略作为首要政治任务，加强意识形态工作领导，狠抓意识形态工作责任制落实，切实提高政治敏锐性和政治鉴别力。正确处理坚持党的领导与依法独立公正行使审判权、讲政治与讲法律的关系，把“四个意识”“四个自信”“两个维护”体现在审判执行全过程和各方面，确保党中央、区党委、市委、县委以及上级法院的各项决策部署在江孜县法院落到实处。二是坚持请示报告。严格贯彻落实《中国共产党重大事项请示报告条例》《中国共产党政法工作条例》，及时向党委和党委政法委请示报告重大事项、重大案件、重大决策、重大部署，确保把党的绝对领导落实到法院工作各方面全过程。积极主动向县委、县委政法委请示报告工作，努力做到严守党的政治纪律和政治规矩。三是强化理论学习。坚持不懈用习近平新时代中国特色社会主义思想武装头脑，每周四定期开展“党员活动日”学习，每月定期开展党组理论中心

组学习扩大会，定期组织上党课，强化党性锻炼和党建知识学习，及时学习党的十九届五中全会、六中全会、中央第七次西藏工作座谈会精神，结合党史教育，学习习近平总书记在中国共产党成立 100 周年庆祝大会上的重要讲话以及“四史”等指定教材，进一步筑牢了广大党员干部“感党恩、听党话、跟党走”的政治自觉和行动自觉。

二、忠实履行审判职责、全力服务全县大局

一是维护统一，保障社会大局稳定。牢固树立总体国家安全观，将反分裂斗争与扫黑除恶专项斗争常态化紧密结合，依法打击刑事犯罪，维护国家安全，保障人民安居乐业、社会安定有序，助推法治江孜建设。全年受理刑事案件 23 件，同比增加 91.7%，审结案件 23 件，结案率为 100%，共判处罪犯 28 人，其中判处三年以上有期徒刑的 2 件 4 人，判处三年以下有期徒刑 14 人、拘役 10 人，共收缴罚没 35000 元。

二是保障民生，践行司法为民之本。牢固树立“民事无小事”的观念，依法妥善化解社会矛盾，增进社会和谐。在依法的前提下充分尊重民风民俗，积极调处婚姻家庭、合同及侵权等民间纠纷，消除当事人之间的隔阂，努力做到案结事了。高度关注恶意拖欠农民工工资纠纷，畅通维权绿色通道，做到快立、快审、快结，并妥善审理对口劳务纠纷和劳动争议案件，尽最大努力保护弱势群体合法权益，及时圆满地解决事关农牧民生产生活中的矛盾，促进社会和谐，推动经济健康发展。2021 年受理民商事案件 371 件，同比上升 23.7%，旧存 9 件，共 380 件，结案 357 件，未结 23 件，结案率为 93.95%，无一件超审限案件，其中婚姻家庭纠纷、合同纠纷类案件为主要受理的民事案件类型。

三是主动出击，全力破解执行案件。切实提高对执行工作的重要认识，以饱满的精神状态迎接挑战执行难的问题。深入贯彻落实县委关于平安江孜建设的重要部署，主动汇报衔接，召开执行联动工作机制联席会议，组建由县委政法委牵头，全县 28 家单位为联动机制成员单位的联动工作领导小组，进一步完善综合治理执行难大格局，通过升级改造执行指挥中心、执行速执中心、执行和解中心，为执行工作的高效、规范提供了技术性支持。2021 年共受理执行案件 266 件，同比增长 12.84%，其中新收 246 件、旧存 20 件，立案标的[1]为 16，428，372.23 元，结案标的金额 16，905，048 元，已结案件 250 件，实际执行到位金额 12，720，194 元，结案率 93.98%，涉民生执行案件 117 件，执结 108 件，执行标的 1，393，006 元，临时布控[2]48 人次，曝光并纳入失信被执行人 12 人次，限制高消费 14 人次，司法拘留 1 人次。首例取得成功的网络司法拍卖 1 件，以 748，900 元的价格成交，最大限度地维护了胜诉当事人的合法权益。

三、完善多元解纷机制，保障“名城振兴”战略

一年来，法院坚持将非诉讼纠纷解决机制挺在前面，持续完善多元解纷体系建设，以为人民群众提供便捷服务为工作理念，为“名城振兴”战略实施提供强有力司法保障，努力开创司法为民工作新局面。一是完善司法网格体系。紧紧依靠党的领导，坚持和发扬新时代“枫桥经验[3]”，推进“点线面[4]”相结合、全覆盖司法服务网络无缝衔接、提档升级，通过主动沟通积极协调保障 17 个乡镇巡回审判点工作不断档。二是广泛汇集司法力量。坚持引进好的服务理念，把最好场所、最优服务提供给群众，通过聘用 34 名特邀调解员，将人民陪审员、人民调解员等力量汇集到诉讼服务中心，全面启用诉讼服务中心大楼为其提供办公场所，促进矛盾纠纷实质化解，诉讼服

务中心接待群众4000余人次，提供法律援助服务115次，办理诉前调解案件128件，办结司法确认案件74件、非诉保全案件1件、行政执行案件1件，助力社会治理现代化。三是大力开展普法宣传。主动扛起普法宣传责任，坚持谁执法谁普法，充分利用驻村工作队走村入户，下乡办案，集中宣传，法制副校长讲课等方式深入易地扶贫安置点、村（居）、学校等地，选派干警76人次开展法治宣传19场次，受教育群众近3500余人次。

四、充分发挥法庭效能，提升基层治理能力

一年来，法院立足基层社会治理实际，勇于肩负司法职能责任，在全面加强人民法庭工作中彰显作为，着力推进社会治理体系和治理能力现代化建设。一是强化组织领导，明确职责分工。通过召开“点线面”工作推进部署会，成立工作领导小组的方式确保各项工作落实到位。建立院班子成员法庭联系点制度，要求班子成员每个月至少前往法庭开展一次调研工作，及时将法庭运行中的困难问题反馈至院内进行研究解决，同时按照组织程序上报解决重孜乡法庭庭长空缺职位人员。二是整合各方资源，打造联动平台。在县委、县政府、县委政法委、乡党委的大力支持，将社会治理服务中心、司法所、调解委员会、派出所、特邀调解员、人民陪审员、人民调解员整合到法庭集体办公，实现了诉讼服务全覆盖、化解矛盾、调解纠纷一体化联动平台。建立两个法庭负责人深入两个法庭辐射巡回审判点常态化开展走访交流机制，加强沟通联系，为发挥法庭效能，推进综合治理和化解矛盾纠纷工作奠定坚实基础。三是筑牢基层基础，助力法庭运转。通过驻村与驻庭相结合的方式开展人民法庭工作，按照上级人民法院1法官1助理1书记员1法警的人员配置要求，调配院内人员力量充实到法庭中。按照人民法庭日常运行需求，配齐办公日常用品，新建人民法庭家事调解室并完成两个法庭科技法庭设备配套，保障法庭工作正常有序开展。2021年两个人民法庭共审理民事案件28件，办理诉前调解案件2件，司法确认案件2件，辐射乡村开展法治宣传17场次，发放宣传资料800余份，发放宣传小礼品280份，解答群众法律咨询18次，受教育群众1100人次，组织人民调解员、人民陪审员业务培训8次，受教育人数130人次。

五、落实司法改革举措，推动法院纵深发展

一年来，法院紧紧围绕推动新时代人民法院工作高质量发展为目标，不断深化司法体制改革和智慧法院建设，加快推进审判体系和审判能力现代化。一是深化司法责任制。认真落实“深化司法责任制综合配套改革，加强司法制约监督”“让人民群众在信息化发展中有更多获得感、幸福感、安全感”的重要指示，给司法审判权戴上“紧箍咒”。贯彻中央关于深化司法责任制综合配套改革的意见和最高人民法院实施意见，出台法官及辅助人员职责和权限清单，做到监督有据、有效、有痕、有度，真正“让审理者裁判、由裁判者负责”。二是推进法官遴选工作。继续按照程序和条件做好法官等级按期晋升、择优选升工作，继续做好职务与职级并行工作，充分考虑法院队伍的结构，强化藏汉双语人才培养，确保队伍结构符合人民法院长远发展需求，共推荐5名干警参加法官第三批遴选考试，其中3名同志成功通过遴选成为法官，目前我院共有三级高级法官1人，四级高级法官2人，一级法官8人，二级法官3人。三是发挥智慧法院[5]效能。充分应用智慧法院建设成果，为司法审判减负增效提供有力科技支撑，依托移动微法院[6]、跨域立案[7]等线上系统，网上立案14件、跨域立案28件，实现诉讼服务“不打烊”，公平正义“不打折”；持续

深化阳光司法，共邀请人大、政协旁听案件23件28人，直播庭审49件，公开裁判文书及信息149件，让公平正义可视可感，让案件审判成为全民共享的法治公开课。

六、狠抓司法作风建设，打造过硬司法队伍

一年来，法院集中开展队伍教育整顿，坚持革命化、正规化、专业化、职业化方向，努力建设让党放心、人民满意的高素质法院队伍。一是自觉履行主体责任。认真履行“一岗双责”，将党风廉政建设与法院高质量发展一体考虑、同步推进。开展经常性警示教育，强化思想道德和法纪教育，着力培育崇尚法治、恪守良知、理性公允的职业操守。把弘扬伟大的奋斗精神作为新时代人民法院工作的主旋律，强化司法为民理念教育，教育干警树牢群众观念，深入推进党风廉政建设和反腐败斗争。二是从严治党严肃执纪。全面从严治党，把制度执行与作风整顿统一起来，把制度执行和严格治院统一起来，将制度执行情况纳入执纪监督检查范畴。深入开展政法队伍教育整顿活动，主动邀请县纪委监委副书记作廉政报告1次，开展警示教育3次，召开民主生活会和学党史等专题组织生活会4次，完善自查自纠整改14人次，强化干警政治观念、组织观念、纪律观念，使全面从严治院真正落到实处。三是做好教育预防管控。认真执行领导干部廉洁自律的各项规定，始终树立拒腐防变的牢固防线，严格执行院内的各项规章制度，始终保持廉洁自律。健全教育培训机制，制定严密教育培训规划，有组织、有计划地开展党员教育工作，特别是抓好党员干部的理想信念教育、工作责任心教育和职业道德教育，2021年参加审判业务、财务等各类学习教育培训24期18人次。四是完善健全监督机制。强化党员干部的廉政意识，严格执行重大事项报告制度、一岗双责制度和保密制度等纪律规定，以党支部“三会一课”、民主评议党员、领导班子民主生活会、党组织考核评价等制度为载体，及时跟进教育，强化监督管理，确保队伍的绝对稳定。五是发扬民主管理。深入贯彻执行民主集中制原则，对集体研究的事项，会前充分酝酿，会上充分讨论，凡是事关全院发展的工作思路和重要工作部署、干部推荐任免、奖惩等事项，都由班子成员讨论通过，在讨论决定重大事宜时，注重发挥每位班子成员的积极性和主动性，充分听取每位班子成员的意见和建议，按照少数服从多数的原则，形成决议后付诸实施，使民主集中制原则在领导班子中得到有效贯彻，保证了集体领导的全面落实。

各位代表：一年来，江孜县人民法院工作取得的成绩，是县委及上级法院的坚强领导，县人大依法监督，县政府、政协大力支持，代表委员和社会各界关心、帮助的结果。在此，我代表江孜县人民法院表示衷心感谢！

看到成绩的同时我们也清醒认识到，当前法院工作还存在一些问题和困难：一是司法理念、司法能力与新时代要求相比还有较大差距，有的机械办案、社会效果不佳，有的办案能力不强、审判质效不高。二是法院受理案件数量持续增长，办案难度和压力增大。三是司法改革创新突破不够，体制机制综合配套改革存在落实不到位情况。对这些问题和困难，我们将采取有力措施，切实加以解决。

各位代表：回顾2021收获满满，展望2022憧憬满怀。新的一年里，江孜县人民法院将在县委的坚强领导下，自觉接受县人大及其常委会的监督，服从县政府的安排，牢记使命担当，秉承司法为民的服务宗旨，坚守法治信仰，敢于自我革命，奋力谱写新时代江孜县法院工作新篇章，为助推江孜县名城振兴战略提供司法保障，营造良好社会司法氛围，尽其所能，贡献力量！

报告完毕，谢谢大家！

2021年江孜县获县级以上集体荣誉情况一览表

表1

获奖单位	获奖名称	表彰时间	授予单位
国家级荣誉			
紫金乡努堆村	全国农业社会化服务创新试点	2021年12月	中华人民共和国农业农村部
紫金乡努堆村	全国乡村治理示范村	2021年9月	中央农村工作领导小组办公室、农业农村部、中共中央宣传部、民政部、司法部、国家乡村振兴局
全国性竞赛荣誉			
江孜县人民医院	2021年12月11日荣获“第九届全国医院品管圈大赛”三等奖	2021年12月	中国医院品质管理联盟、清华大学医院管理研究院
自治区（部委）级荣誉			
江孜县宗城投资实业开发有限公司	全区脱贫攻坚先进集体	2021年4月	中共西藏自治区委员会、西藏自治区人民政府
江孜县一家亲岗巴羊养殖农民专业合作社	全区脱贫攻坚先进集体	2021年4月	中共西藏自治区委员会、西藏自治区人民政府
江孜县年楚永发农机农民专业合作社	全区脱贫攻坚先进集体	2021年4月	中共西藏自治区委员会、西藏自治区人民政府
日朗乡人民政府	全区脱贫攻坚先进集体	2021年4月	中共西藏自治区委员会、西藏自治区人民政府
江孜县脱贫攻坚指挥部办公	全区脱贫攻坚先进集体	2021年4月	中共西藏自治区委员会、西藏自治区人民政府
上海市第九批援藏干部人才江孜联络小组	全区脱贫攻坚先进集体	2021年4月	中共西藏自治区委员会、西藏自治区人民政府
"江孜县公安局东郊一级公安检查站"	西藏自治区抗击新冠肺炎疫情先进集体	2021年2月	中共西藏自治区委员会、西藏自治区人民政府
康卓乡党委	2021年度西藏自治区“学习强国”先进学习组织	2021年12月	中共西藏自治区委员会
纳如乡日括村	西藏自治区生态文明建设示范区	2021年12月	西藏自治区人民政府
纳如乡萨玛村	西藏自治区生态文明建设示范区	2021年12月	西藏自治区人民政府
纳如乡桑顶村	西藏自治区生态文明建设示范区	2021年12月	西藏自治区人民政府
纳如乡吐如雄村	西藏自治区生态文明建设示范区	2021年12月	西藏自治区人民政府
市（厅）级荣誉			
江孜县气象局	全区重大气象服务先进集体	2021年1月	西藏自治区气象局
江孜县气象局	西藏自治区文明单位	2021年12月	西藏自治区精神文明建设指导委员会
江孜镇拉则社区	西藏自治区文明单位	2021年12月	西藏自治区精神文明建设指导委员会
江孜镇东郊村	西藏自治区文明单位	2021年12月	西藏自治区精神文明建设指导委员会
江孜县江热乡隆桑村	2021年度西藏自治区“先进双联户”创建活动先进村（居）	2021年2月	西藏自治区精神文明建设指导委员会
江孜县气象局	2020年全区重大气象服务先进集体	2021年3月	中国西藏自治区气象局

续表1

获奖单位	获奖名称	表彰时间	授予单位
江孜县公安局交警大队	2021年“三大战役”安全保卫工作先进集体	2021年3月	西藏自治区公安厅交通管理局
江孜县公安局交警大队	西藏自治区第四届“最美交警”评选活动先进集体	2021年12月	西藏自治区公安厅交通管理局
西藏江孜县闵行中学	全区五四红旗团支部	2021年5月	共青团西藏自治区委员会
卡堆乡小学	第二批自治区级中小学美育特色学校	2021年3月	西藏自治区教育厅
江孜县人民检察院	日喀则市先进基层党组织	2021年7月	中共日喀则市委员会
康卓乡	日喀则市先进基层党组织	2021年7月	中共日喀则市委员会
江孜县第一中学	日喀则市民族团结进步模范单位	2021年12月	日喀则市人民政府
江孜县第二幼儿园	日喀则市民族团结进步模范单位	2021年12月	日喀则市人民政府
江孜镇	日喀则市民族团结进步模范单位	2021年12月	日喀则市人民政府
县（局）级荣誉			
江孜县	2021年度日喀则市“先进双联户”创建活动先进集体	2021年2月	中共日喀则市委平安日喀则建设领导小组
江孜县江孜镇	2021年度日喀则市“先进双联户”创建活动先进乡镇（街道）	2021年2月	中共日喀则市委平安日喀则建设领导小组
江孜县金嘎乡	2021年度日喀则市“先进双联户”创建活动先进乡镇（街道）	2021年2月	中共日喀则市委平安日喀则建设领导小组
江孜县江热乡隆桑村	2021年度日喀则市“先进双联户”创建活动先进村（居）	2021年2月	中共日喀则市委平安日喀则建设领导小组
江孜县年堆乡索盖村	2021年度日喀则市“先进双联户”创建活动先进村（居）	2021年2月	中共日喀则市委平安日喀则建设领导小组
江孜县紫金乡努堆村	2021年度日喀则市“先进双联户”创建活动先进村（居）	2021年2月	中共日喀则市委平安日喀则建设领导小组
江孜县卡堆乡年普村	2021年度日喀则市“先进双联户”创建活动先进村（居）	2021年2月	中共日喀则市委平安日喀则建设领导小组
日朗乡人民政府	平安乡镇（街）	2021年3月	中共日喀则市委平安日喀则建设领导小组
共青团江孜县委员会	2021年度“全市五四红旗团委”	2021年5月	共青团日喀则市委员会
卡堆乡团支部	五四红旗团支部	2021年5月	日喀则市团委
江孜县江热乡小学	市级文明校园	2021年12月	日喀则市精神文明建设委员会
康卓乡卓麦村党支部	2021年度日喀则市党建示范点	2021年3月	中共日喀则市委组织部
日朗乡人民政府	平安乡镇（街）	2021年3月	中共日喀则市委平安日喀则建设领导小组
金嘎乡	五星乡镇	2021年12月	日喀则市精神文明建设委员会
上海市第九批援藏干部人才江孜联络小组	2021年日喀则青年五四奖章	2021年4月	共青团日喀则市委员会、日喀则市青年联合会
江孜县第二小学	2020—2021学年县级教学质量突出学校二等奖	2021年9月	中共江孜县委员会、江孜县人民政府

续表1

获奖单位	获奖名称	表彰时间	授予单位
江孜县第二小学	2020—2021学年县级疫情防控工作先进学校	2021年9月	中共江孜县委员会、江孜县人民政府
江孜县第二小学	2020—2021学年县级招生工作先进学校	2021年9月	中共江孜县委员会、江孜县人民政府
江孜县江热乡隆桑村	2021年度江孜县“先进双联户”创建评选活动先进村（居）	2021年11月	中共江孜县委员会、江孜县人民政府
江孜县年堆乡索盖村	2021年度江孜县“先进双联户”创建评选活动先进村（居）	2021年11月	中共江孜县委员会、江孜县人民政府
江孜县紫金乡奴堆村	2021年度江孜县“先进双联户”创建评选活动先进村（居）	2021年11月	中共江孜县委员会、江孜县人民政府
江孜县卡堆乡年普村	2021年度江孜县“先进双联户”创建评选活动先进村（居）	2021年11月	中共江孜县委员会、江孜县人民政府
江孜县车仁乡扎西林村	2021年度江孜县“先进双联户”创建评选活动先进村（居）	2021年11月	中共江孜县委员会、江孜县人民政府
江孜县日星乡旁孜村	2021年度江孜县“先进双联户”创建评选活动先进村（居）	2021年11月	中共江孜县委员会、江孜县人民政府
江孜县热索乡奴康村	2021年度江孜县“先进双联户”创建评选活动先进村（居）	2021年11月	中共江孜县委员会、江孜县人民政府
江孜县卡麦乡那吾村	2021年度江孜县“先进双联户”创建评选活动先进村（居）	2021年11月	中共江孜县委员会、江孜县人民政府
江孜县藏改乡其吾村	2021年度江孜县“先进双联户”创建评选活动先进村（居）	2021年11月	中共江孜县委员会、江孜县人民政府
江孜县达孜乡吉才村	2021年度江孜县“先进双联户”创建评选活动先进村（居）	2021年11月	中共江孜县委员会、江孜县人民政府
江孜县加克西乡夏吾村	2021年度江孜县“先进双联户”创建评选活动先进村（居）	2021年11月	中共江孜县委员会、江孜县人民政府
江孜县康卓乡卓麦村	2021年度江孜县“先进双联户”创建评选活动先进村（居）	2021年11月	中共江孜县委员会、江孜县人民政府
江孜县金嘎乡久村	2021年度江孜县“先进双联户”创建评选活动先进村（居）	2021年11月	中共江孜县委员会、江孜县人民政府
江孜县龙马乡西堆村	2021年度江孜县“先进双联户”创建评选活动先进村（居）	2021年11月	中共江孜县委员会、江孜县人民政府
江孜县江孜镇	2021年度江孜县“先进双联户”创建评选活动先进乡（镇）	2021年11月	中共江孜县委员会、江孜县人民政府
江孜县金嘎乡	2021年度江孜县“先进双联户”创建评选活动先进乡（镇）	2021年11月	中共江孜县委员会、江孜县人民政府
江孜县车仁乡	2021年度江孜县“先进双联户”创建评选活动先进乡（镇）	2021年11月	中共江孜县委员会、江孜县人民政府
江孜县紫金乡	2021年度江孜县“先进双联户”创建评选活动先进乡（镇）	2021年11月	中共江孜县委员会、江孜县人民政府
江孜县年堆乡	2021年度江孜县“先进双联户”创建评选活动先进乡（镇）	2021年11月	中共江孜县委员会、江孜县人民政府

续表1

获奖单位	获奖名称	表彰时间	授予单位
江孜县日星乡	2021年度江孜县“先进双联户”创建评选活动先进乡（镇）	2021年11月	中共江孜县委员会、江孜县人民政府
江孜县行政审批和便民服务局	2021年度江孜县民族团结进步模范单位	2021年12月	中共江孜县委员会、江孜县人民政府
江孜县人民武装部	2021年度江孜县民族团结进步模范单位	2021年12月	中共江孜县委员会、江孜县人民政府
江孜县公安局	2021年度江孜县民族团结进步模范单位	2021年12月	中共江孜县委员会、江孜县人民政府
江孜县人民检察院	2021年度江孜县民族团结进步模范单位	2021年12月	中共江孜县委员会、江孜县人民政府
红河谷现代农业科技示范区	2021年度江孜县民族团结进步模范单位	2021年12月	中共江孜县委员会、江孜县人民政府
江孜县日朗乡	2021年度江孜县平安建设（综治工作）二等奖	2021年11月	中共江孜县委员会、江孜县人民政府
江孜县紫金乡	2021年度江孜县平安建设（综治工作）二等奖	2021年11月	中共江孜县委员会、江孜县人民政府
江孜县年堆乡	2021年度江孜县平安建设（综治工作）三等奖	2021年11月	中共江孜县委员会、江孜县人民政府
江孜县金嘎乡	2021年度江孜县平安建设（综治工作）三等奖	2021年11月	中共江孜县委员会、江孜县人民政府
江孜县加克西乡	2021年度江孜县平安建设（综治工作）三等奖	2021年11月	中共江孜县委员会、江孜县人民政府
江孜县委统战部	2021年度江孜县平安建设（综治工作）先进集体	2021年11月	中共江孜县委员会、江孜县人民政府
江孜县人民法院	2021年度江孜县平安建设（综治工作）先进集体	2021年11月	中共江孜县委员会、江孜县人民政府
江孜县公安局	2021年度江孜县平安建设（综治工作）先进集体	2021年11月	中共江孜县委员会、江孜县人民政府
江孜县第一小学	2021年度江孜县平安建设（综治工作）先进集体	2021年11月	中共江孜县委员会、江孜县人民政府
江孜县林布寺管委会	2021年度江孜县平安建设（综治工作）先进集体	2021年11月	中共江孜县委员会、江孜县人民政府
江孜县日星乡吉康建筑施工队	2021年度江孜县平安建设（综治工作）先进集体	2021年11月	中共江孜县委员会、江孜县人民政府
江孜县江孜镇	2021年度江孜县平安建设（综治工作）一等奖	2021年11月	中共江孜县委员会、江孜县人民政府
江孜县紫金乡完全小学	财务工作先进学校	2021年9月	中共江孜县委员会、江孜县人民政府
江孜县卡堆乡小学	财务工作先进学校	2021年9月	中共江孜县委员会、江孜县人民政府
江孜县江热乡小学	财务工作先进学校	2021年9月	中共江孜县委员会、江孜县人民政府

续表1

获奖单位	获奖名称	表彰时间	授予单位
江孜县纳如乡小学	党建工作先进学校	2021年9月	中共江孜县委员会
江孜县紫金乡完全小学	党建工作先进学校	2021年9月	中共江孜县委员会
中共江孜县委政法委员会	江孜县民族团结进步模范单位	2021年12月	中共江孜县委员会、江孜县人民政府
江孜县年堆乡小学	江孜县民族团结进步模范单位	2021年12月	中共江孜县委员会、江孜县人民政府
江孜县紫金乡完全小学	江孜县民族团结进步模范单位	2021年12月	中共江孜县委员会、江孜县人民政府
江孜县第二小学	江孜县民族团结进步模范单位	2021年12月	中共江孜县委员会、江孜县人民政府
江孜县气象局	江孜县民族团结进步模范单位	2021年12月	中共江孜县委员会、江孜县人民政府
江孜县纳如乡小学	教学质量进步奖	2021年9月	中共江孜县委员会、江孜县人民政府
江孜县江热乡小学	教学质量突出学校二等奖	2021年9月	中共江孜县委员会、江孜县人民政府
江孜县年堆乡小学	教学质量突出学校三等奖	2021年9月	中共江孜县委员会、江孜县人民政府
江孜县年堆乡小学	教研教改特色学校	2021年9月	中共江孜县委员会、江孜县人民政府
江孜县热龙乡小学	教研教改特色学校	2021年9月	中共江孜县委员会、江孜县人民政府
江孜县卡堆乡小学	控辍保学工作先进学校	2021年9月	中共江孜县委员会、江孜县人民政府
江孜县年堆乡小学	内涵发展先进学校	2021年9月	中共江孜县委员会、江孜县人民政府
江孜县热龙乡小学	内涵发展先进学校	2021年9月	中共江孜县委员会、江孜县人民政府
江孜县日星乡小学	全县优秀招生工作	2021年9月	中共江孜县委员会、江孜县人民政府
江孜县纳如乡小学	师德师风模范学校	2021年9月	中共江孜县委员会、江孜县人民政府
江孜县车仁乡小学	师德师风模范学校	2021年9月	中共江孜县委员会、江孜县人民政府
江孜县龙马乡小学	师德师风模范学校	2021年9月	中共江孜县委员会、江孜县人民政府
县委政法委党支部	先进基层党组织	2021年7月	中共江孜县委员会
江孜县公安局白居派出所	先进基层党组织	2021年12月	中共江孜县委员会
江孜县车仁乡小学	先进基层党组织	2021年9月	中共江孜县委员会
江孜县卡堆乡小学	先进基层党组织	2021年7月	中共江孜县委员会
江孜镇党委	先进基层党组织	2021年7月	中共江孜县委员会

续表1

获奖单位	获奖名称	表彰时间	授予单位
江孜县车仁乡小学	校园安全工作先进学校	2021年9月	中共江孜县委员会
江孜县江热乡小学	体育安全工作先进学校	2021年9月	中共江孜县委员会、江孜县人民政府
江孜县紫金乡完全小学	校园安全工作先进学校	2021年9月	中共江孜县委员会、江孜县人民政府
江孜县热龙乡幼儿园	学前教育先进学校	2021年9月	中共江孜县委员会、江孜县人民政府
江孜县达孜乡小学	疫情防控工作先进单位	2021年9月	中共江孜县委员会、江孜县人民政府
江孜县日朗乡完全小学	疫情防控工作先进单位	2021年9月	中共江孜县委员会、江孜县人民政府
江孜县达孜乡小学	应急处突先进学校	2021年9月	中共江孜县委员会、江孜县人民政府
江孜县江热乡小学	江孜县民族团结进步模范学校	2021年12月	中共江孜县委员会、江孜县人民政府
江孜县重孜乡小学	疫情防控工作先进学校	2021年9月	中共江孜县委员会、江孜县人民政府
江孜县重孜乡小学	学前教育先进学校	2021年9月	中共江孜县委员会、江孜县人民政府
江孜县重孜乡小学	江孜县民族团结进步模范单位	2021年12月	中共江孜县委员会、江孜县人民政府
江孜县第二幼儿园	思想政治教育先进学校	2021年9月	中共江孜县委员会、江孜县人民政府
江孜县第二幼儿园	学前教育先进学校	2021年9月	中共江孜县委员会、江孜县人民政府
江孜县第一中学	控辍保学工作先进学校	2021年9月	中共江孜县委员会、江孜县人民政府
江孜县第一中学	校园安全工作先进学校	2021年9月	中共江孜县委员会、江孜县人民政府
江孜县第一中学	教研教改特色学校	2021年9月	中共江孜县委员会、江孜县人民政府
江孜县第一中学	先进基层团组织	2021年5月	共青团江孜县委员会
西藏江孜县闵行中学	教学质量突出学校	2021年9月	中共江孜县委员会、江孜县人民政府
西藏江孜县闵行中学	内涵发展先进学校	2021年9月	中共江孜县委员会、江孜县人民政府
西藏江孜县闵行中学	思想政治教育先进学校	2021年9月	中共江孜县委员会、江孜县人民政府
西藏江孜县闵行中学	江孜县民族团结进步模范学校	2021年12月	中共江孜县委员会、江孜县人民政府

续表1

获奖单位	获奖名称	表彰时间	授予单位
江孜县第一幼儿园	统计工作先进学校	2021年9月	中共江孜县委员会、江孜县人民政府
江孜县第一幼儿园	学前教育先进学校	2021年9月	中共江孜县委员会、江孜县人民政府
康卓乡查龙村党支部	先进基层党组织	2021年4月	中共江孜县委员会
江热乡人民政府	2020年征兵工作先进单位	2021年4月	江孜县人民政府征兵办公室
江孜镇乡人民政府	2020年征兵工作先进单位	2021年4月	江孜县人民政府征兵办公室
卡麦乡人民政府	2020年征兵工作先进单位	2021年4月	江孜县人民政府征兵办公室
日朗乡党委	先进基层党组织	2021年7月	中共江孜县委员会
金嘎乡	先进基层团组织	2021年5月	共青团江孜县委员会
金嘎乡	江孜县“2021”年度平安建设工作三等奖	2021年2月	中共江孜县委员会、江孜县人民政府
竞赛（征集）荣誉			
江孜县文化和旅游局	表演唱《幸福不忘感党恩》荣获庆祝中国共产党成立100周年西藏和平解放70周年大型综艺节目“格桑花开”特别节目青稞飘香“曲艺类”一等奖	2021年7月	西藏电视台
江孜县文化和旅游局	日喀则市“珠峰儿女心向党”第二届珠峰杯相声小品大赛优秀组织奖	2021年5月	中共日喀则市委宣传部、日喀则市文化局
江热乡人民政府	江孜县行政村文艺演出队文艺演出暨“歌颂幸福生活，共筑美丽江孜”文艺比赛 一等奖	2021年	中共江孜县委员会、江孜县人民政府

2021年江孜县国民经济和社会发展统计公报

2021年以来，县统计局在县委、县政府的领导下，结合部门职能，加强统计能力建设，提高统计数据质量，深化统计改革创新，以准确统计、加强调研，为县委、县政府决策提供科学可靠的参考依据作为工作重心，用一串串翔实的数据来印证经济发展的坚实足迹，为做好全县经济社会的高质量发展“添柴加薪”，确保“十四五”开好局起好步。

一、综合

实现地区生产总值29.35亿元，同比去年增长6.5%，其中，第一产业5.63亿元，同比增长6.5%；第二产业6.93亿元,同比增长7.2%；第三产业16.79亿元,同比增长6.3%。三个产业结构比为19∶24∶57。社会消费品零售总额实现8.24亿元，同比增长9.6%；农村居民人均可支配收入达到19777元，同比增长15.4%。

江孜县2020—2021年主要经济指标数据情况表

表1

指标	2020年		2021年	
	总量	增速（%）	总量	增速（%）
地区生产总值（亿元）	27.06	8.2	29.35	6.5
其中：第一产业	5.1	7.1	5.63	6.5
第二产业	6.32	30.2	6.93	7.2
第三产业	15.64	2.1	16.79	6.3
社会消费品零售总额（亿元）	7.52	-2.5	8.24	9.6
农牧民人均可支配收入（元）	17145	13.2	19777	15.4

二、农业

农业：2021年，全县农作物总播种面积10885.17公顷，其中粮食作物8358.04公顷，油料作物752.66公顷，蔬菜965.67公顷，饲草料798.13公顷。全年粮食产量63472.25吨，油料作物产量2838.95吨，蔬菜产量33736.82吨，饲草料9948.85吨。

林业：2021年，全县荒山（沙）地造林面积330.5公顷。

牧业：2021年，全县牲畜存栏302451头（只、匹），其中牛、马等大牲畜存栏74526头（只、匹），猪存栏227头，羊存栏227698只；年末家禽数38763只。当年肉产量1955.31吨，其中牛肉1057.2吨，羊肉891.1吨，猪肉6.5吨，禽肉0.51吨。

三、人口就业

全县人口为79480人，其中男性39641人，占49.88%；其中女性为39839人，占50.12%；全县人口中，城镇人口为15113人，占19%；乡村人口为64367人，占81%。

乡村劳动力共计42370人，乡村从业人员数32519人，其中第一产业从业人员20397人，第二产业从业人员9430人,第三产业从业人员2692人，全县外出务工人员19531人。

索 引

说 明

一、本索引采用主题分析法编制。索引范围包括各类目、分目、条目等。“特载”“大事记”“专记”等部类的具体内容未做索引，仅以其部类名称标示。

二、索引名称按汉语拼音音序（同音字按声调）排列。类目、分目用黑体字标示，其余用宋体字标示。索引名称后的数字表示内容所在页码，页码后的 a、b、c 分别表示版面的一、二、三栏。

三、索引空两字位起排的款目为上一主题的“附见”。同一主题的“参见”只标页码。为便于读者检索，内容有交叉的款目，在本索引中重复出现。

四、以数字或字母开头的条目，不按音序排列，集中于“非音序”栏中。

A

B

C

D

F

G

H

J

K

L

M

N

P

Q

R

S

T

W

X

Y

Z

非音序